Effektiver Rechtsschutz -
Das Recht der Europäischen Union

Europäische Hochschulschriften

European University Studies

Publications Universitaires Européennes

Reihe II **Rechtswissenschaft**

Series II Law

Série II Droit

Band/Volume **5670**

Friederike Katharina Brockmann

Effektiver Rechtsschutz - Das Recht der Europäischen Union

Zu den Rechtsschutzmöglichkeiten des Einzelnen gegen Rechtsakte der EU nach Inkrafttreten des Vertrages von Lissabon

PL ACADEMIC RESEARCH

Bibliografische Information der Deutschen Nationalbibliothek
Die Deutsche Nationalbibliothek verzeichnet diese Publikation in der Deutschen Nationalbibliografie; detaillierte bibliografische Daten sind im Internet über http://dnb.d-nb.de abrufbar.

Zugl.: Münster (Westfalen), Univ., Diss., 2014

Erster Berichterstatter: Prof. Dr. Christian Walter
Zweiter Berichterstatter: Prof. Dr. Dirk Ehlers
Dekan: Prof. Dr. Ingo Saenger
Tag der mündlichen Prüfung: 22.04.2014

D 6
ISSN 0531-7312
ISBN 978-3-631-65527-6 (Print)
E-ISBN 978-3-653-04942-8 (E-Book)
DOI 10.3726/978-3-653-04942-8

PL Academic Research ist ein Imprint der Peter Lang GmbH.
Peter Lang – Frankfurt am Main · Bern · Bruxelles · New York · Oxford · Warszawa · Wien

Diese Publikation wurde begutachtet.

www.peterlang.com

Vorwort

Die vorliegende Arbeit hat den effektiven Individualrechtsschutz auf europäischer Ebene nach dem Inkrafttreten des Vertrages von Lissabon zum Thema und wurde vom Fachbereich Rechtswissenschaften der Westfälischen Wilhelms-Universität Münster als Dissertation angenommen.

Bei Abgabe der Arbeit konnte die Literatur und Rechtsprechung bis einschließlich Mai 2013 berücksichtigt werden. Vor Veröffentlichung wurde die Arbeit noch einmal im Hinblick auf die Entscheidung des Gerichtshofes in der Rechtssache Inuit Tapiriit Kanatami u.a./Parlament und Rat (C-583/11) vom 03.10.2013 aktualisiert, da diese Entscheidung bei Abgabe der Arbeit noch nicht vorlag.

Herzlichst danken möchte ich zunächst meinem Doktorvater, Herrn Professor Dr. Christian Walter, für seine gute Unterstützung und Betreuung dieser Arbeit. Ebenfalls gilt mein herzlicher Dank Herrn Professor Dr. Dirk Ehlers für die freundliche Übernahme der Zweitberichterstattung.

Ferner gebührt mein großer Dank meinen Freunden! Insbesondere ist hier Steffi zu nennen für ihre stets prompte Hilfe beim Korrekturlesen des Manuskripts.

Ebenfalls zu großem Dank verpflichtet bin ich Maren, Franzi, Kathinka, Katja und nicht zuletzt Kathrin, die mich alle stets sehr unterstützt haben – sie waren hilfreiche Diskussionspartner, haben mich immer zum Durchhalten ermutigt und haben mir nicht zuletzt während und vor der schwierigen Zeit der Abgabe und der mündlichen Prüfung stets mit großer Geduld den Rücken gestärkt.

Der größte Dank gebührt an dieser Stelle meinen Eltern, Renate und Bernd W. Brockmann, die mich während meiner gesamten Ausbildung stets in jeder erdenklichen Hinsicht gefördert und bestärkt haben und mir immer mit Rat und Tat zur Seite standen. Ohne ihre unglaublich geduldige und bedingungslose Unterstützung in menschlicher aber auch in finanzieller Hinsicht, wäre die Verwirklichung der Promotion nicht möglich gewesen. Ihnen sei diese Arbeit gewidmet! Danke!

Bad Oeynhausen, im Juli 2014 Friederike K. Brockmann

Inhaltsverzeichnis

Abkürzungsverzeichnis

a.A.	anderer Ansicht
a.a.O.	am angegebenen Ort
a.F.	alte Fassung
ABl.	Amtsblatt der Europäischen Union
Abs.	Absatz
AEUV	Vertrag über die Arbeitsweise der Europäischen Union
AnwBlatt	Anwaltsblatt
Art.	Artikel
Aufl.	Auflage
Bd.	Band
BGBl.	Bundesgesetzblatt
BVerfG	Bundesverfassungsgericht
BVerfGE	Entscheidungssammlung des Bundesverfassungsgerichts/ Bundesverfassungsgerichtsentscheidung
BVerfGG	Bundesverfassungsgerichtsgesetz
bzgl.	bezüglich
bzw.	beziehungsweise
ca.	circa
CDE	Cahiers de Droit Européen
CIG	Conférence intergouvernementale/ Dokumente der Regierungskonferenzen
CMLR	Common Market Law Reports (Zeitschrift)
CONV	Dokumente des Europäischen Konvents
ders.	derselbe
Diss.	Dissertation
DÖV	Die öffentliche Verwaltung (Zeitschrift)
DRiZ	Deutsche Richterzeitung

DVBl.	Deutsches Verwaltungsblatt
EAG/EURATOM	Europäische Atomgemeinschaft
EG	Europäische Gemeinschaft
EGKSV	Vertrag über die Gründung der Europäischen Gemeinschaft für Kohle und Stahl
EGMR	Europäischer Gerichtshof für Menschenrechte
EGV	Vertrag zur Gründung der Europäischen Gemeinschaften
ELRev./E.L.Rev.	European Law Review
EMRK	Europäische Menschenrechtskonvention
erw.	erweitert
etc.	et cetera
EU	Europäische Union
EuG	Europäisches Gericht erster Instanz
EuGH	Europäischer Gerichtshof/Gerichtshof der Europäischen Union
EuGHE	Entscheidungssammlung des Europäischen Gerichtshofes
EuGRZ	Europäische Grundrechte Zeitschrift
EuR	Europarecht (Zeitschrift)
EUV	Vertrag über die Europäische Union
EuZW	Europäische Zeitschrift für Wirtschaftsrecht
EVV	Europäischer Verfassungsvertrag
EWGV	Vertrag der Europäischen Wirtschaftsgemeinschaft
EWS	Europäisches Wirtschafts- und Steuerrecht (Zeitschrift)
EZB	Europäische Zentralbank
f., ff.	folgende(r)
Fn.	Fußnote
FS	Festschrift
GA	Generalanwalt
GASP	Gemeinsame Außen- und Sicherheitspolitik
gem.	gemäß

GG	Grundgesetz
ggf.	gegebenenfalls
GmbH	Gesellschaft mit beschränkter Haftung
Hrsg.	Herausgeber
HS	Halbsatz
i.d.	in der, in dem
i.E.	im Ergebnis
i.S.d.	im Sinne des/der
insbes.	insbesondere
JuS	Juristische Schulung (Zeitschrift)
JZ	Juristenzeitung
lit.	litera/Buchstabe
m.a.W.	mit anderen Worten
m.E.	meines Erachtens
m.w.N.	mit weiteren Nachweisen
NJW	Neue Juristische Wochenzeitschrift
Nr.	Nummer
NVwZ	Neue Zeitschrift für Verwaltungsrecht
NZA	Neue Zeitschrift für Arbeitsrecht
PJZS	Polizeiliche und justizielle Zusammenarbeit in Strafsachen
RabelsZ	Rabels Zeitschrift für ausländisches und internationales Privatrecht
RFSR	Raum der Freiheit, der Sicherheit und des Rechts
Rn.	Randnummer
Rs.	Rechtssache
Rspr.	Rechtsprechung
s.	siehe
S.	Seite/Satz
Slg.	Sammlung
sog.	sogenannt/sogenannte

u.	und
u.a.	und andere/ unter anderem
U.S./US	United States (of America)
UAbs.	Unterabsatz
usw.	und so weiter
Var.	Variante
verb.	verbundene
VerfO	Verfahrensordnung
VerfV.	Verfassungsvertrag
vgl.	vergleiche
VO	Verordnung
vs.	versus
VwGO	Verwaltungsgerichtsordnung
VwVfG	Verwaltungsverfahrensgesetz
WTO	Welthandelsorganisation
z.B.	zum Beispiel
ZaöRV	Zeitschrift für ausländisches öffentliches Recht und Völkerrecht
ZEuS	Zeitschrift für europarechtliche Studien
ZfRV	Zeitschrift für Europarecht, internationales Privatrecht und Rechtsvergleichung
zit.	zitiert
ZRP	Zeitschrift für Rechtspolitik
ZUR	Zeitschrift für Umweltrecht

Einleitung

Die Europäische Union unterliegt seit ihren Anfängen einer ständigen Weiterentwicklung. Hierbei liegt ihr ein feststehendes Wertefundament zugrunde: sie gründet sich auf die Achtung der Menschenwürde, Freiheit, Demokratie, Gleichheit, Rechtsstaatlichkeit und die Wahrung der Menschenrechte (Art. 2 S. 1 EUV bzw. Art. 6 Abs. 1 EUV a.F.). Der Grundsatz der Rechtsstaatlichkeit umfasst insbesondere auch die Garantie der Gewährung bzw. Sicherstellung effektiven Rechtsschutzes für den Einzelnen. Der Europäische Gerichtshof hat diese Garantie auf effektiven Rechtsschutz als allgemeinen Grundsatz des Unionsrechts anerkannt.[1] Doch nicht nur das; die Garantie eines Systems des effektiven Rechtsschutzes zählt auch zu den Hauptaufgaben des Gerichtshofes.[2] Der Grundsatz ist allen Mitgliedstaaten gemeinsam (Art. 2 S. 2 EUV bzw. Art. 6 Abs. 1, 2. HS EUV a.F.) und kann und wird deshalb durch ein Zusammenwirken von Rechtsschutz auf europäischer Ebene und von Rechtsschutz auf nationaler Ebene, also Verfahren bei den nationalen Gerichten, sichergestellt. Bei dem Grundsatz des effektiven Rechtsschutzes auf europäischer Ebene sind insbesondere für den Einzelnen zwei Problemfelder von zentraler Bedeutung. Zum einen das Problem der Verfahrensdauer, zum anderen das Problem der Klagebefugnis des Einzelnen, mithin der Individualrechtsschutz auf europäischer Ebene. Ein weiterer zentraler Aspekt des Grundsatzes des effektiven Rechtsschutzes ist die Art und Weise bzw. die Möglichkeiten, wie effektiver Rechtsschutz gewährt werden soll, also welche Verfahrens- bzw. Klagearten zur Gewährleistung effektiven Rechtsschutzes auf europäischer Ebene erforderlich sind.

Die Gewährung von Rechtsschutz durch die Unionsgerichte wird durch Regelungen im Primärrecht und in den Verfahrensordnungen der Gerichte bestimmt. Hierbei ist jedoch, wie bereits erwähnt, das Zusammenwirken der nationalen Gerichte und der europäischen Gerichte zu berücksichtigen, da der Rechtsschutz vor den europäischen Gerichten durch die einzelnen nationalen Rechtsschutzsysteme ergänzt wird.[3]

1 EuGH Rs. C-432/05, Slg. 2007, I-2271, Rn. 37 (Unibet), Kokott/Dervisopoulos/Henze, EuGRZ 2008, 10.

2 Knapp, DöV 2001, 12.

3 Kokott/Dervisopoulos/Henze, EuGRZ 2008, 10.

Aktuell haben sich sowohl auf Primärrechtsebene als auch im Rahmen der Verfahrensordnung des Gerichtshofes Neuerungen ergeben. So sieht der *Vertrag von Lissabon*[4] eine Neuerung hinsichtlich der Klagebefugnis Einzelner beim Gerichtshof im Rahmen der Nichtigkeitsklage vor. Der Art. 230 Abs. 4 EGV a.F. wurde in der Form des Art. 263 Abs. 4 AEUV neu gefasst.

Außerdem ist nunmehr primärrechtlich geregelt, dass die Mitgliedstaaten die erforderlichen Rechtsbehelfe schaffen müssen, damit ein wirksamer Rechtsschutz in den vom Unionsrecht erfassten Bereichen gewährleistet ist. Hierfür wurde Art. 19 Abs. 1 UAbs. 2 EUV eingeführt. Somit wird die Gewährleistung umfassenden Rechtsschutzes in den vom Unionsrecht umfassten Bereichen nicht länger nur durch die Rechtsprechung des Gerichtshofs garantiert. Dies wirft die Frage auf, ob durch diese Regelung sämtliche etwaig bestehenden Regelungslücken in den vom Unionsrecht umfassten Bereichen geschlossen wurden und ob sich diese geregelte Gewährleistung zu einer umfassenden Garantie auf wirksamen Rechtsschutz durch mitgliedstaatliche Gerichte in Unionsangelegenheiten entwickeln kann und somit auf europäischer Ebene eine dem deutschen Art. 19 Abs. 4 GG oder dem internationalen Art. 6 EMRK entsprechende Regelung geschaffen wurde.[5]

Schließlich wurde eine Änderung der Verfahrensordnung des Gerichtshofes vorgenommen. Zum 01.03.2008 wurde mit Art. 104 b der zu diesem Zeitpunkt gültigen Verfahrensordnung des Gerichtshofes ein neues sog. Eilvorlageverfahren[6] für Fragen aus dem Bereich des Raumes der Freiheit, der Sicherheit und des Rechts eingeführt und somit eine neue Variante zu dem Vorabentscheidungsverfahren nach Art. 104 VerfO Gerichtshof a.F. sowie dem beschleunigten Vorabentscheidungsverfahren nach Art. 104 a VerfO Gerichtshof a.F. geschaffen. Mittlerweile wurde die damals gültige Verfahrensordnung überarbeitet und ist in ihrer neuen Form am 1. November 2012 in Kraft getreten.[7] Dies hat dazu geführt, dass dem Vorlageverfahren ein eigener Titel zugedacht wurde. Die Regelungen zum Vorlageverfahren finden sich nunmehr in den Artikeln 93 ff VerfO Gerichtshof, wobei das beschleunigte Verfahren in Art. 105 f VerfO Gerichtshof und das hier näher zu untersuchende Eilvorlageverfahren in Art. 107 ff VerfO Gerichtshof geregelt ist.

All diese Änderungen unterstreichen die Wichtigkeit des Rechts auf effektiven Rechtsschutz und damit zusammenhängend den Individualrechtsschutz

---

4 ABl. 2007 C 306/1 ff.

5 Streinz/Ohler/Herrmann, S. 60.

6 ABl. 2008, L 24, S. 42 (Satzung), L 24, S. 39 (Verfahrensordnung).

7 ABl. 2012, L 265, S. 1 ff, vom 29.09.2012.

auf EU-Ebene. Ziel der Arbeit soll deshalb sein, die oben aufgeführten aktuellen Entwicklungen im Bereich des effektiven Rechtsschutzes auf europäischer Ebene darzustellen und zu hinterfragen. Im ersten Teil soll die Neueinführung des sog. Eilvorlageverfahrens behandelt werden. Es soll die Entwicklung hin zu der tatsächlichen Entscheidung, ein solches Verfahren für den Raum der Freiheit, der Sicherheit und des Rechts einzuführen, beschrieben werden. Außerdem soll ein Überblick über die neue Rechtslage seit Inkrafttreten des Vertrages über die Europäische Union und des Vertrages über die Arbeitsweise der Union in der Fassung des Vertrages von Lissabon hinsichtlich des Vorabentscheidungsverfahrens und des Raumes der Freiheit, der Sicherheit und des Rechts gegeben werden. Im zweiten Teil der Arbeit sollen sodann die Auswirkungen der Neuregelung des Individualrechtsschutzes im Rahmen der Nichtigkeitsklage (Art. 263 Abs. 4 AEUV) dargestellt werden, indem zunächst ein Überblick der Entwicklung im Rahmen des Verfassungskonvents hin zu der neuen Regelung gegeben wird. Abschließend soll sodann genau untersucht und dargestellt werden, welche Neuerungen und Probleme der Art. 263 Abs. 4 AEUV mit sich bringt und ob nunmehr der Rechtsschutz Einzelner tatsächlich erweitert wurde und keine Rechtsschutzlücken mehr bestehen.

Im dritten und abschließenden Teil der Arbeit soll mit Blick auf die in den ersten beiden Teilen gefundenen Ergebnisse zusammenfassend untersucht und dargestellt werden, welche Konsequenzen sich aus der Einführung des Art. 19 Abs. 1 UAbs. 2 EUV ergeben. Dafür wird beleuchtet, ob etwaige Rechtschutzlücken sowohl auf europäischer Ebene als auch auf nationaler Ebene durch die Einführung von Art. 19 Abs. 1 UAbs. 2 EUV geschlossen werden und somit tatsächlich von umfassendem Rechtsschutz des Einzelnen auf europäischer Ebene gesprochen werden kann oder ob es womöglich der Einführung einer weiteren Klageart auf europäischer Ebene bedarf.

Teil 1: Effektivität des Vorabentscheidungsverfahrens und die Einführung eines Eilvorlageverfahrens für den Raum der Freiheit, der Sicherheit und des Rechts

Das Vorabentscheidungsverfahren bildet das wohl wichtigste Verfahren vor dem Gerichtshof, da es von zentraler Bedeutung für die einheitliche Auslegung des Unionsrechts und die Kontrolle des sekundären Unionsrechts ist.[8] Es handelt sich hierbei im Grunde um ein objektives Zwischenverfahren, da die rechtsprechende Gewalt des Gerichtshofes nicht auf direktem Rechtsweg ausgeübt wird, sondern das Vorabentscheidungsverfahren sozusagen eine Nahtstelle zwischen den verschiedenen Rechtsordnungen darstellt.[9] Dadurch entsteht ein rechtsstaatlicher Dialog, der insbesondere der Akzeptanz der Entscheidungen des Gerichtshofes dient.[10] Durch das Vorabentscheidungsverfahren soll gerade gewährleistet werden, dass das Unionsrecht in allen Mitgliedstaaten immer die gleiche Wirkung hat, weshalb dieses Verfahren als Instrument der Zusammenarbeit zwischen nationalen Gerichten und dem Gerichtshof qualifiziert werden kann.[11]

Im ersten Teil der vorliegenden Arbeit sollen dieses wichtige Verfahren und der Weg zu der Einführung eines Eilvorlageverfahrens für den Bereich des Raumes der Freiheit, der Sicherheit und des Rechts genauer untersucht werden.

Da sich das Inkrafttreten des Vertrages von Lissabon auch auf die Regelungen zum Vorabentscheidungsverfahren und auf die Regelung hinsichtlich des Raumes der Freiheit, der Sicherheit und des Rechts ausgewirkt hat, soll zunächst in einem ersten Kapitel ein kurzer Überblick über die aktuellen Regelungen gegeben werden. Weiterhin sollen die Unterschiede zu den alten Regelungen bzgl. der vorgenannten Themenbereiche herausgearbeitet werden, wobei lediglich eine erste Einschätzung erfolgt, ob die nunmehr geltenden Regelungen eine Verbesserung gegenüber den alten Regelungen darstellen.

In einem zweiten Kapitel wird die Entwicklung hin zu der Einführung des Eilvorlageverfahrens für Fragen hinsichtlich des Raumes der Freiheit, der

8 Herdegen, § 10, Rn. 26, 27.

9 Rengeling/Middeke/Gellermann, § 10, Rn. 5, 11; Bieber/Epiney/Haag, § 9, Rn. 86; Dauses, S. 39 f; Dauses, FS für Everling, S. 223.

10 Dörr, EuGRZ 2008, 349, 350.

11 Pechstein, Rn. 779, 780.

Sicherheit und des Rechts dargestellt. Ausgehend von dem Problem der eingeschränkten Effektivität des Rechtsschutzes bei „herkömmlichen" Vorabentscheidungsverfahren aufgrund der außergewöhnlich langen Verfahrensdauer, erfolgt zunächst eine Darstellung der in der Vergangenheit in der Literatur und Wissenschaft diskutierten Lösungsansätze. Sodann wird die Besonderheit des Raumes der Freiheit, der Sicherheit und des Rechts skizziert, um schließlich die Entwicklung bis zum Inkrafttreten des neuen Eilvorlageverfahrens gem. Art. 107 VerfO Gerichtshof für diesen besonderen Bereich darzustellen.

Der erste Teil dieser Arbeit wird in Kapitel 3 abgerundet mit einem Überblick über die Anwendung des neuen Eilvorlageverfahrens in der Praxis des Gerichtshofes. Hierfür wird anhand der bislang entschiedenen Eilvorlagen untersucht, wie sich das Eilvorlageverfahren in der Praxis bewährt hat, um sodann eine Einschätzung darüber geben zu können, ob die Einführung dieses Verfahrens zu dem gewünschten und erhofften Ergebnis geführt hat.

Kapitel 1: Neuregelung des Vorabentscheidungsverfahrens durch das Inkrafttreten des Vertrages von Lissabon

Zunächst erfolgt ein Überblick über die Neuregelungen hinsichtlich des Vorabentscheidungsverfahrens im Allgemeinen nach Inkrafttreten des Vertrages von Lissabon.[12] Diese Neuregelungen finden sich in Art. 19 Abs. 3 EUV und in

---

12 Der Vertrag von Lissabon wurde am 13. Dezember 2007 von den Staats- und Regierungschefs der 27 Mitgliedstaaten der EU unterzeichnet und trat am 1. Dezember 2009 endgültig in Kraft, nachdem am 13. November 2009 die tschechische Ratifikationsurkunde als letzte hinterlegt worden ist. (Eine detaillierte Darstellung der Entwicklung hin zum endgültigen Inkrafttreten des Vertrages von Lissabon soll an dieser Stelle nicht erfolgen. Es wird diesbezüglich auf die einschlägige Literatur verwiesen, z.B. Vanessa Hellmann, Der Vertrag von Lissabon, 2009, m.w.N.). Nach Vorgabe des Vertrages von Lissabon wird der bisherige „Vertrag über die Europäische Gemeinschaft" (EGV a.F.) umbenannt in den „Vertrag über die Arbeitsweise der Europäischen Union" (AEUV). „Der Vertrag über die europäische Union" (EUV) wurde ebenfalls durch den Vertrag von Lissabon geändert, sodass nunmehr eine Europäische Union gegründet wurde (Vgl. Art. 1 Abs. 1 EUV). Demnach tritt die Europäische Union an die Stelle der Europäischen Gemeinschaft und ist deren Rechtsnachfolgerin (Vgl. Art. 1 Abs. 3 S. 3 EUV). Darüber hinaus wird dieser neu gegründeten Europäischen Union gem. Art. 47 EUV ausdrücklich Rechtspersönlichkeit verliehen. Die Zusammenführung der Europäischen Gemeinschaft und der Europäischen Union hat zur Folge, dass die bisher bestehende „Säulenstruktur" aufgelöst wird (zu der Säulenstruktur vgl. statt vieler Streinz, Europarecht, 8. Aufl. 2008 Rn. 133 ff). Dies führt zu einer supranational ausgerichteten Zusammenarbeit.

Art. 267 AEUV. Sie sind verortet bei den Bestimmungen über den „Gerichtshof der Europäischen Union" (Art. 19 EUV; Art. 251 bis 281 AEUV), die größtenteils den bisherigen Bestimmungen über den „Gerichtshof der Europäischen Gemeinschaften" entsprechen (Art. 220 ff EGV a.F.).

A. Die neue Regelung des Art. 267 AEUV

Seit Inkrafttreten des Vertrages von Lissabon ist das Vorabentscheidungsverfahren nunmehr zentral in einer Vorschrift geregelt, nämlich in Art. 267 AEUV. Dieser Artikel ersetzt nicht nur den ehemaligen Art. 234 EGV a.F. sondern ist nunmehr die einzige Regelung zum Vorabentscheidungsverfahren. Die Art. 68 EGV a.F. und Art. 35 Abs. 1–4 EUV a.F. sind weggefallen und finden sich weder im EUV noch im AEUV wieder.[13] Dies hat zur Folge, dass die in den vorgenannten Artikeln geregelten Einschränkungen hinsichtlich des Vorabentscheidungsverfahrens in dem Bereich „Visa, Asyl, Einwanderung und andere Politiken betreffend den freien Personenverkehr"[14] und in dem Bereich „Polizeiliche und justizielle Zusammenarbeit in Strafsachen"[15] entfallen und der Zugang zum Gerichtshof insofern für die nationalen Gerichte erleichtert wird.

Gemäß dem neuen Art. 276 AEUV fällt die Zuständigkeit des Gerichtshofes allerdings noch für die Überprüfung der Gültigkeit oder Verhältnismäßigkeit von Maßnahmen der Polizei oder anderer Strafverfolgungsbehörden eines Mitgliedstaates oder der Wahrnehmung der Zuständigkeiten der Mitgliedstaaten für die Aufrechterhaltung der öffentlichen Ordnung und den Schutz der inneren Sicherheit weg. Im Übrigen steht das Vorabentscheidungsverfahren aber wieder uneingeschränkt allen nationalen Gerichten zur Verfügung.[16] Zu beachten sind hierbei jedoch die Übergangsvorschriften für das in Kraft befindliche Sekundärrecht, wonach die alten Beschränkungen noch weitere fünf Jahre Bestand haben.[17]

Lediglich für die GASP und den an die Stelle der PJZS tretenden „Raum der Freiheit, der Sicherheit und des Rechts" gelten weiterhin besondere Regelungen, sodass in diesem Bereich die Mitgliedstaaten weiterhin auf intergouvernementale Weise zusammenarbeiten werden (vgl. V. Hellmann, Der Vertrag von Lissabon, 2009).

13 Hinsichtlich der alten Regelungen der Art. 68 EGV a.F. und Art. 35 Abs. 1–4 EUV a.F. vgl. unten die Ausführungen zu E IV.

14 Titel IV, Art. 61 ff EGV a.F.

15 Titel VI, Art. 29 ff EUV a.F.

16 Dörr, EuGRZ 2008, 349 (351).

17 Art. 10 Abs. 1, 3 des Übergangsprotokolls, Streinz/Ohler/Herrmann, S. 363; für deutsche Gerichte ist diese Übergangsfrist bedeutungslos, da Deutschland in seiner

Die nunmehr gültige Vorschrift des Art. 267 AEUV entspricht nahezu wörtlich dem Art. III-369 des Entwurfs des Europäischen Verfassungsvertrages[18] und auch gegenüber Art. 234 EGV a.F. besteht die wesentlichste Änderung in der Einführung des Absatzes 4.

Der neue Wortlaut des Art. 267 AEUV (ex Art. 234 EGV)[19] lautet:

(1) Der Gerichtshof der Europäischen Union entscheidet im Wege der Vorabentscheidung
(a) über die Auslegung der Verträge,
(b) über die Gültigkeit und die Auslegung der Handlungen der Organe, Einrichtungen oder sonstigen Stellen der Union.

(2) Wird eine derartige Frage einem Gericht eines Mitgliedstaates gestellt und hält dieses Gericht eine Entscheidung darüber zum Erlass seines Urteils für erforderlich, so kann es diese Frage dem Gerichtshof zur Entscheidung vorlegen.

(3) Wird eine derartige Frage in einem schwebenden Verfahren bei einem einzelstaatlichen Gericht gestellt, dessen Entscheidungen selbst nicht mehr mit Rechtsmitteln des innerstaatlichen Rechts angefochten werden können, so ist dieses Gericht zur Anrufung des Gerichtshofes verpflichtet.

(4) Wird eine derartige Frage in einem schwebenden Verfahren, das eine inhaftierte Person betrifft, bei einem einzelstaatlichen Gericht gestellt, so entscheidet der Gerichtshof innerhalb kürzester Zeit.

Diese neue Regelung in Absatz 4 ist eine Folge der erweiterten Kompetenzen des Gerichtshof und der Union auf dem in Titel V des AEUV neu geregelten Gebiet des Raumes der Freiheit, der Sicherheit und des Rechts.[20] Außerdem findet sich in dem neuen Absatz 4 nunmehr ein spezielles Beschleunigungsgebot[21], nach dem der Gerichtshof gehalten ist, „innerhalb kürzester Zeit" zu entscheiden, wenn die Vorlagefrage eine „inhaftierte Person betrifft", was auch als Hinweis auf das neu eingeführte und hier thematisierte Eilvorlageverfahren gem. Art. 107 VerfO Gerichtshof für den Bereich des Raumes der Freiheit, der Sicherheit und des Rechts ist.

B. Die neue Regelung des Art. 19 EUV

Die neue Regelung des Art. 19 EUV könnte man als allgemeine bzw. „vor die Klammer" gezogene Regelung bzgl. der europäischen Gerichtsbarkeit bezeichnen. Dort

---

Erklärung gem. Art. 35 Abs. 2 EUV a.F. das Vorabentscheidungsverfahren für Gerichte aller Instanzen zulässt.

18 ABl. 2004 C 310/1 ff.

19 ABl. 2008 C 115/164.

20 Vedder/Heintschel von Heinegg – Pache, EVV, Art. III-369 VV, Rn. 40; Thomy, S. 235; siehe auch unten die Ausführungen zu F.

21 Dörr, EuGRZ 2008, 349 (351).

sind die neue Bezeichnung des Gerichtshofes der Europäischen Union (EU) sowie die Besetzung der hierunter fallenden Gerichte geregelt. Gem. Art. 19 Abs. 1 EUV umfasst der Gerichtshof der EU den Gerichtshof, das Gericht und die Fachgerichte. Hierbei entspricht der Gerichtshof dem EuGH, das Gericht entspricht dem Gericht 1. Instanz und die Fachgerichte entsprechen den gerichtlichen Kammern.

In Absatz 3 findet sich die Regelung über die Zuständigkeiten des Gerichtshofes der Europäischen Union. In diesem Absatz wird deutlich, dass es sich um eine allgemeine Regelung handelt, da ausdrücklich darauf verwiesen wird, dass der Gerichtshof der EU „nach Maßgabe der Verträge“ entscheidet. In Art. 19 Abs. 3 c) EUV ist die Zuständigkeit des Gerichtshofes der EU für Vorabentscheidungsverfahren ausdrücklich geregelt.

Die wohl bemerkenswerteste Regelung in Art. 19 EUV ist jedoch die in Abs. 1 UAbs. 2. Hier wird zum ersten Mal vertraglich bzw. primärrechtlich geregelt, dass die Mitgliedstaaten verpflichtet sind, die erforderlichen Rechtsbehelfe zu schaffen, „damit ein wirksamer Rechtschutz in den vom Unionsrecht erfassten Bereichen gewährleistet ist“. Bislang wurde eine solche Verpflichtung der Mitgliedstaaten aus Art. 10 EGV a.F. (jetzt geregelt in Art. 4 Abs. 3 EUV) abgeleitet und durch die Rechtsprechung des Gerichtshofes geprägt.[22] Welche Bedeutung diese Regelung für den effektiven Rechtsschutz auf europäischer Ebene hat und ob dies die Ausweitung des direkten Rechtsschutzes z.B. durch Einführung einer Feststellungsklage auf europäischer Ebene entbehrlich macht, soll in der die ersten beiden Teile dieser Arbeit abschließenden Betrachtung im dritten Teil genauer beleuchtet werden.

C. Zuständigkeit des Gerichts für Vorabentscheidungsverfahren

In Art. 256 Abs. 3 AEUV[23] ist die Zuständigkeit des Gerichts, vormals des Gerichts 1. Instanz, geregelt. Danach soll das Gericht für Vorabentscheidungen in den in der Satzung festgelegten Sachgebieten zuständig sein. Von dieser Möglichkeit, dem Gericht in besonderen Sachgebieten diese Zuständigkeit zu übertragen, ist allerdings bislang in der Satzung des Gerichtshofes der EU kein Gebrauch gemacht worden.[24] Nichts desto trotz bleibt es dabei, dass zumindest

---

22 Gerichtshof Rs. C-50/00 P (Unión de Pequeños Agricultores (UPA)/Rat), Slg. 2002, I 6677, 6734 f. (Rn. 41. f) bzw. EuGRZ 2002, S. 420 (437).

23 Entspricht Art. 225 Abs. 3 EGV a.F.

24 Vgl. Art. 47 ff der aktuellen Satzung des Gerichtshofes der EU (ABl. 2008 C 115/210 ff), ferner: Wägenbaur, EuGH VerfO, – Satzung EuGH Art. 51, Rn. 6; Calliess/Ruffert-Wegener, EUV/EGV, Art. 225, Rn. 26.

primärrechtlich die Möglichkeit vorgesehen ist, dem Gericht in besonderen Sachgebieten die Zuständigkeit für Vorabentscheidungsverfahren zu übertragen. Diese Möglichkeit relativiert das Entscheidungsmonopol des Gerichtshofes im Vorabentscheidungsverfahren.[25] Ob diese Möglichkeit jedoch überhaupt genutzt werden soll, ist sehr umstritten.[26]

Jedenfalls sind zur Sicherung der Rechtseinheit für den Fall, dass doch von einer Übertragung der Zuständigkeit auf das Gericht Gebrauch gemacht werden sollte, die Unterabsätze 2 und 3 des Art. 256 Abs. 3 AEUV beibehalten worden. Demnach können in Ausnahmefällen die Vorabentscheidungen des Gerichtes vom Gerichtshof überprüft werden bzw. kann das Gericht, wenn es der Auffassung ist, „dass eine Rechtssache eine Grundsatzentscheidung erfordert, die die Einheit oder die Kohärenz des Unionsrechts berühren könnte"[27], die Rechtssache zur Entscheidung an den Gerichtshof verweisen.

D. Regelung des Vorabentscheidungsverfahrens in der Satzung des Gerichtshofes und in der Verfahrensordnung des Gerichtshofes

Gem. Art. 281 AEUV wird die Satzung des Gerichtshofes der EU in einem besonderen Protokoll festgelegt. Art. 281 Abs. 2 AEUV enthält eine wesentliche Änderung gegenüber der alten Regelung. So können das Europäische Parlament und der Rat „gemäß dem ordentlichen Gesetzgebungsverfahren die Satzung mit Ausnahme ihres Titels I und ihres Art. 64 ändern". Das hier relevante Protokoll über die Satzung des Gerichtshofes der EU findet sich in Protokoll Nr. 3 zum Vertrag über die Arbeitsweise der Europäischen Union[28]. Die das Vorabentscheidungsverfahren betreffenden Vorschriften sind in der Satzung unter Titel III „Verfahren vor dem Gerichtshof" unter Art. 23 und Art. 23 a zu finden. In Art. 23 der Satzung ist der genaue Verfahrensablauf des „normalen" Vorabentscheidungsverfahrens geregelt, während der neu eingeführte Art. 23 a der Satzung[29] festlegt, dass in der Verfahrensordnung ein

---

25 Calliess/Ruffert-Wegener, EUV/EGV, Art. 225, Rn. 26 ff mit weiteren Ausführungen dazu, weshalb die Möglichkeit, die Zuständigkeit teilweise auf das Gericht zu übertragen, primärrechtlich geregelt wurde, jedoch bislang von dieser Möglichkeit kein Gebrauch gemacht worden ist.

26 Schima, S.113 f. m.w.N. zum Streitstand; siehe ausführlich auch die Ausführungen unter Kapitel 2, B VII.

27 Vgl. Art. 256 Abs. 3 AEUV.

28 ABl. 2008 C 115/210 ff.

29 Artikel eingefügt durch Beschluss des Rates vom 20.12.2007 (2008/79/EG, Euratom) abgedruckt in ABl. L 24 vom 29.01.2008, S. 42 f.

beschleunigtes Verfahren sowie „für Vorabentscheidungen zum Raum der Freiheit, der Sicherheit und des Rechts ein Eilverfahren vorgesehen werden [können]“[30].

Die Verfahrensweise zu Vorabentscheidungen ist seit der Überarbeitung der Verfahrensordnung in einem eigenen Titel, nämlich im dritten Titel „Vorlagen zur Vorabentscheidung“, in den Art. 93 ff VerfO Gerichtshof geregelt.[31] In der alten Fassung der Verfahrensordnung, die in ihrer wesentlichen Struktur bereits seit ihrem Erlass vom 4. März 1953 bestanden hat, fanden sich die entsprechenden Regelungen in den Art. 103 ff VerfO Gerichtshof. Die ursprüngliche Fassung der Verfahrensordnung hat zwar seit 1953 einige Änderungen und Ergänzungen, wie z.B. die Einführung des neuen Eilvorlageverfahrens, erfahren, allerdings wurde sie in ihrer Struktur nie wirklich verändert. Insbesondere trug die alte Fassung der Verfahrensordnung nicht der Entwicklung seit Einführung des Gerichtes und den damit verbundenen Übertragungen von Zuständigkeiten Rechnung, sodass es an der Zeit war, die Verfahrensordnung an die Verfahrensrealität des Gerichtshofes anzupassen.[32] Hierbei wurde auch den Regelungen hinsichtlich des hier interessierenden Vorabentscheidungsverfahrens besondere Aufmerksamkeit geschenkt, was u.a. darin begründet lag, dass die Vorabentscheidungsersuchen zahlenmäßig die größte Kategorie der neu eingehenden Rechtssachen beim Gerichtshof darstellen.[33] Der neu eingeführte Titel „Vorlagen zur Vorabentscheidung“ soll nunmehr vollständig alle Regelungen zum Vorabentscheidungsverfahren bündeln und somit einer übersichtlicheren und klareren Gestaltung für den einzelnen Bürger, aber auch für die nationalen

30 Art. 23 a der Satzung; ABl. 2008 L 24, S. 42 f; ebenso auch in der konsolidierten Fassung der Satzung des Gerichtshofes der Europäischen Union in der durch die Verordnung (EU/Euratom) Nr. 741/2012 des Europäischen Parlaments und des Rates vom 11.08.2012 (ABl. L 228 vom 23.08.2012, S.1 ff) abrufbar unter: http://curia.europa.eu/jcms/upload/docs/application/pdf/2012-10/staut_cons_de.pdf.

31 ABl. L 265 vom 29.09.2012, S. 24 ff.

32 Siehe hierzu die Pressemitteilung Nr. 122/12 des Gerichtshofes der Europäischen Union vom 03.10.2012, abrufbar unter: http://curia.europa.eu/jcms/upload/docs/application/pdf/2012-10/cp120122de.pdf.

33 Allein im Jahr 2011 waren 423 von insgesamt 688 neuen Rechtssachen, die beim Gerichtshof eingereicht wurden, Vorabentscheidungsersuchen, also mehr als 60 % der Rechtssachen insgesamt; siehe hierzu ebenfalls die Pressemitteilung Nr. 122/12 des Gerichtshofes der Europäischen Union vom 03.10.2012 bzw. die Rechtsprechungsstatistik für das Jahr 2011, S. 100, abrufbar unter: http://curia.europa.eu/jcms/upload/docs/application/pdf/2012-06/ra2011_statistiques_cour_de.pdf.

Gerichte dienen.[34] Da diese neue Fassung der Verfahrensordnung bereits zum 1. November 2012 in Kraft getreten ist, werden für diese Arbeit ausschließlich die neuen Regelungen zugrunde gelegt.

Der Ablauf des „normalen" Vorabentscheidungsverfahrens ist nunmehr im ersten Kapitel des dritten Titels in Art. 94 bis 104 VerfO Gerichtshof näher geregelt. Diese Vorschriften enthalten die allgemeinen Bestimmungen hinsichtlich des Vorabentscheidungsverfahrens. Das sog. beschleunigte Verfahren[35], auf das Art. 23 a der Satzung verweist, ist im zweiten Kapitel des dritten Titels in Art. 105 und 106 VerfO Gerichtshof geregelt. Die Regelungen zum in der vorliegenden Arbeit näher thematisierten Eilverfahren für den Raum der Freiheit, der Sicherheit und des Rechts finden sich im dritten Kapitel des dritten Titels in Art. 107 bis 114 VerfO Gerichtshof. Die ursprüngliche Regelung zum Eilvorlageverfahren fand sich in Art. 104 b VerfO Gerichtshof a.F. und ist ebenso wie die primärrechtliche Grundlage des Art. 23 a der Satzung am 1. März 2008 in Kraft getreten[36]. Bemerkenswert hierbei ist, dass mit Inkrafttreten des Art. 23 a der Satzung nicht nur die primärrechtliche Grundlage für das Eilverfahren geschaffen worden ist, sondern auch die primärrechtliche Grundlage des bereits im Jahre 2000 in Kraft getretenen Art. 104 a VerfO Gerichthof a.F.[37], nunmehr Art. 105 f VerfO Gerichtshof, zum beschleunigten Verfahren.

E. Vergleich zwischen den alten und den neuen Regelungen zum Vorabentscheidungsverfahren

Das Vorabentscheidungsverfahren hat seit seiner Einführung eine immer wichtigere und umfänglichere Bedeutung gewonnen.[38] Es ist nunmehr das wohl wichtigste Verfahren vor dem Gerichtshof.[39] Dies lässt sich unter anderem daran festmachen, dass dieses Verfahren einen Schwerpunkt der Arbeit des Gerichtshofes darstellt und im Rahmen von Vorabentscheidungsverfahren einige der bedeutendsten Entscheidungen der europäischen Rechtsgeschichte ergangen

---

34 Pressemitteilung Nr. 122/12 des Gerichtshofes der Europäischen Union vom 03.10.2012, abrufbar unter: http://curia.europa.eu/jcms/upload/docs/application/pdf/2012-10/cp120122de.pdf.

35 Eingeführt auf der Grundlage des Reflexionspapiers vom Mai 1999 („Die Zukunft des Gerichtssystems der Europäischen Union") am 16.05.2000, abgedruckt in ABl. 2000 L 22 S. 43 ff.

36 ABl. 2008 L 24, S. 39.

37 Vgl. Fn. 35.

38 Rengeling/Middeke/Gellermann, § 10, Rn. 3.

39 Herdegen, §10, Rn. 27; Rengeling/Middeke/Gellermann, § 10, Rn. 7.

sind,[40] was auch die Bedeutung des Verfahrens für die Rechtsfortbildung und Weiterentwicklung des EU-Rechts unterstreicht.[41] Beispielhaft kann hier die Entscheidung Van Gend & Loos genannt werden, auf der der Grundsatz der unmittelbaren Wirkung des Unionsrechts beruht.[42] An dieser Wichtigkeit des Vorabentscheidungsverfahrens wird sich auch nach Inkrafttreten des Vertrages von Lissabon nichts ändern. Allerdings bringen die nunmehr gültigen Regelungen einige wesentliche Veränderungen mit sich.

I. Funktion des Vorabentscheidungsverfahrens

Zunächst soll zum besseren Verständnis der Bedeutung des Vorabentscheidungsverfahrens für den effektiven Rechtsschutz ein Überblick über dessen Funktionen gegeben werden.

1. Wahrung der einheitlichen Auslegung und Anwendung des Unionsrechts

Wie einleitend zu Teil 1 bereits dargelegt, handelt es sich bei dem Vorabentscheidungsverfahren um ein Zwischenverfahren, das eine Nahtstelle zwischen den verschiedenen Rechtsordnungen darstellt und somit als Instrument der Zusammenarbeit zwischen den nationalen Gerichten und dem Gerichtshof qualifiziert werden kann.[43] Deshalb wird es vielfach auch als Kooperationsverfahren[44] bzw. Konsultationsverfahren[45] bezeichnet.

Eine wesentliche Funktion des Vorabentscheidungsverfahrens ist die Wahrung der einheitlichen Auslegung und Anwendung des Unionsrechts.[46] Es findet insbesondere dann Anwendung, wenn auf nationaler Ebene Unionsrecht angewendet wird und entscheidungserheblich ist. In Fällen der Auslegung und Anwendung von Unionsrecht vor nationalen Gerichten stehen sich allerdings zwei widerstreitende Interessen gegenüber, nämlich das Interesse der Mitgliedstaaten an der Unabhängigkeit ihrer Gerichtsbarkeit bei der Entscheidungsfindung und das Interesse der Union an einer einheitlichen Auslegung und Anwendung

---

40 Dauses, S. 50.

41 Rodriguez Iglesias, NJW 2000, 1889 (1894); Wägenbaur, EuZW 2000, 37.

42 EuGHE 1963, 1, 24 ff.

43 Vgl. oben Fn. 9 und 11.

44 Lipp, NJW 2001, 2657 (2658); Rodriguez Igelsias, NJW 2000, 1889; Hirsch, ZRP 2000, 57 (59); Dauses, FS für Everling, S. 223.

45 Wägenbaur, EuZW 2000, 37.

46 Rengeling/Middeke/Gellermann, §10, Rn. 6; Calliess/Ruffert-Wegener, EGV, Art. 234, Rn. 1; Dauses, S. 46; EuGH Rs. 166/73, Slg. 1974, 33, Rn. 2 (Rheinmühlen); EuGH Rs. 107/76, Slg. 1977, 957, Rn. 5 (Hoffmann La Roche).

des Unionsrechts.[47] Aufgrund des Interesses der Mitgliedstaaten, die Unabhängigkeit ihrer Gerichte zu wahren, waren und sind die nationalen Rechtsprechungshierarchien auch nicht auf das Verhältnis von den nationalen Gerichten zu den Unionsgerichtsbarkeiten übertragbar.[48] Mit anderen Worten stand dieses mitgliedstaatliche Interesse „der Schaffung einer den nationalen Gerichten übergeordneten europäischen Gerichtsbarkeit“[49] entgegen. Das Vorabentscheidungsverfahren bildet insofern eine „Kompromisslösung“[50] und wurde als Mittel der Kooperation und Koordination „im Geiste der Zusammenarbeit“ [51] zwischen den nationalen Gerichten und dem Gerichtshof geschaffen.[52] Dies ist mit dem Bedürfnis der nationalen Gerichte nach Unabhängigkeit vereinbar. Durch das Vorabentscheidungsverfahren wird also eine Art Aufgabenteilung zwischen den nationalen Gerichten und dem Gerichtshof erreicht.[53] So beginnt und endet der dem Vorabentscheidungsverfahren zugrunde liegende Rechtsstreit vor einem nationalen Gericht.[54] Stellt sich während eines Rechtsstreits für den nationalen Richter eine unionsrechtliche Frage, die für den Rechtsstreit entscheidungserheblich ist, so ist das nationale Gericht zwar verpflichtet, das Unionsrecht anzuwenden. Jedoch sind dessen erforderliche einheitliche Auslegung und die Beurteilung der Gültigkeit eines Unionsrechtsaktes dem Gerichtshof vorbehalten.[55] Die Verwerfungskompetenz bzgl. eines Unionsrechtsaktes liegt ausschließlich beim Gerichtshof.[56] Sonst bestünde die Gefahr der „Rechtszersplitterung“[57] innerhalb der Mitgliedsstaaten und eine einheitliche Auslegung und Anwendung des Unionsrechts wäre nicht mehr gewährleistet. Durch Einführung des Vorabentscheidungsverfahrens entsteht ein Kooperationsverhältnis[58] zwischen

47 Thomy, S. 52.

48 Dauses folgert aus der Tatsache, dass es sich bei der EU um einen auf die gegenständlich begrenzte Übertragung von Hoheitsrechten gegründeten Verbund souveräner Staaten handelt, dass eine „der Rechtsprechungshierarchie des innerstaatlichen Rechts nachgebildete Gerichtsorganisation nicht in Betracht“ kommt, Dauses, S. 46.

49 Thomy, S. 52.

50 Dauses, S. 47.

51 EuGH Rs. 244/80, Slg. 1981, 3045 (Foglia).

52 Zum Vorgenannten i.E. auch Dauses, S. 46/47.

53 Everling, S. 21.

54 Thomy, S. 51; Rengeling/Middeke/Gellermann, § 10, Rn. 11.

55 Everling, S. 21.

56 Rengeling/Middeke/Gellermann, § 10, Rn, 10.

57 Rengeling/Middeke/Gellermann, § 10, Rn. 6.

58 Calliess/Ruffert-Wegener, EGV, Art. 234, Rn. 1.

den nationalen Richtern und dem Gerichtshof, wobei der nationale Richter stets Herr des Gesamtverfahrens[59] bleibt. Der Gerichtshof entscheidet lediglich abstrakt über die ihm vorgelegte Frage.[60] Auf dieser Grundlage führt der nationale Richter im Wege des dezentralen nationalen Rechtsschutzes sodann den Ausgangsrechtstreit fort. Auf diese Weise trägt das Vorabentscheidungsverfahren wesentlich zu einer kohärenten Anwendung und Entwicklung des EU-Rechts bei.[61]

2. Individualrechtsschutz

Weiterhin stellt auch der Individualrechtsschutz eine wichtige Funktion des Vorabentscheidungsverfahrens dar.[62] Denn der direkte Zugang zum Gerichtshof ist für den Einzelnen nur sehr eingeschränkt möglich, da die Individualklagemöglichkeiten vergleichsweise restriktiv ausgestaltet sind. Somit wirkt das Vorabentscheidungsverfahren im Hinblick auf den eingeschränkten direkten Individualrechtsschutz ausgleichend.[63] Zwar handelt es sich beim Vorabentscheidungsverfahren nur um indirekten Rechtsschutz für den Einzelnen, da der Einzelne zwar Partei in dem Ausgangsstreit sein kann, jedoch im Rahmen des Vorabentscheidungsverfahrens keine Stellung als Prozesspartei einnimmt. Jedoch kann sich der Einzelne vor den nationalen Gerichten auf die ihm nach Unionsrecht zustehenden Rechte berufen, sodass sich das nationale Gericht dann gegebenenfalls mit einer Vorlagefrage an den Gerichtshof wendet.[64] Zu beachten ist jedoch, dass der Einzelne eine Vorlage an den Gerichtshof nicht erzwingen, sondern allenfalls anregen kann.[65] Dennoch kann festgehalten werden, dass das Vorabentscheidungsverfahren insbesondere aufgrund seines Charakters als Zwischenverfahren und somit als Schnittstelle zwischen nationalem und EU-Recht, wichtige Voraussetzungen für einen effektiven dezentralen Rechtsschutz schafft und dennoch auch Unionsinteressen gewahrt werden.[66] Auf den genauen Zusammenhang zwischen Individualrechtsschutz im Rahmen der Nichtigkeitsklage (Art. 263 Abs. 4 AEUV, ehemals Art. 230 Abs. 4 EGV)

---

59 Rengeling/Middeke/Gellermann, § 10, Rn. 7; Dauses, S. 47.

60 Dauses, S. 47.

61 Pache/Knauff, NVwZ 2004, 16 (18).

62 So befasst sich beispielsweise Patricia Thomy in ihrer Dissertation „Individualrechtsschutz durch das Vorabentscheidungsverfahren" ausschließlich mit diesem Thema.

63 Skouris, EuGRZ 2008, 343.

64 Rengeling/Middeke/Gellermann, § 10, Rn. 8.

65 Allkemper, S. 155 m.w.N.; Calliess/Ruffert-Wegener, EGV, Art. 234, Rn. 19.

66 Pache/Knauff, NVwZ 2004, 16 (18).

und dem Vorabentscheidungsverfahren in Verbindung mit dem Grundsatz des effektiven Rechtsschutzes soll detailliert in Teil 2 dieser Arbeit eingegangen werden.

3. Weiterentwicklung des Unionsrechts

Nicht zuletzt ist das Vorabentscheidungsverfahren von wesentlicher Bedeutung für die Weiterentwicklung des Unionsrechts. Wie eingangs dargelegt, sind im Rahmen des Vorabentscheidungsverfahrens einige der bedeutendsten Entscheidungen der europäischen Rechtsgeschichte ergangen. Die Vorabentscheidungen haben Präzedenzcharakter und haben im Laufe der Jahre dazu beigetragen, „die Gemeinschaftsrechtsordnung zu einem in sich geschlossenen Rechtssystem mit eigenen Struktur- und Ordnungsprinzipien auszuformen“[67]. Auf diese Weise wurden und werden etwaige Lücken im Unionsrecht geschlossen und das Unionsrecht entwickelt sich auf diese Weise fort.

II. Auflösung der Säulenstruktur

Durch das Inkrafttreten des Vertrages von Lissabon ergibt sich als wohl wesentlichste Änderung die Auflösung der sog. Säulenstruktur. Gem. Art. 47 EUV besitzt die EU nunmehr Rechtspersönlichkeit und ist die Rechtsnachfolgerin der Europäischen Gemeinschaft (vgl. Art. 1 Abs. 3 S. 3 EUV). Somit existiert nur noch eine einheitliche Europäische Union. Die vorherigen Säulen bestehend aus der Europäischen Gemeinschaft, der Gemeinsamen Außen- und Sicherheitspolitik (GASP) und der Polizeilichen und Justiziellen Zusammenarbeit in Strafsachen (PJZS) wurden aufgelöst und sind in die Europäische Union übergegangen. Entsprechend wurden die Verträge umgestaltet. Die Grundsätze der einheitlichen Europäischen Union sind im EUV geregelt. Der AEUV regelt sozusagen die Details und die Umsetzung zu den im EUV festgelegten Grundsätzen. Gem. Art. 1 Abs. 1 AEUV regelt der AEUV „die Arbeitsweise der Union und legt die Bereiche, die Abgrenzung und die Einzelheiten der Ausübung ihrer Zuständigkeiten fest“. Obwohl der EUV Grundsätze und der AEUV die genaue Umsetzung dieser Grundsätze festlegt, besteht zwischen beiden Verträgen absolute Gleichrangigkeit, wie sich aus Art. 1 Abs. 3 S. 2 EUV und aus Art. 1 Abs. 2 S. 2 AEUV ergibt. Beide Verträge zusammen bilden gemeinsam die Grundlage der Europäischen Union[68]. Der Schritt hin zu einer einheitlichen EU, die selbst Rechtspersönlichkeit besitzt und nicht mehr „nur“ das „Dach“ über den drei

67 Dauses, S. 50.

68 Vgl. Art. 1 Abs. 3 S. 1 EUV und Art. 1 Abs. 2 S. 1 AEUV.

Säulen bildet, ist „eine neue Stufe bei der Verwirklichung einer immer engeren Union der Völker Europas“[69].

Vor Inkrafttreten des Vertrages von Lissabon wurde die EU mit dem Vertrag von Maastricht gegründet. Nach Art. 1 Abs. 3 EUV a.F. waren die Europäischen Gemeinschaften (Europäische Gemeinschaft[70] und die Europäische Atomgemeinschaft, kurz EAG bzw. EURATOM[71]) die Grundlage der EU, die ergänzt wurden durch die mit dem EUV eingeführten Politiken und Formen der Zusammenarbeit, mithin der GASP und der PJZS. Deshalb wurde die EU zumeist als Dach beschrieben, das auf den drei Säulen (EG, GASP und PJZS) ruhte (auch Tempelkonstruktion genannt).[72] Unter dem Dach der EU waren allerdings unterschiedliche Formen der Zusammenarbeit und der Zuständigkeiten zusammengefasst. Während die EG (erste Säule) durch die Mitgliedsstaaten mit eigener Rechtspersönlichkeit und eigenen Organen ausgestattet war und aufgrund eines eigenen Gesetzgebungsverfahrens Rechtsakte mit Außenwirkung erlassen konnte, die für alle Mitgliedsstaaten verbindlich waren (sog. Gemeinschaftsmethode), wurde im Rahmen der GASP und der PJZS ausschließlich der Rat tätig, der zwar einstimmig Beschlüsse fassen konnte, diese jedoch nicht mit den EG-Rechtsakten der ersten Säule vergleichbar waren, da sie kein unmittelbar wirkendes Recht setzen konnten.[73] Mit anderen Worten war die Tätigkeit bzw. die Zusammenarbeit der Mitgliedsstaaten im Rahmen der EG supranational organisiert, da die EG aufgrund eigener, auf sie übertragener Zuständigkeiten tätig werden konnte, während im Rahmen der zweiten und dritten Säule eine sog. intergouvernementale bzw. zwischenstaatliche Zusammenarbeit der Regierungen der einzelnen Mitgliedsstaaten stattfand.[74] Dies ergibt sich auch daraus, dass die drei Säulen im Grunde unterschiedliche Rechtsgrundlagen hatten. So wurden die Befugnisse der EG im EGV näher geregelt, wobei die Zuständigkeiten im Rahmen der zweiten und dritten Säule im EUV festgelegt waren. Durch den Vertrag von Lissabon erhalten die nunmehr gültigen Verträge jedoch einen zunehmend auf supranationale Zusammenarbeit gerichteten Charakter, wobei lediglich für den

69 Vgl. Art. 1 Abs. 2 EUV.

70 Bis zum Inkrafttreten des Vertrages von Maastricht 1993 als Europäische Wirtschaftsgemeinschaft bezeichnet, welche durch die sog. Römischen Verträge 1957 gegründet wurde.

71 Ebenfalls durch die Römischen Verträge 1957 gegründet. Für weitere Informationen zu der Geschichte der EG und der EU vgl. z.B. Herdegen, § 4, Rn. 1 ff.

72 Calliess/Ruffert-Calliess, EUV a.F., Art. 1, Rn. 4.

73 Giegerich, ZaöRV 67 (2007), 351 (352).

74 Giegerich, ZaöRV 67 (2007), 351 (352/381); Hellmann, S. 2.

Bereich der GASP und für den neu geschaffenen Bereich des Raumes der Freiheit, der Sicherheit und des Rechts weiterhin besondere Regelungen gelten, die auf intergouvernementale Zusammenarbeit gerichtet sind.[75] Allein die Tatsache, dass der EU Rechtspersönlichkeit verliehen wurde, ist ein Indiz hierfür. Ferner stellt dies den einzig logischen und möglichen Schritt in der Weiterentwicklung der EU dar. Schon Art. 1 Abs. 2 EUV a.F. (in der Fassung des Vertrages von Nizza) formulierte ebenso wie Art. 1 Abs. 2 EUV (in der Fassung des Vertrages von Lissabon) dass der Vertrag „eine neue Stufe bei der Verwirklichung einer immer engeren Union der Völker Europas“ darstellt. Durch die Formulierung „immer enger“, die auch in der neusten Fassung gebraucht wird, wird deutlich, dass zwar eine Entwicklung erfolgen soll, diese jedoch „nicht rückwärtsgewandt“[76] sein darf und sich von einer eher intergouvernementalen Zusammenarbeit hin zu einem nahezu rein supranationalen System entwickeln muss.[77] Dies ist nun mit Inkrafttreten des Vertrages von Lissabon und der Auflösung der Säulenstruktur geschehen.

III. Art. 234 EGV a.F. vs. Art. 267 AEUV, Art. 19 Abs. 3 EUV

Um die bestehenden Veränderungen zwischen Art. 234 EGV a.F. und Art. 267 AEUV aufzuzeigen und zu erläutern, sollen die Voraussetzungen zum Vorabentscheidungsverfahren und dessen Verfahrensablauf dargestellt, und sofern sich Änderungen ergeben haben, diese herausgestellt werden.

1. Voraussetzungen des Vorabentscheidungsverfahrens

Wie bei jedem gerichtlichen Verfahren muss auch das Vorabentscheidungsverfahren gewissen Zulässigkeitsvoraussetzungen genügen.

Der Gerichtshof hat in der Vergangenheit mehrfach Hinweise[78] an die nationalen Gerichte hinsichtlich des Vorabentscheidungsverfahrens herausgegeben, um den Umgang mit diesem Verfahren und seinen Voraussetzungen in der Praxis der Mitgliedstaaten etwas zu erleichtern.[79] Erstmals wurden den nationalen

---

75 Hellmann, S. 2.

76 Calliess/Ruffert-Calliess, EUV, Art. 1, Rn. 9 m.w.N.

77 Calliess/Ruffert-Calliess, EUV, Art. 1, Rn. 9.

78 ABl. 2005 C 143/1 ff; ABl. 2008 C 64/1 ff; ABl. 2009 C 297/1 ff; ABl. 2011 C 160/1 ff; ABl. 2012 C 338/1ff.

79 Dies unterstreicht die besondere Stellung des Vorabentscheidungsverfahrens im Rahmen der EU-Gerichtsbarkeit, da derartige Hinweise eher selten sind. Aktuell finden sich auf der Homepage des Gerichtshofes (http://curia.europa.eu) neben den Hinweisen zum Vorabentscheidungsverfahren lediglich Hinweise für die

Gerichten im Jahre 1996 Hinweise zum Vorabentscheidungsverfahren vor dem Gerichtshof von den jeweils zuständigen nationalen Behörden übermittelt. Da sich diese Hinweise in der Praxis als hilfreich erwiesen haben, wurden diese im Jahr 2005 vom Gerichtshof selbst, unter Berücksichtigung der in knapp 10 Jahren gewonnenen Erfahrung, aktualisiert und im Amtsblatt veröffentlicht.[80] Nach Inkrafttreten des in diesem Kapitel thematisierten Eilvorlageverfahrens im Jahre 2008 (damals noch in Art. 104 b VerfO Gerichtshof) wurden die Hinweise von 2005 zunächst ergänzt[81], bevor sich der Gerichtshof 2009 entschloss, mit dem Inkrafttreten des Vertrages von Lissabon erneut Hinweise zu veröffentlichen, welche die vorgenannten Hinweise aus 2005 und 2008 ersetzen sollten.[82] Im Jahre 2011 wurden die Hinweise aus dem Jahr 2009 erneut ersetzt, wobei diese um eine neue Nr. 25 ergänzt und die Nr. 40 der Hinweise geändert wurde.[83] Zuletzt wurden die Hinweise Ende 2012 geändert und an die Neuerungen, die sich aus der neuen Verfahrensordnung des Gerichtshofes[84] ergeben, angepasst.[85] Seit dieser Änderung spricht der Gerichtshof auch nicht mehr von „Hinweisen zur Vorlage von Vorabentscheidungsersuchen durch die nationalen Gerichte“ sondern nunmehr von „Empfehlungen an die nationalen Gerichte bezüglich der Vorlage von Vorabentscheidungsersuchen“. Diese aktuelle Fassung der Hinweise ist für jeden leicht über einen Link auf der Homepage des Gerichtshofes zu finden.[86] Die Tatsache, dass der Gerichtshof die Hinweise in der Vergangenheit immer wieder aktualisiert hat, zeigt, dass sie sich als nützlich erwiesen haben und für alle Beteiligten den Umgang mit dem Vorabentscheidungsverfahren übersichtlicher gestalten. Dies liegt darin begründet, dass die Hinweise einen gut verständlichen Leitfaden hinsichtlich der Anforderungen, die der Gerichtshof selbst an Vorlagen stellt, geben.

Prozessvertreter, Hinweise für den Vortrag in der mündlichen Verhandlung sowie praktische Anweisungen für Klage und Rechtsmittel.

80 ABl. 2005 C 143/1 ff.

81 ABl. 2008 C 64/1 ff.

82 ABl. 2009 C 297/1 ff.

83 ABl. 2011 C 160/1 ff.

84 ABl. 2012 L 265/1 ff.

85 ABl. 2012 C 338/1 ff.

86 Abrufbar unter: http://curia.europa.eu/jcms/jcms/Jo2_7031/.

a) Zuständigkeit

Hinsichtlich der Zuständigkeit des Gerichtshofes bzw. des Gerichts kann auf die Ausführungen unter Teil 1, Kapitel 1, C verwiesen werden. Die ehemals die Zuständigkeit für das Vorabentscheidungsverfahren regelnde Vorschrift in Art. 225 Abs. 3 EGV a.F. entspricht dem nunmehr gültigen Art. 256 Abs. 3 AEUV. Es ergeben sich insofern bislang keine Änderungen.

b) Vorlagegegenstand

Die Ausgangssituation ist ein Rechtsstreit auf nationaler Ebene, bei dem für eine Entscheidungsfindung die Auslegung und die Gültigkeit des Unionsrechts bzw. die Gültigkeit der Handlungen der Unionsorgane von besonderer Bedeutung sind. Nur eine solche Auslegungs- oder Gültigkeitsfrage kann zum Vorlagegegenstand für ein Vorabentscheidungsverfahren gemacht werden.[87] Im Gegensatz hierzu kann die Frage nach der Vereinbarkeit von nationalem Recht mit Unionsrecht keinen tauglichen Vorlagegegenstand bilden. Hierfür sind allein die nationalen Gerichte zuständig.[88] Ist ein nationales Gericht der Auffassung, ein nationaler Rechtsakt sei unionsrechtswidrig, so kann es diesen Rechtsakt unbeachtet lassen. Somit bedarf es keines Vorabentscheidungsverfahrens, wenn lediglich Rechtsschutz gegen nationales unionsrechtswidriges Handeln begehrt wird.[89]

Während in der alten Fassung des Art. 234 Abs. 1 EGV der Vorlagegegenstand noch in drei verschiedenen Unterpunkten geregelt war, beschränkt sich der nun gültige Art. 267 Abs. 1 AEUV auf noch zwei Unterpunkte, von denen Art. 267 Abs. 1 lit.a) AEUV der alten Fassung entspricht und lit. b) leicht modifiziert worden ist. Entfallen ist der alte Art. 234 Abs. lit.c) EGV. Dieser bezog sich auf die Auslegung von Satzungen der durch den Rat geschaffenen Einrichtungen und spielte in der Praxis keine Rolle, da dem Gerichthof in diesen Bereichen keine Kompetenzen übertragen worden sind[90] und außerdem solche Satzungen zumeist in Form von Verordnungen ergingen und deshalb als „Handlung eines Organs“ ohnehin unter Art. 234 Abs. 1 lit. b) EGV a.F. fielen.[91]

---

87 Herdegen, § 10, Rn. 28; Calliess/Ruffert-Wegener, Art. 234, Rn. 2.

88 Herdegen, § 10, Rn. 28; Pechstein, Rn. 792.

89 Thomy, S. 56 f.; hinsichtlich einer detaillierten Darstellung der Anforderungen an den Vorlagegegenstand nach „altem“ Recht vgl. ebenfalls Thomy, S. 56 ff m.w.N. sowie ausführlich Rengeling/Middeke/Gellermann, § 10, Rn. 27 ff und Dauses, S. 53 ff.

90 Dauses, S. 64.

91 Vedder/Heintschel von Heinegg-Pache, EVV, Art. III-369, Rn. 16; Thomy, S. 56; Pechstein, Rn. 790.

aa) Auslegungsvorlagen

Nach Art. 234 Abs. 1 lit. a) EGV a.F. bzw. Art. 267 Abs. 1 lit. a) AEUV können Fragen über Auslegung des Vertrages bzw. der Verträge Gegenstand eines Vorabentscheidungsverfahrens sein. Hierunter ist in beiden Fällen das gesamte geschriebene und ungeschriebene Primärrecht zu verstehen, worunter auch alle Anhänge und Protokolle sowie allgemeine Rechtsgrundsätze fallen.[92]

Obwohl Art. 267 Abs. 1 lit. b) AEUV in seiner Formulierung von Art. 234 Abs. 1 lit. b) EGV a.F. abweicht, so können dennoch in beiden Fällen Auslegungsfragen bzgl. aller sekundären Unionsrechtsakte zulässiger Gegenstand eines Vorabentscheidungsverfahrens sein.[93] Art. 267 Abs. 1 lit. b) AEUV stellt allerdings eine Erweiterung des sachlichen Anwendungsbereiches[94] gegenüber Art. 234 Abs. 1 lit. b) EGV a.F. dar. Denn während nach alter Fassung nur Handlungen der Organe und der EZB in Form von Unionsrechtsakten zum Gegenstand eines Vorabentscheidungsverfahrens gemacht werden konnten, können nunmehr Handlungen der Organe, zu denen auch die EZB zählt, und aller Einrichtungen oder sonstigen Stellen der Union Gegenstand eines solchen Verfahrens sein.[95]

Auch bzgl. des Begriffs „Handlungen" ergeben sich keine gravierenden Unterschiede zwischen der alten und der neuen Regelung. Früher bezog sich „Handlungen" auf die in Art. 249 EGV a.F. genannten Rechtsakte (Verordnung, Richtlinie, Entscheidung, Empfehlung und Stellungnahme).[96] Die aktuell entsprechende Regelung findet sich in Art. 288 AEUV. Hiernach sind nunmehr Rechtsakte in Form von Verordnungen, Richtlinien, *Beschlüssen*, Empfehlungen und Stellungnahmen möglich. Gegenüber den bisherigen möglichen Rechtsakten wird also die Entscheidung durch den Beschluss ersetzt. Der ursprüngliche Plan des Verfassungskonvents, „Gesetze" und „Rahmengesetze" einzuführen[97], ist im Rahmen des Lissaboner Vertrages und im nun gültigen AEUV nicht umgesetzt worden.[98] Insgesamt kann festgehalten werden, dass sich der Begriff

92 Thomy, S. 58; Calliess/Ruffert-Wegener, EGV, Art. 234. Rn. 7; Vedder/Heintschel von Heinegg-Pache, EVV, Art. III-369, Rn. 13; Geiger/Khan/Kotzur-Kotzur, AEUV, Art. 267, Rn. 6; Everling, S. 25.

93 Geiger/Khan/Kotzur-Kotzur, AEUV, Art. 267, Rn. 8.

94 Geiger/Khan/Kotzur-Kotzur, AEUV, Art. 267. Rn. 5.

95 Geiger/Kahn/Kotzur-Kotzur, AEUV, Art. 267, Rn. 5.

96 Calliess/Ruffert-Wegener, EGV, Art. 234, Rn. 8.

97 Vgl. hierzu Art. I-33 des Verfassungsvertrages.

98 Weber, EuZW 2008, 7 (12); vgl. hierzu auch die Ausführungen im zweiten Teil Kapitel 1, E I 2.

„Handlungen" auch nach dem neuen Art. 267 Abs. 1 lit. b) AEUV auf alle in Art. 288 AEUV genannten Rechtsakte bezieht.

bb) Gültigkeitsvorlagen

Gültigkeitsvorlagen können im Rahmen des Vorabentscheidungsverfahrens nur hinsichtlich der Handlungen der Organe, Einrichtungen oder sonstigen Stellen der Union dem Gerichtshof vorgelegt werden (Art. 267 Abs. 1 lit.b) AEUV). Eine Gültigkeitsvorlage betreffend die Verträge ist nicht vorgesehen. In diesem Zusammenhang ergeben sich zwischen der alten und der neuen Regelung keine Änderungen, die über die Änderungen bzgl. der Auslegungsfragen hinausgehen würden.[99]

Eine Gültigkeitsvorlage kommt immer dann in Betracht, wenn ein nationaler Richter an der Vereinbarkeit einer dem Rechtsstreit zugrunde liegenden Sekundärrechtsnorm mit höherrangigem Unionsrecht zweifelt.[100]

c) Vorlageberechtigung

Zur Vorlage berechtigt sind ausschließlich die nationalen Gerichte und nicht etwa die Parteien des der Vorlage zu Grunde liegenden Rechtstreites selbst oder Gerichte dritter Staaten oder internationale Gerichtshöfe.[101]

In diesem Zusammenhang ist allerdings der Vollständigkeit halber zu erwähnen, dass sich durch den Beitritt der EU zur EMRK im Rahmen der Vorabentscheidungsverfahren eine Besonderheit ergibt. Zwar kommt dem EGMR durch den Beitritt der EU zur EMRK kein Vorlagerecht im eigentlichen Sinne zu, im Rahmen des Entwurfes der Beitrittsübereinkunft[102] wurde allerdings ein sog. Vorabbefassungsverfahren[103] vorgesehen, das speziell auf die Zusammenarbeit zwischen dem Gerichtshof und dem EGMR gerichtet ist.[104] Wie sich aus Art. 3 der Beitrittsübereinkunft ergibt, ist dieses Vorabbefassungsverfahren auf

99 Zum Streitstand hinsichtlich des Verhältnisses der Gültigkeitsvorlage zur Nichtigkeitsklage (Art. 263 Abs. 4 AEUV bzw. Art. 230 Abs. 4 EGV a.F.) vgl. Calliess/Ruffert-Wegener, EGV, Art. 234, Rn. 14 f. m.w.N.; Rengeling/Middeke/Gellermann, § 10, Rn. 39 ff.

100 Busse-Muskala, S. 156.

101 Pechstein, Rn. 811, Dörr/Lenz, Rn. 248; Thomy, S. 62, Rengeling/Middeke/Gellermann, § 10, Rn. 20, Everling, S. 32; Wägenbaur, EuZW 2000, 37 (38).

102 CDDH (2011)009 vom 14.10.2011, abrufbar unter: http://www.coe.int/t/dghl/standardsetting/hrpolicy/accession/Meeting_reports/CDDH_2011_009_en.pdf.

103 Vgl. Art. 3 Punkt 6 Beitrittsübereinkunft (Entwurf), CDDH (2011)009, S. 8.

104 Obwexer, EuR 2012, 115 (132) m.w.N.

Situationen des sog. „Co-respondent mechanism“[105] beschränkt, in denen die EU also als Mitbeschwerdegegner im Rahmen eines Verfahrens vor dem EGMR auftritt. In Art. 3 Punkt 6 der Beitrittsübereinkunft (Entwurf) heißt es: „*Ist die Europäische Union in einem Verfahren weitere Beschwerdegegnerin und hat der Gerichtshof der Europäischen Union die Vereinbarkeit der Bestimmung des Rechts der Europäischen Union mit den betroffenen Konventionsrechten nach Absatz 2 noch nicht geprüft, ist dem Gerichtshof der Europäischen Union für eine solche Prüfung und anschließend den Parteien für die Vorlage ihrer Stellungnahmen an den Gerichtshof die notwendige Zeit zu gewähren.*“[106] Es soll durch diese Regelung also vermieden werden, dass es zu Situationen kommt, in denen der EGMR mit der Beurteilung der Wirksamkeit einer Unionshandlung befasst wird (sog. externe Kontrolle), bevor der Gerichtshof, dem ja auch das Verwerfungsmonopol hinsichtlich der Unionshandlungen zusteht,[107] Gelegenheit hatte, sich mit der Frage der Gültigkeit dieser Unionshandlung zu befassen (sog. interne Kontrolle).[108] Im Ergebnis ist also keine Ausweitung der Vorlageberechtigung auf den EGMR im Rahmen des Vorabentscheidungsverfahrens vorgesehen, sondern die Einführung eines neuen Verfahrens (Vorbefassungsverfahren), dass dem Vorabentscheidungsverfahren nachgebildet sein könnte.[109] Bislang ist dies aber weder in der Satzung noch in der Verfahrensordnung des Gerichtshofes erfolgt.[110]

Ebenfalls ausgeschlossen sind Vorlagen von Organen der Gemeinschaften und Verwaltungsbehörden der Mitgliedstaaten, da diese allein der Exekutive und nicht, wie für die Vorlageberechtigung erforderlich, der Judikative zugehören.[111] Fraglich ist an dieser Stelle, was unter einem vorlageberechtigten „Gericht“ im

---

105 Im deutschen Sprachgebrauch auch als „Co-Verteidigung“ (so Schilling, HFR 2011, Beitrag 8, S.1 ff.) oder „Mechanismus des Mitbeschwerdegegners“ oder des „weiteren Beschwerdegegners“ (so bei Obwexer, EuR 2012, 115 (127) oder Bundesratsdrucksache 563/11, dort Art. 3).

106 So die Übersetzung des Art. 3 Punkt 6 in der Bundesratsdrucksache 563/11.

107 Vgl.: EuGH, Rs. 314/85, Slg. 1987, 4199, 4225 (Rn. 11 ff) (Foto-Frost).

108 Vgl. hierzu: Reflexionspapier des Gerichtshofes vom 05.05.2010, S. 5, abrufbar unter: http://curia.europa.eu/jcms/upload/docs/application/pdf/2010-05/convention_de_2010-05-21_08-58-25_999.pdf; Obwexer, EuR 2012, 115, (132ff).

109 Obwexer, EuR 2012, 115 (132 ff) m.w.N.

110 Zum Ganzen siehe vertiefend: Obwexer, EuR 2012, 115 (132ff); Schilling, HFR 2011, Beitrag 8 S. 1ff; Erläuternde Bericht zur Beitrittsübereinkunft CDDH-UE(2011)16 vom 19.07.2011.

111 Thomy, S. 62; Rengeling/Middeke/Gellermann, § 10, Rn. 20; EuGH Rs. C- 111/94, Slg. 1995, I-3361 (Job Centre); vertiefend s. auch Lenz, DRiZ 1995, S. 213 (214 f).

unionsrechtlichen Sinn zu verstehen ist. Diesbezüglich hat der Gerichtshof in der Vergangenheit bereits einen Gerichtsbegriff entwickelt.[112] Allerdings gibt es keine allgemeingültige Definition, da der Gerichtshof bei der Beurteilung der Gerichtseigenschaft auf eine Reihe von Kriterien abstellt.[113] Ein vorlageberechtigtes Gericht ist demnach „eine unabhängige, durch oder aufgrund eines Gesetzes eingerichtete Instanz, die im Rahmen einer obligatorischen Zuständigkeit Rechtsstreitigkeiten unter Anwendung von Rechtsnormen, also nicht allein nach Billigkeit, bindend entscheidet".[114] Anzumerken ist, dass nach diesen Kriterien nicht nur „Gerichte" im herkömmlichen Sinne vorlageberechtigt sind, sondern auch andere Institutionen, auf die die o.g. Kriterien ebenfalls zutreffen. So hat der Gerichtshof auch bei anderen gerichtsähnlichen Spruchkörpern die Vorlageberechtigung bejaht.[115] So zum Beispiel unter bestimmten Voraussetzungen die Vorlagen von Schiedsgerichten[116], Berufskammern[117], des deutschen Vergabeüberwachungsausschusses[118], des italienischen Cosiglio di Stato[119] oder des niederländischen Raad van State[120] oder des BENELUX-Gerichtshofes[121]. Voraussetzung ist jedoch, dass nicht allein politische Entscheidungen durch die jeweiligen Institutionen getroffen werden, sondern dass konkrete Rechtsentscheidungen am Verfahrensende stehen.[122]

Abschließend kann also festgehalten werden, dass nationale Gerichte eine Vorlage nur dann an den Gerichtshof richten können, wenn der Ausgangsrechtstreit noch anhängig ist und das Gericht eine Entscheidung mit

112 EuGH Rs. 61/65, Slg. 1966, 583 (601 f.) (Vaassen-Goebbels); Rs. C-24/92, Slg. 1993, I-1277, 1304 (Rn. 15)(Corbiau); Rs. C-195/98, Slg. I-10497, 10545 (Rn. 24) (Österreichischer Gewerkschaftsbund).

113 Rs. C-195/98, Slg. I-10497, 10545 (Rn. 24) (Österreichischer Gewerkschaftsbund); Thomy, S. 63.

114 Vedder/Heintschel von Heinegg-Pache, EVV, Art. III 369, Rn. 23; entsprechend auch Rengeling/Middeke/Gellermann, § 10, Rn. 21 und Thomy, S. 63; EuGH Rs. 61/65, Slg. 1966, 583 (602) (Vaassen-Goebbels).

115 Thomy, S. 65.

116 EuGHE 1989, 3220, 3224 f.(Dansk Arbejdsgverrforening); EuGHE 1994, I-1477 ff (Gemeinde Almelo).

117 EuGHE 1980, 1975, 1977 (Borker); EuGHE 1980, 2311, 2323 (Broeckmeulen).

118 EuGH Rs. 54/96, Slg. 1997, I-4961, 4992 (Rn. 22 ff) (Dorsch Consult).

119 EuGH verb. Rs. C-69/96 und 79/96, Slg. 1997, I- 5603, 5630 (Rn. 17 ff) (Garofalo).

120 EuGH Rs. 36/73, Slg. 1973, 1299 (Nederlandse Spoorwegen).

121 EuGH Rs. C- 337/95, Slg. 1997, I-6013, 6043 (Rn. 20 ff) (Parfums Christian Dior).

122 Rengeling/Middeke/Gellermann, § 10, Rn. 23.

Rechtsprechungscharakter treffen wird.[123] An diesen durch den Gerichtshof entwickelten Kriterien wird sich auch durch das Inkrafttreten des Vertrages von Lissabon nichts ändern.

d) Vorlagepflicht

Neben der Vorlageberechtigung von nationalen Gerichten kann diese in bestimmten Fällen auch eine Vorlagepflicht treffen.

aa) Vorlagepflicht letztinstanzlicher Gerichte

Eine Vorlagepflicht ergibt sich aus Art. 267 Abs. 3 AEUV bzw. Art. 234 Abs. 3 EGV a.F. für solche Gerichte, „deren Entscheidungen nicht mehr mit Rechtsmitteln des innerstaatlichen Rechts angefochten werden können", also letztinstanzliche Gerichte. Fraglich ist hierbei, was unter einem letztinstanzlichen Gericht zu verstehen ist, wobei streitig ist, ob der abstrakten bzw. institutionellen Betrachtungsweise folgend nur die jeweils hierarchisch obersten Gerichte eines Gerichtszweigs vorlagepflichtig sind, oder ob auch Gerichte, die zwar nicht am Ende des nationalen Instanzenzuges stehen, deren Entscheidung im Einzelfall aber nicht mehr mit Rechtsmitteln angefochten werden kann und deshalb sozusagen ebenfalls letztinstanzlichen Charakter hat, vorlagepflichtig sind, so die konkrete bzw. funktionelle Betrachtungsweise.[124]

Für die abstrakte Betrachtungsweise wird in erster Linie eine mögliche Entlastung des Gerichtshofes angeführt, da hierdurch keine Verfahren „untergeordneter Bedeutung" vor den Gerichtshof gebracht werden.[125] Dagegen spricht jedoch das Entstehen eventueller Rechtsschutzlücken insbesondere im Hinblick auf den Individualrechtsschutz.[126] Auch im Sinne der Rechtssicherheit und -einheit und dem Gebot effektiven Rechtsschutzes folgend, wirkt die konkrete Betrachtungsweise überzeugender.[127] Dieser Betrachtungsweise scheint auch der Gerichtshof den Vorzug zu geben, was er bereits in seiner Entscheidung „Costa/Enel"[128] hat durchblicken lassen. In seiner jüngeren Entscheidung „Lyckeskog" hat sich der Gerichtshof erstmals eindeutig zugunsten der konkreten Betrachtungsweise geäußert, indem er die Vorlagepflicht hierin ausdrücklich den obersten Gerichten

123 Rengeling/Middeke/Gellermann, § 10, Rn. 26.

124 Herdegen, 10, Rn. 31; Calliess/Ruffert-Wegener, EGV § 234, Rn. 24.

125 Dauses, S. 110, 111.

126 Ottaviano, S. 51, 52.

127 Ottaviano, S. 52, Schwarze, DVBl. 2002, 1297 (1310f.); Vedder/Heintschel von Heinegg-Pache, EVV, Art. III-369, Rn. 27.

128 EuGH Rs. 6/64, Slg. 1964, 1253 (1268 ff) (Costa).

und allen Gerichten, deren Entscheidung selbst nicht mehr mit Rechtsmitteln angefochten werden können, zuspricht.[129] Nicht zuletzt spricht auch der Wortlaut für die konkrete Betrachtungsweise, da „Entscheidungen, die nicht mehr mit Rechtsmitteln innerstaatlichen Rechts angefochten werden können" eben auch in unterinstanzlichen Gerichten getroffen werden können.

Weiterhin bleibt in diesem Zusammenhang zu klären, was unter dem Begriff „Rechtsmittel" zumindest nach deutschem Recht zu verstehen ist. Dies sind in erster Linie die Berufung und Revision, aber auch die Beschwerde gegen die Nichtzulassung der Revision.[130] Im Gegensatz hierzu sind außerordentliche Rechtsbehelfe wie ein Wiederaufnahmeverfahren oder eine Verfassungsbeschwerde nicht vom Begriff „Rechtsmittel" umfasst.[131]

bb) Vorlagepflicht im Bereich des einstweiligen Rechtsschutzes

Weiterhin stellt sich die Frage, wie es um die Vorlagepflicht im Rahmen des einstweiligen Rechtsschutzes bestellt ist. Hier hat der Gerichtshof in der Vergangenheit zwei wesentliche Urteile gefällt. So hat der Gerichtshof für *Auslegungsfragen* in der Sache „Hoffmann-La Roche"[132]vertreten, dass eine Vorlagepflicht für letztinstanzliche Gerichte in Eilverfahren nicht besteht, sofern es jeder Partei unbenommen bleibt, im Nachgang ein Hauptverfahren einzuleiten, in dem „eine erneute Prüfung jeder im summarischen Verfahren nur vorläufig entschiedenen Frage des Unionsrechts möglich ist"[133]. Im Gegensatz hierzu entschied der Gerichtshof in der Sache „Süderdithmarschen"[134], dass das nationale Gericht, wenn es von der *Ungültigkeit* eines EG-Rechtsaktes ausgeht, die Vollziehung des nationalen Rechtsaktes unter bestimmten Voraussetzungen und nur vorläufig, d.h. bis der Gerichtshof über die Frage der Gültigkeit entschieden hat, aussetzen kann.[135] Diese bestimmten Voraussetzungen entsprechen im Wesentlichen den Art. 242, 243 EGV a.F.,[136] nunmehr Art. 278, 279 AEUV. Die Vorläufigkeit der Entscheidungen der nationalen Gerichte im summarischen Verfahren ergibt

129 EuGH Rs. C-99/00, Slg. 2002, I-4839, 4885 (Rn. 15) (Lyckeskog).

130 Calliess/Ruffert-Wegener, EGV, Art. 234, Rn. 23 m.w.N.

131 Dauses, S. 111 (112).

132 EuGH Rs. 107/76, Slg. 1977, 957 ff.(Hoffmann-La Roche).

133 EuGH Rs. 107/76, Slg. 1977, 957, Rn. 8 (Hoffmann-La Roche).

134 EuGH verb. Rs. C-143/88 u. C-92/89, Slg. 1991, I-415 ff (Zuckerfabrik Süderdithmarschen und Zuckerfabrik Soest).

135 EuGH verb. Rs. C-143/88 u. C-92/89, Slg. 1991, I-415, Rn. 21ff. (Zuckerfabrik Süderdithmarschen und Zuckerfabrik Soest).

136 Calliess/Ruffert-Wegener, EGV, Art. 234, Rn. 27.

sich aus der Pflicht, das Verwerfungsmonopol des Gerichtshofes bei Gültigkeitsfragen zu achten, weshalb die nationalen Gerichte verpflichtet sind, die in Rede stehenden Fragen unmittelbar im Anschluss zum Gegenstand einer Vorlage an den Gerichtshof zu machen.[137]

cc) Vorlagepflicht nicht-letztinstanzlicher Gerichte

Die Vorlagepflicht ist aktuell im AEUV und zuvor im EGV ausdrücklich nur für letztinstanzliche Gerichte geregelt, sodass für nicht-letztinstanzliche nationale Gerichte lediglich ein Vorlagerecht jedoch keine Vorlagepflicht begründet ist. Der Wortlaut des Art. 267 Abs. 2 AEUV spricht unmissverständlich davon, dass nationale Gerichte, womit alle Gerichte, eben auch und gerade unterinstanzliche Gerichte gemeint sind, bei Fragen zur Auslegung und zur Gültigkeit der Verträge, diese Fragen dem Gerichtshof zur Entscheidung vorlegen *können*. Ließe man dies uneingeschränkt gelten, so würde dies dazu führen, dass letztinstanzliche Gerichte gem. Art. 267 Abs. 3 AEUV insbesondere in Fällen, in denen sie eine Vorschrift des Unionsrechts oder Handlungen der Organe, Einrichtungen oder sonstigen Stellen der Union für ungültig halten und deshalb unangewendet lassen wollen, verpflichtet wären, zunächst die entsprechenden Fragen dem Gerichtshof vorzulegen, während unterinstanzliche Gerichte in der gleichen Situation keine derartige Verpflichtung treffen würde und sie somit befugt wären, eigenmächtig Unionsrecht unangewendet zu lassen.[138] Um diesem Widerspruch zu begegnen, hat der Gerichtshof in seiner grundlegenden „Foto-Frost"-Entscheidung[139] eine Ausnahmeregelung vom eigentlichen Wortlaut des Art. 267 AEUV bzw. Art. 234 EGV a.F. entwickelt. Hiernach sind unterinstanzliche Gerichte „nicht befugt, Handlungen der Gemeinschaftsorgane für ungültig zu erklären"[140], da so die einheitliche Anwendung des Unionsrechts gefährdet ist, wenn unterschiedliche Gerichte unterschiedliche Meinungen über die Gültigkeit von Unionshandlungen vertreten. Solche Meinungsverschiedenheiten „wären geeignet, die Einheit der Gemeinschaftsrechtsordnung selbst aufs Spiel zu setzen und das grundlegende Erfordernis der Rechtssicherheit zu beeinträchtigen"[141]. Auf diese Weise unterstreicht der Gerichtshof, dass ihm das Verwerfungsmonopol hinsichtlich

137 Calliess/Ruffert-Wegener, EGV, Art. 234, Rn. 27; EuGH verb. Rs. C-143/88 u. C-92/89, Slg. 1991, I-415, Rn. 24 (Zuckerfabrik Süderdithmarschen und Zuckerfabrik Soest).

138 Ottaviano, S. 52.

139 EuGH, Rs. 314/85, Slg. 1987, 4199, 4225 (Rn. 11 ff) (Foto-Frost).

140 a.a.O., Rn. 15.

141 a.a.O., Rn. 15.

etwaiger Unionsrechtsakte zufällt.[142] Insgesamt führt die Foto-Frost-Rspr. also zu einer ungeschriebenen Vorlagepflicht für unterinstanzliche Gerichte.

dd) Einschränkung der Vorlagepflicht

Die gesetzlich festgelegte Vorlagepflicht ist jedoch in der Vergangenheit eingeschränkt worden. So ist allgemein anerkannt, dass, angelehnt an die aus dem französischen Recht stammende „acte-clair"-Doktrin[143], eine Vorlagepflicht dann nicht besteht, wenn die in Rede stehenden Frage für einen sachkundigen Juristen nur eine Antwortmöglichkeit zulässt.[144] Da jedoch auch die „acte clair"-Doktrin ihre Schwächen hat und deshalb viel diskutiert wurde[145], hat der Gerichtshof in seiner vielzitierten C.I.L.F.I.T.- Entscheidung[146] enge Kriterien festgelegt, nach denen ein nationales letztinstanzliches und somit vorlagepflichtiges Gericht von der Vorlage einer Auslegungsfrage an den Gerichtshof absehen kann. Die Vorlagepflicht entfällt zum einen dann, wenn zu der in Rede stehenden Rechtsfrage bereits eine gesicherte Rechtsprechung des Gerichtshofes besteht.[147] Daraus lässt sich schließen, dass der Gerichtshof nicht mit jeder unionsrechtlichen Frage befasst werden muss, sondern nur mit solchen Fragen, die er bislang nicht entschieden hat.[148] Außerdem entfällt die Vorlagepflicht in Fällen, in denen die Antwort auf die Auslegungsfrage keinerlei Einfluss auf die Entscheidung des Ausgangsrechtsstreits haben kann.[149] Das dritte Kriterium, nach dem eine Vorlagepflicht entfällt, ist dann erfüllt, wenn die richtige Anwendung des Unionsrechts derart offenkundig ist, dass kein Raum für vernünftigen Zweifel an der Beantwortung der gestellten Frage bleibt. Hiervon darf ein innerstaatliches Gericht jedoch nur ausgehen, „wenn es überzeugt ist, dass auch für die Gerichte der übrigen Mitgliedstaaten und den Gerichtshof die gleiche Gewissheit bestünde"[150]. Zu berücksichtigen sind seitens der nationalen Gerichte allerdings die Eigenheiten des Unionsrechts sowie die Schwierigkeiten

142 Thomy, S. 80; Lenz, DRiZ 1995, 213 (214).
143 Zur Entwicklung dieser Doktrin siehe statt vieler Dauses, S. 113 ff m.w.N; Hummert, S. 31 ff m.w.N.
144 Ottaviano, S. 53.
145 Vgl. zusammenfassend ebenfalls Dauses, S. 113 ff m.w.N.; Hummert, S. 31 ff m.w.N.
146 EuGH Rs. 283/81, Slg. 1982, 3415ff (C.I.L.F.I.T. u.a.).
147 EuGH Rs. 283/81, Slg. 1982, 3415, 3429 (Rn. 14) (C.I.L.F.I.T. u.a.).
148 Kokott/Henze/Sobotta, JZ 2006, 633, 634.
149 EuGH Rs. 283/81, Slg. 1982, 3415, 3429 (Rn. 10) (C.I.L.F.I.T.).
150 EuGH Rs. 283/81, Slg. 1982, 3415, 3429 (Rn. 16) (C.I.L.F.I.T.).

im Zusammenhang mit seiner Auslegung. Insbesondere weist der Gerichtshof in seiner C.I.L.F.I.T.- Rechtsprechung darauf hin, dass dem Umstand, dass das Unionsrecht in mehreren gleich verbindlichen Sprachen abgefasst ist, ebenso wie dem Umstand, dass gegebenenfalls eine vom nationalen Recht abweichende Bedeutung unionsrechtlicher Begriffe besteht oder die Auslegungsmethoden hinsichtlich des Unionsrechts unterschiedlich sind, Rechnung getragen werden muss.[151] Diese vom Gerichtshof aufgestellten Kriterien werden vielfach als zu eng angesehen.[152] Insbesondere das dritte Kriterium bzgl. der Berücksichtigung der unterschiedlichen Sprachfassungen wird nicht als handhabbar erachtet.[153] Nichts desto trotz hielt der Gerichtshof bislang auch in jüngeren Entscheidungen an diesen Kriterien fest.[154] Allerdings hat er augenscheinlich zumindest teilweise auf die Kritik reagiert und in einer jüngeren Entscheidung auf das Kriterium der unterschiedlichen Sprachfassungen verzichtet.[155] Der Gerichtshof hält jedoch nach wie vor daran fest, dass sich die Ausnahmen von der Vorlagepflicht allein auf Auslegungsfragen beschränken, jedoch keinesfalls auch auf Gültigkeitsvorlagen.[156]

Da sich auch nach dem Inkrafttreten des Vertrages von Lissabon an dem Wortlaut des Art. 267 AEUV gegenüber der alten Vorschrift nichts geändert hat, ist auch nicht zu erwarten, dass der Gerichtshof ohne weiteres von seiner bisherigen Rechtsprechung bzgl. der Ausnahme von der Vorlagepflicht abweichen wird.

ee) Verletzung der Vorlagepflicht und die Folgen hieraus

In seiner C.I.L.F.I.T. –Entscheidung hat der Gerichtshof klargestellt, dass das Vorabentscheidungsverfahren keinen Rechtsbehelf der Parteien des nationalen Rechtsstreits darstellt, sondern dass das Verfahren vielmehr von Amts wegen durch das nationale Gericht betrieben wird.[157] Fraglich ist jedoch, welche Möglichkeiten insbesondere für die Parteien des Ausgangsrechtsstreits gegeben

151 EuGH Rs. 283/81, Slg. 1982, 3415, 3429 (Rn. 16) (C.I.L.F.I.T.); Kokott/Henze/Sobotta, JZ 2006, 633 (634 f).

152 Thomy, S. 84 m.w.N.

153 Ottaviano, S. 54.

154 EuGH Rs. C-461/03, Slg. 2005, I-10513, 10547 f. (Rn. 16) (Gaston Schul), EuGH Rs. C-495/03, Slg. 2005, 8151, (Rn. 33) (Intermodal Transports).

155 Kokott/Henze/Sobotta, JZ 2006, 633 (635); EuGH Rs. C-495/03, Slg. 2005. I- 8151, Rn. 3 (Intermodal Transports)

156 EuGH Rs. C-461/03, Slg. 2005, I-10513. 10547 f. (Rn. 17 ff) (Gaston Schul).

157 EuGH Rs. 283/81, Slg. 1982, 3415, 3429, (Rn. 9) (C.I.L.F.I.T. u.a.).

sind, wenn das zur Vorlage verpflichtete nationale Gericht dieser Pflicht nicht nachkommt. Da weder der alte Art. 234 EGV noch Art. 267 AEUV selbst einen Rechtsbehelf bei Verletzung der Vorlagepflicht vorsehen, bleiben nur Sanktionsmöglichkeiten, die sich aus anderen Vorschriften des Unionsrechts oder aus nationalen Vorschriften[158] ergeben.

(1) Konsequenzen nach deutschem Recht

Die Rechtsschutzinstanz nach deutschem Recht bei Verletzung der Vorlagepflicht durch ein letztinstanzliches Gericht ist das Bundesverfassungsgericht (BVerfG), bei dem der Einzelne die Verletzung im Wege der Verfassungsbeschwerde rügen kann.[159] Nach ständiger Rechtsprechung des BVerfG wird nämlich durch die Nichtbeachtung einer nach Art. 267 AEUV bestehenden Vorlagepflicht das grundrechtsgleiche Recht auf Zugang zu einem gesetzlichen Richter i.S.d. Art. 101 Abs. 1 S. 2 GG verletzt.[160] Denn Art. 267 AEUV ist in Deutschland unmittelbar geltendes Recht und muss deshalb von den deutschen Gerichten gleichsam beachtet werden wie nationales Prozessrecht. Allerdings muss für den Erfolg der Verfassungsbeschwerde bei Verletzung der Vorlagepflicht noch ein weiteres Kriterium erfüllt sein. So muss die Verletzung der Vorlagepflicht *objektiv willkürlich* gewesen sein.[161] Nach allgemeiner Definition sind Entscheidungen willkürlich, wenn sie "bei verständiger Würdigung der das Grundgesetz beherrschenden Gedanken nicht mehr verständlich erscheinen und offensichtlich unhaltbar sind."[162] Um das Merkmal der Willkür auch auf Fälle der Vorlagepflichtverletzungen anwenden zu können, hat das BVerfG hierfür drei weiterführende Fallgruppen entwickelt, nach denen eine Nichtvorlage willkürlich erfolgt: Die grundsätzliche Verkennung der Vorlagepflicht, die bewusste Nichtvorlage bzw. das bewusste Abweichen von der Rechtsprechung des Gerichtshofes ohne Vorlagebereitschaft sowie die unvertretbare Überschreitung des Beurteilungsspielraums bei Unvollständigkeit der Rechtsprechung des Gerichtshofs.[163] Letzteres kann insbesondere dann der Fall sein, „wenn mögliche Gegenauffassungen zu der entscheidungserheblichen Frage des Gemeinschaftsrechts gegenüber der vom Gericht vertretenen Meinung

---

158 Hierbei soll sich vorliegend auf das deutsche Recht beschränkt werden.

159 Kokott/Henze/Sobotta, JZ 2006, 633 (635); Calliess/Ruffert-Wegener, EGV, Art. 234, Rn. 31.

160 BVerfGE 73, 339 (366) (Solange II).

161 Calliess/Ruffert-Wegener, EGV, Art. 234, Rn. 31; Kokott/Henze/Sobotta, JZ 2006, 633 (636); Rengeling/Middeke/Gellermann, § 10, Rn. 67 m.w.N.

162 BVerfGE 29, 198 (207).

163 BVerfG Beschluss vom 15.05.2003 – 1 BvR 55/03, veröffentlicht unter www.bverfg.de.

eindeutig vorzuziehen sind.“[164] Nach neuester Rechtsprechung des 2. Senats des BVerfG ist jedoch bereits dann ein Verstoß gegen Art. 101 Abs. 1 S. 2 GG zu verneinen, „wenn das Gericht die entscheidungserhebliche Frage in zumindest vertretbarer Weise beantwortet hat“.[165] Damit tritt der 2. Senat deutlich der Aussage der 3. Kammer des 1. Senats in dem Beschluss vom 26.02.2010 entgegen, in dem die 3. Kammer des 1. Senats noch entschied, dass ein letztinstanzliches Gericht bereits dann vorlagepflichtig ist, wenn die Beantwortung der entscheidungserheblichen Frage nicht „derart offenkundig ist, dass für einen vernünftigen Zweifel keinerlei Raum bleibt“[166]. Dem Recht auf den gesetzlichen Richter könne nach Ansicht der 3. Kammer des 1. Senats nur dann gerecht werden, wenn es hinsichtlich der maßgeblichen Rechtsfrage bereits Rechtsprechung des EuGH gibt oder die Antwort auf die Frage eben offenkundig ist.[167] Eine unionsrechtliche Rechtsfrage sei jedoch dann nicht vertretbar beantwortet, „wenn das nationale Gericht eine eigene Lösung entwickelt, die nicht auf die bestehende Rechtsprechung des EuGH zurückgeführt werden kann“.[168] Im Gegensatz hierzu beruft sich der 2. Senat in seiner Entscheidung vom 06.07.2010 darauf, dass das BVerfG eben kein „oberstes Vorlagekontrollgericht“ sei, sondern lediglich die bislang bekannte und oben bereits dargestellte Willkürkontrolle hinsichtlich einer möglichen Vorlagepflichtverletzung durchführen müsse.[169] Vielmehr behielten „die Fachgerichte bei der Auslegung und Anwendung von Unionsrecht einen Spielraum eigener Einschätzung und Beurteilung, der demjenigen bei der Handhabung einfachrechtlicher Bestimmungen der deutschen Rechtsordnung entspricht“.[170] Deshalb liegt eben keine Überschreitung des Beurteilungsspielraumes bei Unvollständigkeit der Rechtsprechung vor, wenn das nationale Gericht die entscheidungserhebliche Frage in vertretbarer Weise selbst beantwortet hat und etwaige Gegenauffassungen nicht eindeutig vorzuziehen sind.[171]

---

164 BVerfG Beschluss vom 15.05.2003 – 1 BvR 55/03, veröffentlicht unter www.bverfg.de.

165 BVerfG Beschluss vom 06.07.2010 – 2 BvR 2661/06, Rn. 90 (Rechtssache Honeywell), veröffentlicht unter www.bverfg.de.

166 BVerfG Beschluss vom 25.02.2010 – 1 BvR 230/09, Rn. 20, NJW 2010, 1268 (1269).

167 BVerfG Beschluss vom 25.02.2010 – 1 BvR 230/09, Rn. 21, NJW 2010, 1268 (1269).

168 BVerfG Beschluss vom 25.02.2010 – 1 BvR 230/09, Rn. 21, NJW 2010, 1268 (1269).

169 BVerfG Beschluss vom 06.07.2010 – 2 BvR 2661/06, Rn. 89 (Rechtssache Honeywell), veröffentlicht unter www.bverfg.de.

170 BVerfG Beschluss vom 06.07.2010 – 2 BvR 2661/06, Rn. 90 (Rechtssache Honeywell), veröffentlicht unter www.bverfg.de.

171 BVerfG Beschluss vom 06.07.2010 – 2 BvR 2661/06, Rn. 90 (Rechtssache Honeywell), veröffentlicht unter www.bverfg.de.

Auf diese Weise hat der 2. Senat die Rechtsprechung der vorherigen Entscheidung der 3. Kammer des 1. Senats insofern erheblich gelockert, als dass der 2. Senat den einzelnen Gerichten auch unabhängig vom Vorliegen einer entsprechenden Entscheidung des Gerichtshofes einen eigenen Beurteilungsspielraum bei der Auslegung und Anwendung von Unionsrecht zugesteht, sofern die daraus folgende Beantwortung der entscheidungserheblichen Frage vertretbar ist. Ob diese Lockerung dauerhaft Bestand haben wird, kann nicht mit Sicherheit gesagt werden, da die Entscheidung der 3. Kammer des 1. Senats nun einmal in der Welt ist. Allerdings kann man sich wohl bis zu einer möglichen neuen Entscheidung des 1. Senats zu diesem Thema an die Rechtsprechung des 2. Senats halten.[172]

Es kann demnach festgehalten werden, dass sofern diese speziell entwickelten Voraussetzungen zum Willkürmaßstab vorliegen, einer Verfassungsbeschwerde wegen Verletzung der Vorlagepflicht grundsätzlich nichts mehr im Wege steht. Bemerkenswert ist an dieser Stelle jedoch, dass Deutschland mit der Möglichkeit, eine Verfassungsbeschwerde erheben zu können, eine Ausnahme unter den Mitgliedstaaten darstellt.[173] Die Tatsache, dass in Deutschland sogar die Möglichkeit besteht, mit der Verfassungsbeschwerde die Aufhebung des unter Verstoß gegen die Vorlagepflicht ergangenen Urteils zu erreichen, ist sogar einzigartig unter den Mitgliedstaaten. Solche Sanktionsmöglichkeiten stehen in den übrigen Mitgliedstaaten gar nicht erst zur Verfügung, sodass dort eine Sanktionierung bei einem Verstoß gegen die Vorlagepflicht nicht ohne weiteres möglich ist.[174]

(2) Haftung der Mitgliedstaaten bei Verletzung des Unionsrechts

Die Verletzung der Vorlagepflicht stellt gleichzeitig natürlich auch eine Verletzung des Unionsrechts dar. Wenn nun die Verletzung der Vorlagepflicht einen Schaden nach sich zieht, ist fraglich, ob dies dann die Haftung des jeweiligen Mitgliedstaates auslöst. Dies ist seit dem Urteil des Gerichtshofes in der Sache Köbler[175] geklärt. In dieser Entscheidung hat der Gerichtshof jedoch drei Voraussetzungen entwickelt, die erfüllt sein müssen, um eine Staatshaftung auszulösen: „Die verletzte Rechtsnorm bezweckt, dem Einzelnen Rechte zu verleihen, der Verstoß ist hinreichend qualifiziert, und zwischen dem Verstoß gegen die dem Staat obliegende Verpflichtung und dem der geschädigten Personen

172 Zum Ganzen ausführlich: Gehlhaar, NZA 2010, 1053 /1054.

173 Hummert, S. 54 (dort insbes. Fn. 233).

174 Zum Ganzen: Hummert, S. 54 ff.

175 EuGH Rs. C-224/01, Slg. I-10239 (Köbler).

entstandenen Schaden besteht ein unmittelbarer Kausalzusammenhang".[176] Diese allgemein gehaltenen Voraussetzungen gelten auch bei der Staatshaftung für Schäden, die durch eine unionsrechtswidrige Entscheidung eines nationalen letztinstanzlichen Gerichts entstanden sind.[177] Problematisch ist in diesem Zusammenhang insbesondere die Voraussetzung des qualifizierten Verstoßes. Deshalb hat der Gerichtshof in der Rechtssache Köbler diese Voraussetzung näher konkretisiert, indem er festgelegt hat, dass der Staat nur dann haftet, wenn das nationale Gericht offenkundig gegen das geltende Recht verstoßen hat bzw. die einschlägige Rechtsprechung des Gerichtshofes offenkundig verkannt hat.[178] Allerdings weist auch dieses Kriterium einige Unschärfe auf, weshalb insgesamt festgehalten werden kann, dass die Haftungsklage ultima ratio bleiben und nicht zum Standardrechtsbehelf bei Verletzung der Vorlagepflicht werden sollte.[179]

(3) Vertragsverletzungsverfahren

Schließlich besteht auch die Möglichkeit, die Verletzung der Vorlagepflicht im Wege eines Vertragsverletzungsverfahrens gem. Art. 258 bzw. Art. 259 AEUV zu ahnden, da diese Verletzung einen Verstoß gegen die mitgliedstaatliche Treuepflicht gem. Art. 4 Abs. 3 EUV und somit einen Verstoß gegen EU-Recht darstellt.[180] Da ein solches Verfahren jedoch durch die Kommission eingeleitet wird, bleibt dem Einzelnen als Partei des Ausgangsrechtsstreits lediglich die Möglichkeit, die mutmaßliche Verletzung der Vorlagepflicht der Kommission zur Kenntnis zu bringen, damit diese ggf. ein Vertragsverletzungsverfahren einleiten kann. Von dieser Möglichkeit macht die Kommission jedoch nur sehr zurückhaltend Gebrauch, was darin begründet ist, dass die Konsequenzen einer solchen Vertragsverletzung nur schwer zu bestimmen sind. Die Verurteilung in einem Vertragsverletzungsverfahren verpflichtet den betreffenden Mitgliedstaat lediglich zukünftig die Vorlagepflicht in vergleichbaren Fällen zu beachten. Hinzu kommt die Tatsache, dass im Rahmen eines solchen Verfahrens die Vertragsverletzung durch einen Mitgliedsstaat festgestellt wird. Dies kann grundsätzlich zwar unabhängig davon geschehen, welches Staatsorgen den Verstoß begangen hat, was auch unabhängige Organe wie Gerichte mit einschließt.[181]

176 EuGH Rs. C-224/01, Slg. I-10239, (Rn. 51) (Köbler).
177 EuGH Rs. C-224/01, Slg. I-10239, (Rn. 52) (Köbler).
178 EuGH Rs. C-224/01, Slg. I-10239, (Rn. 53, 56) (Köbler).
179 Calliess/Ruffert-Wegener, EGV, Art. 234, Rn. 32.
180 Rengeling/Middeke/Gellermann, § 10, Rn. 68; Kokott/Henze/Sobotta, JZ 2006, 633 (640).
181 Kokott/Henze/Sobotta, JZ 2006, 633 (640).

Allerdings würde dies bedeuten, dass wenn ein Mitgliedsstaat in einem Vertragsverletzungsverfahren verpflichtet würde, zukünftig die Vorlagepflicht in ähnlich gelagerten Fällen zu beachten, er im Grunde entsprechend auf die Gerichte einwirken müsste. Dies wäre aber wiederum nur schwer mit der in jedem Mitgliedsstaat garantierten richterlichen Unabhängigkeit vereinbar.[182] Im Ergebnis würde der Ausgangsrechtsstreit nicht mehr neu aufgenommen, weshalb ein Vertragsverletzungsverfahren in solchen Fällen wohl nur klarstellende Wirkung haben dürfte.[183] Es kann also festgehalten werden, dass als Rechtsbehelf gegen eine Vorlagepflichtverletzung zwar das Vertragsverletzungsverfahren möglich ist, es jedoch nicht zu dem gewünschten Erfolg führen kann, dass das Gericht des Ausgangsrechtsstreits gezwungen ist, die Vorlagefrage doch noch zu stellen und sein Urteil ggf. zu ändern. Dies dürfte wohl auch der Grund sein, weshalb die Kommission bislang von der Einleitung eines Vertragsverletzungsverfahrens in diesen Fällen abgesehen hat.[184]

e) Erforderlichkeit der Vorlage

Die vorlageberechtigten bzw. vorlageverpflichteten Gerichte können bzw. müssen, wenn sie für die Entscheidung eines anhängigen Rechtsstreits eine abstrakte Frage bzgl. der Auslegung oder der Gültigkeit des Unionsrechts für erforderlich halten, eine solche Frage zum Gegenstand eines Vorlageverfahrens beim Gerichtshof machen. Über die Erforderlichkeit entscheiden allein die nationalen Gerichte.[185] Es kommt insofern nur auf die subjektive Sicht des nationalen Richters an. Hat er Zweifel an der Gültigkeit eines Unionsrechtsaktes oder bestehen aus seiner Sicht Unklarheiten im Hinblick auf die Auslegung von Unionsrecht, ist das Gericht zur Vorlage berechtigt.[186] Eine Erforderlichkeit dürften die Gerichte grundsätzlich bejahen, wenn die Beantwortung der Frage entscheidungserheblich, also für die Tenorierung des Ausgangsrechtsstreites maßgeblich ist.[187]

Das Kriterium der Entscheidungserheblichkeit galt nach allgemeiner Ansicht[188] sowohl für die vorlageberechtigten Gerichte gem. Art. 234 Abs. 2 EGV

182 Calliess/Ruffert-Wegener, EGV, Art. 234, Rn. 30.
183 Kokott/Henze/Sobotta, JZ 2006, 633 (640).
184 Rengeling/Middeke/Gellermann, § 10, Rn. 68; Calliess/Ruffert-Wegener, EGV, Art. 234, Rn. 30.
185 Calliess/Ruffert-Wegener, EGV, Art. 234, Rn. 19.
186 Dauses, S. 96.
187 Thiele, § 9, Rn. 39.
188 EuGH Rs. 283/81, Slg. 1982, 3415, 3429, (Rn. 10) (C.I.L.F.I.T.); Everling, S. 47; Rengeling/Middeke/Gellermann, § 10, Rn. 51; Thomy, S. 67.

a.F. als auch für die gem. Art. 234 Abs. 3 EGV a.F. vorlagepflichtigen Gerichte. So trifft auch bei einer bestehenden Vorlagepflicht letztendlich der vorlagepflichtige Richter selbst die Entscheidung, ob die Voraussetzungen für eine Vorlage gegeben sind.[189] An dieser Beurteilung dürfte sich auch nach Inkrafttreten des Vertrages von Lissabon nichts geändert haben, da der Wortlaut der Absätze 2 und 3 des Art. 267 AEUV dem des Art. 234 Abs. 2, 3 EGV a.F. entspricht.

2. Verfahrensablauf des Vorabentscheidungsverfahrens

Der eigentliche Ablauf des Vorabentscheidungsverfahrens ist sowohl in der Satzung als auch in der Verfahrensordnung des Gerichtshofes geregelt.[190] Wie bereits dargestellt, stellt dieses Verfahren aufgrund seines Charakters als Zwischenverfahren eines nationalen Rechtsstreits eine Besonderheit dar und ist mit keinem anderen europarechtlichen Verfahren vergleichbar. Auch der Verfahrensablauf des Vorabentscheidungsverfahrens folgt besonderen Regeln, da es sich bei diesem Verfahren, wie bei keinem zweiten, eigentlich um eine Zusammenarbeit zwischen nationalen Gerichten und dem Gerichtshof handelt.[191]

a) Schriftlicher Verfahrensabschnitt

Zunächst ist festzuhalten, dass die Entscheidung, ob eine Vorlage an den Gerichtshof erfolgen soll, allein das nationale mit dem Ausgangsrechtsstreit befasste Gericht trifft. Die Form dieser Entscheidung (Beschluss, Zwischenurteil etc.) richtet sich allein nach nationalem Verfahrensrecht; das EU-Recht enthält bzgl. der Vorlageentscheidung keinerlei Regelungen.[192]

Das nationale Gericht übermittelt sodann sein Vorabentscheidungsersuchen dem Gerichtshof. Die Verfahrenssprache ist hierbei gem. Art. 37 Abs. 3 VerfO Gerichtshof die des vorlegenden Gerichts, sodass das nationale Gericht keinerlei Übersetzungsaufwand trifft. Der Gerichtshof übersetzt das Vorabentscheidungsersuchen nach dessen Eingang entweder insgesamt oder in Form einer Zusammenfassung in die übrigen Amtssprachen der EU (vgl. Art. 98 Abs. 1 VerfO Gerichtshof). Der Kanzler des Gerichtshofes übermittelt das Ersuchen den Parteien des Ausgangsrechtsstreits, den Mitgliedstaaten, der Kommission und ggf. dem Rat bzw. dem Europäischen Parlament und der Europäischen Zentralbank (Art. 23 Abs. 1 S. 2 Satzung Gerichtshof). Ferner wird eine Mitteilung

---

189 Skouris, EuGRZ 2008, 343 (344).

190 Ausführlich zum Verfahrensablauf insgesamt Dauses, S. 131 ff; Rengeling/Middeke/Gellermann, § 10 Rn. 70 ff.

191 Vgl. oben einleitende Ausführungen unter Teil 1.

192 Everling, S. 51 f; Dauses, S. 123 ff; Rengeling/Middeke/Gellermann, § 10, Rn. 70 ff.

mit Angabe der Parteien und des Inhalts der Fragen im Amtsblatt veröffentlicht. Sodann können die Parteien des Ausgangsrechtsstreits, die Mitgliedstaaten oder die Organe der Union gem. Art. 23 Abs. 2 Satzung Gerichtshof binnen zwei Monaten beim Gerichtshof Schriftsätze einreichen oder schriftliche Erklärungen abgeben.

b) Mündlicher Verfahrensabschnitt

Im Anschluss an den schriftlichen Verfahrensabschnitt wird grundsätzlich eine mündliche Verhandlung durchgeführt (vgl. Art. 76 Abs. 1 VerfO Gerichtshof). In dieser mündlichen Verhandlung können die Beteiligten auftreten, die auch im schriftlichen Verfahren berechtigt waren, Erklärungen abzugeben.[193] Nach Art. 76 Abs. 2 VerfO Gerichtshof kann der Gerichtshof jedoch nach dem Bericht des Berichterstatters, nach Anhörung des Generalanwalts und nach Unterrichtung der Beteiligten beschließen, von einer mündlichen Verhandlung abzusehen. In einem solchen Fall haben die Beteiligten jedoch die Möglichkeit, einen Antrag zu stellen, in dem sie die Gründe darlegen, aus denen sie gehört werden möchten (Art. 76 Abs. 3 VerfO Gerichtshof).

c) Form der Entscheidung und Verfahrenskosten

Grundsätzlich entscheidet der Gerichtshof bei Vorabentscheidungsverfahren in Form von Urteilen. Gem. Art. 99 VerfO Gerichtshof besteht jedoch auch die Möglichkeit, das Verfahren in Form eines Beschlusses zu beenden. Und zwar zum einen, wenn die Vorlagefrage mit einer bereits durch den Gerichtshof entschiedenen Frage übereinstimmt oder die Antwort auf die Frage eindeutig aus der Rechtsprechung abgeleitet werden kann und zuvor der Generalanwalt angehört worden ist. Zum anderen, „wenn die Beantwortung der zur Vorlageentscheidung vorgelegten Frage keinen Raum für vernünftigen Zweifel lässt“[194] und das vorlegende Gericht zuvor unterrichtet worden ist, den Beteiligten Gelegenheit zur Äußerung gegeben und der Generalanwalt angehört worden ist.[195]

Verfahren vor dem Gerichtshof sind gem. Art. 143 VerfO Gerichtshof kostenfrei, sodass ggf. lediglich über die Anwaltskosten zu entscheiden ist. Da es sich bei einem Vorabentscheidungsverfahren zudem um ein Zwischenverfahren handelt,

---

193 Wägenbaur, EuGH VerfO, Art. 104, Rn. 9; Rengeling/Middeke/Gellermann, § 10, Rn. 82.

194 vgl. Art. 99 VerfO Gerichtshof.

195 Zu den Möglichkeiten, ein beschleunigtes Verfahren nach Art. 105 f VerfO Gerichtshof bzw. ein Eilverfahren gem. Art. 107 ff VerfO Gerichtshof durchzuführen siehe ausführlich die Ausführungen unter Kapitel 2.

regelt Art. 102 VerfO Gerichtshof eigentlich eine „Selbstverständlichkeit“[196], nämlich dass sich die Entscheidung über Kosten des Vorabentscheidungsverfahren, also beispielsweise etwaige Anwaltskosten, nach dem jeweiligen nationalen Recht richtet, da dort schließlich auch der Rechtsstreit beendet wird.

3. Wirkungen des Vorabentscheidungsurteils

Schlussendlich stellt sich – insbesondere aufgrund des speziellen Charakters als Zwischenverfahren – die Frage, welche Wirkung ein Urteil im Rahmen eines Vorabentscheidungsverfahren hat, da dies wiederum entscheidend für den Ausgangsrechtsstreit ist. Grundsätzlich werden Urteile gem. Art. 91 Abs. 1 VerfO Gerichtshof mit dem Tage ihrer Verkündung rechtskräftig. Dies ist auch bei einem Urteil im Rahmen eines Vorabentscheidungsverfahrens nicht anders. Auch wenn dort nicht „entschieden“, sondern „für Recht erkannt“ wird, handelt es sich dennoch um eine das Vorabentscheidungsverfahren abschließende Entscheidung, welche formell und materiell in Rechtskraft erwächst.[197] Aufgrund des Charakters als Zwischenverfahren eines nationalen Rechtsstreits, das durch ein nationales Gericht eingeleitet wird, erscheint es nur konsequent, dass das Urteil sozusagen „inter partes“ die im Ausgangsrechtsstreit entscheidenden Gerichte bindet, was auch die etwaig mit diesem Rechtsstreit befassten Instanzgerichte mit einbezieht.[198] Die erwähnte „inter partes“-Wirkung bezieht sich folglich darauf, dass der Gerichtshof mit seiner Vorabentscheidung das vorlegende nationale Gericht in der Form bindet, dass es in seiner Entscheidung des Ausgangsverfahrens nicht von der Entscheidung des Gerichthofes bzgl. der Vorlagefragen abweichen darf.[199] Teilweise wird jedoch vertreten, dass Vorabentscheidungsurteilen stets eine „faktische erga omnes- Wirkung“ zukommt, auch wenn formal nur das vorlegende Gericht und der entsprechende nationale Instanzenzug gebunden sind. Dies wird damit begründet, dass die Urteile faktisch über den Einzelfall hinaus wirken.[200] Zu unterscheiden ist außerdem, ob es sich bei dem Urteil des Gerichtshofes um eine Entscheidung im Rahmen einer Auslegungsfrage oder einer Gültigkeitsfrage handelt. Auslegungsurteile entfalten, wie erwähnt, ihre Bindungswirkung „inter

---

196 Wägenbaur, EuGH VerfO, Art. 104, Rn. 13.

197 Everling, S. 61.

198 Calliess/Ruffert-Wegener, EGV, Art. 234, Rn. 36.

199 Everling, S. 62 mit Verweis auf den Beschluss des Gerichtshofes vom 05.03.1986 in der Rs. 69/85 (Wünsche).

200 Lumma, EuGRZ 2008, 381; in diesem Sinne auch Rengeling/Middeke/Gellermann, § 10, Rn. 89, die von einer „eingeschränkten erga-omnes-Bindungswirkung“ sprechen.

partes".[201] Anders verhält es sich bei Urteilen zu einer Gültigkeitsvorlage. Stellt der Gerichtshof die Ungültigkeit eines Unionsrechtsaktes fest, so entfaltet dieses Urteil Bindungswirkung „erga omnes"[202], sodass die für ungültig erklärten Rechtsakte von den nationalen Gerichten, anderen mitgliedstaatlichen Stellen und den Unionsorganen nicht mehr anzuwenden sind.[203] Hat der Gerichtshof die Ungültigkeit einmal festgestellt, sind weitere Vorlagen nur noch möglich, wenn es um die Reichweite bzw. das Verständnis des Ungültigkeitsurteils geht.[204] Lediglich in Fällen, in denen der Gerichtshof die Gültigkeit eines Rechtsaktes festgestellt hat, sind erneute Vorlagen zu derselben Gültigkeitsfrage zulässig, da neue bislang nicht in Betracht gezogene Gesichtspunkte eine andere Bewertung der Gültigkeitsfrage zur Folge haben können.[205]

Hinsichtlich der zeitlichen Wirkung von Vorabentscheidungsurteilen kann festgehalten werden, dass diese grundsätzlich ihre Wirkung ex tunc entfalten.[206]

IV. Art. 68 EGV a.F. und Art. 35 EUV a.F.

Im Unterschied zum „normalen" Vorabentscheidungsverfahren nach Art. 234 EGV a.F. galten für entsprechende Verfahren den nunmehr sog. Raum der Freiheit, der Sicherheit und des Rechts betreffend andere Regelungen hinsichtlich der Vorlagemöglichkeiten einzelstaatlicher Gerichte.

So regelte Art. 68 EGV a.F., dass im Unterschied zu Art. 234 EGV a.F. bei Vorlagefragen im Bereich der ersten Säule (Titel IV EGV), also im Bereich Visa, Asyl, Einwanderung und andere Politiken betreffend den freien Personenverkehr, ausschließlich nur solche nationalen Gerichte zur Vorlage berechtigt sind, deren Entscheidungen nicht mehr mit Rechtsmitteln des nationalen Rechts angefochten werden können. Somit wurden Vorlagefragen von nicht-letztinstanzlichen Gerichten als unzulässig abgewiesen, was zur Folge hatte, dass die betroffen Partei im Ausgangsrechtsstreit gezwungen war, den nationalen Rechtsweg bis zur letzten Instanz auszuschöpfen, um die Vorlage an den Gerichtshof zu erreichen.[207]

---

201 Rengeling/Middeke/Gellermann, § 10, Rn. 89, m.w.N.

202 Calliess/Ruffert-Wegener, EGV, Art. 234, Rn. 37; Thomy, S. 92 m.w.N. (Fn. 367).

203 Calliess/Ruffert-Wegener, EGV, Art. 234, Rn. 37.

204 Thomy, S. 92, 93; Calliess/Ruffert-Wegener, EGV, Art. 234, Rn. 37.

205 Everling, S. 65; Calliess/Ruffert-Wegener, EGV, Art. 234, Rn. 37.

206 Rengeling/Middeke/Gellermann, § 10, Rn. 91; zu den Ausnahmen von diesem Grundsatz unter dem Aspekt der zu wahrenden Rechtssicherheit siehe Calliess/Ruffert-Wegener, EGV, Art. 234, Rn. 40 ff.

207 Skouris, EuGRZ 2008, 343 (345).

Für den Bereich der dritten Säule, also bzgl. der Bestimmungen über die polizeiliche und justizielle Zusammenarbeit in Strafsachen, regelte Art. 35 EUV a.F. in Absatz 2, dass jeder Mitgliedstaat, um die Zuständigkeit des Gerichtshofes zu begründen, eine entsprechende Erklärung abgeben mussten. Deutschland hat eine solche Erklärung in Form des sog. EuGH-Gesetzes am 06.08.1998 abgegeben, worin es das Vorabentscheidungsverfahren für Gerichte aller Instanzen zulässt.[208] Insgesamt hatten bislang 17 Mitgliedstaaten entsprechende Erklärungen abgegeben.[209]

Diese im Bereich des Raumes der Freiheit, der Sicherheit und des Rechts nur sehr eingeschränkte Zuständigkeit des Gerichtshofs und die Beschränkung der Vorlagemöglichkeiten führten gleichzeitig zu einer Beschränkung im Rahmen der Rechtsschutzmöglichkeiten. Deswegen war der Art. 68 EGV a.F. immer sehr umstritten.[210] So wurde Art. 68 EGV a.F. beispielsweise als „Kohärenzbremse“[211] bezeichnet. Man könnte sich hier sogar die Frage stellen, ob durch diese Beschränkungen für den Anwendungsbereich des Art. 68 EGV a.F. überhaupt noch der Grundsatz der Garantie auf effektiven Rechtschutz gewahrt war.[212] Das kann jedoch mit Inkrafttreten des Vertrages von Lissabon dahinstehen, da die vorgenannten Beschränkungen nunmehr entfallen bzw. in Art. 276 AEUV aufgegangen sind.[213]

F. Der Raum der Freiheit, der Sicherheit und des Rechts (Art. 3 Abs. 2 EUV, Art. 67–89 AEUV)

Zu den Zielen der EU gehört gem. Art. 3 Abs. 2 EUV die Erhaltung und Weiterentwicklung eines Raumes der Freiheit, der Sicherheit und des Rechts. Dieses

---

208 BGBl. 1998 I, S. 2035.

209 Dörr, EuGRZ 2008, S. 349 (351).

210 Vgl. z.B.: Pache/Knauff, NVwZ 2004, 16 ff, die Art. 68 EGV a.F. als unionsrechtswidrig einstufen; siehe hierzu auch unten die Ausführungen zu Kapitel 2, B, II.

211 Dörr, EuGRZ 2008, 349 (352).

212 So meint Hess, RabelsZ 66 (2002), 470 (490) mit Verweis auf Basedow, „Der Raum des Rechts – ohne Justiz“, ZEuP 2001, 437 ff, dass aufgrund der Regelung in Art. 68 Abs. 1 EGV a.F. „der europäische Raum des Rechts (...) also ohne Justiz auskommen“ muss. Dahingegen sieht Rossi in Calliess/Ruffert, EGV, Art. 68, Rn. 11, dass „die zwingende Beschreitung des nationalen Rechtsweges in Kombination mit der Vorlagebefugnis- und -verpflichtung der letztinstanzlichen Gerichte einem effektiven Rechtsschutz noch genügt“.

213 Dörr, EuGRZ 2008, S. 349 (351); vgl. hierzu auch die Ausführungen oben im ersten Kapitel unter A.

Hauptziel soll u.a. der Verwirklichung der drei Leitziele der Union dienen, nämlich der Förderung des Friedens, der Werte der Union und des Wohlergehens ihrer Völker (Art. 3 Abs. 1 EUV). Dieser Raum der Freiheit, der Sicherheit und des Rechts hat durch das Inkrafttreten des Vertrages von Lissabon einige wesentliche Änderungen erfahren.

So fanden sich vor Lissabon Vorschriften diesen Bereich betreffend[214] in Titel VI des Vertrages über die Europäische Union, also Bestimmungen über die polizeiliche und justizielle Zusammenarbeit in Strafsachen (PJZS), und in Titel IV des Vertrages zur Gründung der Europäischen Gemeinschaft, also bzgl. Visa, Asyl, Einwanderung und andere Politiken betreffend den freien Personenverkehr.[215] Die Erhaltung und Weiterentwicklung des Raumes der Freiheit, der Sicherheit und des Rechts erfasste nach den alten Verträgen also Regelungsbereiche sowohl aus der ersten Säule (supranationaler Bereich) als auch aus der dritten Säule (intergouvernementaler Bereich) der EU.[216] Mit dem Vertrag von Lissabon wurde nun die dritte Säule (PJZS) mit dem Titel IV des EGV a.F. vereinigt und unter dem Titel „Raum der Freiheit, der Sicherheit und des Rechts" zusammengefasst. Somit gibt es nunmehr einen Titel (Titel V, Art. 67 –Art. 89 AEUV), in dem die gesamte Unionspolitik für die Bereiche Justiz und Inneres zusammengefasst ist.

Die Fortentwicklung dieser Politikbereiche im Rahmen der Schaffung eines Raumes der Freiheit, der Sicherheit und des Rechts wurde bereits bei der Tagung des Europäischen Rates in Tampere im Jahr 1999 als Ziel festgelegt.[217] Nach Beendigung des in Tampere auf fünf Jahre angelegten Handlungsprogramms konnte im Jahre 2004 festgestellt werden, dass wichtige Schritte hin zu einem Raum der Freiheit, der Sicherheit und des Rechts vollzogen worden sind, sodass nunmehr galt, auf diesen Fortschritten aufzubauen und sich neue Ziele zu setzen, die dem damals noch in Planung befindlichen Verfassungsvertrages entsprechen sollten.[218] Dementsprechend hat der Europäische Rat das sog. „Haager Programm" angenommen.[219] Weiterhin verabschiedete der Rat einen Aktionsplan, der unter bestimmten Zeitvorgaben alle zu treffenden Maßnahmen bis 2010 festlegte.[220]

---

214 In Form des Amsterdamer Vertrages.

215 Herdegen, § 31, Rn. 1.

216 Kokott/Dervisopoulos/Henze, EuGRZ 2008, 10 (11).

217 ABl. 2005, C 53/01.

218 ABl. 2005, C 53/01.

219 Siehe hierzu insbesondere hinsichtlich der Bedeutung dieses Programms für das Vorabentscheidungsverfahren unten Kapitel 2.

220 ABl. 2005, C 198/1.

Diese Entwicklung findet ihr vorläufiges Ende nun, wie bereits erwähnt, in Titel V AEUV. Dieser gliedert sich in fünf Kapitel zu den Bereichen allgemeine Bestimmungen (Art. 67–76 AEUV), Politik im Bereich Grenzkontrollen, Asyl und Einwanderung (Art. 77–80 AEUV), justizielle Zusammenarbeit in Zivilsachen (Art. 81 AEUV), justizielle Zusammenarbeit in Strafsachen (Art. 82–86) und polizeiliche Zusammenarbeit (Art. 87–89 AEUV).

Beachtlich ist hierbei, dass durch die Auflösung der Säulenstruktur nicht der gesamte Bereich des Raumes der Freiheit, der Sicherheit und des Rechts der supranationalen Struktur unterliegt, sondern bestimmte Besonderheiten fortbestehen, deren intergouvernementaler Ursprung sich nicht leugnen lässt.[221] Was das genaue Ziel bzw. eine genaue Definition des Raumes der Freiheit, der Sicherheit und des Rechts betrifft, so kann festgehalten werden, dass es keine eindeutige Definition bzw. Zielbestimmung gab.[222] Aus der Zusammenschau aller für den Raum der Freiheit, der Sicherheit und des Rechts entscheidenden Bestimmungen konnte jedoch abgeleitet werden, dass ein Binnenraum ohne Grenzkontrollen für die Bürger geschaffen werden sollte, ohne dass daraus ein Defizit an innerer Sicherheit folgt sowie die behördliche Zusammenarbeit im straf- und zivilrechtlichen Bereich gestärkt und erleichtert werden sollte.[223] Mit Inkrafttreten des Vertrages von Lissabon sind den Vorschriften zum Raum der Freiheit, der Sicherheit und des Rechts nunmehr sog. allgemeine Bestimmungen vorangestellt worden (Art. 67–76 AEUV), aus denen sich insbesondere in Art. 67 AEUV die wichtigsten Grundsätze des Raumes der Freiheit, der Sicherheit und des Rechts entnehmen lassen. So ist eine gemeinsame Politik für die Bereiche Asyl, Einwanderung und Kontrollen an den Außengrenzen geschaffen worden (vgl. Art. 67 Abs. 2 AEUV) und außerdem soll im Bereich der Kriminalitätsbekämpfung und -verhütung ein hohes Maß an Sicherheit gewährleistet werden (vgl. Art. 67 Abs. 3 AEUV). Die Tatsache, dass die Mitgliedstaaten erkannt haben, dass in diesen sensiblen Bereichen eine verstärkte Zusammenarbeit unerlässlich ist, resultiert nicht zuletzt daraus, dass die Zahl von Asylbewerbern und Kriegsflüchtlingen sprunghaft angestiegen ist. Es ist gleichzeitig die Konsequenz aus der ständig steigenden Bedrohung durch den internationalen Terrorismus nach den Anschlägen vom 11. September 2001 in New York und Washington D.C., vom 11. März 2003 in Madrid und vom 7. Juli 2005 in London.[224] Insgesamt lässt sich festhalten, dass es an der Zeit war, den hochsensiblen Bereich des Raumes der

221 Streinz. Rn. 959; Streinz/Ohler/Herrmann, S. 105 ff m.w.N.

222 Streinz, Rn. 958; Müller-Graff, FS für Zuleeg, S. 605 (608).

223 Streinz/Ohler/Herrmann, S. 107; Streinz, Rn. 958.

224 Streinz, Rn. 958.

Freiheit, der Sicherheit und des Rechts einheitlich an zentraler Stelle zusammen zu fassen.[225]

G. Bewertung und Schlussfolgerung in Bezug auf effektiven Rechtsschutz durch das Vorabentscheidungsverfahren

Abschließend kann festgehalten werden, dass die Neuerungen in Bezug auf das Vorabentscheidungsverfahren als ein durchaus gelungener Spagat zwischen umfassender Rechtschutzmöglichkeit und nicht völliger Supranationalisierung im sensiblen Bereich des Raumes der Freiheit, der Sicherheit und des Rechts angesehen werden können. Durch den Wegfall der Beschränkungen der Art. 68 EGV a.F. und Art. 35 EUV a.F. wird den nationalen Gerichten ein umfassenderer Zugang zum Gerichtshof ermöglicht, was sich positiv auf die effektiven Rechtsschutzmöglichkeiten für den Einzelnen – wenn auch nur indirekt – auswirkt. Dennoch wird durch die Regelung in Art. 276 AEUV gewährleistet, dass sich die Mitgliedstaaten in dem sensiblen Bereich der mitgliedstaatlichen polizeilichen Maßnahmen nicht ihrer Souveränität begeben, da der Gerichthof in diesem Bereich nicht für die Überprüfung der Gültigkeit oder Verhältnismäßigkeit etwaiger Maßnahmen zuständig ist. Insoweit verbleibt es in diesem Bereich bei einer intergouvernementalen Zusammenarbeit. Fraglich bleibt jedoch auch nach Inkrafttreten des Vertrages von Lissabon, ob nunmehr tatsächlich alle Probleme hinsichtlich der Gewährleistung effektiven Rechtsschutzes im Bereich des Vorabentscheidungsverfahrens behoben sind. Insofern soll in Kapitel 2 der besondere Problembereich der Verfahrensdauer bei Vorabentscheidungsverfahren näher untersucht werden.

Kapitel 2: Der Weg zu der Einführung eines Eilvorlageverfahrens

A. Problemaufriss: Verfahrensdauer

Wenn man sich die Rechtsprechungsstatistiken des Gerichtshofes der letzten Jahre ansieht, so wird schnell deutlich, dass das Vorabentscheidungsverfahren

---

225 Hinsichtlich einer weitergehenden detaillierteren Darstellung der Entwicklung und des Inhalts des Raumes der Freiheit, der Sicherheit und des Rechts siehe eingehend Müller-Graff(Hrsg.): Der Raum der Freiheit, der Sicherheit und des Rechts, Baden-Baden, 2005; Paul Craig/Grainne de Burca, EU Law, 4th edition, Oxford 2008, Chapter 7: The area of freedom, security, and justice; Josephine Steiner/Lorna Woods, EU Law, 10th edition, Oxford 2009, Chapter 26: The area of freedom, security, and justice: EU home affairs law and policy.

eine zentrale Rolle unter den verschiedenen Verfahren beim Gerichtshof spielt.[226] So machen Vorabentscheidungsersuchen seit Jahren ca. die Hälfte aller beim Gerichtshof erledigten Verfahren aus (z.B. im Jahr 1999: 192 Vorabentscheidungsersuchen von insgesamt 395 erledigten Rechtssachen; im Jahr 2003: 233 von insgesamt 494 erledigten Rechtssachen; im Jahr 2006: 266 von insgesamt 546 erledigten Rechtssachen; im Jahr 2009: 259 von insgesamt 588 erledigten Rechtssachen; im Jahr 2010: 339 von insgesamt 574 erledigten Rechtssachen, im Jahr 2011: 388 von insgesamt 638 erledigten Rechtssachen und im Jahr 2012: 386 von insgesamt 595)[227].

Wie bereits dargelegt, stellt das Vorabentscheidungsverfahren jedoch lediglich ein Zwischenverfahren zu einem vor einem nationalen Gericht anhängigen Rechtsstreit dar, der bis zum Abschluss des Vorabentscheidungsverfahrens ausgesetzt und sodann unter Berücksichtigung des Ergebnisses des Vorlageverfahrens weitergeführt wird. Durch das Vorabentscheidungsverfahren wird also der ursprüngliche nationale Rechtsstreit in die Länge gezogen, wodurch letztendlich auch der „fruchtbare Dialog“ zwischen den nationalen Gerichten und dem Gerichtshof gefährdet wird.[228] Für den Grundsatz des effektiven Rechtsschutzes für jeden Einzelnen ist also von essentieller Bedeutung, wie sehr der Ausgangsrechtsstreit durch das zwischengefügte Vorabentscheidungsverfahren verlängert wird.

Die durchschnittliche Dauer eines normalen Vorabentscheidungsverfahrens betrug im Jahr 2007 19,3 Monate, im Jahr 2008 16,8 Monate, im Jahr 2009 17,1 Monate und in den Jahren 2010 und 2011 schon „nur“ noch 16,1 bzw. 16,4 Monate.[229] Im Jahr 2012 erreichte die Verfahrensdauer bei Vorabentscheidungsverfahren

---

226 Hierbei darf natürlich nicht die Rolle des Gerichts vergessen werden, das den Gerichtshof insofern entlastet, als dass alle Individualnichtigkeitsklagen gem. Art. 263 Abs. 4 AEUV in die Zuständigkeit des Gerichts fallen. Diese Individualnichtigkeitsklagen machen beim Gericht ebenfalls seit einigen Jahren knapp die Hälfte aller erledigten Rechtssachen aus (vgl. Rechtsprechungsstatistiken des Gerichts, abrufbar unter http://curia.europa.eu/jcms/jcms/Jo2_7041/). Demzufolge sind die beiden Hauptverfahren, mit denen sich die europäische Gerichtsbarkeit zu befassen hat, auf das Gericht und den Gerichtshof aufgeteilt worden.

227 Rechtsprechungsstatistik für den Gerichtshof, Jahresbericht 2003, S. 229 (232); Jahresbericht 2009, S. 85 (90) und Jahresbericht 2012, S. 93 (100) abrufbar unter http://curia.europa.eu.

228 Hirsch, ZRP 2000, 57 (58).

229 Rechtsprechungsstatistik für den Gerichtshof, Jahresbericht 2011, S. 97 (114), abrufbar unter http://curia.europa.eu.

den „historisch niedrigsten Stand“[230] von nur noch 15,7 Monaten.[231] Zwar ist dies gegenüber dem Jahr 2003, in dem durchschnittlich 25,5 Monate Verfahrensdauer[232] zu verzeichnen waren, eine deutliche Beschleunigung, jedoch stellt eine solche Verfahrensdauer allein für das „Zwischenverfahren“ für die Parteien des Ausgangsprozesses eine Art Geduldsprobe dar. Die Ursache für eine derart lange Verfahrensdauer ist jedoch schnell gefunden. Die Satzung des Gerichtshofes bestimmt nämlich, dass auch den anderen, nicht am Ausgangsverfahren beteiligten Mitgliedstaaten der Vorlagebeschluss zugestellt (Art. 23 Abs. 1 S. 2 Satzung Gerichtshof) und allen Mitgliedsstaaten während des Verfahrens Gelegenheit gegeben werden muss, sich zu der Vorlagefrage zu äußern (Art. 23 Abs. 2 Satzung Gerichtshof). Durch diese Bestimmung wird zwar die Beteiligungsmöglichkeit aller Mitgliedsstaaten bei Fragen zur Auslegung oder Gültigkeit von europäischem Recht gesichert und dadurch sicher auch die Akzeptanz der Entscheidungen des Gerichtshofes in allen Mitgliedstaaten gestärkt, jedoch bedeutet dies, dass viel Zeit verloren geht für Übersetzungen in die jeweiligen Sprachen und dadurch, dass den Mitgliedstaaten gewisse Stellungnahmefristen gewährt werden müssen. Mittlerweile sieht die EU insgesamt 23 Verfahrens-[233] bzw. Amtssprachen[234] vor. Gem. Art. 37 Abs. 1 VerfO Gerichtshof wählt grundsätzlich der Kläger die Verfahrenssprache. Bei Vorabentscheidungsersuchen hingegen ist gem. Art. 37 Abs. 3 VerfO Gerichtshof die Sprache des anrufenden Gerichts Verfahrenssprache. Die Tatsache, dass sich in der EU und beim Gerichtshof derartig viele Verfahrens- und Amtssprachen durchgesetzt haben, wohingegen beispielsweise der EGMR nur zwei Verfahrenssprachen (gem. Art. 34 Abs. 1 VerfO EGMR Englisch und Französisch) kennt, lässt sich damit erklären, dass jeder Einzelne einen Anspruch darauf hat, von der EU in seiner Landessprache angesprochen zu werden.[235] Dies ist die Folge des Diskriminierungsverbots in Art. 18 AEUV. Außerdem folgt aus der Supranationalität der EU der Grundsatz der Gleichbehandlung aller Amtssprachen im Außenverhältnis.[236] Die interne

230 Pressemitteilung des Gerichtshofes der Europäischen Union Nr. 23/13 vom 6. März 2013, abrufbar unter http://curia.euorpa.eu.

231 Rechtsprechungsstatistik für den Gerichtshof, Jahresbericht 2012, S. 93 (110), abrufbar unter http://curia.europa.eu.

232 Rechtsprechungsstatistik für den Gerichtshof, Jahresbericht 2003, S. 229 (238), abrufbar unter http://curia.europa.eu.

233 Vgl. Art. 29 § 1 VerfO Gerichtshof; Art. 35 § 1 VerfO Gericht.

234 Vgl. ABl 2006, L 363/80.

235 Calliess/Ruffert-Wichard, EGV, Art. 290, Rn. 3.

236 Calliess/Ruffert-Wichard, EGV, Art. 290, Rn. 4.

Beratungssprache des Gerichtshofes ist seit jeher Französisch, obwohl dies nie rechtlich festgelegt wurde.[237] Jetzt könnte man sich natürlich fragen, ob bei einem Verfahren wie dem Vorabentscheidungsverfahren, bei dem ja im Grunde nur ein Dialog zwischen den nationalen und den europäischen Richtern stattfindet und kein Individuum Partei des Verfahrens ist, die Anzahl der Verfahrenssprachen nicht beschränkt werden könnte. Dagegen spricht jedoch, dass dem nationalen Richter, sofern er seine Vorlagefrage in einer Fremdsprache formulieren muss, sprachliche Ungenauigkeiten unterlaufen könnten, was dann im Ergebnis wiederum zu einer Verfahrensverlängerung führen könnte, da es bei den Vorlagefragen auf den präzisen Wortlaut ankommt und deshalb nicht auszuschließen ist, dass sich der Gerichtshof zu Rückfragen gezwungen sieht. Wenn das nationale Gericht zur Vermeidung von Ungenauigkeiten einen Übersetzer hinzuziehen würde, würde der Zeitverlust durch die Übersetzung nur auf die nationale Ebene verlagert, der Zeitaufwand bliebe jedoch der gleiche.[238] Es kann mithin festgehalten werden, dass es nicht sinnvoll erscheint, die Zahl der Verfahrenssprachen im Bereich des Vorabentscheidungsverfahrens zu beschränken.

Bei einer derartig langen Dauer allein eines Zwischenverfahrens drängt sich die Frage nach der Vereinbarkeit des Vorabentscheidungsverfahrens mit dem Grundsatz der Effektivität des Rechtsschutzes förmlich auf. Gerade der zeitliche Aspekt ist für den effektiven Rechtsschutz von wesentlicher Bedeutung, da das Recht ein Gut ist, das zeitabhängig und zeitbezogen ist.[239] Dem Rechtsuchenden ist nur geholfen, wenn er auf sein aktuelles Begehr auch eine zeitnahe Antwort erhält, sonst besteht die große Gefahr, dass die Antwort ins Leere geht, was durch die englische Formel „justice delayed, justice denied“ gut auf den Punkt gebracht wird.[240] Diesen elementaren Zusammenhang zwischen Verfahrensdauer und effektivem Rechtsschutz hat auch der Gerichtshof realisiert und als unionsrechtliches Prozessgrundrecht anerkannt.[241] Zu beachten ist hierbei allerdings, dass es bei der Gewährleistung von effektivem Rechtsschutz nicht nur um eine möglichst schnelle Verfahrensbearbeitung geht, sondern auch die Qualität der einzelnen Entscheidung mit umfasst ist. Mithin darf die Geschwindigkeit nicht zulasten der Qualität gehen, sodass festgehalten werden kann, dass Rechtsschutz zwar so schnell wie möglich, aber auch so gut wie möglich gewährt werden soll.[242]

---

237 Everling, EuR 2003, Beiheft 1, 7 (32).

238 Zum Ganzen: Ottaviano, S. 109 f.

239 Schlette, EuGRZ 1999, 369.

240 Schlette, EuGRZ 1999, 369.

241 EuGH Rs. C-185/95 P, Slg. 1998, I 8417 (Baustahlgewebe GmbH)

242 Zum Ganzen vgl. Rennert, EuGRZ 2008, 385.

Alles in allem lässt sich festhalten, dass unter dem Gesichtspunkt des effektiven Rechtsschutzes das normale Vorabentscheidungsverfahren aufgrund seiner Funktion als Zwischenverfahren und Nahtstelle zwischen den verschiedenen Rechtsordnungen von erheblicher Bedeutung ist, es jedoch hinsichtlich der zeitlichen Komponente dem Grundsatz der Gewährleistung effektiven Rechtsschutzes nicht ausreichend gerecht wird.

B. Entwicklung und Darstellung der unterschiedlichen Lösungsansätze zur Beschleunigung des Vorabentscheidungsverfahrens

Die Problematik der immer weiter zunehmenden Anzahl von Vorabentscheidungsersuchen und deren zunehmende Dauer ist seit langem bekannt und in den letzten Jahren vielfach diskutiert worden. Auch hinsichtlich des Aufbaus und der Funktion des gesamten europäischen Gerichtssystems zeichnete sich in der vergangenen Dekade ein Reformbedarf ab, da die Auslastung des Gerichtshofes und des Gerichts in allen Bereichen immer weiter angestiegen ist. Aus diesem Grunde wurden in den Jahren 1999 und 2000 zwei wesentliche Reflexionspapiere erarbeitet, die sich mit der Zukunft des Gerichtssystems der Europäischen Union befassen. Hierbei handelt es sich zum einen um das Reflexionspapier des Gerichtshofes selbst, das am 28.05.1999 veröffentlich wurde[243] und zum anderen um den Bericht aus dem Januar 2000 (Due-Bericht) der Reflexionsgruppe, die per Beschluss vom 20. April und 4. Mai 1999 durch die Europäische Kommission beauftragt wurde, über die Zukunft des europäischen Gerichtsystems zu berichten[244]. Darüber hinaus gab es jedoch auch zahlreiche Stimmen aus Literatur und Wissenschaft, die sich kritisch mit diesem Thema auseinandergesetzt haben und somit wurden durch die Berichte und die Literatur unterschiedliche Reformvorschläge erarbeitet und diskutiert. Im Folgenden sollen deshalb die unterschiedlichen Reformvorschläge bzgl. des Vorabentscheidungsverfahrens dargestellt werden.

243 Abgedruckt in EuZW 1999, 750 ff, im Folgenden Reflexionspapier genannt.

244 Bericht der Reflexionsgruppe über die Zukunft des Gerichtsystems der Europäischen Gemeinschaften, Januar 2000, abrufbar unter http://ec.europa.eu/dgs/legal_service/pdf/due_de.pdf; da Vorsitzender dieser Gruppe der ehemalige Richter und Präsident des EuGH Ole Due war, wird dieser Bericht nachfolgend „Due-Bericht" genannt.

I. Annahmeverfahren bestimmter Vorlagefragen durch den Gerichtshof

Ein Ansatz, um die Arbeitsbelastung des Gerichtshofes im Rahmen der Vorabentscheidungsverfahren zu verringern und somit insgesamt zur Beschleunigung der eingegangenen Vorlagefragen beizutragen, ist, bei Eingang der Vorlagefragen zunächst ein Annahmeverfahren vorzuschalten.

Bevor auf die unterschiedlichen Möglichkeiten der Ausgestaltung eines solchen Annahmeverfahrens eingegangen wird, soll zunächst geklärt werden, ob die Option, unter den eingehenden Vorlagefragen auszuwählen, überhaupt mit dem Grundsatz der Effektivität des Rechtsschutzes vereinbar wäre. Hierbei ist zunächst zu unterscheiden, ob es sich um Auslegungs- oder Gültigkeitsvorlagen handelt. Denn im Unterschied zu Auslegungsfragen sind Gültigkeitsfragen an das Verwerfungsmonopol des Gerichtshofes geknüpft, d.h. nur der Gerichtshof ist befugt, eine unionsrechtliche Norm für ungültig zu erklären, die nationalen Gerichte jedoch nicht.[245] Dies aber könnte dazu führen, dass sich ein nationales Gericht bei Nichtannahme einer Gültigkeitsvorlage gezwungen sieht, eine aus seiner Sicht nichtige Norm dennoch anzuwenden. Dies führt jedoch zu einer erheblichen Gefährdung des effektiven Rechtsschutzes.[246] Dieser setzt nämlich voraus, dass ein Rechtsstreit vollumfänglich rechtlich geprüft wird, was eben auch die Prüfung der Gültigkeit einer Norm mit umfasst.[247] Wenn jedoch die Prüfung der Gültigkeit durch den Gerichtshof abgelehnt wird, so bleibt die rechtliche Prüfung insoweit unvollständig und der Grundsatz der Effektivität des Rechtsschutzes wäre verletzt. Etwas anders gestaltet sich die Situation bei Auslegungsfragen. Hierbei sieht sich das nationale Gericht zwar auch gezwungen, selbst über den Sachverhalt zu entscheiden, wenn der Gerichthof die Vorlage nicht annimmt, es würde jedoch in jedem Fall eine Auslegung stattfinden. Bei Gültigkeitsvorlagen fiele die Prüfung der Gültigkeit jedoch gänzlich weg. Allerdings muss hierbei beachtet werden, dass es durch die Auslegung, die das nationale Gericht vornimmt, zu Problemen hinsichtlich der einheitlichen Auslegung von Europarecht kommen könnte.[248] Es kann mithin festgehalten werden, dass ein Annahmeverfahren, wenn überhaupt, nur im Hinblick auf Auslegungsfragen in Betracht kommen kann. Somit kann für Gültigkeitsfragen auf diese Art und Weise keine Beschleunigung oder Verfahrensreduzierung herbeigeführt werden.

---

245 EuGH Rs. 314/85, Slg. 1987, 4199 ff. (Foto-Frost); Rengeling/Middeke/Gellermann, § 10, Rn. 10.

246 Zum Ganzen: Ottaviano, S. 85 f.

247 Ottaviano, S. 85 f.; Pache/Knauff, NVwZ 2004, 16 (20).

248 Ottaviano, S. 85.

Im Folgenden sollen nun die Gestaltungsmöglichkeiten eines Annahmeverfahrens mit ihren Vor- und Nachteilen dargestellt werden.

1) Auswahlverfahren nach Vorbild des US Supreme Courts

Es wäre zum einen denkbar, dem Gerichtshof die Möglichkeit einzuräumen, die eingehenden Vorlagefragen zu filtern und nur diejenigen Fragen zur Entscheidung anzunehmen, die seiner Ansicht nach hinreichende Bedeutung für die Weiterentwicklung des Unionsrecht haben oder wegen ihrer Neuartigkeit und Komplexität einer Befassung des Gerichthofes bedürfen.[249] Ein solches Vorgehen weist eine gewisse Ähnlichkeit zu dem sog. „writ of certiorari"-Verfahren des Supreme Courts der Vereinigten Staaten von Amerika auf, bei dem die Zulassung eines Antrages von dem Ermessen des Gerichts abhängt.[250]

Die Einführung eines solchen Annahmeverfahrens würde sicherlich nicht zu leugnende Vorteile mit sich bringen. Zunächst wäre es einfach, wirksam und kostengünstig.[251] Ferner würden die nationalen Gerichte dazu veranlasst, etwaige Vorlagefragen detailliert zu prüfen und somit ihrer Funktion auf dem Gebiet des Unionsrechts noch stärker gerecht werden.[252] Zusätzlich erhielte der Gerichtshof die Möglichkeit, sich voll und ganz auf die für die Einheitlichkeit und Weiterentwicklung des Unionsrechts entscheidenden Fragen zu konzentrieren.[253] Schließlich könnte man auch anführen, dass gerade der Grundsatz des effektiven Rechtsschutzes eine Filterung der Vorlagefragen erforderlich macht, da bei Befassung des Gerichtshofes sowohl mit bedeutenden Fragen als auch mit abwegigen Begehren gleichermaßen eine „auf den Kopf gestellte Priorität"[254] droht. Dies soll heißen, dass nicht ausgeschlossen werden kann, dass Fragen umso schneller erledigt werden, je unwichtiger sie sind und schwierige und wichtigere Fragen entsprechend länger dauern.[255]

Allerdings würde die Einführung eines Filterungssystems nach Vorbild des US Supreme Courts auch erhebliche Nachteile mit sich bringen. Zu allererst ist daran zu denken, dass eine solche vorgeschaltete Annahmeprüfung dem Kooperationsverhältnis zwischen den nationalen Gerichten und dem Gerichtshof

---

249 Reflexionspapier, EuZW 1999, 750 (754); Due-Bericht, S. 21; Rösler, ZRP 2000, 52 (56).
250 Rösler, ZRP 2000, 52 (56).
251 Due-Bericht, S. 21.
252 Reflexionspapier, EuZW 1999, 750 (754).
253 Reflexionspapier, EuZW 1999, 750 (754).
254 Ottaviano, S. 80.
255 Ottaviano, S. 80 unter Verweisung auf Benda, Entlastung des BVerfG, S. 12.

schaden könnte, da zu befürchten steht, dass die nationalen Gerichte von einer Vorlage Abstand nehmen, wenn sie damit rechnen müssen, dass ihre Vorlagefragen wegen fehlender Bedeutung zurückgewiesen werden.[256] Hinzu tritt eine nicht zu unterschätzende psychologische Komponente, die ebenfalls zu einem Rückgang der Vorlagefreudigkeit führen könnte. So würde es nicht verwundern, wenn die nationalen Gerichte eher auf eine Vorlage verzichten, wenn sie sich nicht sicher sein können, dass sich Zeit und Mühe lohnen und sie gegebenenfalls mit einer Zurückweisung oder gar Bloßstellung aus dem „fremdartigen und fernen Luxemburg“[257] rechnen müssen.[258]

Ferner ist zu beachten, dass das System des US Supreme Courts nicht eins zu eins auf den Gerichtshof übertragbar ist, da sich das amerikanische Rechtssystem in wesentlichen Punkten von dem europäischen unterscheidet. Bei dem US-amerikanischen System handelt es sich um ein sog. „appellate system“ während es sich bei dem europäischen System um ein „referral system“ handelt.[259] Dies bedeutet, dass auf europäischer Ebene im Rahmen des Vorabentscheidungsverfahrens das nationale Gericht den ursprünglichen Rechtsstreit unterbricht und, ohne eine Entscheidung getroffen zu haben, dem Gerichtshof die entscheidenden Fragen vorlegt. Wenn nun der Gerichtshof die Fragen unbeantwortet nicht annimmt, würde dies dazu führen, dass das nationale Gericht europäisches Recht selbst auslegen müsste, obwohl dies nicht seine Aufgabe ist.[260] Dies würde unweigerlich zu Rechtsschutzlücken führen, sodass festgehalten werden kann, dass ein solches Auswahlsystem nicht mit dem Rechtsschutzsystem der EU vereinbar wäre.[261] Dieses Problem stellt sich im amerikanischen System nicht, da dort bereits eine Entscheidung eines unteren Gerichts vorliegt, die dann zur Überprüfung an den Supreme Court geht. Wenn nun der Supreme Court die Rechtssache nicht annimmt, bleibt es bei der bereits ergangenen Entscheidung des unteren Gerichts, sodass der Rechtsstreit nicht unentschieden bzw. „offen“ bleibt.

2) Annahmeverfahren nach Vorbild des § 93 a BVerfGG

Zum anderen wäre ein Annahmeverfahren vergleichbar mit dem Verfahren nach § 93 a BVerfGG denkbar. Hierbei müsste sich der Gerichtshof an bestimmte Annahmekriterien halten und wäre in seiner Entscheidung über die Annahme

---

256 Reflexionspapier, EuZW, 750 (754); Rösler, ZRP 2000, 52 (55).
257 Rösler, ZRP 2000, 52 (55).
258 Ottaviano, S. 80; Schwarze, DVBl 2002, 1297 (1311).
259 Craig/De Burca, EU Law, S. 496.
260 Craig/De Burca, EU Law, S. 496.
261 Rösler, ZRP 2000, 52 (56).

einer Vorlage nicht so frei wie bei der Supreme Court-Variante. Der Gerichtshof würde also bei Eingang der Vorlagefrage vorab prüfen, ob bei Nichtannahme ein schwerer Nachteil für den Rechtsschutzsuchenden entstehen könnte.[262] Zwar geht es auf europäischer Ebene nicht in erster Linie um Verletzung von Persönlichkeitsrechten, sondern eher um wirtschaftsrechtliche Aspekte. Jedoch kann auch hier die Prüfung, ob ein besonders schwerer Nachteil gegeben ist, Schwierigkeiten bereiten. So lässt sich festhalten, dass ein Annahmeverfahren angelehnt an das Verfahren nach § 93 a BVerfGG ebenfalls mit Nachteilen verbunden ist, da die hier vorab durchzuführende Prüfung der Annahmekriterien unter Umständen mit einem erheblichen Zeitaufwand verbunden ist und somit im Ergebnis der durch die Filterung gewünschte Beschleunigungseffekt durch die zeitaufwändige Vorprüfung hinfällig wird.[263]

Außerdem ist auch bei dieser Form des Annahmeverfahrens eine mögliche Gefährdung des Kooperationsverhältnisses ein weiterer Kritikpunkt, da sich auch hier die nationalen Gerichte gehemmt sehen könnten, sich mit einer Vorlagefrage an den Gerichtshof zu wenden, wenn sie befürchten müssten, dass die Annahmekriterien durch den Gerichtshof als nicht erfüllt angesehen werden.

Insgesamt kann also festgehalten werden, dass die Einführung eines solchen Annahmesystems auf EU-Ebene nicht umsetzbar ist und deshalb auch keine Reformoption darstellt. Deshalb findet sich ein solcher Ansatz auch nicht in der aktuellen Fassung der Verträge nach dem Inkrafttreten des Vertrages von Lissabon wieder.

II. Beschränkung der Vorlagebefugnis auf letztinstanzliche Gerichte

Ein weiterer viel diskutierter Ansatz zur Reduzierung der Vorlageverfahren und somit zur Beschleunigung war, die Vorlagebefugnis generell auf letztinstanzliche Gerichte zu beschränken. Bislang war eine solche Beschränkung bereits im Rahmen der Vorschriften den Raum der Freiheit, der Sicherheit und des Rechts betreffend vorgesehen (vgl. Art. 68 Abs. 1 EGV a.F.). Doch wurde diese Beschränkung durch den Art. 68 Abs. 1 EGV a.F. in der Vergangenheit kritisiert[264], weshalb es nicht verwundert, dass der Ansatz, Vorlagefragen grundsätzlich nur auf letztinstanzliche Gerichte zu beschränken, ebenfalls stark in der Kritik stand. Seit dem Inkrafttreten des Vertrages von Lissabon kann diese Diskussion auch im Hinblick auf die Rechtmäßigkeit der Beschränkung durch Art. 68 Abs. 1 EGV

262 Ottaviano, S. 81.
263 Ottaviano, S. 81.
264 Z. B. Pache/Knauff, NVwZ 2004, 16 ff.

a.F. dahinstehen, da diese nicht in den neuen Vertragstext übernommen wurde. Wie bereits dargestellt, ist das Vorabentscheidungsverfahren nunmehr zentral in Art. 267 AEUV geregelt, sodass die Beschränkungen des Art. 68 Abs. 1 EGV a.F. ersatzlos weggefallen sind. Daraus kann geschlossen werden, dass der Ansatz, auf diese Weise die Arbeitsbelastung des Gerichtshofes zu verringern, endgültig abgelehnt worden ist. Damit wurde unterschiedlichen Stimmen in Literatur und Wissenschaft gefolgt, die Art. 68 Abs. 1 EGV a.F. als „systemwidrig“[265] oder sogar „gemeinschaftsverfassungswidrig“[266] eingestuft haben.

Welche Argumente in der Vergangenheit hierzu ausgetauscht worden sind, was für eine solche Lösung, aber besonders was dagegen spricht, soll zum besseren Verständnis dennoch kurz dargestellt werden.

1. Vorteile einer Beschränkung

Zu den Vorteilen einer Beschränkung der Vorlagebefugnis auf letztinstanzliche Gerichte zählt natürlich in erster Linie, dass die Zahl der eingehenden Vorlagefragen deutlich zurückgehen würde. Dies wiederum hätte die gewünschte schnellere Bearbeitung der Vorlageverfahren zur Folge, sodass im Endeffekt die Verfahrensdauer insgesamt gestrafft würde.[267] Somit würde der Gerichtshof deutlich entlastet, da ein Großteil der bislang eingehenden Vorlagefragen von unterinstanzlichen Gerichten gestellt wurde.[268]

2. Nachteile einer Beschränkung

Gegen eine solche Beschränkung der Vorlagebefugnis auf letztinstanzliche Gerichte lassen sich jedoch zahlreiche Argumente anführen.

Zunächst ist dem Argument einer möglichen Verkürzung der Verfahrensdauer durch die Beschränkung auf letztinstanzliche Gerichte entgegen zu halten, dass sich die Parteien des nationalen Rechtsstreits gezwungen sehen könnten, den Rechtsstreit auf nationaler Ebene bis zur letzten Instanz durchzufechten, um so schließlich doch die Vorlage zum Gerichtshof zu erreichen.[269] Eine Verlängerung des Prozesses auf nationaler Ebene wäre somit die Folge. Selbst wenn

265 Koenig/Pechstein/Sander, Rn. 795.

266 Pache/Knauff, NVwZ 2004, 16 (20).

267 Lipp, NJW 2001, 2657 (2662); ders. JZ 1997, 326 (331 f).

268 Rechtsprechungsstatistik für den Gerichtshof, Jahresbericht 2012, S. 93 (119 ff.), abrufbar unter http://curia.europa.eu; bei der Übersicht sind „andere Gerichte“ gleichzusetzen mit unterinstanzlichen Gerichten.

269 Craig/De Burca, EU Law, S. 496 ; Reflexionspapier, EuZW 1999, 750 (754); Due-Bericht, S. 13.

das Zwischenverfahren beim Gerichtshof schneller abliefe, so würde sich an der Dauer des gesamten Rechtsstreits allerdings nicht wesentlich etwas ändern, da der Rechtsstreit auf nationaler Ebene durch die Ausschöpfung des gesamten Instanzenzuges dementsprechend verlängert würde. Dies könnte sogar dazu führen, dass sich der Rechtsstreit in seiner Dauer insgesamt nicht nur nicht verkürzt, sondern sogar noch verlängert.[270] Dies würde also auch im Hinblick auf den Grundsatz der Effektivität des Rechtsschutzes keinerlei Vorteil bringen, da sich der Anspruch auf Rechtsschutz innerhalb angemessener Frist nicht nur auf das Verfahren beim Gerichtshof, sondern auf das gesamte Verfahren, also auch auf das nationale Verfahren bezieht.[271]

Außerdem lässt sich gegen eine Beschränkung auf letztinstanzliche Gerichte anführen, dass es zu einer Schwächung der Zusammenarbeit und des Dialogs zwischen den nationalen Gerichten und dem Gerichtshof führen würde, da – wie oben bereits dargelegt – ein Großteil der Vorlagefragen in den vergangenen Jahren von den unterinstanzlichen Gerichten eingereicht wurde.[272] Diese Vorlagen würden bei einer Beschränkung wegfallen. Ein wesentlicher Aspekt des Vorabentscheidungsverfahrens ist bekanntlich, die einheitliche Auslegung und Anwendung des Unionsrechts zu gewährleisten, was insbesondere für das reibungslose Funktionieren des Binnenmarktes unerlässlich ist, da sonst Wettbewerbsverzerrungen drohen könnten.[273] Wenn nun aber die Vorlagebefugnis auf letztinstanzliche Gerichte beschränkt würde, so könnte es sein, dass die unterinstanzlichen Gerichte sich gezwungen sehen, EU-Recht eigenständig auszulegen, was dann zu dem unerwünschten Effekt führen würde, dass die nationalen Gerichte bei vergleichbaren Fragen zu unterschiedlichen Auslegungen kommen könnten. Somit wäre die einheitliche Auslegung und Anwendung von Unionsrecht nicht mehr gewährleistet. Schließlich lässt sich auch der Individualrechtsschutzgedanke gegen die Beschränkung der Vorlagebefugnis anführen. Denn dadurch, dass nach der bislang geltenden Regelung alle Gerichte zur Vorlage berechtigt sind, besteht auch für den Einzelnen die Gewissheit, dass zu jeder Zeit während des nationalen Verfahrens das Unionsrecht einheitliche Anwendung findet und der Einzelne somit nicht Gefahr läuft, zunächst den Instanzenzug ausschöpfen zu müssen.[274] Man sieht hieran deutlich, dass die Möglichkeit eines jeden nationalen Gerichtes, sich mit Vorlagen an den Gerichtshof wenden zu

270 Ottaviano, S. 91.

271 Ottaviano, S. 91 mit Verweis auf S. 221 f.

272 Due- Bericht, S. 13.

273 Reflexionspapier, EuZW 1999, 750 (754).

274 Craig/De Burca, EU Law, S. 496.

können, sowohl in praktischer als auch in konzeptioneller Hinsicht evident für die Weiterentwicklung des Unionsrechts ist.[275] Deshalb wurde dieser Reformvorschlag, wie eingangs erwähnt, auch nicht in die Änderungen des Vertrags von Lissabon mit aufgenommen.

III. Modifizierung der Vorlagepflicht

Es wäre denkbar, die Vorlageflut beim Gerichtshof einzudämmen, indem man die Voraussetzungen für die Vorlagepflicht modifiziert. Hierzu muss man zunächst unterscheiden zwischen der Vorlagepflicht in Bezug auf Gültigkeitsfragen (geprägt durch die Foto-Frost-Rspr.[276]) und der Pflicht letztinstanzlicher Gerichte bzgl. Auslegungsfragen (eingeschränkt durch die C.I.L.F.I.T.-Rspr.[277]).

1. Distanzierung von der Foto-Frost-Rechtsprechung

Da nach der oben bereits dargestellten Foto-Frost-Rspr.[278] (unterinstanzliche) nationale Gerichte nicht dazu befugt sind, eigenmächtig Handlungen der Unionsorgane für ungültig zu erklären, besteht eine ungeschriebene Vorlagepflicht aller mitgliedstaatlicher Gerichte bei Gültigkeitsfragen. Eine Distanzierung von dieser Rechtsprechung und damit von der Vorlagepflicht könnte einen Rückgang der Vorabentscheidungsverfahren beim Gerichtshof zur Folge haben und somit zur Verfahrensbeschleunigung beitragen. Für die Abkehr von der Foto-Frost-Rspr. werden unter anderem folgende Argumente angeführt:

Da die Vorlagepflicht für unterinstanzliche Gerichte nicht in Art. 234 EGV a.F. geregelt war und auch nicht in den neuen Art. 267 AEUV aufgenommen wurde, wird argumentiert, dass es der vom Gerichtshof eigenmächtig geschaffenen Vorlagepflicht und so „künstlich geschaffenen Alleinzuständigkeit an Akzeptanz fehlt“[279]. Die Foto-Frost-Rspr. sei deshalb gar nicht mehr, auch nicht eingeschränkt, anzuwenden. Eingeschränkt in dem Sinne, dass alle nationalen Gerichte die Ungültigkeit von Handlungen der Unionsorgane feststellen können, wenn der Gerichtshof die Ungültigkeit bereits in einem vergleichbaren Fall festgestellt hat und die in Rede stehende Handlung aus den gleichen Gründen ungültig ist.[280]

---

275 Craig/De Burca, EU Law, S. 496.

276 Erneut EuGH, Rs. 314/85, Slg. 1987, 4199, 4225 (Foto-Frost).

277 Erneut EuGH Rs. 283/81, Slg. 1982, 3415ff (C.I.L.F.I.T. u.a.).

278 Vgl. oben unter Kapitel 1 E III 1. d.) cc.).

279 GA Colomer, Schlussanträge zu EUGH, Rs. C-461/03, Slg. 2005, I-10513, Rn. 80 ff (90) (Gaston Schul).

280 GA Colomer, Schlussanträge zu EUGH, Rs. C-461/03, Slg. 2005, I-10513, Rn. 80 ff (92) (Gaston Schul).

Ein anderer Ansatz will die Foto-Frost-Rspr. dahingehend einschränken, dass die Vorlagepflicht dann entfällt, wenn es um die Ungültigkeitserklärung von Einzelfallentscheidungen der Kommission geht.[281]

Im Ergebnis kann diesen Argumenten nicht gefolgt werden, weshalb der Gerichtshof auch in seiner Entscheidung „Gaston Schul" an der Foto-Frost-Rspr. festgehalten hat.[282] Zur Begründung führt der Gerichtshof in seinem Urteil „Gaston Schul" aus:

> *„Die dem Gerichtshof durch Artikel 234 EG zuerkannten Befugnisse bezwecken im Wesentlichen, eine einheitliche Anwendung des Gemeinschaftsrechts durch die nationalen Gerichte zu gewährleisten. Dieses Erfordernis der Einheitlichkeit ist besonders zwingend, wenn es um die Gültigkeit einer Gemeinschaftshandlung geht. Denn Meinungsverschiedenheiten zwischen den Gerichten der Mitgliedstaaten über die Gültigkeit von Gemeinschaftshandlungen wären geeignet, die Einheit der Gemeinschaftsrechtsordnung selbst zu gefährden und das grundlegende Erfordernis der Rechtssicherheit zu beeinträchtigen (Urteil Foto-Frost, Randnr. 15).*
>
> *Die Möglichkeit für das nationale Gericht, über die Ungültigkeit einer Gemeinschaftshandlung zu entscheiden, wäre auch unvereinbar mit der notwendigen Kohärenz des durch den Vertrag geschaffenen Rechtsschutzsystems. (…)*
>
> *Eine Verkürzung der Verfahrensdauer wäre kein Argument, um einen Eingriff in die ausschließliche Zuständigkeit des Gemeinschaftsrichters für die Entscheidung über die Gültigkeit des Gemeinschaftsrechts zu rechtfertigen.*
>
> *Im Übrigen ist hervorzuheben, dass der Gemeinschaftsrichter am besten in der Lage ist, über die Gültigkeit von Gemeinschaftshandlungen zu entscheiden. (…)*
>
> *Nach alledem ist auf die erste Frage zu antworten, dass Artikel 234 Absatz 3 EG einem nationalen Gericht, dessen Entscheidungen selbst nicht mehr mit Rechtsmitteln des innerstaatlichen Rechts angefochten werden können, auch dann die Verpflichtung auferlegt, dem Gerichtshof eine Frage nach der Gültigkeit von Bestimmungen einer Verordnung vorzulegen, wenn der Gerichtshof entsprechende Bestimmungen einer anderen, vergleichbaren Verordnung bereits für ungültig erklärt hat."*[283]

2. Lockerung der Kriterien der C.I.L.F.I.T.-Rechtsprechung

Eine weitere Modifikationsmöglichkeit könnte sich im Rahmen der C.I.L.F.I.T.-Rspr. ergeben, die Ausnahmen festlegt, nach denen letztinstanzliche Gerichte von ihrer Vorlagepflicht gem. Art. 267 Abs. 3 AEUV bzgl. Auslegungsfragen befreit sind.[284]

---

281 Sydow, S. 292.

282 EuGH, Rs. C-461/03, Slg. 2005, I-10513, 10537, Rn. 15–25 (Gaston Schul); hinsichtlich weiterführender Argumente vgl. auch Ottaviano, S. 94 f.

283 EuGH, Rs. C-461/03, Slg. 2005, I-10513, 10537, Rn. 21–25 (Gaston Schul).

284 Vgl. oben Kapitel 1 E III 1. d) dd).

Wie bereits dargestellt, werden die C.I.L.F.I.T.-Kriterien vielfach als zu eng und nicht praktikabel angesehen.[285] Im Grunde ist kaum ein Fall denkbar, in dem die Ausnahme von der Vorlagepflicht zum Tragen käme.[286] Deshalb haben sich die Gerichte in der Vergangenheit nicht streng an die Kriterien gehalten.[287] Dies würde auf den ersten Blick für eine Lockerung der C.I.L.F.I.T.-Kriterien sprechen, allerdings darf hierbei nicht vergessen werden, dass eine solche Lockerung nicht so weit gehen darf, dass die Vorlagepflicht, die immerhin ausdrücklich in Art. 267 Abs. 3 AEUV kodifiziert ist, ins Leere liefe und de facto nicht mehr bestünde.[288] Fraglich ist jedoch, ob die Lockerung der Kriterien tatsächlich den gewünschten Effekt hätte, dass der Gerichtshof dann erheblich entlastet würde. Dies erscheint mit einem Blick auf die Rechtsprechungsstatistik mehr als zweifelhaft, da, wie bereits dargelegt, ein Großteil der eingehenden Vorlagefragen von unterinstanzlichen Gerichten gestellt wurde.[289] Hinzu kommt, dass sich die nationalen Gerichte, die zur Vorlage verpflichtet wären, ohnehin nicht strikt an die C.I.L.F.I.T.-Kriterien halten, was ebenfalls dafür spricht, dass eine Lockerung der Kriterien nicht zwingend einen Entlastungseffekt zur Folge haben würde. Nichts desto trotz bleibt festzuhalten, dass die C.I.L.F.I.T.-Kriterien in der Welt sind und es kein befriedigender Zustand ist, dass diese schlicht ignoriert werden. Dies führt nämlich unweigerlich zu einer Rechtsunsicherheit und darüber hinaus dazu, dass sich eine von Gericht zu Gericht und von Mitgliedstaat zu Mitgliedstaat uneinheitliche Vorgehensweise bei Vorlagefragen herausbildet. Deshalb scheint es sinnvoll, dass der Gerichthof zumindest die in seiner C.I.L.F.I.T.- Entscheidung aufgestellten Kriterien überarbeitet, damit insofern Rechtsklarheit herrscht. Dies trägt aus den dargelegten Gründen zwar nicht zwingend zur Beschleunigung des Vorabentscheidungsverfahrens und somit zur Entlastung des Gerichtshofes bei, würde jedoch m.E. zu mehr Klarheit im Umgang mit der Vorlagepflicht führen.[290]

---

285 Vgl. oben Fn. 113; außerdem Hess, RabelsZ 66 (2002), 470, (493).

286 Hirsch, FS für Rodriguez Iglesias, S. 601 (603); Hummert, S. 40; Malferrari, S. 265.

287 Hess, RabelsZ 66 (2002), 470 (493) m.w.N.; ausführlich zur Vorlagepraxis der nationalen Gerichte: Hummert, S. 40 ff.

288 Ottaviano, S. 95; GA Tizziano, Schlussanträge zu EuGH, Rs. C-99/00, Slg. 2002, I-4841, Rn. 64 (Lyckeskog).

289 Vgl. oben Fn. 208.

290 So auch u.a. Thomy, S. 257; Ottaviano, S. 97, der einen Hinweis des Gerichthofes fordert, indem klargestellt wird, dass im Rahmen des Kriteriums der offenkundig

Der Due-Bericht geht sogar noch weiter und schlägt eine Änderung des ehemaligen Art. 234 EGV vor. Danach soll die Pflicht zur Vorlage nur bestehen, wenn die Vorlagefrage „eine hinreichende Bedeutung für das Gemeinschaftsrecht" aufweist und ihre Beantwortung nach Prüfung durch die Gerichte Raum für „vernünftigen Zweifel" lässt.[291] Problematisch ist hierbei jedoch insbesondere das Kriterium der „hinreichenden Bedeutung", da dieser Begriff an Präzision vermissen lässt und deshalb unklar ist, was genau darunter zu verstehen ist.[292] Aus diesem Grunde ist dieser Reformvorschlag zu Recht letztendlich nicht in den Vertrag von Lissabon übernommen worden.

Bedauerlich ist allerdings, dass der Gerichtshof unverändert an den C.I.L.F.I.T.-Kriterien festhält[293], obwohl und in dem Bewusstsein, dass diese aus den dargelegten Gründen nicht praktikabel sind und sich die Gerichte nicht strikt daran halten.

Somit bleibt insgesamt festzuhalten, dass eine Entlastung des Gerichtshofs auch nicht ohne weiteres durch eine Modifizierung der Vorlagepflicht zu erreichen ist.

IV. Beschränkung der Vorlagebefugnis durch das Kriterium des „vernünftigen Zweifels"

Im Rahmen des Due-Berichtes wurde vorgeschlagen, den Art. 234 EGV (nunmehr Art. 267 AEUV) dahingehend zu ändern, dass ein ausdrücklicher Hinweis darin aufgenommen wird, dass die nationalen Gerichte in erster Linie selbst dafür zuständig sind, über Fragen des Unionsrechts zu entscheiden.[294] Des Weiteren sollte in Art. 234 EGV a.F. festgehalten werden, dass unterinstanzliche

---

richtigen Auslegung des Unionsrechts nicht von den nationalen Gerichten verlangt werden kann, dass diese eine eingehende rechtsvergleichende Untersuchung anstellen müssen.

291 Due- Bericht, S. 15,16.

292 Nach Ottaviano (S. 97 ff) kann der Begriff "hinreichende Bedeutung" angelehnt an die Ausführungen des GA Jacobs in der EuGH Rs. C-338/95, Slg. 1997 I-6497, Rn. 50 (Wiener), im Sinne einer "grundlegenden Bedeutung" zu verstehen sein, was jedoch dazu führen könnte, dass dann die Vorlagepflicht derart oft entfallen würde, dass ihr Fortbestand an sich in Frage gestellt wäre. Dies kann jedoch nicht gewollt sein, da dann die Gefahr bestünde, dass unionsrechtswidrige Urteile in Rechtskraft erwachsen und somit die Rechtseinheit bedrohen (Ottaviano, S. 100).

293 EuGH, Rs. C-461/03, Slg. 2005, I-10513, 10537, Rn. 15–25 (Gaston Schul).

294 Due-Bericht, S. 14; Hirsch, FS für Rodriguez Iglesias, S. 601 (608), der vier Voraussetzungen aufstellt, nach denen eine Vorlage an den Gerichtshof geboten sein soll.

Gerichte nicht systematisch auf die Möglichkeit der Vorlage zurückgreifen sollten, sondern nur in Fällen, in denen hinsichtlich der potentiellen Vorlagefrage ein vernünftiger Zweifel besteht bzw. sich die Antwort nicht bereits aus dem Unionsrecht ergibt oder die Frage wesentliche Bedeutung für das Unionsrecht hat.[295] Hierfür wäre allerdings wichtig, dass die nationalen Gerichte eine gewisse Sicherheit und Vertrautheit im Umgang mit dem Unionsrecht erlangen würden. Dies ließe sich erreichen, indem die Richter und Rechtsanwälte, die mit Vorlagefragen befasst würden, eine bessere Ausbildung im Unionsrecht erhielten und ihnen vor allem ausreichende Recherche- und Informationsmittel zum Unionsrecht und zur Rechtsprechung des Gerichtshofs auf nationaler Ebene zur Verfügung gestellt würden.[296]

Im Endeffekt hat sich die vorgeschlagene Änderung des Art. 234 EGV a.F. weder in dem Vertrag von Nizza noch im Vertrag von Lissabon durchgesetzt, obwohl ein selbstbewussterer und eigenständigerer Umgang der nationalen Gerichte mit dem Unionsrecht in ihrer Eigenschaft als „funktionale Gemeinschaftsgerichte" wünschenswert wäre.[297] Die Ablehnung einer solchen Änderung lässt sich damit begründen, dass zu befürchten wäre, dass sich die Gerichte, die bislang nicht vorlagefreudig waren, in ihrer Zurückhaltung bestärkt sehen könnten.[298] Dies könnte auch zu einem zu selbstbewussten Umgang mit dem Unionsrecht führen und deshalb doch die einheitliche Anwendung und Auslegung gefährden. Schließlich wäre es auch im Hinblick auf die neuen Mitgliedstaaten unangebracht, dort den Dialog mit dem Gerichtshof zu beschränken, indem man Zurückhaltung bei Vorlagefragen fordert.[299]

V. Einführung eines Kassationsverfahrens

Ebenfalls diskutiert, aber im Ergebnis abgelehnt, wurde die Einführung einer Art Kassationsverfahren. Hierbei sollte den nationalen Gerichten gestattet werden, zunächst eigenständig, also ohne vorheriges Vorabentscheidungsverfahren, über etwaige auftauchende Fragen des EU-Rechts zu entscheiden. Sodann sollte den Parteien des Ausgangsrechtsstreits die Möglichkeit eingeräumt werden, gegen das Urteil des nationalen Gerichts ein Rechtsmittel wegen Verstoßes gegen das Unionsrecht beim Gerichtshof einzulegen. Auf diese Art würde ein

---

295 Due-Bericht, S. 14/15; Hirsch, FS für Rodriguez Iglesias, S. 601 (608).
296 Due-Bericht, S. 18/19.
297 Thomy, S. 256.
298 Thomy, S. 256.
299 Jacobs, FS für Zuleeg, S. 204 (210).

hierarchisches Gerichtssystem geschaffen, was eine grundlegende Änderung des bislang geltenden Systems der Zusammenarbeit und des Dialogs zwischen den nationalen Gerichten und dem Gerichtshof zur Folge hätte. Dies würde außerdem eine tiefgreifende Änderung der gesamten Struktur der EU bedeuten, da diese eben vom Gedanken der Zusammenarbeit getragen und darauf aufgebaut ist.[300]

Es wäre außerdem zu befürchten, dass sich die einzelnen Mitgliedstaaten in ihrer Souveränität eingeschränkt fühlen würden. Außerdem würden sich nur schwer lösbare Probleme im Hinblick auf das nationale Verfahrensrecht stellen, da die nationalen Entscheidungen gegebenenfalls im Anschluss an das beim Gerichtshof durchgeführte Vorabentscheidungsverfahren geändert werden müssten.[301] Ferner stellt sich die Frage, ob durch eine Umstrukturierung hin zu einem Kassationsverfahren tatsächlich die Verfahrenslast beim Gerichtshof verringert würde. Es könnte nämlich nicht ausgeschlossen werden, dass die unterliegende Partei des nationalen Rechtsstreits häufig von der Möglichkeit Gebrauch machen würde, das Urteil vom Gerichtshof überprüfen zu lassen und sei es nur, um die Vollstreckung des nationalen Urteils hinauszuzögern.[302] Aus all diesen Gründen wurde ein solcher Reformvorschlag letzten Endes abgelehnt.

VI. Schaffung dezentraler Gerichtsinstanzen

Ein ebenfalls diskutierter Ansatz zur Entlastung des Gerichtshofes war, sogenannte dezentrale Gerichtsinstanzen in den Mitgliedstaaten für Vorabentscheidungen zu schaffen. Hierbei ist zunächst festzuhalten, dass sich eine derartige Dezentralisierung im Grunde nur auf Auslegungsfragen beschränken könnte, da die Beurteilung der Gültigkeit von Unionsrecht beim Gerichtshof verbleiben muss, um dessen einheitliche Anwendung nicht zu gefährden.[303] Bei der Ausgestaltung solcher dezentralen Gerichtsinstanzen kämen zwei Möglichkeiten in Betracht. Zum einen könnte man gänzlich neue Gerichte schaffen. Zum anderen wäre denkbar, den bestehenden obersten Gerichten diese Aufgabe zu übertragen. Dies wäre kostenschonend und würde gleichzeitig sog. Synergieeffekte ermöglichen.[304] Für Deutschland würde dies beispielsweise bedeuten, dass jeweils ein Senat der Bundesgerichte über Vorlagen von Gerichten des entsprechenden

300 Zum Ganzen: Due-Bericht, S. 13, 14.
301 Reflexionspapier, EuZW 1999, 750 (755).
302 Reflexionspapier, EuZW 1999, 750 (755).
303 Hirsch, ZRP 2000, 57 (59).
304 Ottaviano, S. 107.

Gerichtszweiges zu entscheiden hätte.[305] Selbstverständlich weist auch dieser Reformvorschlag Vor- und Nachteile auf, wobei die Nachteile überwiegen, weshalb sich auch diese Reformmöglichkeit nicht durchgesetzt hat.

Vorteilhaft erscheint, dass auf diese Weise das Sprachenproblem ein wenig entschärft würde, da das für die Vorabentscheidung zuständige nationale Gericht in der gleichen Sprache arbeiten und entscheiden würde wie das vorlegende Gericht, sodass der Übersetzungsaufwand entfiele und somit eine Verfahrensbeschleunigung erreicht würde.[306] Außerdem würde die Schaffung dezentraler Gerichtsinstanzen das Vorabentscheidungsverfahren den EU-Bürgern rein örtlich näher bringen, da sie eine Vorlage dann im eigenen Land verfolgen könnten und ihnen der Weg nach Luxemburg erspart bliebe.[307] Ein weiterer Vorteil wäre, dass die nationalen Vorlagegerichte auch der jeweiligen nationalen Rechtsordnung näher stünden als der Gerichtshof und deshalb zu erwarten wäre, dass die Vorlagen sachdienlicher beantwortet und die Auslegung des EU- Rechts „bruchlos in die jeweilige nationale Rechtsordnung eingepasst“ würde.[308] Schließlich würde eine Dezentralisierung der Idee der Subsidiarität, wie sie nunmehr in Art. 5 EUV zum Ausdruck gebracht wird, entsprechen und es würde dafür Sorge getragen, dass so die nationalen Richter in ihrer Funktion als Unionsrichter gestärkt würden.[309]

Demgegenüber stehen allerdings erhebliche Nachteile. Abgesehen davon, dass, wie schon erwähnt, eine Dezentralisierung lediglich hinsichtlich etwaiger Auslegungsfragen in Betracht käme, müsste ebenfalls geregelt werden, dass auch Entscheidungen von Auslegungsfragen, so sie denn letztgültig und verbindlich sein sollen, nur einem einzigen Gericht auf Unionsebene vorbehalten blieben, da sonst die gebotene einheitliche Auslegung des Unionsrechts gefährdet wäre.[310] Deshalb müsste man zumindest ein Rechtsmittel zum Gerichtshof gegen solche Entscheidungen zulassen. Außerdem müssten die dezentralen Gerichte auch dazu verpflichtet werden, solche Auslegungsfragen dem Gerichthof zur endgültigen Entscheidung vorzulegen, die die Weiterentwicklung bzw. den Kern des Unionsrechts berühren. Das würde jedoch zu dem unerwünschten und zeitintensiven Effekt führen, dass sich gegebenenfalls gleich drei Gerichte mit ein

305 Hirsch, ZRP 2000, 57 (59).

306 Hirsch, ZRP 2000, 57 (59), Due- Bericht, S. 20; Reflexionspapier, EuZW 1999, 750 (755).

307 Craig/De Burca, EU Law, S. 498.

308 Hirsch, ZRP 2000, 57 (59).

309 Hirsch, ZRP 2000, 57 (59); Ottaviano, S. 108.

310 Reflexionspapier, EuZW 1999, 750 (755).

und derselben Frage beschäftigen würden. Der Zeitgewinn würde sich somit in einen Zeitverlust wandeln.[311]

Aus diesen schwerwiegenden Gründen hat sich dieser Reformvorschlag letztendlich nicht durchgesetzt.

VII. Übertragung der Zuständigkeit auf das Gericht

Es wurde auch ein Reformvorschlag diskutiert, der nicht auf eine Änderung bzw. Modifizierung des Verfahrens vor dem Gerichtshof abzielte, und zwar die Option, die Zuständigkeit für das Vorabentscheidungsverfahren ganz oder teilweise auf das Gericht zu übertragen. Dies wurde in der alten Fassung des Art. 225 Abs. 1 S. 2 EGV[312] noch ausdrücklich ausgeschlossen.

Diese Möglichkeit hätte gegenüber den anderen Reformvorschlägen jedoch den Vorteil, dass in diesem Fall die einheitliche Auslegung und Anwendung des Unionsrechts nicht gefährdet wäre. Somit scheint dieser Weg die beste Möglichkeit zu sein, den Gerichtshof zu entlasten und mithin zur Beschleunigung der anhängigen Verfahren beizutragen und gleichzeitig die Entscheidungsgewalt auf europäischer Ebene zu belassen, ohne das Vorabentscheidungsverfahren selbst modifizieren zu müssen. Aufgrund dieser Vorteile sprach sich sowohl der Due-Bericht als auch die Reflexionsgruppe im Vorfeld der Regierungskonferenz zum Vertrag von Nizza für die Übertragung der Zuständigkeit auf das Gericht in bestimmten Bereichen aus.[313] Speziell angeführt wurden hierbei Streitsachen wegen Verletzung der Gemeinschaftsmarke, Streitigkeiten über Muster und Modelle, Sortenschutz und Patente sowie Streitigkeiten, die die Verordnungen zu der justiziellen Zusammenarbeit in Zivilsachen betreffen. Everling geht sogar noch weiter und vertritt die Auffassung, dass das Vorabentscheidungsverfahren im Wesentlichen auf das Gericht übertragen werden muss.[314] Dem Gerichtshof sollten allerdings „Streitigkeiten mit verfassungsähnlichem Charakter oder Vorlagen von nationalen Verfassungsgerichten oder vergleichbaren obersten Gerichten vorbehalten sein“[315].

---

311 Zum Vorgenannten: Reflexionspapier, EuZW 1999, 750 (755); Due-Bericht, S. 21; Ottaviano, S. 110.

312 Siehe ABl. 1997 C 340/ S.0173–0306, abrufbar unter http://eur-lex.europa.eu/LexUriServ/LexUriServ.do?uri=CELEX:11997E/TXT:DE:HTML.

313 Due-Bericht, S. 22, 32 ff; Reflexionspapier, EuZW 1999, 750 (755).

314 Everling, FS für Rengeling, S. 525 (543); ders., FS für Steinberger, S. 1103 (1116) m.w.N. und weiterführenden Argumenten zur Diskussion.

315 Everling, FS für Rengeling, S. 525 (543); ders., FS für Steinberger, S. 1103 (1117).

Eine Übertragung der Zuständigkeit für Vorabentscheidungsverfahren auf das Gericht bringt jedoch auch nicht zu verachtende Nachteile mit sich. So besteht die Gefahr, dass das Problem der Überlastung und der damit einhergehenden langen Verfahrensdauer lediglich verlagert, allerdings nicht behoben würde, da auch das Gericht bereits ohne die zusätzliche Belastung mit Vorabentscheidungsverfahren überlastet ist.[316] Außerdem darf nicht außer Acht gelassen werden, dass es sich bei der Entscheidung über Vorlagefragen um die „wichtigste Aufgabe für die Entwicklung und ordnungsgemäße Anwendung des Gemeinschaftsrechts handelt", was dafür spricht, dass die wesentliche Zuständigkeit in diesen Verfahren beim Gerichtshof als höchstem Unionsgericht verbleiben sollte.[317] Aber auch bei einer nur teilweisen Übertragung auf das Gericht wurde kritisiert, dass es schwierig sein dürfte, genaue Kategorien bzw. Sachgebiete festzulegen, die die Zuständigkeiten der beiden Gerichte regeln. Außerdem könnte es zu Problemen bei der Zuordnung des Einzelfalles zu den entsprechenden Kategorien führen, da ein Rechtsstreit durchaus mehrere Sachgebiete betreffen kann.[318]

Trotz der gerade beschriebenen Kritikpunkte wurde durch den Vertrag von Nizza in Art. 225 Abs. 3 EGV a.F. die Möglichkeit geschaffen, dem Gericht für in der Satzung des Gerichtshofes bestimmte Sachgebiete die Zuständigkeit für das Vorabentscheidungsverfahren zu übertragen.[319] Von dieser Möglichkeit ist bislang allerdings noch kein Gebrauch gemacht worden. Der Art. 225 Abs. 3 EGV a.F., der nahezu unverändert in Art. 256 Abs. 3 AEUV übernommen worden ist, stellt vielmehr eine Art „Öffnungsklausel"[320] dar. Die Frage, ob und wie

316 Due-Bericht, S. 22; Jacobs, FS für Zuleeg, S. 204 (208); Lipp, NJW 2001, 2657 (2662); Rabe, FS für Zuleeg, S. 195 (200); Hakenberg, RabelsZ 66 (2002), 367 (384); Jacobs, FS für Rodriguez Iglesias, S. 637 (638); Die Belastung des Gerichts und die damit verbundene lange Verfahrensdauer lässt sich den Jahresberichten des Gerichts entnehmen; danach betrug allein in den Jahren 2009, 2010 und 2011 die Verfahrensdauer bei Klagen im Bereich der staatlichen Beihilfen zwischen 50,3 (2009) und 32,8 (2011) Monaten. Im Bereich der Wettbewerbsklagen hat sich die Verfahrensdauer sogar kontinuierlich gesteigert von 46,2 Monaten im Jahr 2009 hin zu 50,5 Monaten im Jahr 2011. Im Bereich der sonstigen Klage sind immerhin Verfahrenslängen von um die 23 Monate zu verzeichnen, vgl. Rechtssprechungsstatistik für das Gericht, Jahresbericht 2011, S. 199 (209) abrufbar unter http://curia.europa.eu.

317 Due-Bericht, S. 22.

318 Jacobs, FS für Zuleeg, S. 204 (207); Schima, S. 113 ff.

319 Zum Ganzen siehe die sehr detaillierte Darstellung bei Schima, S. 112 ff.

320 Grabenwarter, EuR Beiheft 1 2003, 55 (58).

von der Ermächtigung in Art. 256 Abs. 3 AEUV Gebrauch gemacht werden soll, ist vielfach diskutiert worden.[321] Im Ergebnis hat sich eine solche Übertragungsmöglichkeit jedoch bis heute nicht durchgesetzt.[322]

VIII. „Green light"-Verfahren

Im Gegensatz zu den vorgenannnten Reformvorschlägen, die allesamt eine Vertragsänderung zur Folge hätten, wäre auch eine Lösung denkbar, die mit einer Änderung der Verfahrensordnung des Gerichtshofes herbeizuführen wäre. So könnte man ein sog. „green light"-Verfahren einführen. Dazu würde eine Bestimmung in die Verfahrensordnung aufgenommen, welche die nationalen Gerichte dazu anhält, ihrer Vorlagefrage einen Beantwortungsvorschlag beizufügen.[323] Der Gerichtshof könnte sodann den Antwortvorschlag prüfen und wenn er die Auffassung des nationalen Gerichts teilt bzw. keine Einwände gegen den Entscheidungsvorschlag hat, „grünes Licht" geben.[324] Selbstverständlich gibt es auch hinsichtlich dieser Reformmöglichkeit Argumente, die dafür, aber auch dagegen sprechen.

1. Vorteile des „green light"-Verfahrens

Zunächst ist zu erwähnen, dass bei einem „green light"-Verfahren keine Gefahr der Einschränkung des Dialogs zwischen dem Gerichtshof und den nationalen Gerichten zu erwarten ist. Denn bei diesem Verfahren bleibt die Vorlagemöglichkeit bzw. –verpflichtung (bei letztinstanzlichen Gerichten) erhalten, sodass die Hauptfunktion, als Zwischenverfahren die Einheitlichkeit des Unionsrechts zu sichern, nicht angegriffen wird.[325] Dies würde sogar dazu führen, dass die nationalen Gerichte selbst verstärkt die Möglichkeit hätten, direkter an der Weiterentwicklung des EU-Rechts teilzunehmen und sich intensiver mit den unionsrechtlichen Regelungen auseinander zu setzen und ihre Kenntnisse diesbezüglich zu vertiefen.[326] Auf diese Weise würde außerdem die Rolle der nationalen Gerichte als funktionelle Unionsgerichte unterstrichen.[327] Denn

---

321 Statt vieler: Grabenwarter, EuR Beiheft 1 2003, 55 ff. m.w.N.

322 Zu dieser Problematik siehe auch unten in diesem Kapitel unter B IX.

323 Reflexionspapier, EuZW 1999, 750 (754); Due-Bericht, S. 18; Ottaviano, S. 102; Jacobs, FS für Zuleeg, S. 204 (210).

324 Jacobs, FS für Zuleeg, S. 204 (210, 211) mit weiteren Ausführungen zu den verschiedenen denkbaren Ausgestaltungsmöglichkeiten eines green light-Verfahrens; Ottaviano, S. 102.

325 Jacobs, FS für Zuleeg, S. 204 (212).

326 Jacobs, FS für Zuleeg, S. 204 (212); Ottaviano, S. 102.

327 Ottaviano, S. 102.

letztlich ist jeder nationale Richter auch Richter des Unionsrechts.[328] Schließlich spricht für ein „green light"-Verfahren, dass so eine Beschleunigung der Vorabentscheidungen erfolgen würde, wenn der Gerichtshof dem Vorschlag des nationalen Gerichts ganz oder teilweise grünes Licht gibt.[329]

2. Nachteile des „green light"-Verfahrens

Wie alle Reformvorschläge weist auch das „green light"-Verfahren gewisse Nachteile auf. Zunächst einmal könnte der zwar eigentlich positive Aspekt eines nationalen Antwortvorschlages, nämlich, dass so die nationalen Gerichte auch ihrer Funktion als Unionsgerichte nachkommen, den negativen Effekt zur Folge haben, dass die nationalen Gerichte, die sich nicht sicher genug im Umgang mit dem Europarecht fühlen, eher zurückhaltender werden was etwaige Vorlagen betrifft.[330] Dies wäre insbesondere bei den unterinstanzlichen Gerichten zu befürchten.[331] Schließlich kann ein Antwortvorschlag nur hilfreich sein, wenn er inhaltlich fundiert und z.B. durch einschlägige Rechtsprechung des Gerichtshofes belegt ist.[332] Ein solcher, in vollem Umfang brauchbarer Antwortvorschlag ist allerdings am ehesten von den sachkundigen letztinstanzlichen Gerichten zu erwarten. Wie bereits dargelegt, stellt jedoch die Anzahl der Vorlagen durch letztinstanzliche Gerichte lediglich einen verhältnismäßig geringen Anteil dar, weshalb sich die Frage aufdrängt, ob unter dem Strich tatsächlich die gewünschte Beschleunigung auf diese Weise zu erreichen wäre.

3. Bewertung

Wenn man sich nun alle für und gegen die Einführung eines „green light"-Verfahrens sprechende Argumente ansieht, kann man zu dem Schluss gelangen, dass zwar die tatsächliche zu erwartende Beschleunigung und damit einhergehende Entlastung des Gerichtshofes wohl eher gering ausfallen würde. Jedoch fällt auf, dass im Gegensatz zu den anderen Reformvorschlägen ein „green light"-Verfahren den geringsten Eingriff in das jetzige Rechtsschutzsystem bedeuten würde. Es behindert weder die nachhaltige Kooperation zwischen nationalen Gerichten und dem Gerichtshof, noch gefährdet es die eigentliche Funktion des Vorabentscheidungsverfahrens, für die Einheitlichkeit des EU-Rechts Sorge zu tragen. Fraglich erscheint nur, ob es sinnvoll wäre, die nationalen Gerichte zu verpflichten oder sie lediglich zu ermutigen, prägnante und fundierte Antwortvorschläge beizubringen. Aufgrund

328 Rodriguez Iglesias, NJW 2000, 1889.
329 Jacobs, FS für Zuleeg, S. 204 (212); Ottaviano, S. 102.
330 Jacobs, FS für Zuleeg, S. 204 (213).
331 Umkehrschluss aus Ottaviano, S. 103.
332 Ottaviano, S. 102.

der Möglichkeit, dass die Gerichte eher zurückhaltend mit Vorlagefragen reagieren könnten, wenn sie verpflichtet würden, sich auf dem ungewohnten Gebiet des EU-Rechts zu bewegen und selbst eine mögliche Lösung zu präsentieren, erscheint es einzig sinnvoll, die nationalen Gerichte lediglich zu ermutigen, sich selbst an einem Antwortvorschlag zu versuchen. Der teils vertretenen Auffassung, die Verpflichtung zu einem Auslegungsvorschlag sei unerlässliche Voraussetzung für das „green light“-Verfahren[333], kann entgegen gehalten werden, dass nur die Ermutigung, einen Vorschlag abzugeben zwar dazu führen würde, dass nicht alle Gerichte dieser Aufforderung nachkommen. Die Fälle, in denen die Gerichte dieser Ermutigung nachkommen, könnten jedoch ohne weiteres im Wege des „green light“-Verfahrens entschieden werden. Außerdem ist nicht auszuschließen, dass sich diese Vorgehensweise nach und nach durchsetzt und auch die Gerichte dazu übergehen, einen Entscheidungsvorschlag auszuarbeiten, die eigentlich eher zurückhaltend bei der Auslegung von Europarecht waren, wenn deutlich wird, dass das „green light“-Verfahren zu zeitnahen Lösungen führt. Zwar ist offensichtlich, dass die Einführung eines „green light“-Verfahrens letztendlich nicht die Lösung für das Zeit- und Belastungsproblem beim Gerichtshof ist. Allerdings ist nicht von der Hand zu weisen, dass es bei Vorlagen durch oberste Gerichte durchaus möglich ist, dass der Gerichtshof binnen kürzester Zeit grünes Licht erteilt und auf diese Weise in dem ein oder anderen Verfahren durchaus eine beachtliche Beschleunigung erfolgen würde. Da das „green light“-Verfahren auf der anderen Seite auch keine fundamentalen Nachteile aufweist, sollte eine entsprechende Änderung der Verfahrensordnung des Gerichtshofes in Betracht gezogen werden.

Alles in allem kann festgehalten werden, dass das „green light“-Verfahren keine Lösung für das Problem der Verfahrensdauer ist, es aber dennoch als kleiner Schritt in die richtige Richtung gesehen werden kann.

IX. Tatsächlich vorgenommene Reformen/Ergebnis der Reformdiskussion

Trotz der Vielzahl an Änderungsvorschlägen hinsichtlich des Vorabentscheidungsverfahrens wurden bislang kaum wesentliche Änderungen das eigentliche Verfahren gem. Art. 267 AEUV betreffend vorgenommen. Zur Verdeutlichung der bislang erfolgten Änderungen bzw. Umformulierungen des Art. 267 AEUV (bzw. Art. 234 EGV/Art.177 EGV) soll folgende Gegenüberstellung dienen, die auch den Vorschlag des Due-Berichts für eine Neuformulierung mit den in dem Bericht geforderten Änderungen enthält:

333 Malferrari, S. 234.

Artikel 234 EGV(ex-Art. 177)	*Formulierungsvorschlag für Art. 234 EGV des Due-Berichtes:*	*Artikel 267 AEUV*
Der Gerichtshof entscheidet im Wege der Vorabentscheidung a) über die Auslegung dieses Vertrags, b) über die Gültigkeit und die Auslegung der Handlungen der Organe der Gemeinschaft und der EZB, c) über die Auslegung der Satzungen der durch den Rat geschaffenen Einrichtungen, soweit diese Satzungen vorsehen.	1. Vorbehaltlich nachstehender Bestimmungen sind die Gerichte der Mitgliedstaaten für Fragen des Gemeinschaftsrechts zuständig, die sich ihnen bei der Auslegung ihrer einzelstaatlichen Zuständigkeiten stellen. 2. Der Gerichtshof entscheidet im Wege der Vorabentscheidung a) über die Auslegung dieses Vertrags, b) über die Gültigkeit und die Auslegung der Handlungen der Organe der Gemeinschaft, c) über die Auslegung der Satzungen der durch den Rat geschaffenen Einrichtungen, soweit diese Satzungen dies vorsehen.	Der Gerichtshof der Europäischen Union entscheidet im Wege der Vorabentscheidung a) über die Auslegung der Verträge, b) über die Gültigkeit und die Auslegung der Handlungen der Organe, Einrichtungen oder sonstigen Stellen der Union.
Wird eine derartige Frage einem Gericht eines Mitgliedstaats gestellt und hält dieses Gericht eine Entscheidung darüber zum Erlass seines Urteils für erforderlich, so kann es diese Frage dem Gerichtshof zur Entscheidung vorlegen.		Wird eine derartige Frage einem Gericht eines Mitgliedstaates gestellt und hält dieses Gericht eine Entscheidung darüber zum Erlass seines Urteils für erforderlich, so kann es diese Frage dem Gerichtshof zur Entscheidung vorlegen.

Artikel 234 EGV(ex-Art. 177)	*Formulierungsvorschlag für Art. 234 EGV des Due-Berichtes:*	*Artikel 267 AEUV*
Wird eine derartige Frage in einem schwebenden Verfahren bei einem einzelstaatlichen Gericht gestellt, dessen Entscheidungen selbst nicht mehr mit Rechtsmitteln des innerstaatlichen Rechts angefochten werden können, so ist dieses Gericht zur Anrufung des Gerichtshofes verpflichtet.	3. Wird eine derartige Frage einem einzelstaatlichen Gericht gestellt und hält dieses Gericht eine Entscheidung darüber zum Erlass seines Urteils für erforderlich, so kann es diese Frage dem Gerichtshof zur Entscheidung vorlegen. Bei der Beurteilung der Zweckmäßigkeit einer solchen Vorlage berücksichtigt das Gericht insbesondere, welche Bedeutung die Frage für das Gemeinschaftsrecht hat und ob ihre Beantwortung begründete Zweifel aufwirft. 4. Wird eine derartige Frage einem einzelstaatlichen Gericht gestellt, dessen Entscheidungen selbst nicht mehr mit Rechtsmitteln des innerstaatlichen Rechts angefochten werden können, so ist dieses Gericht zur Anrufung des Gerichtshofes verpflichtet, sofern die Frage eine hinreichende Bedeutung für das Gemeinschaftsrecht besitzt und ihre Beantwortung begründete Zweifel aufwirft. 5. Jedes einzelstaatliche Gericht ist verpflichtet, den Gerichtshof anzurufen, wenn es beabsichtigt, einen Gemeinschaftsrechtsakt wegen Ungültigkeit nicht anzuwenden.	Wird eine derartige Frage in einem schwebenden Verfahren bei einem einzelstaatlichen Gericht gestellt, dessen Entscheidungen selbst nicht mehr mit Rechtsmitteln des innerstaatlichen Rechts angefochten werden können, so ist dieses Gericht zur Anrufung des Gerichtshofes verpflichtet. Wird eine derartige Frage in einem schwebenden Verfahren, das eine inhaftierte Person betrifft, bei einem einzelstaatlichen Gericht gestellt, so entscheidet der Gerichtshof innerhalb kürzester Zeit.

Bei dieser Gegenüberstellung wird mehr als deutlich, dass die Vorschläge aus dem Due- Bericht als nicht sinnvoll erachtet wurden[334] und deshalb nicht in den neuen Art. 267 AEUV aufgenommen worden sind. Die auffälligste Änderung in der aktuell gültigen Fassung nach Inkrafttreten des Vertrages von Lissabon ist die Einführung des Absatzes 4, der einen Hinweis auf das neu eingeführte Eilvorlageverfahren in Art. 107 ff VerfO Gerichtshof gibt und sich infolge der erweiterten Kompetenzen des Gerichtshof und der Union auf dem Gebiet des Raumes der Freiheit, der Sicherheit und des Rechts ergibt.[335] Eine weitere wesentliche Änderung ergibt sich daraus, dass – wie bereits mehrfach erwähnt – Art. 267 AEUV nunmehr die einzige Regelung zum Vorabentscheidungsverfahren ist und die alten Sonderregelungen in Art. 68 EGV a.F. bzw. Art. 35 EUV a.F. weggefallen sind.

Der Vollständigkeit halber sei an dieser Stelle erwähnt, dass auch der Vorschlag, ein reines „Vorlagegericht" auf europäischer Ebene zu schaffen[336], ebenfalls nicht umgesetzt worden ist.

Die wesentlichsten Änderungen im Laufe der letzten Jahre dürften wohl Art. 256 AEUV (Art. 225 EGV a.F.) sowie die Verfahrensordnung des Gerichtshofes betreffen.

So war eine Übertragung der Zuständigkeit für Vorabentscheidungsverfahren in der konsolidierten Fassung des Vertrages von Amsterdam[337] noch nicht möglich. Art. 225 Abs. 1 S. 2 EGV lautete damals wörtlich: „*Das Gericht erster Instanz ist nicht für Vorabentscheidungen nach Artikel 234 zuständig.*" Bereits in der Fassung des Vertrages von Nizza[338] ergab sich eine grundlegende Änderung. So ist in Abs. 3 die Möglichkeit eingeführt worden, dem Gericht (erster Instanz) in besonderen in der Satzung des Gerichtshofs festgelegten Sachgebieten die Zuständigkeit für Vorabentscheidungen zu übertragen. Dadurch wurde erstmals das Entscheidungsmonopol des Gerichtshofs bei Vorabentscheidungsverfahren relativiert.[339] Gleichzeitig wurde in den Sätzen 2 und 3 von Art. 225 Abs. 3 EGV a.F. geregelt, unter welchen Umständen doch eine Überprüfung der Vorlagefrage

---

334 Hinsichtlich der Gründe, die gegen den Formulierungsvorschlag sprachen vgl. beispielhaft Rabe, EuR 2000, 811 (816).

335 Vgl. oben Kapitel 1 A.

336 Rabe, Fs für Zuleeg, S. 195 (203).

337 Siehe ABl. 1997 C 340/S.0173–0306, abrufbar unter: http://eur-lex.europa.eu/LexUriServ/LexUriServ.do?uri=CELEX:11997E/TXT:DE:HTML.

338 ABl. 2001 C 80, S. 1 ff; unterzeichnet am 26.02.2001, In Kraft getreten am 17.02.2003.

339 Wegener, DVBl. 2001, 1258 (1259).

durch den Gerichtshof stattfinden soll. Wie oben dargelegt[340], wurde dieser neu eingeführte Art. 225 Abs. 3 EGV a.F. nahezu unverändert in Art. 256 Abs. 3 AEUV in der Fassung des Vertrages von Lissabon übernommen. So besteht also die Möglichkeit, die Zuständigkeit für Vorabentscheidungen in bestimmten Fällen auf das Gericht zu übertragen, womit ein Reformvorschlag, der auch Unterstützung im Due-Bericht und im Reflexionspapier fand, tatsächlich in den Verträgen umgesetzt worden ist. Allerdings ist es bislang bei der Vertragsänderung und der reinen Schaffung der Übertragungsmöglichkeit geblieben.[341]

Auch in der Verfahrensordnung des Gerichthofes haben sich in den letzten Jahren einige Änderungen ergeben, die teilweise die Vorschläge aus dem Reflexionspapier und dem Due-Bericht umgesetzt haben.[342] Diese Änderungen betreffen insbesondere Art. 99, 76 und 101 sowie Art. 105 und zuletzt die Einführung des Eilvorlageverfahrens in Art. 107 ff VerfO Gerichtshof.[343] In Art. 99 VerfO Gerichtshof wurde die Möglichkeit eingeführt, auf Vorschlag des Berichterstatters und nach Anhörung des Generalanwalts ohne mündliche Verhandlung durch mit Gründen versehenen Beschluss zu entscheiden, wenn die vorgelegte Frage mit einer Frage übereinstimmt, über die der Gerichtshof bereits entschieden hat, die Antwort klar aus der Rechtsprechung abgeleitet werden kann oder die Beantwortung der Frage keinen Raum für vernünftigen Zweifel lässt. Es ist deutlich erkennbar, dass hier die Kriterien aus dem C.I.L.F.I.T.-Urteil aufgegriffen worden sind.[344] Somit findet sich in Art. 99 VerfO Gerichtshof die verfahrensmäßige Präzisierung der C.I.L.F.I.T.-Rspr. wieder[345], die zwar durchaus eine Erleichterung für den Gerichtshof darstellt, allerdings nur die umschriebenen Ausnahmefälle betrifft[346]. Eine weitere Änderung ergibt sich in Art. 76 VerfO Gerichtshof, wonach auf die Durchführung einer mündlichen Verhandlung verzichtet werden kann, wenn den Beteiligten zuvor Gelegenheit zur schriftlichen Stellungnahme gegeben worden ist und diese keinen begründeten Antrag auf Durchführung einer mündlichen Verhandlung gestellt haben. Dies ist ein

340 S.o. in diesem Kapitel unter B VII.

341 Zur Vermeidung von Wiederholungen wird hierzu auf die Ausführungen in diesem Kapitel unter B VII und die dort zitierte Literatur verwiesen.

342 Reflexionspapier, EuZW 1999, 750 (752); Due-Bericht, S. 18.

343 Diese Regelungen fanden sich vor Inkrafttreten der neuen Verfahrensordnung des Gerichtshofes am 01.11.2012 in Art. 104 §§ 3, 4 und 5 sowie in Art. 104 a und Art. 104 b der Verfahrensordnung alter Fassung.

344 Hummert, S. 67.

345 Streinz/Leible, EWS 2001, 1 (11).

346 Streinz/Leible, EWS 2001, 1 (11); Reflexionspapier, EuZW 1999, 750 (572).

Schritt, welcher der Tendenz entgegenwirkt, die mündliche Verhandlung zu einem bloßen Ritual verkommen zu lassen.[347] Schließlich wurde in Art. 101 VerfO Gerichtshof die Möglichkeit eingeführt, das nationale Gericht um Klarstellung zu ersuchen, sodass der Gerichtshof bei Unklarheiten, die sich im Rahmen der vorgelegten Fragen ergeben, nunmehr auch offiziell beim nationalen Gericht rückfragen kann.[348]

Das ebenfalls neu eingeführte, nunmehr in Art. 105 VerfO Gerichtshof geregelte beschleunigte Verfahren[349], soll auf der einen Seite der Beschleunigung des Verfahrens in dringlichen Fällen dienen. Es kann aber auf der anderen Seite zu einer Steigerung der Vorlagebereitschaft in solchen Fällen führen[350], was unter dem Strich wiederum nicht zur Entlastung des Gerichtshofes beiträgt.

Insgesamt kann also festgehalten werden, dass zwar durchaus sinnvolle Änderungen in der Verfahrensordnung vorgenommen worden sind, die jedoch im Endeffekt die Arbeitslast des Gerichtshofes nicht deutlich verringern und somit auch nur begrenzt zu einer Beschleunigung des Vorabentscheidungsverfahren führen. Denn trotz der vorgenommenen Änderungen ist die Zahl der Vorabentscheidungsverfahren nicht gesunken und auch der übrige Arbeitsaufwand, der insbesondere durch die Übersetzungen entsteht, bleibt bestehen.[351]

Schließlich erfolgte zum März 2008 eine letzte wesentliche Änderung der Verfahrensordnung, indem mit Art. 104 b VerfO Gerichtshof a.F. das sog. Eilvorlageverfahren eingeführt worden ist, welches mittlerweile in § 107 ff VerfO Gerichtshof geregelt ist. Diese Änderung stellt eine Besonderheit dar, da sie nur den Bereich des Raumes der Freiheit, der Sicherheit und des Rechts betrifft. Der Weg hin zu der Einführung dieses Eilvorlageverfahrens wird im nächsten Abschnitt ausführlich dargestellt.

C. Die Einführung des Eilvorlageverfahrens für den Raum der Freiheit, der Sicherheit und des Rechts

Der Raum der Freiheit, der Sicherheit und des Rechts stellt einen besonderen und sehr sensiblen Bereich im Rahmen des EU-Rechtsgefüges dar. So verwundert es nicht, dass es bereits früher, also vor Inkrafttreten des Vertrages von Lissabon, besondere Regelungen hinsichtlich des Vorabentscheidungsverfahrens gab (Art. 68

347 Streinz/Leible, EWS 2001, 1 (11).
348 Wägenbaur, VerfO EuGH, Art. 104, Rn. 11.
349 S. auch unten in diesem Kapitel unter C III 1.
350 Streinz/Leible, EWS 2001, 1 (11).
351 Zum Ganzen: Lenz, EuGRZ 2001, 433 (438); Hummert, S. 67.

EGV a.F. und Art. 35 EUV a.F.). Wie dargestellt, wurden diese Regelungen bei der letzten Reform jedoch nicht in die neuen Verträge übernommen. Bereits im 1. Kapitel dieses Teils wurde ein kurzer Überblick über die Entwicklung und jetzige vertragliche Ausgestaltung des Raumes der Freiheit, der Sicherheit und des Rechts gegeben. Zum besseren Verständnis, weshalb dieser Bereich so speziell im Gefüge der EU ist und weshalb gerade für diesen Bereich ein Eilvorlageverfahren geschaffen wurde, soll zunächst noch einmal auf die Besonderheiten des Raumes der Freiheit, der Sicherheit und des Rechts eingegangen werden, bevor dann die genaue Entwicklung bis zum Inkrafttreten des neuen Eilvorlageverfahrens dargestellt wird.

I. Besonderheiten des Raumes der Freiheit, der Sicherheit und des Rechts

Der Raum der Freiheit, der Sicherheit und des Rechts umfasst im Wesentlichen vier Bereiche: die Zugangspolitiken (Grenzkontrollen, Asyl und Einwanderung), die justizielle Zusammenarbeit in Zivilsachen, die justizielle Zusammenarbeit in Strafsachen und die polizeiliche Zusammenarbeit. In einem Europa, das im Laufe der vergangenen Jahre mehr und mehr zusammengewachsen ist und in vielen Politik- und Rechtsbereichen immer näher zusammen arbeitet, verwundert es nicht, dass der Bereich des Raumes der Freiheit, der Sicherheit und des Rechts was seinen Stellenwert und seine Bedeutung – auch für den effektiven Rechtsschutz – innerhalb der EU betrifft, ebenfalls eine nicht unerhebliche Entwicklung durchlaufen hat. Während noch im Rahmen des Vertrages von Maastricht von „Angelegenheiten von gemeinsamen Interesse“[352] die Rede war, wurde die Schaffung des Raumes der Freiheit, der Sicherheit und des Rechts zu einem grundlegenden Vertrags- und Integrationsziel (ex- Art. 2 EUV) und somit zu einem Hauptpolitikfeld der EU.[353] Wörtlich heißt es in Art. 2 EUV in der Fassung des Vertrages von Amsterdam, dass „die Erhaltung und Weiterentwicklung der Union als Raum der Freiheit, der Sicherheit und des Rechts“ Ziel der Union sei. In der nunmehr gültigen Fassung des Vertrages von Lissabon heißt es dagegen in Art. 3 Abs. 2 EUV, dass die Union ihren Bürgerinnen und Bürgern einen Raum der Freiheit, der Sicherheit und des Rechts „bietet“. Durch diese neu gewählte Formulierung wird deutlich, dass sich die EU <u>nicht</u> mehr in der Entwicklungsphase bzgl. der Schaffung eines Raumes der Freiheit, der Sicherheit und

---

352 Ehemaliger Art. K.1 EU.

353 Monar, RFSR (Müller-Graff), S. 29.

des Rechts sieht[354], sondern in der Phase der nachhaltigen Gewährleistung eines bereits geschaffenen Raumes angelangt ist. Der Raum der Freiheit, der Sicherheit und des Rechts hat mittlerweile den Stellenwert eines Hauptpolitikfeldes und eines Hauptzieles der EU erreicht[355] und ist in Art. 3 EUV im Rahmen der Auflistung der grundlegenden Vertragsziele von Position 4 auf Position 2 aufgerückt.[356] Somit wird der Raum der Freiheit, der Sicherheit und des Rechts direkt nach den in Art. 3 Abs. 1 EUV aufgezählten Leitzielen und noch vor den Zielen der Errichtung eines Binnenmarktes und einer Wirtschafts- und Währungsunion genannt. Dies macht deutlich, welchen Stellenwert dieser Politikbereich erlangt hat und ist ein Argument dafür, weshalb dieser Bereich im Rahmen des Grundsatzes der Effektivität des Rechtsschutzes von besonderer Bedeutung ist.

Doch was macht den Raum der Freiheit, der Sicherheit und des Rechts außerdem zu einem sensiblen Bereich? Dies wird schnell klar, sieht man sich die verschiedenen Unterbereiche an, die im Rahmen des Raumes der Freiheit, der Sicherheit und des Rechts besondere Probleme bei grenzüberschreitenden Sachverhalten aufweisen. So fallen in den Raum der Freiheit, der Sicherheit und des Rechts Asylverfahren, Terrorismusbekämpfung, es können inhaftierte Personen betroffen sein oder, was den Bereich der zivilrechtlichen Zusammenarbeit betrifft, so fallen auch Scheidungsverfahren und damit zusammenhängend unterhaltsrechtliche oder Sorgerechtsstreitigkeiten in diesen Bereich. Das Recht, sich frei bewegen zu können und nicht durch unverhältnismäßige Inhaftierung in dieser Freiheit unnötig lange beschränkt zu sein; das Kindeswohl im Rahmen eines Scheidungsverfahrens zu sichern oder auch durch Gewährung von Asyl vor (politischer) Verfolgung sicher zu sein und die Möglichkeit, erstrittene Urteile bei grenzüberschreitenden Sachverhalten problemlos und zeitnah durchzusetzen, all das sind höchste Güter, die Rechtsstaatlichkeit ausmachen und die es zu sichern gilt. Hierin zeigt sich die besondere Sensibilität des Raumes der Freiheit, der Sicherheit und des Rechts.

Die Etablierung eines Raumes der Freiheit, der Sicherheit und des Rechts steht unweigerlich in engem Zusammenhang mit der Garantie auf Gewährung effektiven Rechtsschutzes. Diese Garantie gilt es in dem sensiblen Bereich besonders zu beachten. Deshalb ist es nicht verwunderlich, dass der Bereich des Raumes der Freiheit, der Sicherheit und des Rechts im Rahmen des wichtigsten Verfahrens vor dem Gerichtshof, dem Vorabentscheidungsverfahren, eine

354 Baarsma, S. 86.
355 Monar, RFSR (Müller-Graff), S. 29; Müller-Graff, RFSR (Müller-Graff), S. 11 (13).
356 Monar, Europäisches Verfassungsrecht, S. 749 (753/754).

Sonderstellung einnimmt und nur für diesen Bereich das im Folgenden darzustellende Eilvorlageverfahren geschaffen worden ist.

II. Notwendigkeit einer Verfahrensbeschleunigung

Auch bei Vorabentscheidungsverfahren im Bereich des Raumes der Freiheit, der Sicherheit und des Rechts ist der Ablauf des Verfahrens an sich identisch mit den Verfahren nach Art. 267 AEUV. Mithin ist auch die Verfahrensdauer vergleichbar. Problematisch ist jedoch in diesem speziellen Bereich, dass die nationalen Gerichte in Rechtsfragen, die den Raum der Freiheit, der Sicherheit und des Rechts betreffen, oft binnen sehr kurzer, strikter Fristen entscheiden müssen,[357] was mit einer durchschnittlichen Verfahrensdauer eines Vorabentscheidungsverfahrens von ca. 1 ½ Jahren nicht zu vereinbaren ist. Diese strikten Fristen ergeben sich zum einen aus dem sekundären Unionsrecht selbst. So zum Beispiel aus der Verordnung (EG) Nr. 2201/2003 des Rates vom 27.11.2003 über die Zuständigkeit und die Anerkennung und Vollstreckung von Entscheidungen in Ehesachen und in Verfahren betreffend die elterliche Verantwortung und zur Aufhebung der Verordnung (EG) Nr. 1347/2000 (Brüssel II a)[358], die für nationale Gerichte u.a. eine Frist von sechs Wochen festlegt für den Erlass einer Rückgabeanordnung, mit der die Rückgabe eines widerrechtlich verbrachten Kindes angeordnet wird.[359] Oder aus der Verordnung (EG) Nr. 1206/2001 des Rates vom 28.05.2001 über die Zusammenarbeit zwischen den Gerichten der Mitgliedstaaten auf dem Gebiet der Beweisaufnahme in Zivil- und Handelssachen,[360] wonach das ersuchte Gericht das Ersuchen unverzüglich erledigt, spätestens jedoch innerhalb von 90 Tagen nach Eingang des Ersuchens des Gerichts, bei dem das Verfahren eingeleitet wurde.[361] Zum anderen ergeben sich solch kurze Fristen auch direkt aus dem Recht der Mitgliedstaaten, gerade in den Bereichen, in denen es um Asyl, Einwanderung und Eherecht oder die elterliche Verantwortung geht.[362] Außerdem kann auch und gerade im Bereich der polizeilichen und justiziellen

357 Reflexionspapier vom 25.09.2006, Dokument 13272/06, JUR 356, COUR 42, JUST-CIV 208, ASIM 66, JAI 513.

358 ABl. 2003 L 338, S. 1.

359 Reflexionspapier vom 25.09.2006, Dokument 13272/06, JUR 356, COUR 42, JUST-CIV 208, ASIM 66, JAI 513; Art. 11 Abs. 3 der Verordnung.

360 ABl. 2001 L 174, S. 1.

361 Reflexionspapier vom 25.09.2006, Dokument 13272/06, JUR 356, COUR 42, JUST-CIV 208, ASIM 66, JAI 513.

362 Reflexionspapier vom 25.09.2006, Dokument 13272/06, JUR 356, COUR 42, JUST-CIV 208, ASIM 66, JAI 513.

Zusammenarbeit in Strafsachen Eile geboten sein, namentlich bei Auslegung des Rahmenbeschlusses 2002/584/JI des Rates vom 13.06.2002 über den Europäischen Haftbefehl und die Übergabeverfahren zwischen den Mitgliedstaaten.[363]

Darüber hinaus muss auch die Rechtsprechung des EGMR hinsichtlich der Angemessenheit der Verfahrensdauer berücksichtigt werden, die besagt, dass ein besonderes Kriterium hierfür die Bedeutung der Sache für den Beschwerdeführer ist. Das Gebot der angemessenen Verfahrensdauer ist von besonderer Bedeutung in strafrechtlichen Verfahren, insbesondere bei Inhaftierung, in familienrechtlichen Verfahren oder in Asylverfahren,[364] kurz, in allen Bereichen die, wie im Familienrecht, sensible und sehr persönliche Fragen und Rechte zum Gegenstand haben oder bei denen aus der Sache selbst heraus eine mehrere Monate umfassende Verfahrensdauer unzumutbar ist, wie in Fällen einer bestehenden Inhaftierung oder bei Asylverfahren.

Dies zeigt, dass in den zum Teil hochsensiblen Bereichen des Raumes der Freiheit, der Sicherheit und des Rechts eine Verfahrensdauer von ca. 18 Monaten allein für das Vorabentscheidungsverfahren, als Zwischenverfahren, mit dem Grundsatz der Gewährleistung effektiven Rechtsschutzes nur schwer zu vereinbaren ist. Da dieses Problem der Verfahrensdauer bereits lange bekannt ist und deshalb – wie unter B dieses Kapitels dargestellt – unterschiedliche Ansätze zur Beschleunigung des „normalen" Vorabentscheidungsverfahren[365] diskutiert wurden, drängt sich eine gesonderte Betrachtung für den Bereich des Raumes der Freiheit, der Sicherheit und des Rechts förmlich auf. Die Diskussion in diesem speziellen Bereich gipfelte allerdings, anders als bei den „normalen" Vorabentscheidungsverfahren, in der Einführung eines besonderen Eilvorlageverfahrens für diesen Bereich.

III. Entwicklung bis zum Inkrafttreten des neuen Eilvorlageverfahrens

Die Entwicklung zwischen den Jahren 2003 und 2009, in denen die durchschnittliche Verfahrensdauer, wie bereits erwähnt, von 25,5 auf 17,1 Monate verkürzt wurde, ist zwar sehr erfreulich, doch im Hinblick auf die sensiblen Bereiche im Raum der Freiheit, der Sicherheit und des Rechts in keiner Weise ausreichend. Diese Beschleunigung ist auch nur darauf zurückzuführen, dass der Vertrag von

363 ABl. 2002 L 190/1 ff.

364 Kokott/Dervisopoulos/Henze, EuGRZ 2008, 10 (11).

365 „Normal" im Sinne von „nicht den Bereich des Raumes der Freiheit, der Sicherheit und des Rechts betreffend".

Nizza einige Änderungen in der Verfahrensordnung nach sich gezogen hat.[366] Das Vorabentscheidungsverfahren an sich ist jedoch nicht verändert worden, sodass u. a. aufgrund des immer noch immensen Übersetzungsaufwandes eine weitere Beschleunigung des herkömmlichen Verfahrens praktisch auszuschließen ist.[367] Es mussten also andere Wege zur Verfahrensbeschleunigung in Betracht gezogen werden.

1. Einführung des beschleunigten Vorabentscheidungsverfahrens nach Art. 105 VerfO Gerichtshof

Ein erster Ansatz zur Beschleunigung des Vorabentscheidungsverfahrens war die Einführung des beschleunigten Verfahren in Art. 104 a VerfO Gerichtshof a.F. (procédure accélérée) im Jahr 2000, welches nach Inkrafttreten der neuen Verfahrensordnung am 01.11.2012 nunmehr in Art. 105 f VerfO Gerichtshof geregelt ist. Bei diesem Verfahren kann der Präsident auf Antrag des vorlegenden Gerichts in Fällen „außerordentlicher Dringlichkeit" sofort einen Termin zur mündlichen Verhandlung anberaumen. Es werden dann die Schlussanträge des Generalstaatsanwaltes durch eine bloße Anhörung ersetzt. Ferner verkürzen sich die Stellungnahmefristen für die Beteiligten von normalerweise zwei Monaten[368] auf mindestens 15 Tage. Der Übersetzungsaufwand bleibt jedoch der gleiche, der einen großen Zeitfaktor ausmacht. Eine Beschleunigung kann im Grunde nur dadurch erreicht werden, dass den Rechtssachen, die im beschleunigten Verfahren behandelt werden, intern der Vorrang eingeräumt wird, was jedoch auf Kosten bzw. zu Lasten anderer beim Gerichtshof anhängiger Verfahren geht.[369] Deshalb erstaunt es nicht, dass der Gerichtshof nach der Einführung des Art. 105 VerfO Gerichtshof bislang (also in über 10 Jahren)[370] nur in elf Fällen[371] ein beschleunigtes Verfahren nach Art. 104 a bzw.105 VerfO Gerichtshof tatsächlich

366 Ausführlich : Lenz, EuGRZ, 2001, 433 ff.

367 Kokott/Dervisopoulos/Henze, EuGRZ 2008, S. 10 (11).

368 Wägenbaur, VerfO EuGH, Art. 104a, Rn.10.

369 Lenz, EuGRZ 2001, S. 433 (438 f); Kokott/Dervisopoulos/Henze, EuGRZ 2008, S. 10 (11); ergänzendes Reflexionspapier vom 21.12.2006, Dokument 17013/06, JUR 493, COUR 71, JUSTCIV 290, ASIM 102, JAI 732.

370 Bis einschließlich Januar 2013.

371 EuGH Rs. C- 189/01 Slg. 2001, I-5689 (Jippes); EuGH Rs. C-66/08 (Kozlowski); EuGH Rs. 127/08 (Metock u.a.); Gerichtshof Rs. C-550/09 (E und F); Gerichtshof Rs. C-188/10 (Melki); Gerichtshof Rs. C-149/10 (Chatzi); Gerichtshof Rs. C-188/10 (Melki); Gerichtshof Rs. C-296/10 (Purrucker); Gerichtshof Rs. C-256/11 (Dereci u.a.); Gerichtshof Rs. C- 329/11 (Achughbabian) und schließlich als erstes Verfahren nach der neuen Verfahrensordnung Gerichtshof Rs. 370/12 (Pringle).

durchgeführt hat. Anzumerken ist allerdings, dass bis zur Einführung des Eilvorlageverfahrens im Jahre 2008 nur in einem Fall im Jahr 2001 dem Antrag auf Durchführung eines beschleunigten Verfahrens stattgegeben wurde und erst seit der Einführung des Eilverfahrens den Anträgen auf Durchführung eines beschleunigten Verfahrens wieder häufiger stattgegeben wurde, wobei die Zahl der abgewiesenen Anträge noch immer deutlich überwiegt.[372]

Mithin existiert zwar die Möglichkeit eines beschleunigten Verfahrens, es hat jedoch so gut wie keine praktische Relevanz im Rahmen des Vorabentscheidungsverfahrens nach Art. 267 AEUV, da die Anträge auf Durchführung eines beschleunigten Verfahrens in der Vergangenheit größtenteils abgelehnt worden sind.[373]

2. Anregung des Rates im Jahr 2005 im Rahmen des Haager Programms

Ein weiterer Schritt in der Entwicklung bis zur Einführung des neuen Eilvorlageverfahrens bildete das sog. Haager Programm zur Stärkung von Freiheit, Sicherheit und Recht in der Europäischen Union aus dem Jahr 2005.[374]

Mit diesem Programm stellt der Rat heraus, dass er dem „Aufbau eines Raumes der Freiheit, der Sicherheit und des Rechts, der einem zentralen Anliegen der Bevölkerung der in der Union vereinigten Staaten entspricht, vorrangige Bedeutung beimisst“[375].

Diese durch den Rat proklamierte Wichtigkeit findet nunmehr auch deutlich Ausdruck in dem Vertrag von Lissabon bzw. dem Vertrag über die Arbeitsweise der Europäischen Union. Dieser schafft nämlich in Teil 3 Titel V ein eigenes Kapitel über den Raum der Freiheit, der Sicherheit und des Rechts, wobei Art. 67 AEUV eine zentrale Bedeutung zukommt. In diesem werden Art. 29 EUV, Art. 31 EUV und Art. 61 EGV zusammengefasst.[376]

Im Rahmen des Haager Programms unter dem Punkt „Stärkung des Rechts“ hat der Rat erstmals eindeutig darauf hingewiesen, dass gerade für den Raum

---

372 Vgl. hierzu die Rechtsprechungsstatistik des Gerichtshofes von 2011, S. 117, und von 2012, S. 113 abrufbar unter: http://curia.europa.eu, wonach im Jahr 2007 alle Anträge auf Durchführung eines beschleunigten Vorabentscheidungsverfahrens erfolglos waren, im Jahr 2008 waren 6 von insgesamt 8 Anträgen erfolglos, im Jahr 2009 3 von insgesamt 4 Anträgen, im Jahr 2010 7 von insgesamt 11 Anträgen, im Jahr 2011 6 von insgesamt 8 Anträgen und im Jahr 2012 3 von insgesamt 4 Anrägen.

373 Wie vor.

374 ABl der EU 2005 C 53/01.

375 ABl. der EU 2005 C 53/01, S. 1.

376 Vgl. Synopse AEUV in Streinz/Ohler/Herrmann.

der Freiheit, der Sicherheit und des Rechts über „eine Lösung für die zügige und zweckentsprechende Bearbeitung von Vorabentscheidungen“ nachgedacht werden muss.[377] Ferner spricht der Rat in diesem Zusammenhang erstmals die konkrete Aufforderung an die Kommission aus, nach Rücksprache mit dem Gerichtshof einen Lösungsvorschlag zu unterbreiten. Dieser eine Satz ist somit die wohl wichtigste Weichenstellung auf dem Weg zum neuen Eilvorlageverfahren, da nunmehr erkannt worden ist, dass das bestehende Vorabentscheidungsverfahren für den Raum der Freiheit, der Sicherheit und des Rechts nicht mehr den Anforderungen genügt und eine Änderung ggf. durch Satzungsänderung des Gerichtshof unumgänglich ist.

3. Reflexionspapiere des EuGH

In Reaktion auf die oben dargestellte Aufforderung des Rates hat der Gerichtshof unter Vorsitz von Vassillos Skouris zum Ende des Jahres 2006 zwei Reflexionspapiere erstellt. Der nähere Inhalt soll im Folgenden kurz dargestellt werden, um die Entwicklung hin zum neuen Eilvorlageverfahren abzurunden.

a) Reflexionspapier vom 25. September 2006

In dem Reflexionspapier vom 25.09.2006 werden im Wesentlichen zwei Optionen präsentiert, wie sich ein neues Eilvorlageverfahren ausgestalten könnte. Vor die Klammer dieser beiden Optionen ist jedoch gezogen worden, dass unabhängig von der jeweiligen Ausgestaltung des Verfahrens an sich, zunächst über die Zuständigkeit für ein solches Verfahren innerhalb des Gerichtshofs nachgedacht werden muss. Hierbei kommt der Gerichtshof zu dem Ergebnis, dass es sinnvoll ist, für die Behandlung solcher Verfahren einen neuen Spruchkörper zu schaffen.[378] Nach Meinung des Gerichtshofs würde die Bildung eines solchen Spruchkörpers die Einführung neuer, besser geeigneter Arbeitsverfahren erlauben. Eine so geschaffene Kammer würde prüfen, ob tatsächlich ein Eilbedürfnis besteht und das neue Verfahren anzuwenden ist (Filterfunktion) und sie würde darüber entscheiden, ob sie selbst entscheidet oder die Rechtssache erforderlichenfalls an einen größeren Spruchkörper verweist (Weichenstellungsfunktion).[379] Ferner würde der Generalanwalt stets beteiligt, indem er vor der Entscheidung über den Antrag auf Durchführung eines Eilvorlageverfahrens und vor der Entscheidung des Spruchkörpers gehört würde.

---

377 ABl. der EU 2005 C 53/01, S. 11.

378 Reflexionspapier vom 25.09.2006, Dokument 13272/06, JUR 356, COUR 42, JUST-CIV 208, ASIM 66, JAI 513, S. 4.

379 Reflexionspapier vom 25.09.2006, Dokument 13272/06, JUR 356, COUR 42, JUST-CIV 208, ASIM 66, JAI 513, S. 4.

aa) Option I

Die erste vom Gerichtshof vorgeschlagene Option zur verfahrensrechtlichen Ausgestaltung des Eilvorlageverfahrens sieht einen Einschnitt bei den am Verfahren Beteiligten vor. So sollen sich nur die Parteien des nationalen Rechtstreits, der entsprechende Mitgliedstaat des vorlegenden Gerichts, die Kommission und die Organe, die den in Zweifel gezogenen Rechtsakt erlassen haben, an dem Verfahren beteiligen können. Das bedeutet, dass im eigentlichen Verfahren nicht mehr allen anderen Mitgliedstaaten Gelegenheit zur Äußerung gegeben wird. Diesen soll dafür nach Erlass des Beschlusses im Eilvorlageverfahren die Möglichkeit gegeben werden, binnen Monatsfrist eine Überprüfung des Beschlusses zu beantragen. Wird ein solcher Antrag nicht gestellt, bleibt der Beschluss endgültig. Wird eine Überprüfung beantragt, ergeht eine Entscheidung in Form eines Urteils nach der Überprüfung, welches dann den ursprünglichen Beschluss ersetzt.[380]

bb) Option II

Bei der zweiten Option würde es bei dem Umfang der am Verfahren Beteiligten bleiben (Art. 23 Satzung Gerichtshof). Jedoch soll hierbei dadurch Zeit gewonnen werden, also eine Beschleunigung erreicht werden, dass nur noch die Vorlagefrage an sich in alle Sprachen übersetzt würde. Weiter soll eine kürzere Äußerungsfrist als im Verfahren nach Art. 105 VerfO Gerichtshof festgelegt werden. Weiterhin soll entweder eine maximale Länge der Erklärungen festgelegt werden oder die Möglichkeit, schriftliche Erklärungen abzugeben, soll gänzlich wegfallen. Der Generalanwalt soll auch nur gehört werden, aber keine Schlussanträge stellen und es würde durch Urteil, also endgültig, entschieden.

b) Ergänzendes Reflexionspapier vom 21. Dezember 2006

Das ergänzende Reflexionspapier vom 21.12.2006 bringt in der Sache selbst keine Neuerungen. Es schafft aber die detaillierte Aufstellung und letztlich auch Gegenüberstellung der beiden neuen Optionen zum ursprünglichen Vorabentscheidungsverfahren und zum beschleunigten Verfahren.

Das Verfahren nach Option I wird als zweistufiges Verfahren in insgesamt 14 Prüfungsabschnitten vorgestellt und setzt sich zusammen aus dem eigentlichen Beschlussverfahren und dem Überprüfungsabschnitt. Hinsichtlich des Überprüfungsabschnittes wird aber deutlich herausgestellt, dass der zuvor ergangene Beschluss für das zugrunde liegende Ausgangsverfahren bindende

380 Reflexionspapier vom 25.09.2006, Dokument 13272/06, JUR 356, COUR 42, JUST-CIV 208, ASIM 66, JAI 513, S. 5.

Wirkung hat. D.h., wenn im Überprüfungsverfahren das sich daran anschließende Urteil zu einer anderen Auslegung kommen würde als der zuvor ergangene Beschluss, richtet sich die zukünftige Auslegung des Unionsrechts eben nach diesem zuletzt ergangenen Urteil. Nur für das Ausgangsverfahren gilt die in dem Beschluss getroffene Auslegung fort.[381]

Das Verfahren nach Option II wird nach wie vor als einstufiges Verfahren in 8 Prüfungsabschnitten detailliert vorgestellt.

In einem Ergebnis stellt der Gerichtshof sodann fest, dass die Option II zwar zu einem längeren Verfahren führen würde, dafür aber, da es keine Überprüfungsmöglichkeit gibt, von Beginn an umfassendere Verfahrensgarantien bieten würde, da eben von Beginn an alle Mitgliedstaaten beteiligt wären.[382]

4. Tatsächliche Ausgestaltung des Eilvorlageverfahrens

Vergleicht man die oben dargestellten Optionen, so stellt man fest, dass ein Verfahren nach der zweiten Option zwar länger dauern würde, aber im Ergebnis im Hinblick auf effektiven Rechtsschutz und die „Glaubwürdigkeit" von Entscheidungen des Gerichtshofs innerhalb eines Eilvorlageverfahrens befriedigender ist. Wenn nach Option I ein Überprüfungsverfahren stattfindet, was dazu führen kann, dass das folgende Urteil wiederum eine andere Auslegung vornimmt als der zuvor ergangene Beschluss, dürfte die Verfahrensdauer bis zu diesem Urteil wohl kaum kürzer sein, als bei Option II. Zwar wird der dem Eilvorlage zu Grunde liegende Rechtsstreit nach Maßgabe des Beschlusses zu Ende geführt, es ist m.E. aber für die Parteien des Ausgangsstreits sehr unbefriedigend, wenn sie nachher feststellen, dass die Auslegung von Unionsrecht wie sie im Ausgangsrechtsstreit zu Grunde gelegt wurde, kurz danach schon wieder hinfällig ist. Dies scheint auch nur schwer mit dem Grundsatz der Effektivität des Rechtsschutzes vereinbar zu sein, da Rechtsschutz nur dann effektiv ist und Sinn macht, wenn Gleichheit bei der Beurteilung eines streitigen Sachverhaltes besteht, insbesondere wenn die Urteile eine erga omnes- Wirkung entfalten, was wie gezeigt[383] z.B. bei Gültigkeitsvorlagen der Fall ist. Es ist daher wichtig, dass bereits im eigentlichen Vorlageverfahren alle Mitgliedstaaten beteiligt werden, um von vornherein nur zu einer einheitlichen Auslegung zu gelangen.

---

381 Ergänzendes Reflexionspapier vom 21.12.2006, Dokument 17013/06, JUR 493, COUR 71, JUSTCIV 290, ASIM 102, JAI 732, S. 8.

382 Ergänzendes Reflexionspapier vom 21.12.2006, Dokument 17013/06, JUR 493, COUR 71, JUSTCIV 290, ASIM 102, JAI 732, S. 10.

383 Vgl. Ausführungen zu Kapitel 1 E III 3.

Dies sah auch der Rat ähnlich, da er mit Schreiben vom 20.04.2007 den Gerichtshof aufforderte, einen der Option II entsprechenden förmlichen Vorschlag auszuarbeiten.[384] Insofern unterstützt der Rat das Ziel der Beschleunigung, wünscht aber eine Anpassung der Bestimmungen über das Eilvorlageverfahren in der Weise, dass dem Erfordernis einer zügigen Entscheidung der dringlichen Verfahren und der Notwendigkeit, dass die Mitgliedstaaten tatsächlich die Möglichkeit haben, sich am Verfahren zu beteiligen, gleichermaßen Rechnung getragen wird.[385]

Aufgrund dieser Aufforderung des Rates unterbreitete der Gerichtshof den Entwurf einer Verfahrensordnungsänderung des Gerichtshofes vom 21.06.2007.[386] Dieser Entwurf ist nunmehr seit dem 01.03.2008 in nahezu unveränderter Form in Kraft.[387] Im Vorfeld hat der Rat diesbezüglich eine Erklärung abgegeben, in der er darauf hinweist, dass die Eilvorlagen innerhalb von drei Monaten abgeschlossen werden müssen und ersucht den Gerichtshof, spätestens drei Jahre nach Inkrafttreten des Verfahrens einen jährlich zu aktualisierenden Erfahrungsbericht vorzulegen.[388] Es wurde unter Art. 104 b VerfO Gerichtshof a.F. – nunmehr in Art. 107 ff VerfO Gerichtshof geregelt – ein neues Eilvorlageverfahren geschaffen, das seinen Grundzügen nach der oben dargestellten Option II entspricht und versucht, dem Ziel gerecht zu werden, eine erhebliche Verfahrensbeschleunigung zu erreichen und dabei trotzdem die Verfahrensrechte aller Beteiligten zu wahren. Im Wesentlichen ist das Eilvorlageverfahren wie folgt ausgestaltet:

a) Einrichtung einer zuständigen Kammer beim Gerichtshof

Es wird ein neuer Spruchkörper beim Gerichtshof geschaffen, der sich aus fünf Richtern für die Dauer von jeweils einem Jahr zusammensetzt (Art. 11 Abs. 2 VerfO Gerichtshof). Es kann auch nur in einer Dreierbesetzung entschieden werden (Art. 113 Abs. 1 VerfO Gerichtshof).

---

384 Vgl. Rat: Dokument 7646/07, JUR 115, COUR 18, JUSTCIV 64, ASIM 25, JAI 144, S. 3+4.

385 Vgl. Rat: Dokument 7646/07, JUR 115, COUR 18, JUSTCIV 64, ASIM 25, JAI 144, S. 3+4; oder auch Entwurf von Änderungen der Verfahrensordnung des Gerichtshofes vom 21.06.2007, S. 3 abrufbar unter: http://curia.europa.eu/de/instit/txtdocfr/documents/rp.pdf.

386 Entwurf von Änderungen der Verfahrensordnung des Gerichtshofes vom 21.06.2007, S. 3 abrufbar unter: http://curia.europa.eu/de/instit/txtdocfr/documents/rp.pdf.

387 ABl. 2008 L 24/39 ff.

388 ABl. 2008 L 24/44.

Sollte die Anzahl der eingehenden Eilvorlageersuchen die Kapazität einer Kammer übersteigen, besteht auch die Möglichkeit, mehrere Eilkammern einzurichten.[389] Seit Inkrafttreten des Eilvorlageverfahrens wurde bislang allerdings keine spezielle Kammer gebildet, sondern einer bestehenden Kammer die Aufgabe übertragen.[390]

b) Verfahrensablauf

Das Eilverfahren wird eingeleitet, wenn das vorlegende nationale Gericht einen entsprechenden Antrag stellt und in diesem Antrag die Dringlichkeit der Sache ausreichend dargelegt hat. Dem Antrag soll ferner – soweit möglich – ein Antwortvorschlag des vorlegenden Gerichts beigefügt werden.

Ausnahmsweise kann ein Eilvorlageverfahren auch vom Amts wegen eingeleitet werden, indem der Präsident des Gerichtshofes die zuständige Kammer ersucht, die Notwendigkeit einer Durchführung eines Eilvorlageverfahrens zu prüfen, da er der Auffassung ist, dass die Anwendung eines Eilvorlageverfahrens geboten scheint.[391]

aa) Schriftlicher Verfahrensabschnitt

Nach Beantragung des Eilvorlageverfahrens wird zunächst das Vorabentscheidungsersuchen umgehend, also ohne übersetzt zu werden, nur den Parteien des Ausgangsrechtsstreits, dem betroffenen Mitgliedstaat, der Kommission und den Organen, deren Rechtsakte betroffen sind, zugestellt (Art. 109 Abs. 1 VerfO Gerichtshof). Nur diese sind auch berechtigt, schriftliche Stellungnahmen abzugeben, wenn es tatsächlich zur Durchführung eines Eilverfahrens kommt. Die anderen Mitgliedstaaten und Organe werden unmittelbar nach dieser Zustellung über das Vorabentscheidungsersuchen informiert und können sich ggf. in der mündlichen Verhandlung äußern (Art. 109 Abs. 4 VerfO Gerichtshof). Dies geschieht, um zu vermeiden, dass einige Beteiligte von einem zeitlichen Vorsprung profitieren, für den Fall, dass das Verfahren doch nicht im Wege der Eilvorlage entschieden wird.[392]

---

389 Dörr, EuGRZ 2008, 349 (353); Richter, ZfRV 2010, 148 (150); Kühn, EuZW 2008, 263 (264).

390 Vgl. ABl. 2008 C 116/2, 3. Kammer bis 06.10.2008; ABl. 2008 C 301/4, 2. Kammer bis 06.10.2009; ABl. 2009 C 267/5, 3. Kammer bis 06.10.2010; ABl. 2010 C 317/4, 1. Kammer bis 06.10.2011; ABl. C 370/4, 2. Kammer bis 06.10.2012; ABl. C 366/6, 2. Kammer bis 06.10.2013.

391 Vgl. Art. 107 Abs. 3 VerfO Gerichtshof.

392 Richter, ZfRV 2010, 148 (151).

Wird die Vorlage nicht dem Eilverfahren unterworfen, so wird im Wege des regulären Vorabentscheidungsverfahrens entschieden.

Trifft die zuständige Kammer jedoch die Entscheidung, die Vorlage dem Eilverfahren zu unterwerfen, wird diese Entscheidung ebenfalls den Parteien des Ausgangsrechtsstreits, dem betroffenen Mitgliedstaat, der Kommission und den Organen, deren Rechtsakte betroffen sind, umgehend zugestellt und gleichzeitig eine Frist gesetzt, innerhalb derer sich die Zustellungsadressaten schriftlich äußern können. Die Frist für die schriftlichen Stellungnahmen bestimmt die Kammer für jeden Einzelfall, wobei diese Fristen 10 Tage nicht unterschreiten sollen.[393] Nach Eingang der schriftlichen Äußerungen werden diese allen am schriftlichen Verfahren Beteiligten, aber auch den übrigen Mitgliedstaaten und Beteiligten zugestellt und gleichzeitig der Termin für die mündliche Verhandlung mitgeteilt (Art. 110 VerfO Gerichtshof). Eine wesentliche Besonderheit bei diesem schriftlichen Verfahren ist, dass gem. Art. 110 Abs. 1 VerfO Gerichtshof nur noch das Vorlageersuchen selbst in die jeweiligen Amtssprachen übersetzt wird und das auch erst im Rahmen des schriftlichen Verfahrens, also nach Eingang der schriftlichen Stellungnahmen. Die übrigen schriftlichen Äußerungen werden zwar an alle Beteiligten übermittelt, allerdings nicht übersetzt, sondern auf Französisch, der Arbeitssprache des Gerichtshofes.[394] Dadurch wird ein erheblicher Zeitgewinn erreicht. Bei dieser Verfahrensstruktur fällt auf, dass zunächst nur die direkt am Verfahren Interessierten, nämlich die Parteien des Ausgangsrechtsstreits, der betroffene Mitgliedstaat, die Kommission und die Organe, deren Rechtsakte betroffen sind, in das Verfahren mit einbezogen werden, während die übrigen Mitgliedstaaten erst zu einem späteren Zeitpunkt über den gesamten Inhalt des Verfahrens benachrichtigt werden. Dies ist jedoch in diesem speziellen Fall der Eilvorlage vertretbar, da die übrigen Mitgliedstaaten zumeist lediglich ein Interesse an der einheitlichen Auslegung des Unionsrechts haben, während für die direkt an dem Verfahren Beteiligten der Ausgang des Vorlageverfahrens für die Entscheidung des Ausgangsrechtsstreits von erheblicher Bedeutung ist.[395] Insgesamt kann festgehalten werden, dass durch die beschriebene Verfahrensweise eine erhebliche Beschleunigung erreicht wird und gleichzeitig dennoch gesichert ist, dass alle Mitgliedstaaten in ihrer Amtssprache benachrichtigt werden und sich dann gleichermaßen innerhalb der mündlichen Verhandlung zur Vorlagefrage äußern können.

393 ABl. 2008 L 24/44.

394 Dörr, EuGRZ 2008, 349 (353).

395 Kühn, EuZW 2008, 263, (266); Richter, ZfRV 2010, 148 (151).

Nur in Fällen *äußerster Dringlichkeit* kann das schriftliche Verfahren gem. Art. 111 VerfO Gerichtshof ganz entfallen.

bb) Mündlicher Verfahrensabschnitt

Dem schriftlichen Verfahren schließt sich zeitnah die mündliche Verhandlung an, in der die Beteiligten zur Sache verhandeln und im Rahmen derer erstmals auch die übrigen Mitgliedstaaten Gelegenheit erhalten, sich zur Sache zu äußern.

Die Tatsache, dass sich die übrigen Mitgliedstaaten zum einen erst in der mündlichen Verhandlung zu dem Vorlageverfahren äußern können und somit ausschließlich im Rahmen der mündlichen Verhandlung eine etwaige Beteiligung vorgesehen ist und zum anderen die Tatsache, dass in Fällen äußerster Dringlichkeit das schriftliche Verfahren sogar ganz entfallen kann, verdeutlicht den für ein Vorabentscheidungsverfahren außergewöhnlichen Stellenwert der mündlichen Verhandlung im Rahmen der Eilvorlage.[396] Anders ausgedrückt wurde im Rahmen der Eilvorlage der inhaltliche Schwerpunkt vom schriftlichen Verfahrensabschnitt in den mündlichen Abschnitt verlegt.[397]

Schließlich wird der Generalanwalt in der mündlichen Verhandlung von der Kammer angehört. Die Anhörung kann schriftlich oder mündlich erfolgen. Dies stellt einen weiteren wesentlichen Unterschied zum normalen Vorabentscheidungsverfahren dar, da die üblichen Schlussanträge entfallen.

Im Anschluss an die Anhörung entscheidet die zuständige Kammer des Gerichtshofs in einer Besetzung mit fünf Richtern. Sie kann allerdings auch beschließen, mit nur drei Richtern zu tagen oder aber die Rechtssache dem Gerichtshof vorzulegen, damit sie einem größeren Spruchkörper zugewiesen wird.

c) Problem: Nachweis der Dringlichkeit

Eine der wesentlichsten Voraussetzungen im Rahmen des Antrages eines Eilverfahrens ist der Nachweis der Dringlichkeit. Im Unterscheid zum beschleunigten Verfahren gem. Art. 105 VerfO Gerichtshof ist nur „einfache" Dringlichkeit und keine „außerordentliche Dringlichkeit" nachzuweisen. Dies kann als Konsequenz des besonderen und eingeschränkten Anwendungsbereichs des Eilvorlageverfahrens gesehen werden, da bei Fragestellungen, die den Raum der Freiheit, der Sicherheit und des Rechts betreffen, ohnehin eine Vermutung für eine gewisse Dringlichkeit besteht.[398] Bislang gibt es allerdings keine konkrete Definition des Begriffs der Dringlichkeit in diesem Zusammenhang. Das Vorliegen einer

---

396 Richter, ZfRV 2010, 148 (151).

397 Lumma, EuGRZ 2008, 381 (383).

398 Wägenbaur, EuGH VerfO, Art. 104 b VerfO, Rn.6, Richter, ZfRV 2010, 148 (150).

die Dringlichkeit rechtfertigenden Ausgangssituation muss für jeden Einzelfall von dem vorlegenden Gericht begründet werden. Dafür sollen die rechtlichen und tatsächlichen Umstände dargestellt werden, aus denen sich die Dringlichkeit ergibt, wobei insbesondere die Gefahren darzulegen sind, die bei Anwendung des normalen Vorabentscheidungsverfahrens drohen.[399]

Für den Fall, dass das schriftliche Verfahren entfallen soll, ist das Vorliegen „äußerster Dringlichkeit" erforderlich. Durch die Formulierung im Superlativ, die sogar noch eine Steigerung der „außerordentlichen Dringlichkeit" beim beschleunigten Verfahren darstellt, wird deutlich, dass diese Vorgehensweise nur im absoluten Ausnahmefall in Frage kommt.[400]

IV. Bewertung bzw. Prognose des Eilvorlageverfahrens im Hinblick auf die Gewährleistung effektiven Rechtsschutzes

Bei einem so jungen Verfahren, das auch noch vergleichsweise wenig praxiserprobt ist, ist es schwer, eine fundierte Bewertung abzugeben. Es stellt sich die Frage, ob das neue Eilvorlageverfahren unter dem Strich tatsächlich die erhoffte Beschleunigung ergibt und ob es – im Gegensatz zu dem beschleunigten Verfahren – auch tatsächlich in der Praxis angewandt wird. Dadurch, dass der Schritt gewagt wurde, eine neue Kammer einzurichten bzw. einer bestimmten Kammer die Zuständigkeit für Eilvorlageverfahren zu übertragen, ist m.E. ein wesentlicher und unumgänglicher Schritt in Richtung Verfahrensbeschleunigung getan worden. Auf diese Art und Weise fällt die Beschleunigung dieser Verfahren nicht zu Lasten der anderen Verfahren aus.

Es kann außerdem festgehalten werden, dass die für das Vorabentscheidungsverfahren so wichtige kohärenzsichernde Funktion durch die neue Möglichkeit der Eilvorlage gefördert und gewahrt bleibt.[401] Denn für den sensiblen Bereich des Raumes der Freiheit, der Sicherheit und des Rechts wurde mit Einführung des Eilverfahrens der ewige Zwiespalt der nationalen Richter, auf der einen Seite schnellstmöglich entscheiden zu wollen und zu müssen, und auf der anderen Seite eine einheitliche Anwendung und Auslegung des Unionsrechts zu fördern, zumindest etwas entschärft, da im Rahmen der Eilvorlage beides möglich ist.[402]

Um zu sehen, wie das Eilvorlageverfahren bislang in der Praxis umgesetzt wurde und wie lange die Verfahren tatsächlich dauerten, soll im folgenden

---

399 Vgl die Empfehlungen des Gerichtshofs vom 06.11.2012, ABl. 2012 C 338/6.

400 Wägenbaur, VerfO EuGH, Art. 104 b VerfO, Rn. 11.

401 Dörr, EuGRZ 2008, 349 (354); Lumma, EuGRZ 2008, 381 (383).

402 Lumma, EuGRZ 2008, 381 (383).

Kapitel 3 ein vertiefender Blick auf die bisherige Praxis des Eilvorlageverfahrens geworfen werden.

Kapitel 3: Anwendung des neuen Eilvorlageverfahrens in der Praxis des Gerichtshofes

A. Statistik

Um zu beurteilen, wie und ob sich das neue Eilvorlageverfahren in der Praxis des Gerichtshofes seit seiner Einführung bewährt hat, ist es sinnvoll, zunächst einen Blick auf die Statistik hinsichtlich des Eilvorlageverfahrens zu werfen. Hierzu ist insbesondere der sog. „Bericht über die Anwendung des Eilvorlageverfahrens durch den Gerichtshof"[403] vom 31.01.2012 hilfreich, der dem Rat durch den Gerichtshof gemäß der Erklärung im Anhang des Beschlusses des Rates vom 20.12.2007[404] übermittelt worden ist und eine Art Bilanz für die ersten drei vollen Gerichtsjahre - vom 01.03.2008 bis einschließlich 06.10.2011 - seit Inkrafttreten des Eilvorlageverfahrens zieht.[405] Im Folgenden werden die in diesem Bericht ermittelten Zahlen zugrunde gelegt und ferner ergänzt um den in dem Bericht noch nicht berücksichtigten Zeitraum von Oktober 2011 bis einschließlich Mai 2013.

Seit Inkrafttreten im März 2008 bis Mai 2013[406] wurden insgesamt 17 Eilverfahren erfolgreich beantragt.[407] Es wurden insgesamt noch in elf weiteren Fällen Anträge auf Durchführung des Eilverfahrens gestellt, von denen jedoch neun vom Gerichtshof abgelehnt worden sind[408] und in zwei Fällen die Anträge gar

403 Im Folgenden „Bericht des Gerichtshofes" genannt, abrufbar unter: http://curia.europa.eu/jcms/upload/docs/application/pdf/2012-07/de_rapport.pdf.

404 ABl. 2008 L 24/44.

405 Bericht des Gerichtshofes, S. 1.

406 Für die vorliegende Arbeit konnten alle Verfahren bis einschließlich Mai 2013 berücksichtigt werden.

407 Gerichtshof Rs. C-195/08 PPU (Rinau); Rs. C-296/08 (Santesteban Goicoechea); Rs. C-388/08 PPU (Leymann und Pustovarov), Rs. C-357/09 PPU (Kadzoev), Rs. C-403/09 PPU (Detiček); Rs. C-105/10 PPU (Gataev und Gataeva); Rs. C-211/10 PPU (Povese); Rs. C-400/10 PPU (McB.); Rs. C-491/10 PPU (Aguirre Zarraga); Rs. C-497/10 PPU (Mercredi); Rs. C-61/11 PPU (El Dridi Hassen); Rs. C-155/11 PPU (Imran); Rs. C-83/12 PPU (Minh Khoa Vo); Rs. C-92/12 PPU (S.C. und A.C.); Rs. C-192/12 PPU (West); Rs. 278/12 PPU (Adil); Rs. C-168/13 PPU (F).

408 Gerichtshof Rs. C-123/08 (Wolzenburg), Rs. C-261/08 (Zurita Garcia); Rs. C-375/08 (Pontini); Rs. C-261/09 (Mantello); Rs. C-264/10 (Kita); Rs. C-175/11 (HID und BA); Rs. C-277/11 (MM); Rs. C-329/11 (Achughbabian); im Jahre 2012

nicht beschieden wurden.[409] Von insgesamt 28 Anträgen auf Durchführung eines Eilverfahrens waren also mit knapp 61 % deutlich mehr als die Hälfte erfolgreich. Dies spricht dafür, dass trotz der Tatsache, dass es sich um ein junges Verfahren handelt, die von den vorlegenden Gerichten angegebenen Gründe für die Anwendung des Eilverfahrens zumeist überzeugend waren.[410] Von den 17 erfolgreich beantragten Eilverfahren wurde in 15 Fällen der Antrag durch das vorlegende Gericht gestellt und nur ein Eilverfahren auf Anregung des Präsidenten des Gerichtshofes durchgeführt.[411] Von diesen zugelassenen Eilverfahren wurden insgesamt zwei durch Beschluss beendet und in der Sache nicht entschieden.[412]

Dieser Blick auf die Statistik zeigt, dass das Eilvorlageverfahren zwar insgesamt noch vergleichsweise selten zur Anwendung kommt, allerdings im Falle eines Antrags auf Durchführung des Eilverfahrens diesem in über der Hälfte der Fälle stattgegeben wird. Außerdem wurden im Zeitraum, der von dem Bericht des Gerichtshofes erfasst wurde, insgesamt in knapp einem Fünftel der Rechtssachen, die in den Anwendungsbereich des Eilverfahrens gefallen wären, auch ein solches beantragt, was nicht unerheblich ist.[413]

B. Bereiche der Anwendung des Eilverfahrens

Die dem Eilverfahren unterworfenen Verfahren waren allesamt eindeutig dem Bereich des Raumes der Freiheit, der Sicherheit und des Rechts zuzuordnen. Es gab Vorlagen aus dem Bereich der justiziellen Zusammenarbeit in Zivilsachen, dem Bereich der polizeilichen und justiziellen Zusammenarbeit in Strafsachen

---

ist ein weiterer Antrag auf Durchführung des Eilverfahrens abgelehnt worden (vgl. Rechtsprechungsstatistik im Jahresbericht des Gerichtshofes 2012, S. 113).

409 Gerichtshof Rs. C-140/11 (Ngagne) und Rs. C-156/11 (Music). Hier wurden die Vorlageersuchen des vorlegenden Gerichtes zurückgenommen und im Register gestrichen, bevor über die Anträge auf Durchführung eines Eilverfahrens entschieden wurde, da in der Zwischenzeit das Urteil in der mit den vorgenannten Rechtssachen in Zusammenhang stehenden Rechtssache C-61/11 PPU (El Dridi Hassen) verkündet worden war. Vgl. hierzu auch die Ausführungen im Bericht des Gerichtshofes, S. 4, Fn. 13.

410 Bericht des Gerichtshofes, S. 4.

411 Gerichtshof Rs. C-491/10 PPU (Aguirre Zarraga).

412 Gerichtshof Rs. C-105/10 PPU (Gataev und Gataev), Beschluss zur Streichung ABl. C 179 vom 03.07.2010, S. 27; Gerichtshof Rs. C-155/11 PPU (Mohammad Imran), Beschluss zur Erledigung ABl. C 269 vom 10.09.2011, S. 18.

413 Vgl. hierzu dies Ausführungen im Bericht des Gerichtshofes, S. 4.

sowie Vorlagen, die dem Bereich Visa, Asyl, Einwanderung und andere Politiken betreffend den freien Personenverkehr zuzuordnen sind. Mithin waren trotz der relativ geringen Zahl bislang zugelassener Eilverfahren dennoch alle Bereiche des Raumes der Freiheit, der Sicherheit und des Rechts bereits Grundlage für Eilvorlagen.

I. Bereich der justiziellen Zusammenarbeit in Zivilsachen

Die meisten, insgesamt (bis einschließlich Mai 2013) acht der Verfahren waren dem Bereich der justiziellen Zusammenarbeit in Zivilsachen zuzuordnen, nämlich die Rechtssachen *Rinau, Detiček, Povese, McB., Zarraga, Mercredi, Imran* und *S.C. und A.C.*.[414] Der überwiegende Teil dieser Verfahren betraf die Auslegung bestimmter Vorschriften aus der Verordnung (EG) Nr. 2201/2003 des Rates vom 27.11.2003 über die Zuständigkeit und die Anerkennung und Vollstreckung von Entscheidungen in Ehesachen und in Verfahren betreffend die elterliche Verantwortung und zur Aufhebung der Verordnung (EG) Nr. 1347/2000[415]. Ein Verfahren[416], das im Übrigen per Erledigungsbeschluss beendet wurde, betraf allerdings die Auslegung des Art. 7 Abs. 2 der Richtlinie 2003/86/EG des Rates vom 22.09.2003 zum Recht auf Familienzusammenführung[417].

II. Bereich der polizeilichen und justiziellen Zusammenarbeit in Strafsachen

In dem Bereich der polizeilichen und justiziellen Zusammenarbeit in Strafsachen wurden bislang insgesamt fünf Rechtssachen dem Eilverfahren unterworfen, nämlich die Rechtssachen *Santesteban Goicoechea, Leymann und Pustovarov, Gataev und Gataeva, West* und *F.*[418] In allen Fällen war die Auslegung bestimmter Artikel des Rahmenbeschlusses 2002/584/JI des Rates vom 13.06.2002 über den Europäischen Haftbefehl und die Übergabeverfahren zwischen den

---

414 Gerichtshof Rs. C-195/08 PPU (Rinau); Rs. C-403/09 PPU (Detiček); Rs. C-211/10 PPU (Povese); Rs. C-400/10 PPU (McB.); Rs. C-491/10 PPU (Aguirre Zarraga); Rs. C-497/10 PPU (Mercredi); Rs. C-155/11 PPU (Imran); Rs. C-92/12 PPU (S.C. und A.C.).

415 ABl. 2003 L 338, S. 1; im Folgenden Verordnung Brüssel II a genannt.

416 Gerichtshof Rs. 155/11 PPU (Imran).

417 ABl. 2003 L 251, S. 12.

418 Gerichtshof Rs. C-296/08 PPU (Santesteban Goicoechea), Rs. C-388/08 PPU (Leymann und Pustovarov), Rs. C-105/10 PPU (Gataev und Gataeva), Rs. C-192/12 PPU (West); Rs. C-168/13 PPU (F).

Mitgliedstaaten[419] Gegenstand der Vorlagen. Der Vollständigkeit halber sei erwähnt, dass das Vorlageersuchen in der Rechtssache Gataev und Gataeva allerdings vom vorlegenden Gericht zurückgenommen und aufgrund Beschluss vom 03.04.2010 aus dem Register gestrichen und deshalb auch nicht in der Sache entschieden wurde.

III. Bereich Visa, Asyl, Einwanderung und andere Politiken betreffend den freien Personenverkehr

Schließlich wurden auch im Bereich Visa, Asyl, Einwanderung und andere Politiken betreffend den freien Personenverkehr bereits vier Rechtssachen im Wege des Eilverfahrens entschieden, nämlich die Rechtssachen *Kadzoev, El Dridi Hassen, Minh Khoa Vo* und zuletzt *Adil.*[420] Grundlage dieser Vorlagen war zum einen die Auslegung verschiedener Artikel der Richtlinie 2008/115/EG des Europäischen Parlamentes vom 16.12.2008[421] über gemeinsame Normen und Verfahren in den Mitgliedstaaten zur Rückführung illegal aufhältiger Drittstaatenangehöriger (Kadzoev und El Dridi Hassen), zum anderen die Auslegung bestimmter Artikel der Verordnung (EG) Nr. 810/2009 des Europäischen Parlaments und des Rates vom 13.07.2009[422] über einen Visakodex der Gemeinschaft (Minh Khoa Vo) und schließlich die Auslegung unterschiedlicher Regelungen der Verordnung (EG) Nr. 562/2006 des Europäischen Parlaments und des Rates vom 15.03.2006[423] über einen Gemeinschaftskodex für das Überschreiten der Grenzen durch Personen (Schengener Grenzkodex) (Adil).

C. Begründung der Dringlichkeit

Wie bereits in Kapitel zwei erwähnt, stellt der Nachweis der Dringlichkeit eine der wesentlichen Voraussetzungen im Rahmen eines Antrages auf Durchführung eines Eilverfahrens dar. Aus den bislang durchgeführten Verfahren kann man bislang noch keine feste Definition des Begriffes „Dringlichkeit" erkennen. Dies liegt darin begründet, dass die für die Eilvorlagen bestimmte Kammer des Gerichtshofes über Anträge auf Durchführung eines Eilverfahrens sehr schnell

419 ABl. 2002 L 190, S. 1.

420 Gerichtshof Rs. C-357/09 PPU (Kadzoev), Rs. C-61/11 PPU (El Dridi Hassen), Rs. C-83/12 PPU (Minh Khoa Vo), Rs. C-278/12 PPU (Adil).

421 ABl. 2008 L 348, S. 98.

422 ABl. 2009 L 243, S. 1.

423 ABl. 2006 L 105, S. 1.

befinden muss und deshalb ohne Begründung hierüber entscheidet.[424] Es ist demnach nicht ersichtlich, ob die Kammer nach einem bestimmten Prüfungsschema über die Anträge entscheidet, weshalb der Antragsteller, also meist das vorlegende Gericht, im Vorfeld nicht genau absehen kann, ob seinem Antrag auf Durchführung eines Eilverfahrens stattgegeben wird. Wie auch der Bericht des Gerichtshof zeigt[425], lassen sich gleichwohl bei genauer Betrachtung der bislang durchgeführten Eilverfahren zwei Fallgruppen erkennen, bei denen der Gerichtshof eine dem Eilverfahren entsprechende Dringlichkeit bejaht hat.

I. Nachhaltige Beeinträchtigung im Eltern-Kind-Verhältnis

Die erste Fallgruppe betrifft alle Verfahren aus dem Bereich der justiziellen Zusammenarbeit in Zivilsachen, also Fällen, in denen es um die Auslegung und Anwendung der Verordnung über die Zuständigkeit und die Anerkennung und Vollstreckung von Entscheidungen in Ehesachen und in Verfahren betreffend die elterliche Verantwortung oder der Richtlinie zum Recht auf Familienzusammenführung geht. Die Dringlichkeit wird immer dann bejaht, wenn eine nachhaltige Beeinträchtigung des Eltern-Kind-Verhältnisses zu befürchten ist und die Gefahr besteht, dass dieses Verhältnis womöglich irreparabel geschädigt würde, wenn die Vorlagefragen nicht im Eilverfahren beantwortet werden.

1. Kindesrückführung bzw. Kindeswohlgefährdung

In den überwiegenden Fällen, nämlich in den Rechtssachen Rinau, Detiček, Povese, McB., Zarraga, Mercredi und S.C. und A.C., ergab sich die Dringlichkeit daraus, dass ein Kind sich bei einem Elternteil in einem anderen Mitgliedstaat aufhielt und dort widerrechtlich zurückgehalten und dem anderen Elternteil somit entzogen wurde und daraufhin dieser andere Elternteil die Rückführung des Kindes zu sich anstrebte. Die Dringlichkeit wurde in diesen Fällen stets damit begründet, dass das Kindeswohl durch eine unnötig lange Trennung von einem Elternteil gefährdet würde. Ferner wurde angeführt, dass durch das Eilverfahren verhindert werden solle, dass sich die Dauer des Gesamtverfahrens derart verlängere, dass eine etwaige Integration nach der Rückführung des Kindes in das Umfeld des ursprünglichen Mitgliedstaates gefährdet würde.[426]

---

424 Bericht des Gerichtshofes, S. 6.

425 Bericht des Gerichtshofes, S. 6.

426 So z.B. im Urteil des Gerichtshofes in der Rs. C-491/10 PPU (Aguirre Zarraga), Rn. 40.

2. Beispiel: Rechtssache C-195/08 PPU Rinau

Zur Veranschaulichung, in welchen Fallkonstellationen der Gerichtshof eine Beeinträchtigung des Eltern-Kind-Verhältnisses als gegeben ansah und dementsprechend die Dringlichkeit bejaht hat, soll die Rechtssache Rinau[427] hier als Beispiel genauer dargestellt werden. Diese Rechtssache ist gleichzeitig auch das erste Verfahren überhaupt, das im Wege des Eilverfahrens gem. Art. 107 VerfO Gerichtshof (seinerzeit noch Art. 104 b VerfO Gerichtshof) entschieden worden ist und zwar bereits vier Monate nach dessen Inkrafttreten.

a) Sachverhaltszusammenfassung und Entscheidung des Gerichtshofes

Diese Vorlage erfolgte im Rahmen eines Rechtsstreits zwischen Frau und Herrn Rinau über die Rückkehr der gemeinsamen, von Frau Rinau in Litauen zurückgehaltenen Tochter Luisa nach Deutschland.[428]

Im Jahr 2003 heirateten Inga Rinau, litauische Staatsangehörige, und Michael Rinau, deutscher Staatsangehöriger, und lebten fortan in Deutschland. Am 11.01.2005 wurde die gemeinsame Tochter Luisa geboren. Bereits im März 2005 trennten sich die Eheleute und reichten beim Amtsgericht Oranienburg die Scheidung ein. Luisa blieb vorerst bei ihrer Mutter. Mit Erlaubnis von Herrn Rinau begab sich Frau Rinau zusammen mit Luisa im Juli 2006 für einen eigentlich für zwei Wochen geplanten Urlaub nach Litauen. Dort ist sie jedoch mit Luisa geblieben und lebte fortan dort. Im August 2006 übertrug das AG Oranienburg Herrn Rinau vorläufig das Sorgerecht für Luisa. Im Folgenden stellte Herr Rinau einen Antrag beim zuständigen Bezirksgericht in Litauen auf Rückgabe seiner Tochter, der jedoch abgelehnt wurde. Es folgten zahlreiche Entscheidungen deutscher und litauischer Gerichte hinsichtlich einer Rückgabe von Luisa. Letztlich wurde die Ehe im Juni 2007 geschieden und Herrn Rinau das Sorgerecht für Luisa übertragen. Unter Berücksichtigung der ablehnenden Entscheidung des zuständigen Bezirksgerichts in Litauen, wurde Frau Rinau vom AG Oranienburg zur Rückgabe des Kindes verurteilt, wobei diese Entscheidung mit einer Bescheinigung nach Art. 42 der Verordnung Brüssel II a versehen wurde. Somit wurde die Rückgabeentscheidung für vollstreckbar erklärt und galt gem. der Verordnung Brüssel II a in dem Verbringungsstaat als anerkannt. Allerdings hatte ein litauisches Berufungsgericht bereits im März 2007 die Entscheidung, mit der die Rückgabe verweigert worden war, aufgehoben und die Rückgabe angeordnet. Frau Rinau wiederum ging zum einen gegen diese litauische Entscheidung

427 Urteil des Gerichtshof Rs. C-195/08 PPU (Rinau).
428 Urteil des Gerichtshof Rs. C-195/08 PPU (Rinau), Rn. 2.

erfolglos mit einem Wiederaufnahmeantrag vor und zum anderen beantragte sie die Nichtanerkennung des Urteils des AG Oranienburg bzgl. der Sorgerechts- und Rückgabeentscheidung. Dies führte letztlich dazu, dass der Oberste Gerichtshof von Litauen dem Gerichtshof mehrere Vorlagefragen stellte, um zu klären, ob dieser Antrag von Frau Rinau geprüft werden kann, obwohl die Vollstreckbarkeit der Rückgabeentscheidung durch das AG Oranienburg angeordnet wurde und ob das AG überhaupt berechtigt war, die Vollstreckbarkeit der Entscheidung bzgl. der Kindesrückgabe gem. Art. 42 der Verordnung Brüssel II a zu bescheinigen, obwohl die eigentlichen Voraussetzungen für die Ausstellung einer solchen Bescheinigung nicht mehr gegeben waren, da zwischenzeitlich die Entscheidung des litauischen Bezirksgerichtes aufgehoben wurde, mit der die Rückgabe des Kindes verweigert worden war. Diese Fragen beantwortete der Gerichtshof in seinem Urteil vom 11. Juli 2008 dahingehend, dass eine solche zwischenzeitliche Entscheidung eines Gerichtes des Verbringungsstaates (vorliegend Litauen), das Gericht des Ursprungsstaates (vorliegend Deutschland) nicht daran hindert, die Vollstreckbarkeit seiner eigenen, die Rückführung des Kindes anordnenden Entscheidung gem. der Verordnung Brüssel II a zu bescheinigen.[429]

b) Nachweis der Dringlichkeit

Zur Begründung, weshalb dem am 22.05.2008 beim Gerichtshof eingegangenen Antrag auf Durchführung eines Eilverfahrens per Beschluss vom 23.05.2008 stattgegeben wurde, verweist die Dritte Kammer des Gerichtshofs auf die Begründung des vorlegenden Gerichts. Dies führt aus, dass nach dem 17. Erwägungsgrund der Verordnung Brüssel II a ein entführtes Kind unverzüglich zurückgegeben werden soll. Außerdem sei nach Art. 11 Abs. 3 der Verordnung Brüssel II a dem Gericht, bei dem die Rückgabe beantragt wird, eine Frist von nur sechs Wochen für den Erlass seiner Entscheidung eingeräumt. Weiter führt das vorlegende Gericht aus, dass sich die Dringlichkeit daraus ergebe, „dass jede Verzögerung sehr nachteilig für die Beziehung zwischen dem Kind und dem Elternteil sei, mit dem es nicht zusammenlebe. Die Verschlechterung dieser Beziehung könne irreparabel sein".[430] Ferner wird angeführt, „dass möglicher Schaden vom Kind abgewendet und für einen gerechten Ausgleich zwischen den Interessen des Kindes und denen seiner Eltern gesorgt werden müsse".[431]

---

429 Urteil des Gerichtshof Rs. C-195/08 PPU (Rinau), Rn. 111.
430 Urteil des Gerichtshof Rs. C-195/08 PPU (Rinau), Rn. 44.
431 Urteil des Gerichtshof Rs. C-195/08 PPU (Rinau), Rn. 45.

c) *Dauer des Eilverfahrens*

Schließlich interessiert insbesondere bei der Durchführung von Eilvorlagen die tatsächliche Dauer des Verfahrens vom Eingang der Vorlagefragen beim Gerichtshof bis zur Urteilsverkündung. Im vorliegenden Fall entschied das litauische Gericht am 30.04.2008, den Gerichtshof um Vorabentscheidung zu ersuchen. Dieses Gesuch ging am 14.05.2008 beim Gerichtshof ein. Das Urteil im Wege des Eilvorlageverfahrens erging am 11.07.2008. Somit sind zwischen Eingang beim Gerichtshof und Urteilsverkündung ca. *2 Monate* vergangen. Die mündliche Verhandlung fand am 26. und 27.06.2008 statt und es waren neben den Erklärungen von Frau und Herrn Rinau, der litauischen und der deutschen Regierung und der Kommission der Europäischen Gemeinschaften auch Erklärungen der französischen, der lettischen, der niederländischen und der Regierung des Vereinten Königreiches zu berücksichtigen.

II. Freiheitsentzug

Die zweite Fallgruppe betrifft sowohl den Bereich der polizeilichen und justiziellen Zusammenarbeit in Strafsachen, als auch den Bereich Visa, Asyl, Einwanderung und andere Politiken betreffend den freien Personenverkehr. In diesen Bereichen hatte sich der Gerichtshof im Rahmen von Eilvorlagen bislang mit der Anwendung und Auslegung des Rahmenbeschlusses über den Europäischen Haftbefehl, der Richtlinie über gemeinsame Normen und Verfahren zur Rückführung illegal aufhältiger Drittstaatenangehöriger, der Verordnung über den Visakodex und der Verordnung über einen Gemeinschaftskodex für das Überschreiten der Grenzen durch Personen zu befassen. In all diesen Fällen ergab sich die Dringlichkeit daraus, dass eine Partei des zugrunde liegenden nationalen Rechtsstreits inhaftiert war und deren weitere Inhaftierung maßgeblich von der Beantwortung der Vorlagefragen durch den Gerichtshof hinsichtlich der Auslegung und Anwendung der vorgenannten Richtlinien bzw. Verordnungen abhing. Die Anwendung des Eilverfahrens in Fällen des Freiheitsentzuges ist ferner auch ausdrücklich in Art. 267 Abs. 4 AEUV niedergelegt.

1. **Beispiel: Rechtssache C-296/08 PPU Santesteban Goicoechea**

Als Beispiel für ein Eilverfahren aus dem Bereich der Polizeilichen und justiziellen Zusammenarbeit in Strafsachen soll die Rechtssache Santesteban Goicoechea dienen, in dem es um die Auslegung der Art. 31 und 32 des Rahmenbeschlusses über den Europäischen Haftbefehl ging.

a) Sachverhaltszusammenfassung und Entscheidung des Gerichtshofes
Diese Vorlage erfolgte im Rahmen eines Verfahrens, in dem der französische Cour d'appel de Montpellier infolge eines Auslieferungsersuchens von spanischen Behörden befasst war.[432]

Bereits am 11.10.2000 stellte die spanische Regierung gegenüber Frankreich einen Antrag auf Auslieferung des Herrn Santesteban Goicoechea wegen Straftaten, die dieser im Februar und März 1992 im spanischen Hoheitsgebiet begangen haben soll. Der Cour d'appel de Versailles lehnte die Auslieferung mit Urteil vom 19.06.2001 ab. Zur Begründung führte der Cour d'appel aus, dass die in Rede stehenden Straftaten nach französischem Recht bereits verjährt seien. Daraufhin erließen die spanischen Behörden am 31.03.2004 einen Europäischen Haftbefehl gegen Herrn Santesteban Goicoechea aufgrund derselben Straftaten. Diesem Haftbefehl wurde jedoch nicht Folge geleistet, da er aufgrund des Begehungszeitpunktes der Straftaten und der nach Art. 32 des Rahmenbeschlusses abgegebenen Erklärung nur als ein Antrag auf vorläufige Festnahme habe angesehen werden können. Art. 32 des Rahmenbeschlusses stellt eine Übergangsbestimmung dar. Die Französische Republik hat demgemäß folgende Erklärung abgegeben: „Frankreich erklärt gemäß Artikel 32 des Rahmenbeschlusses ..., dass es als Vollstreckungsmitgliedstaat Ersuchen in Zusammenhang mit Handlungen, die vor dem 1. November 1993, dem Zeitpunkt des Inkrafttretens des am 7. Februar 1992 in Maastricht unterzeichneten Vertrags über die Europäische Union, begangen wurden, weiterhin nach der vor dem 1. Januar 2004 geltenden Auslieferungsregelung behandeln wird."

Herr Santesteban Goicoechea verbüßte zur Zeit der Antragsstellung in Frankreich eine Gefängnisstrafe. Er sollte am 06.06.2008 aus der Haft entlassen werden. Bereits am 27.05.2008 wurde von spanischer Seite noch immer aufgrund derselben Straftaten die vorläufige Festnahme „im Hinblick auf ein auf das Übereinkommen von 1996 gestütztes Auslieferungsersuchen [beantragt], nachdem die französischen Justizbehörden deutlich gemacht hatten, dass angesichts des Zeitpunkts der Begehung der Straftaten und der gemäß Art. 32 des Rahmenbeschlusses abgegebenen Erklärung von einem Europäischen Haftbefehl kein Gebrauch gemacht werden konnte. Am 28. Mai 2008 wurde Herr Santesteban Goicoechea vom Procureur de la République in Auslieferungshaft genommen"[433]. Die spanischen Behörden beantragten sodann am 02.06.2008

432 Urteil des Gerichtshofes in der Rechtssache C-296/08 PPU (Santesteban Goicoechea), Rn. 2.

433 Vgl. Urteil des Gerichtshofes Rs. C-296/08 PPU (Santesteban Goicoechea), Rn. 24.

die Auslieferung. Dies führte letztendlich dazu, dass sich der Chambre de l'instruction des Cour d'appel de Montpellier mit einem Vorlageverfahren an den Gerichtshof gewandt hat. Dabei ging es insbesondere um die Frage der „Möglichkeit für den Vollstreckungsstaat, auf ein Auslieferungsersuchen ein Übereinkommen anzuwenden, das vor dem 01.01.2004 angenommen wurde, aber erst nach diesem Datum im Vollstreckungsstaat anwendbar ist"[434]. Der Gerichtshof beantwortete die Fragen des französischen Gerichtes wie folgt:

> *„Art. 31 des Rahmenbeschlusses 2002/584/JI des Rates vom 13. Juni 2002 über den Europäischen Haftbefehl und die Übergabeverfahren zwischen den Mitgliedstaaten (ABl. L 190, S. 1) ist dahin auszulegen, dass er nur den Fall betrifft, dass die Regelung über den Europäischen Haftbefehl anwendbar ist; dieser Fall liegt nicht vor, wenn sich ein Auslieferungsersuchen auf Handlungen bezieht, die vor dem Zeitpunkt begangen wurden, den der Mitgliedstaat in einer gemäß Art. 32 des Rahmenbeschlusses abgegebenen Erklärung festgelegt hat.*
> *Art. 32 des Rahmenbeschlusses 2002/584 ist dahin auszulegen, dass er der Anwendung des Übereinkommens über die Auslieferung zwischen den Mitgliedstaaten der Europäischen Union, das am 27. September 1996 vom Rat erstellt und am selben Tag von allen Mitgliedstaaten unterzeichnet wurde, auch dann nicht entgegensteht, wenn dieses Übereinkommen in diesem Mitgliedstaat erst nach dem 1. Januar 2004 anwendbar geworden ist."*[435]

b) Nachweis der Dringlichkeit

Dem Antrag auf Durchführung eines Eilvorlageverfahrens vom 03.07.2008, beim Gerichtshof eingegangen am selben Tag, wurde per Beschluss vom 07.07.2008 stattgegeben. Der Gerichtshof hat hierbei Bezug genommen auf die Begründung des vorlegenden Gerichts, wonach „Herr Santesteban Goicoechea nach Verbüßung einer Haftstrafe allein aufgrund eines Auslieferungshaftbefehls festgehalten werde, der im Rahmen eines Auslieferungsverfahrens eingegangen sei, in dessen Zusammenhang sich die Vorlagefrage gestellt habe"[436].

c) Dauer des Eilverfahrens

Die französische Cour d'appel de Montpellier entschied am 03.07.2008, den Gerichtshof um Vorabentscheidung zu ersuchen. Dieses Gesuch ging noch am selben Tage beim Gerichtshof ein. Das Urteil im Wege des Eilvorlageverfahrens erging am 12.08.2008. Somit ist zwischen Eingang beim Gerichtshof und Urteilsverkündung nur ca. *1 Monat* vergangen. Die mündliche Verhandlung fand

434 Einleitend zum Urteil in der Rs. C-296/08 PPU (Santesteban Goicoechea).
435 Urteil des Gerichtshofes Rs. C-296/08 PPU (Santesteban Goicoechea), Rn. 82.
436 Urteil des Gerichtshofes Rs. C-296/08 PPU (Santesteban Goicoechea), Rn. 33.

am 06.08.2008 statt und es waren Erklärungen von Herrn Santesteban Goicoechea, der französischen und der spanischen Regierung und der Kommission der Europäischen Gemeinschaften zu berücksichtigen. Die Tatsache, dass in diesem Verfahren nur vergleichsweise wenige Stellen Erklärungen abgegeben haben, könnte erklären, weshalb dieses Verfahren im Vergleich zu den anderen nur einen Monat gedauert hat.

2. Beispiel: Rechtssache C-357/09 PPU Kadzoev

Schließlich darf ein Beispiel für ein Eilverfahren aus dem Bereich Visa, Asyl, Einwanderung und andere Politiken betreffend den freien Personenverkehr nicht fehlen. Hierzu wird die Rechtssache C-357/09 PPU Kadzoev nachfolgend näher dargestellt. Bei diesem Eilvorlageverfahren ging es um die Auslegung von Art. 15 Abs. 4 bis 6 der Richtlinie 2008/115/EG des Europäischen Parlaments und des Rates vom 16. Dezember 2008 über gemeinsame Normen und Verfahren in den Mitgliedstaaten zur Rückführung illegal aufhältiger Drittstaatenangehöriger[437].

a) Sachverhaltszusammenfassung und Entscheidung des Gerichtshofes

Dieses Verfahren hatte Fragen zu der Haftdauer und der Berücksichtigung der Dauer, während derer der Vollzug einer Abschiebungsentscheidung aufgeschoben war und zum Begriff der „hinreichenden Aussicht auf Abschiebung"[438] zum Gegenstand. Das Eilvorlageverfahren wurde „im Rahmen eines auf Betreiben des Direktors der (...) Direktion „Migration" des Innenministeriums eingeleiteten Verwaltungsverfahrens, in dem der Administration sad Sofia-grad (Verwaltungsgericht Sofia) vom Amts wegen über die Fortdauer der Haft von Herrn Kadzoev (Huchbarov) im Sonderzentrum der genannten Direktion für die vorübergehende Unterbringung von Ausländern in Busmantsi in der (...) Hauptstadtgemeinde (...) entscheiden soll"[439] eingeleitet.

Am 21.10.2006 wurde von den bulgarischen Ordnungskräften eine Person aufgegriffen, die keine Identitätsdokumente besaß, sich als Said Shamilovich Huchbarov ausgab und angab, in Grosny in der Republik Tschetschenien geboren zu sein. Nach seiner Festnahme wurde die Verwaltungsmaßnahme der Abschiebung verhängt und Herr Huchbarov wurde am 03.11.2006 in einem Zentrum für vorübergehende Unterbringung untergebracht, bis man die Abschiebung hätte durchführen können. Am 14.12.2006 erklärte Herr Huchbarov, dass er tatsächlich Kadzoev hieße. Es folgten Verwaltungsverfahren, in deren Verlauf sowohl

437 ABl. 2008 L 348, S. 98, im Folgenden Richtlinie genannt.
438 Einleitend zum Urteil des Gerichtshofs C-357/09 PPU (Said Shamilovich Kadzoev).
439 Urteil des Gerichtshofs Rs. C-357/09 PPU (Said Shamilovich Kadzoev), Rn. 2.

eine Geburtsurkunde vorgelegt wurde, nach der Herr Kadzoev in Moskau geboren worden sei, als auch ein bis Februar 2001 gültiger vorläufiger Personalausweis, der von der Tschetschenischen Republik Itschkeria ebenfalls auf Herrn Kadzoev, allerdings geboren in Grosny, ausgestellt worden war. Dem folgte ein Schriftwechsel zwischen den russischen und den bulgarischen Behörden bis April 2008, da die russischen Behörden den vorläufigen Personalausweis nicht als Dokument zum Nachweis der russischen Staatsbürgerschaft anerkennen wollten. Während dieser Zeit stellte Herr Kadzoev insgesamt drei Asylanträge, die allesamt abgelehnt worden sind, weshalb er schließlich Anträge auf Ersetzung der Unterbringungsmaßnahme durch eine mildere Maßnahme stellte, die jedoch ebenfalls abgelehnt wurden. Herr Kadzoev wurde schließlich als staatenlos eingestuft und die bulgarischen Behörden bemühten sich erfolglos um seine Aufnahme in einem Drittstaat, sodass Herr Kadzoev weiterhin keine Reisedokumente erhielt. Während all dieser Zeit war Herr Kadzoev im Zentrum für vorübergehende Unterbringung untergebracht, weshalb letztlich ein Verfahren eingeleitet wurde, im Rahmen dessen über die Fortdauer der Haft entschieden werden sollte. Problemtisch war in diesem Zusammenhang, dass mittlerweile die Richtlinie umgesetzt wurde, die eine zeitliche Begrenzung der Unterbringung in dem vorgenannten Zentrum vorsieht und außerdem eine mögliche unverzügliche Freilassung von Herrn Kadzoev zur Folge hätte, da keine hinreichende Aussicht auf Abschiebung bestand. Dies führte dazu, dass der Administrativen sad Sofia-grad dem Gerichtshof vier Fragen bzgl. der Auslegung von Art. 15 der Richtlinie 2008/115 zur Vorabentscheidung vorlegte. Der Gerichtshof führte zur Beantwortung in seinem Urteil vom 30.11.2009 hierzu aus, dass zum einen die in Art. 15 der Richtlinie vorgesehene maximale Haftdauer von 18 Monaten nicht überschritten werden darf. Hierbei ist auch die Haftzeit mit einzubeziehen, „die im Rahmen eines vor Geltung der Regelung dieser Richtlinie eingelegten Abschiebungsverfahrens zurückgelegt wurde", wobei eine Unterbringung in einem Zentrum für vorübergehende Unterbringung nicht als Inhaftierung zu werten ist. Auch die Regelung des Art. 15 Abs. 4 der Richtlinie ist nicht mehr anwendbar, wenn die 18 Monate bereits überschritten wurden, sodass die inhaftierte Person dann unverzüglich freizulassen ist. Hinsichtlich des in Art. 15 Abs. 4 der Richtlinie genannten Begriffs der „hinreichenden Aussicht auf Abschiebung" führt der Gerichtshof aus, dass diese nicht mehr gegeben ist, wenn es „wenig wahrscheinlich erscheint, dass der Betreffende unter Berücksichtigung der genannten Zeiträume in einem Drittstaat aufgenommen wird".[440]

440 Vgl. den Tenor des Urteils des Gerichtshofs Rs. C-357/09 PPU (Said Shamilovich Kadzoev), Rn. 72.

b) Nachweis der Dringlichkeit

Dem Antrag auf Durchführung eines Eilvorlageverfahrens vom 10.08.2009, beim Gerichtshof eingegangen am 07.09.2009, wurde per Beschluss vom 22.09.2009 stattgegeben. Der Gerichtshof hat hierbei Bezug genommen auf die Begründung des vorlegenden Gerichts, das anführt, dass sich in dem zugrunde liegenden Verfahren das Problem ergebe, ob Herr Kadzoev im Zentrum für die vorübergehende Unterbringung inhaftiert bleiben oder entlassen werden müsse. Da Herr Kadzoev zum Zeitpunkt der Vorlage also ggf. ungerechtfertigt inhaftiert war, hätte das Verfahren auch nicht über lange Dauer anhängig bleiben dürfen.[441]

c) Dauer des Eilverfahrens

Der bulgarische Administrative sad Sofia-grad entschied am 10.08.2009, den Gerichtshof um Vorabentscheidung zu ersuchen. Dieses Gesuch ging am 07.09.2009 beim Gerichtshof ein. Das Urteil im Wege des Eilvorlageverfahrens erging am 30.11.2009. Somit sind zwischen Eingang beim Gerichtshof und Urteilsverkündung ca. *3 Monate* vergangen. Die mündliche Verhandlung fand am 27.10.2009 statt und es waren insgesamt Erklärungen von Herrn Kadzoev, der bulgarischen und der litauischen Regierung und der Kommission der Europäischen Gemeinschaften zu berücksichtigen.

D. Dauer und Verfahrensablauf allgemein

Nachdem nun anhand einiger Bespiele genauer dargestellt worden ist, in welchen Fällen ein Eilverfahren überhaupt zur Anwendung kam, also in welchen Fällen die besondere Voraussetzung der Dringlichkeit vom Gerichtshof als gegeben angesehen worden ist, stellt sich ferner die Frage, ob das Eilverfahren auch hinsichtlich der Verfahrensdauer seinem Namen gerecht wird und tatsächlich die gewünschte Beschleunigung in allen Fällen erreicht wurde und wie sich bei den einzelnen Verfahren der Ablauf genau dargestellt hat.

I. Dauer

Hinsichtlich der Verfahrensdauer der bislang entschiedenen Eilverfahren kann festgehalten werden, dass keines der Verfahren länger als drei Monate dauerte.[442] Im Durchschnitt dauerten die Verfahren zwischen 2,1 (in den Jahren 2008 und

441 Urteil des Gerichtshofs Rs. C-357/09 PPU (Said Shamilovich Kadzoev), Rn. 32.

442 Hinsichtlich der genauen Dauer in Tagen und der Dauer der einzelnen Verfahrensabschnitte wird auf den Bericht des Gerichtshofes vom 31.01.2012 und die dort aufgeführten Tabellen 1 und 3 (S. 8, 9 und 11) verwiesen.

2010) und 2,5 Monaten (in den Jahren 2009 und 2011). Im Jahr 2012 war sogar eine durchschnittliche Verfahrensdauer von nur 1,9 Monaten zu verzeichnen.[443] Dies entspricht voll und ganz den ursprünglichen Vorgaben bzw. der Erklärung des Rates, dass die Eilvorlagen binnen drei Monaten abgeschlossen werden müssen.[444] Insofern kann die Anwendung des neuen Verfahrens also als umfassender Erfolg gewertet werden. Die Tatsache, dass die Vorgabe von drei Monaten maximaler Verfahrensdauer ausnahmslos eingehalten werden konnte zeigt außerdem, dass die Ausgestaltung des Verfahrens auch geeignet ist, die gewünschte Beschleunigung tatsächlich zu erreichen.

II. Verfahrensablauf

Bei den bislang durchgeführten Eilverfahren wurde stets ein schriftliches sowie ein mündliches Verfahren durchgeführt und eine Stellungnahme des Generalanwaltes abgegeben. Demnach lag bislang noch kein Fall äußerster Dringlichkeit vor, bei dem gem. Art. 111 VerfO Gerichtshof (früher Art. 104 b § 4 VerfO Gerichtshof) die für das Eilverfahren bestimmte Kammer von der Durchführung eines schriftlichen Verfahrens absehen kann. Hinsichtlich des mündlichen Verfahrens fällt auf, dass sich gegenüber „herkömmlichen" Vorlageverfahren verhältnismäßig viele Mitgliedstaaten abgesehen von dem Mitgliedstaat des vorlegenden Gerichts beteiligt haben, nämlich durchschnittlich drei weitere Mitgliedstaaten.[445] Insgesamt lässt sich laut Bericht des Gerichtshofes ein Eilverfahren in vier verschiedene Verfahrensschritte unterteilen: der Zeitraum zwischen Antragseingang und Entscheidung hierüber, der Zeitraum des schriftlichen Verfahrens, der Zeitraum zwischen der Zustellung der Schriftsätze und der mündlichen Verhandlung und schließlich der Zeitraum zwischen der mündlichen Verhandlung und der Stellungnahme des Generalanwaltes.[446] Hierbei nahmen das schriftliche Verfahren und der Zeitraum zwischen Zustellung der Schriftsätze und der mündlichen Verhandlung die meiste Zeit in Anspruch, während die Stellungnahme des Generalanwaltes stets binnen weniger Tage, zum Teil sogar am selben Tag der mündlichen Verhandlung[447] erfolgte.[448]

443 Vgl. hierzu die Angaben im Jahresbericht 2012 zur Rechtsprechungsstatistik des Gerichtshofes, S. 93 (110).

444 ABl. 2008 L 24, S. 44.

445 Bericht des Gerichtshofes, S. 5 und Tabelle 4, S. 12.

446 Bericht des Gerichtshofes, Tabelle 3, S. 11.

447 So z.B. in der Rs. C-296/08 PPU (Santesteban Goicoechea) oder der Rs. C-388/08 PPU (Leymann und Pustovarov).

448 Vgl. insgesamt Bericht des Gerichtshofes, Tabelle 3, S. 11.

Die Dauer des schriftlichen Verfahrens betrug zumindest in den Fällen, die im Bericht des Gerichtshofes vom 31.01.2012 Berücksichtigung finden, 15 Tage und länger,[449] womit auch diesbezüglich den Vorgaben des Rates, dem schriftlichen Verfahren mindestens einen Zeitraum von 10 Tagen einzuräumen,[450] Rechnung getragen worden ist.

E. Zuständige Kammern

Seit Inkrafttreten des Eilvorlageverfahrens wurde jährlich jeweils einer bereits bestehenden Kammer mit fünf Richtern die Zuständigkeit für Eilvorlagen übertragen (Art. 11 Abs. 2 VerfO Gerichtshof). Im Einzelnen waren folgende Kammern mit der Durchführung der Eilvorlagen betraut: vom Inkrafttreten bis zum 06.10.2008 die 3. Kammer, vom 06.10.2008 bis 06.10.2009 die 2. Kammer, vom 06.10.2009 bis 06.10.2010 die neue 3., vormals 4. Kammer, vom 06.10.2010 bis 06.10.2011 die 1. Kammer, vom 06.10.2011 bis 06.10.2012 die 2. Kammer, die ebenfalls für den Zeitraum vom 06.10.2012 bis 06.10.2013 für die Eilverfahren zuständig ist.[451] Hierbei fällt auf, dass zwar insgesamt die zweite Kammer am häufigsten mit der Durchführung der Eilverfahren betraut wurde, allerdings auch alle anderen Kammern schon einmal hierzu bestimmt wurden, wodurch sichergestellt wurde, dass die Mehrheit der Richter des Gerichtshofes schon einmal die Möglichkeit hatten, an dem neu eingeführten Eilverfahren mitzuwirken.[452] Die zuständigen Kammern entschieden auch immer in voller Besetzung und haben somit von der Möglichkeit des Art. 113 Abs. 3 VerfO Gerichtshof, nur mit drei Richtern zu entscheiden, keinen Gebrauch gemacht. Wohl aber hat die zuständige Kammer in einem Fall von der Möglichkeit des Art. 113 Abs. 2 VerfO Gerichtshof Gebrauch gemacht und beim Gerichtshof angeregt, die Rechtssache einem größeren Spruchkörper zuzuweisen.[453]

F. Bewertung und Ausblick

Zusammenfassend kann zu den bislang durchgeführten Eilverfahren gesagt werden, dass die vorgegebene Höchstdauer von ca. 3 Monaten nicht überschritten worden ist. Tatsächlich haben die Verfahren in den meisten Fällen sogar nur 2

449 Bericht des Gerichtshofes, S. 4 und Tabelle 3, S. 11.
450 ABl. 2008 L 24, S. 44.
451 Vgl. ABl. 2008 C 116/2; ABl. 2008 C 301/4; ABl. 2009 C 267/5; ABl. 2010 C 317/4; ABl. C 370/4; ABl. C 366/6.
452 Vgl. Bericht des Gerichtshofes, S. 5.
453 Gerichtshof, Rs. C-357/09 PPU (Kadzoev).

Monate in Anspruch genommen. Insofern kann das Eilvorlageverfahren also als Erfolg gewertet werden. Es fällt auf, dass im Schnitt zwar mehr Mitgliedstaaten die Möglichkeit nutzen, sich in der mündlichen Verhandlung zu beteiligen als bei „herkömmlichen" Vorabentscheidungsverfahren, allerdings im Verhältnis zur Gesamtzahl der Mitgliedstaaten gesehen, dennoch relativ wenige. Dies ist allerdings m.E. nicht negativ zu bewerten, da es nicht im Widerspruch zum kohärenzsichernden Zweck des Vorabentscheidungsverfahrens steht. Schließlich werden ausnahmslos alle Mitgliedstaaten im Rahmen des Vorlageverfahrens über die Fragen informiert und es wird ihnen die Möglichkeit eingeräumt, sich in der mündlichen Verhandlung zu äußern.

Des Weiteren fällt auf, dass bislang alle wesentlichen Bereiche den Raum der Freiheit, der Sicherheit und des Rechts betreffend Gegenstand eines Eilvorlageverfahrens waren, sodass auch hier festgestellt werden kann, dass es richtig war, eben für diesen Bereich ein besonderes Verfahren einzurichten. Denn in allen Bereichen des Raumes der Freiheit, der Sicherheit und des Rechts ergeben sich Situationen, die eine Vorlage erforderlich machen und gleichermaßen dringlich sind und einer schnellen Entscheidung bedürfen.

Die Dringlichkeit ergibt sich immer bei Freiheitsentzug, also in Fällen des Europäischen Haftbefehls und bei Übergabeverfahren zwischen den Mitgliedstaaten, aber auch in Verfahren, die sich mit dem Bereich Visa, Asyl und Einwanderung und andere Politiken betreffend den freien Personenverkehr befassen. Dass hier eine möglichst schnelle Entscheidung nicht nur erforderlich, sondern auch gewünscht ist, ergibt sich nicht zuletzt aus dem AEUV selbst, da in Art. 267 Abs. 4 ausdrücklich geregelt wurde, dass der Gerichtshof in Fällen einer Inhaftierung möglichst schnell entscheiden soll.

Die meisten Eilverfahren wurden bislang bei Fragen zur Verordnung Brüssel II a durchgeführt. Hierbei ging es immer um die Problematik, dass ein Kind von einem Elternteil ohne Einverständnis des jeweils anderen Elternteils in einen anderen Mitgliedstaat verbracht wurde. Die Dringlichkeit wurde in diesen Fällen damit begründet, dass verhindert werden müsse, dass die Beziehung zu dem nicht mit dem Kind zusammenlebenden Elternteil weiter bzw. nachhaltig geschädigt würde. Nun könnte man argumentieren, dass bei einer bereits mehrjährigen Trennung keine wesentliche Verschlechterung der Beziehung durch ein längeres Verfahren zu befürchten und deshalb keine Dringlichkeit i.S.d. Art. 107 Abs. 2 VerfO Gerichtshof gegeben sei.[454] Es ist jedoch zu bedenken, dass sich die Kinder in den hier in Rede stehenden Eilverfahren allesamt noch in einer

454 Vgl. hiezu auch die Ausführungen bei Richter, ZfRV 2010, 148 (153) m.w.N..

wesentlichen kindlichen Entwicklungsphase befanden, in der der Kontakt zu den Eltern noch prägend ist. Wenn nun die Trennung aufgrund einer im normalen Verfahren durchgeführten Vorlage noch zusätzliche zwei Jahre andauert, bis eine endgültige Entscheidung zum Sorgerecht im Ausgangsverfahren getroffen wurde, kann dies m.E. durchaus zu einer wesentlichen Verschlechterung der Eltern-Kind-Beziehung führen. Ferner wurde als Argument für die Dringlichkeit immer angeführt, dass möglicher Schaden vom Kind abgewendet werden muss. Man könnte sogar so weit gehen, dass bei Fragen, die die Rückgabe von widerrechtlich entführten Kindern oder Zurückhalten von Kindern betreffen, stets Dringlichkeit gegeben und ein Eilverfahren durchzuführen ist.[455]

Insgesamt kann festgehalten werden, dass der Gerichtshof bei seiner Entscheidung, ein Eilverfahren durchzuführen, stets den Einzelfall betrachtet hat und insbesondere in Fällen, in denen das Kindeswohl zu beachten war oder eine Inhaftierung vorlag, diesem Verfahren oberste Priorität eingeräumt hat.

Da also stets für jeden Einzelfall die Dringlichkeit neu begründet wurde, kann man der Rechtsprechung bislang auch noch keine präzise Definition für den Begriff der Dringlichkeit entnehmen. Es ergibt sich allerdings aus den oben dargestellten Fällen eine klare Tendenz, unter welchen Voraussetzungen der Gerichtshof die Dringlichkeit bejaht, sodass es den nationalen Gerichten keine allzu großen Schwierigkeiten mehr bereiten dürfte, unter Verweis auf die bisherige Rechtsprechung, die Durchführung eines Eilverfahrens und die hierfür erforderliche Dringlichkeit zu begründen. Außerdem hat der Gerichtshof auch wiederholt Hinweise und Empfehlungen zur Vorlage von Vorabentscheidungsersuchen[456] veröffentlicht, in denen gerade die hier dargestellten Fallgruppen zur Dringlichkeit explizit erwähnt werden.[457]

G. Fazit hinsichtlich des 1. Teils

Auch wenn die Vorlage beim Gerichtshof nach wie vor das ursprüngliche Verfahren in die Länge zieht, so ist diese Verfahrensart dennoch für die Gewährleistung effektiven Rechtsschutzes auf europäischer Ebene nicht wegzudenken. Gerade unter dem Aspekt, dass das „Europarecht" zunehmend immer mehr Einfluss auf das nationale Recht hat, muss eine einheitliche Auslegung des Europarechts garantiert werden, was nur durch das Vorabentscheidungsverfahren umfassend geschehen kann. Allerdings ist und bleibt die Verfahrensdauer bei

455 Rieck, NJW 2008, 2958 (2960).
456 Zuletzt in ABl. 2012 C 338, S. 1 ff.
457 ABl. 2012 C 338, S. 1 (5), Nr. 40.

Vorabentscheidungen, die nicht zuletzt aus einer Überlastung des Gerichtshofes herrührt, ein Problem hinsichtlich der Garantie auf effektiven Rechtsschutz. Obwohl das Vorabentscheidungsverfahren lediglich ein Zwischenverfahren eines nationalen Rechtsstreits darstellt, ist es doch ein wesentlicher Garant für das Funktionieren und die Akzeptanz eines einheitlichen Rechtsschutzes in Europa. Um das Problem der überlangen Verfahrensdauer zu lösen, sind unterschiedliche Lösungsansätze insbesondere im Vorfeld des Vertrages von Nizza und nicht zuletzt während der Phase der geplanten Schaffung einer Europäischen Verfassung diskutiert worden. Es ergab sich eine Tendenz hin zu der Übertragung von Zuständigkeiten auf das Gericht (Art. 225 Abs. 3 EGV a.F.) oder auf neu zu schaffenden Kammern. Durch den Vertrag von Lissabon wurde jedoch die vormalige Säulenstruktur aufgelöst, was zu neuen Problemen führen kann, die im Wege des Vorabentscheidungsverfahrens geklärt werden müssen. Eine solche Klärung sollte darum zunächst dem Gerichtshof als höchste Instanz auf europäischer Ebene vorbehalten bleiben.[458] Es wurde deshalb kritisiert, dass die durch den Vertrag von Nizza vorgesehenen Reformen nicht den gewünschten Entlastungseffekt mit sich bringen.[459] Der Vertrag von Nizza wurde insgesamt kritisiert, da er das Ziel, eine institutionelle Reform zu bringen und die EU für die bevorstehende Erweiterung vorzubereiten sowie die EU insgesamt bürgerfreundlicher zu gestalten, nicht erreicht habe, was u.a. auch für die Regelungen bzgl. der Europäischen Gerichtsbarkeit gelte.[460] Die Möglichkeit der Übertragung der Zuständigkeit führt nämlich nur zu einer Verlagerung des Problems, jedoch nicht zu einer Beschleunigung des Vorabentscheidungsverfahrens.

Betrachtet man alle anderen diskutierten Lösungsansätze hinsichtlich einer Beschleunigung bzw. Entlastung, scheint die einzig denkbare und realisierbare Reform die Einführung eines sog. „green light"-Verfahrens, wobei sicherlich noch über die genaue Ausgestaltung eines solchen Verfahrens diskutiert werden müsste.[461]

Es kann festgehalten werden, dass die Verfahrensdauer bei Vorabentscheidungsverfahren vorerst ein Problem hinsichtlich der Garantie auf effektiven

---

458 Skouris, EuGRZ 2008, 343 (349).

459 Schwarze, DVBl. 2002, 1297 (1310); Rengeling/Middeke/Gellermann, § 10, Rn. 105.

460 Z.B. Sack, EuZW 2001, 77; im Ergebnis a.A. jedoch Everling, FS für Steinberger, 1103 (1119, 1120 und 1127), der die Teile des Vertrages von Nizza, die sich auf die Gerichtsbarkeit beziehen, insgesamt positiv bewertet.

461 Vgl. zu den konkreten regelungsbedürftigen Eckpunkten z.B. Skouris, EuGRZ 2008, 343 (348).

Rechtsschutz bleiben wird. Nach den im zweiten Teil vorgestellten Reformmodellen scheint das Vorabentscheidungsverfahren in seiner jetzigen Ausgestaltung, abgesehen von einer möglichen Einführung eines „green light"-Verfahrens, jedoch schwerlich veränderbar, ohne seinen Zweck zu konterkarieren. Ziel und Zweck des Vorabentscheidungsverfahrens, die Einheitlichkeit und Kohärenz des EU-Rechts zu gewährleisten, kostet in diesem Falle zwar Zeit, diese Ziele sind nicht zuletzt jedoch neben dem Bestreben, zeitnahen Rechtsschutz zu gewähren, ein wesentlicher Teil der Garantie auf effektiven Rechtsschutz. Denn es kann nur dann von einer Effektivität des Rechtsschutzes die Rede sein, wenn der gewährte Rechtsschutz in allen Mitgliedstaaten gleich ausfällt, was durch das Vorabentscheidungsverfahren sichergestellt wird. So muss im Falle des Vorabentscheidungsverfahrens die Garantie auf Einheitlichkeit und Kohärenz des Unionsrechts über das Recht auf zeitnahen Rechtsschutz gestellt werden. Dies soll nicht heißen, dass das Problem der Verfahrensdauer im Falle des Vorabentscheidungsverfahrens gänzlich hinter dem Zweck des Verfahrens zurücktreten kann, sollte oder darf. Es muss nach wie vor auf eine möglichst zügige Bearbeitung hingearbeitet werden, weshalb man sich auch nicht vor weiteren Reformmöglichkeiten verschließen sollte und darf.

Eine wesentliche Neuerung, um das Problem der Verfahrensdauer zumindest zu minimieren, fand im Bereich des Raumes der Freiheit, der Sicherheit und des Rechts statt, in dem für diesen Bereich zum 01.03.2008 das neue Eilvorlageverfahren in Art. 107 ff VerfO Gerichtshof eingeführt worden ist.

Hierbei war abzuwarten, ob dieses Verfahren tatsächlich zu der gewünschten Beschleunigung führt. Der im dritten Teil dieses Kapitels dargestellte Überblick über die bisherige Praxis der Eilvorlageverfahren zeigt eindeutig, dass die gewünschte Beschleunigung erfolgt ist. Darin zeigt sich, dass das Konzept, für die Eilvorlagen eine spezielle Kammer einzurichten, aufgegangen ist. Allerdings wurden in den ersten Jahren seit Einführung des Eilverfahrens nur verhältnismäßig wenige Verfahren im Wege der Eilentscheidung durchgeführt. Bei den durchgeführten Verfahren wurde deutlich, dass der Gerichtshof nicht blindlings jedem Antrag auf Durchführung eines Eilverfahrens stattgibt, sondern sehr genau prüft, ob die Verfahrensvoraussetzung der Dringlichkeit tatsächlich gegeben ist.

Die angenommenen Eilvorlagen betrafen alle Bereiche des Raumes der Freiheit, der Sicherheit und des Rechts.

In diesem Zusammenhang kann es als Fortschritt betrachtet werden, dass die Verfahrensdauer auf 1 bis 3 Monate eingeschmolzen worden ist. Wenn auch bislang im Vergleich zur Gesamtzahl der Vorlagen relativ wenige Eilvorlageverfahren durchgeführt worden sind, so kann jedoch als Erfolg verbucht werden, dass in diesen wenigen Fällen sehr schnell entschieden worden ist. Es bleibt abzuwarten, ob die Zahl der für ein Eilvorlageverfahren geeigneten Fälle im Laufe der kommenden Jahre noch ansteigt. Hiermit ist zu rechnen, da momentan nach Art. 10 des Übergangsprotokolls[462] noch die alten Restriktionen gem. Art. 35 EUV a.F. bestehen, wonach nicht alle Gerichte vorlageberechtigt sind. Dies wird sich nach Ablauf der Übergangsfrist ändern, sodass auch unterinstanzliche Gerichte vorlageberechtigt sein werden. In meinen Augen ist der Schritt hin zur Einführung des Eilvorlageverfahrens richtig und wichtig gewesen, da der sensible Bereich des Raumes der Freiheit, der Sicherheit und des Rechts aus den dargestellten Gründen einer besonders schnellen Behandlung bedarf. Allerdings muss auch festgestellt werden, dass die Einführung des Eilvorlageverfahrens insgesamt bislang sicherlich noch nicht zu einer breitgefächerten Beschleunigung bzw. Entlastung des Gerichtshofes beigetragen hat, da das Eilvorlageverfahren noch vergleichsweise selten zur Anwendung kommt.

462 ABl. EU 2007, C 306, S. 159 (163).

Teil 2: Individualrechtsschutz bzw. die Klagebefugnis des Einzelnen nach dem Vertrag von Lissabon

Nachdem im ersten Teil dieser Arbeit die Möglichkeiten des *indirekten* Rechtsschutzes im Wege des Vorabentscheidungsverfahrens dargestellt worden sind, soll sich der zweite Teil nunmehr mit der Gewährung *direkten* Rechtsschutzes befassen, wobei der Fokus auf den direkten Individualrechtsschutz im Rahmen der Nichtigkeitsklage gem. Art. 263 Abs. 4 AEUV gelegt werden soll. Unter dem Gesichtspunkt einer effektiven Rechtsschutzgewährung ist das Zusammenspiel von direktem und indirektem Rechtsschutz für den Einzelnen von herausragender Bedeutung. Hierdurch wird ein möglichst umfassender Rechtsschutz für den Einzelnen auf europäischer Ebene überhaupt erst möglich. Ob die aktuellen Regelungen zum direkten und indirekten Individualrechtsschutz allerdings tatsächlich ausreichend sind, um dem einzelnen EU-Bürger allumfassenden effektiven Rechtsschutz zu gewährleisten, oder ob auch nach der neuesten Reform durch den Vertrag von Lissabon noch immer Rechtsschutzlücken bestehen, soll in diesem Teil herausgearbeitet werden. Dem dritten und letzten Teil dieser Arbeit ist die zusammenfassende Untersuchung vorbehalten, ob die Klageverfahren auf EU-Ebene trotz etwaiger Rechtsschutzlücken ausreichend sind, oder ob diese durch Einführung weiterer Verfahren ergänzt werden müssen.

Dieser zweite Teil dient dazu, zunächst einmal den direkten Individualrechtsschutz im Wege der Nichtigkeitsklage zu erläutern und etwaige Defizite bzw. Rechtsschutzlücken anhand der bisherigen Rechtsprechung und Literatur herauszuarbeiten, um im Rahmen dessen zu untersuchen, wie sich aus Sicht des Rechtsschutzsuchenden das Verhältnis des direkten und indirekten Rechtsschutzes darstellt.

Die Nichtigkeitsklage war bislang in Art. 230 EGV geregelt und hat in ihrer bisherigen Ausgestaltung in Literatur und Rechtsprechung immer wieder Anlass zur Diskussion gegeben. Mit Inkrafttreten des Vertrages von Lissabon hat die Nichtigkeitsklage eine Reformation erfahren und ist nunmehr in Art. 263 AEUV geregelt. Um die Entwicklung hin zu dieser „neuen" Nichtigkeitsklage besser nachvollziehen zu können, wird in einem ersten Kapitel der Weg im Verfassungskonvent hin zur neuen Fassung der Nichtigkeitsklage näher dargestellt, um sodann in einem zweiten Kapitel die Individualnichtigkeitsklage gem. Art. 263 Abs. 4 AEUV detailliert darzustellen. Hierbei wird ein besonderes Augenmerk auf die bislang wohl umstrittenste Voraussetzung des individuellen Betroffenseins und die diesbezüglich wohl wichtigsten Entscheidungen des Gerichtshofs und des Gerichts der letzten Dekade, nämlich die Urteile in den Rechtssachen *Unión de Pequeños Agricultores (UPA)*[463] sowie *Jégo-Quéré*[464], gelegt, um heraus zu arbeiten, ob und wo sich Rechtsschutzlücken für den Individualrechtsschutz bei der Nichtigkeitsklage eröffnen. Da das Hauptaugenmerk dieser Arbeit auf den Problemkreis der Gewährleistung effektiven Rechtsschutzes auf europäischer Ebene gerichtet ist, soll in diesem Zusammenhang herausgearbeitet werden, welche Bedeutung nicht nur die Nichtigkeitsklage an sich im Hinblick auf die Gewährung effektiven Rechtsschutzes hat, sondern insbesondere wie sich das Zusammenspiel und Verhältnis von Nichtigkeitsklage und Vorabentscheidungsverfahren hierauf auswirkt.

Ferner erfolgt eine ausführliche Darstellung der in Art. 263 Abs. 4 AEUV neu eingeführten Voraussetzung des „Rechtsaktes mit Verordnungscharakter", um abschließend eine Einschätzung darüber geben zu können, ob die bisherigen Streitpunkte, insbesondere im Hinblick auf das unmittelbare und individuelle Betroffensein, nunmehr obsolet sind und ob die Neuformulierung in Art. 263 Abs. 4 AEUV einen weiteren wesentlichen Schritt hin zu einem umfassenden effektiven Rechtsschutz auf europäischer Ebene darstellt.

Kapitel 1: Der Weg hin zur „neuen" Nichtigkeitsklage – Die Umgestaltung durch den Verfassungskonvent

Am 1. Dezember 2009 ist nach einer langen „Entwicklungsphase" und nachdem der ursprüngliche Plan, eine Verfassung für Europa zu schaffen, gescheitert war, endlich der bereits am 13. Dezember 2007 unterzeichnete Reformvertrag von Lissabon[465] in Kraft getreten.[466] Nach dem Vertrag von Lissabon wurden die bereits bestehenden Verträge geändert und nicht, wie noch beim Verfassungsvertrag vorgesehen, vollständig ersetzt. Der EUV wurde entsprechend des Art. 1 des Vertrages von Lissabon geändert und der EGV entsprechend Art. 2 geändert und umbenannt in „Vertrag über die Arbeitsweise der Union"(AEUV). Die wohl wesentlichste Änderung, die bereits im Verfassungsvertrag vorgesehen war und letztlich auch im Vertrag von Lissabon übernommen wurde, betrifft die

463 EuGH Rs. C-50/00 P, Slg. 2002, I-6677 ff (Unión de Pequeños Agricultores (UPA)/Rat).

464 EuG Rs. T-177/01, Slg. 2002, II-2365 ff (Jégo-Quéré/Kommission).

465 ABL. 2009 C 306, S. 1 ff.

466 Vgl. hierzu bereits die Ausführungen oben unter Fn. 12.

Auflösung der sog. Säulenstruktur. Nunmehr ist die Europäische Gemeinschaft in einer einheitlichen Europäischen Union mit Rechtspersönlichkeit aufgegangen.[467] Dies hat zur Folge, dass nunmehr grundsätzlich das gesamte Unionsrecht der Jurisdiktion des Gerichtshofes der Europäischen Union unterfällt.[468]

Bevor die Nichtigkeitsklage in ihrer jetzt gültigen Form des Art. 263 AEUV und somit auch der zugrunde liegende Vertrag von Lissabon in Kraft treten konnte, war es ein langer Weg. Um die Vorschrift des Art. 263 AEUV jedoch genau untersuchen und verstehen zu können, ist es hilfreich, einen Blick auf die Entwicklungsgeschichte hin zum Vertrag von Lissabon und im Speziellen auf die Entwicklung des Art. 263 AEUV zu werfen. Deshalb wird im Folgenden zunächst ein Überblick über den Weg vom Verfassungsvertrag und der letztlich daraus resultierenden Vorschrift des Art. III-365 Abs. 4 VerfV und deren Besonderheiten hin zum Vertrag von Lissabon und Art. 263 AEUV gegeben.

A. Der Europäische Verfassungskonvent: Der Weg über den Verfassungsvertrag bis hin zum Vertrag von Lissabon

Der erste Schritt auf dem Weg zum Verfassungsvertrag und schließlich zum mittlerweile gültigen Vertrag von Lissabon wurde im sog. „Post-Nizza-Prozess“[469] mit der Erklärung des Europäischen Rates von Laeken vom 14. und 15. Dezember 2001[470] gemacht. In der Erklärung von Laeken zur Zukunft der Europäischen Union wurde offiziell der „Konvent zur Zukunft Europas“[471] einberufen, um die bis zu diesem Zeitpunkt bestehenden vier Verträge „im Interesse einer größeren Transparenz“[472] zu vereinfachen und den Weg hin zu einer Europäischen Verfassung zu ebnen.[473] Ergebnis dieses Konvents war der „Entwurf eines Vertrages über eine Verfassung für Europa“[474]. In diesem Entwurf war die vorliegend

467 Zum Ganzen vgl. Hellmann, S. 1 ff.

468 Fredriksen, ZEuS 2005, 99 (107).

469 Hellmann, S. 3.

470 Abrufbar unter http://www.consilium.europa.eu/uedocs/cms_data/docs/pressdata/de/ec/68829.pdf oder unter http://european-convention.eu.int/pdf/lknde.pdf.

471 http://www.consilium.europa.eu/uedocs/cms_data/docs/pressdata/de/ec/68829.pdf, S. 24.

472 http://www.consilium.europa.eu/uedocs/cms_data/docs/pressdata/de/ec/68829.pdf, S. 23.

473 Vgl. hierzu auch die Ausführungen bei Hellmann, S. 3 ff m.w.N., Petzold, S. 67ff., Scharf, S. 7 f.

474 ABl. 2003 C 169/1 ff.

interessierende Vorschrift über die Nichtigkeitsklage noch in Art. III-270[475] geregelt. Dieser Konventsentwurf wurde dann im Rahmen einer Regierungskonferenz im Jahre 2003 diskutiert, führte jedoch zu keiner Einigung, sodass der Europäische Rat von Brüssel vom 12. und 13. Dezember 2003 die Verhandlungen als gescheitert deklarierten.[476] Im Mai 2004 wurden die Diskussionen über den Verfassungsvertrag nach vorangegangenen Konsultationen fortgeführt und mündeten schließlich in der von den Staats- und Regierungschefs am 29. Oktober 2004 in Rom unterzeichneten Fassung des „Vertrages über eine Verfassung für Europa"[477]. In diesem Verfassungsvertrag fand sich die Vorschrift über die Nichtigkeitsklage sodann unter Art. III-365 VerfV[478] wieder. Doch auch dieser Verfassungsvertrag scheiterte letztlich, da z.B. in Frankreich und den Niederlanden der Verfassungsvertrag im Rahmen von durchgeführten Referenden abgelehnt wurde.[479] Daraufhin beschlossen die Staats- und Regierungschefs beim Europäischen Rat von Brüssel vom 16. und 17. Juni 2005[480], in eine Zeit der Reflexion einzutreten, in der auf nationaler Ebene diskutiert werden sollte, wie die Zukunft Europas aussehen solle. Diese Zeit der Reflexion mündete schließlich in der sog. „Berliner Erklärung"[481] vom 24. März 2007, in der man übereinkam, dass bis zu den nächsten Parlamentswahlen im Jahre 2009 eine gemeinsame Grundlage gefunden werden müsse.[482] In der Folge wurde unter deutscher Ratspräsidentschaft nach vielen Gesprächen mit den verschiedenen Mitgliedstaaten ein Bericht zur Fortführung der Vertragsreform erstellt.[483] In diesem Bericht wurden die Ergebnisse der Konsultationen mit den Mitgliedstaaten zusammengefasst und als weiteres Vorgehen vorgeschlagen, „zu der klassischen Methode der Vertragsänderung zurückzukehren"[484] und sich von der Terminologie und

475 ABl. 2003 C 169/79.

476 Dokument Nr. 5381/04, S. 1, abrufbar unter http://register.consilium.europa.eu/pdf/de/04/st05/st05381.de04.pdf.

477 ABl. 2004 C 310/1 ff.

478 ABl. 2004 C 310/159 f.

479 Hellmann, S. 6; Scharf S. 8.

480 Abrufbar unter http://europa.eu/rapid/pressReleasesAction.do?reference=DOC/05/3&format=HTML&aged=1&language=DE&guiLanguage=en.

481 Original Wortlaut abgedruckt bei: Oppermann, FS für Rengeling, 609 (613 und 614).

482 Vgl. zur inhaltlichen und politischen Bedeutung dieser Erklärung ebenfalls die Ausführungen bei Oppermann, FS für Rengeling, 609 ff.

483 Dokument Nr. 10659/07 vom 14.06.2007, abrufbar unter: http://register.consilium.europa.eu/pdf/de/07/st10/st10659.de07.pdf.

484 Dokument Nr. 10659/07 vom 14.06.2007, S. 5.

Symbolik einer Verfassung zu verabschieden. Stattdessen sollte ein Reformvertrag verabschiedet werden, der die bestehenden Verträge lediglich ändert, aber nicht aufhebt.[485] Dies wurde sodann im Europäischen Rat von Brüssel vom 21. und 22. Juni 2007 aufgegriffen und im Rahmen dessen der weitere Prozess der Vertragsreform dahingehend festgelegt, dass eine Regierungskonferenz einberufen werden sollte und die nötigen Schritte nach Art. 48 EUV eingeleitet werden sollten.[486] Ebenfalls wurde hierbei das genaue Mandat für die Regierungskonferenz erteilt, in dem vorgesehen war, dass die Neuerungen, die bereits in der vorangegangenen Regierungskonferenz, die den „Vertrag über eine Verfassung für Europa" ausgearbeitet hatte, übernommen bzw. in den Reformvertrag eingearbeitet werden sollten.[487] Im Übrigen sollte aber auf den Gebrauch des Wortes Verfassung und alle Staatssymbole wie einer Flagge, einer Hymne und selbst die Bezeichnung „Außenminister der Union" verzichtet werden.[488] Am Ende dieser Regierungskonferenz stand dann der sog. „Reformvertrag", der am 18. und 19. Oktober 2007 in Lissabon von den Staats- und Regierungschefs nach erneuter Diskussion und einigen geringfügigen Änderungen verabschiedet wurde.[489] Der nun als „Vertrag von Lissabon"[490] firmierende Reformvertrag wurde schließlich am 13. Dezember 2007 von den Staats- und Regierungschefs der Mitgliedstaaten in Lissabon unterzeichnet.[491] Bis zum endgültigen Inkrafttreten des Vertrages von Lissabon gingen jedoch noch weitere zwei Jahre im Rahmen des Ratifikationsprozesses ins Land, was zum einen daran lag, dass in einem in Irland durchgeführten Referendum im Jahre 2008 der Reformvertrag zunächst abgelehnt wurde und erst nach einigen „Nachbesserungen" in einem erneuten Referendum angenommen wurde. Zum anderen verweigerten sich auch Polen und vor allem die Tschechische Republik einer Ratifizierung, bis im Wege einer Protokolländerung nicht nur das Vereinigte Königreich und Polen, sondern auch die

485 Dokument Nr. 10659/07 vom 14.06.2007, S. 5; Hellmann, S. 9 f; diesen Prozess vom ursprünglichen, gescheiterten Verfassungsvertrag hin zu einem Reformvertrag bezeichnet Rabe metaphorisch aber äußerst treffend als „Metamorphose", Rabe, NJW 2007, 3153 ff.

486 Dokument Nr. 11177/1/07 REV 1, S. 2, abrufbar unter: http://register.consilium.europa.eu/pdf/de/07/st11/st11177-re01.de07.pdf.

487 Dokument Nr. 11177/1/07 REV 1, Anlage I, S. 15 ff; Scharf, S. 8; Hellmann, S. 10.

488 Rabe, NJW 2007, 3153ff; Terhechte, EuR 2008, 143 (175ff).

489 Weber, EuZW 2008, 7; Hellmann, S. 11.

490 ABl. 2007 C 306/1 ff.

491 Vgl. zu der gesamten Entwicklung hin zum Vertrag von Lissabon auch die Ausführungen bei Terhechte, EuR 2008, 143 ff.

Tschechische Republik von der Anwendung der Grundrechtecharta ausgenommen wurden. Schließlich konnte der Ratifikationsprozess nach Unterzeichnung der Urkunde durch den tschechischen Staatspräsidenten am 13. November 2009 zum Abschluss gebracht werden. Schwierigkeiten gab es allerdings zunächst auch in Deutschland, das die Ratifikationsurkunde erst im September 2009 unterzeichnete, nachdem das Bundesverfassungsgericht in seinem Urteil vom 30. Juni 2009[492] den Vertrag für grundrechtskonform erklärt hatte.[493] Letztlich trat der Vertrag von Lissabon dann am 1. Dezember 2009 in Kraft.

B. Die Individualnichtigkeitsklage im Verfassungskonvent

Die Individualnichtigkeitsklage war im Rahmen der Diskussionen in den unterschiedlichen Arbeitsgruppen im Verfassungskonvent aufgrund der kurz zuvor ergangenen Entscheidungen in den Rechtssachen UPA und Jégo-Quéré mehrfach thematisiert worden. Zum ersten Mal aufgegriffen wurde das Thema bereits in der Mandatserteilung der Arbeitsgruppe Charta vom 31. Mai 2002, in der festgelegt wurde, dass zu untersuchen sei, ob Art. 230 Abs. 4 EGV einer Ausweitung bzw. Änderung bedürfe.[494] Diese Frage wurde sodann auch im Schlussbericht der Arbeitsgruppe Charta[495] wieder aufgegriffen, jedoch nicht beantwortet. Vielmehr verzichtete die Arbeitsgruppe auf eine konkrete Empfehlung oder Stellungnahme und gab die Frage zurück an den Konvent, um dort in geeignetem Rahmen eine weitere Prüfung durchzuführen.[496] Deshalb verwundert es nicht, dass die Frage über den Zugang zum Gerichtshof sodann im Rahmen des Arbeitskreises Gerichtshof eingehender diskutiert wurde. So wurde in einem gesonderten Arbeitsdokument das Problem genau dargestellt und mögliche Lösungen in Form dreier Optionen diskutiert.[497] Die Ergebnisse des Arbeitskreises

492 BVerfG, Urteil vom 30.06.2009, 2 BvE 2/08 u.a., abgedruckt in NJW 2009, S. 2267 ff.

493 Mayer, JuS 2010, 189 (190); siehe zum "Lissabon-Urteil" auch Streinz, NJW 2009, Editorial zu Heft 30.

494 CONV 72/02, S. 4, abrufbar unter: http://register.consilium.europa.eu/pdf/de/02/cv00/cv00072.de02.pdf.

495 CONV 354/02 abrufbar unter: http://register.consilium.europa.eu/pdf/de/02/cv00/cv00354.de02.pdf.

496 CONV 354/02, S. 15 und 16.

497 CERCLE I-WD 01 abrufbar unter: http://european-convention.eu.int/docs/wd cir1/8563.pdf; hinsichtlich der Diskussion zu den drei Optionen siehe dort insbesondere S. 3 ff.

Gerichtshof wurden schließlich im Schlussbericht vom 25. März 2003[498] zusammengefasst. Hinsichtlich der hier interessierenden Frage, ob der Wortlaut des Art. 230 Abs. 4 EGV geändert werden sollte, wird ausgeführt, dass sich innerhalb des Arbeitskreises letztlich zwei Gruppen gebildet haben.[499]

Die erste Gruppe vertrat die Ansicht, dass der Wortlaut des Art. 230 Abs. 4 EGV „den wesentlichen Erfordernissen eines wirksamen Rechtsschutzes für rechtsuchende Bürger"[500] genüge, da nach dem dezentralen System vor allem die einzelstaatlichen Gerichte für den Individualrechtsschutz über das Vorabentscheidungsverfahren zuständig seien. Es müsse jedoch in der Verfassung ausdrücklich festgelegt werden, „dass die nationalen Gerichte gemäß dem Grundsatz der loyalen Zusammenarbeit (so wie dieser vom Gerichtshof ausgelegt wird) die nationalen Verfahrensvorschriften über die Einlegung von Rechtsbehelfen möglichst so auszulegen und anzuwenden haben, dass natürliche und juristische Personen die Rechtmäßigkeit jeder nationalen Entscheidung oder anderen Maßnahme, mit der eine Handlung der Union allgemeiner Geltung auf sie angewandt wird, gerichtlich anfechten und sich dabei auf die Ungültigkeit dieser Handlung berufen können. Es ist somit Sache der Mitgliedstaaten, ein System von Rechtsbehelfen und Verfahren vorzusehen, mit dem die Einhaltung des Rechts auf effektiven gerichtlichen Schutz der sich aus dem Unionsrecht ergebenden Rechte gewährleistet werden kann"[501].

Nach Ansicht der zweiten Gruppe waren jedoch die Voraussetzungen, die bislang an das Merkmal des unmittelbaren und individuellen Betroffenseins gestellt wurden, zu restriktiv.[502] Es wurde deshalb vorgeschlagen, die Bedingungen des individuellen und unmittelbaren Betroffenseins nicht mehr kumulativ zu verstehen[503] oder diese Bedingungen zu ersetzen durch „sie unmittelbar betreffen und ihre Rechtsstellung beeinträchtigen". Vorgeschlagen wurde auch, unter Beibehaltung des alten Wortlauts, den Zusatz „oder gegen einen Rechtsakt von allgemeiner Geltung, der sie unmittelbar betrifft und keine Durchführungsbestimmungen enthält" einzufügen. Ferner wurde vorgeschlagen, den derzeitigen

498 CONV 636/03, abrufbar unter: http://register.consilium.europa.eu/pdf/de/03/cv00/cv00636.de03.pdf.

499 CONV 636/03, S. 6, Rn. 18; siehe hierzu auch die Darstellungen bei Petzold, S. 71 ff; Thiele, S. 172 ff; Koch, ELRev 2005, 511 (516 f).

500 CONV 636/03, S. 6, Rn. 18.

501 CONV 636/03, S. 6, Rn. 18.

502 CONV 636/03, S. 7, Rn. 19.

503 In diesem Zusammenhang wurde auch die Einführung einer speziellen Grundrechtsbeschwerde diskutiert, vgl. CONV 636/03, S. 7, Rn. 19.

Wortlaut für Gesetzgebungsakte (künftig Gesetze und Rahmengesetze) beizubehalten und die Befassung des Gerichtshofes für Rechtsakte ohne Gesetzgebungscharakter zu erlauben, wobei dann gegen letztere Klage erhoben werden könne, wenn eine Einzelperson unmittelbar oder individuell betroffen sei. Schließlich wurde angedacht, den letztgenannten Vorschlag nur dahingehend abzuändern, dass Einzelpersonen ein Klagerecht gegen Gesetzgebungsakte der Union eingeräumt werden solle, die keine Durchführungsbestimmungen enthalten.[504]

Letztlich konnte man sich innerhalb des Arbeitskreises trotz der Bildung dieser zwei Gruppen mehrheitlich auf folgende Änderung des Art. 230 Abs. 4 EGV einigen:

> *„Jede natürliche oder juristische Person kann unter den gleichen Voraussetzungen gegen die an sie ergangenen Rechtsakte oder Rechtsakte, die sie unmittelbar und individuell betreffen, sowie gegen Rechtsakte [allgemeiner Geltung/ohne Gesetzgebungscharakter], die sie unmittelbar betreffen und keine Durchführungsbestimmungen enthalten, Klage erheben."*[505]

Hierbei fällt auf, dass allerdings bzgl. der Formulierung „allgemeine Geltung" oder „ohne Gesetzgebungscharakter" keine endgültige Einigung gefunden werden konnte. Doch bereits im Übermittlungsvermerk des Präsidiums an den Konvent vom 2. Mai 2003 wurde die vom Arbeitskreis Gerichtshof vorgeschlagene Variante wie folgt geändert:

> *„Jede natürliche oder juristische Person kann unter den gleichen Voraussetzungen gegen die an sie ergangenen oder sie unmittelbar und individuell betreffenden Rechtsakte sowie gegen Durchführungsrechtsakte, die sie unmittelbar betreffen, ohne Durchführungsmaßnahmen zu umfassen, Klage erheben."*[506]

Begründet wurde diese Formulierung mit den Argumenten, die im Rahmen der Diskussion innerhalb der zweiten Gruppe des Arbeitskreises Gerichtshof mehrheitlich angeführt worden sind.[507] Allerdings erfuhr auch diese Formulierung eine erneute Änderung durch den Konvent selbst. Im Entwurf des Konvents vom 18. Juli 2003 wurde der entsprechende Absatz schließlich wie folgt formuliert:

---

504 Zu den im Rahmen der zweiten Gruppe gemachten Vorschläge vgl. insgesamt: CONV 636/03, S. 7, Rn. 19.

505 CONV 636/03, S. 7, Rn. 20.

506 CONV 734/03, S. 18; abrufbar unter: http://www.europarl.europa.eu/meetdocs_all/committees/conv/20030520/734000de.pdf.

507 vgl. hierzu CONV 734/03, S. 20 f.

„Jede natürliche oder juristische Person kann unter den gleichen Voraussetzungen gegen die an sie ergangenen oder sie unmittelbar und individuell betreffenden Handlungen sowie gegen Rechtsakte mit Verordnungscharakter, die sie unmittelbar betreffen und keine Durchführungsmaßnahmen nach sich ziehen, Klage erheben.“[508]

C. Formulierung der Regierungskonferenz 2003: Art. III-270 Abs. 4 Verfassungsentwurf

Der Verfassungsentwurf, der vom Verfassungskonvent erarbeitet wurde, war schließlich Grundlage für weitere Beratungen im Rahmen der Regierungskonferenz im Oktober 2003. Es wurde zur abschließenden Beratung die sog. „Gruppe der Rechtsexperten der Regierungskonferenz“ befragt. Nach entsprechender Anpassung der Vorschläge dieser Gruppe lautete der Abs. 4 des nunmehr die Nichtigkeitsklage regelnden Art. III-270 im Entwurf eines Vertrages über eine Verfassung für Europa wie folgt:

*„Jede natürliche oder juristische Person kann unter den ~~gleichen Voraussetzungen~~ **in den Absätzen 1 und 2 genannten Bedingungen** gegen die an sie ~~ergangenen~~ **gerichteten** oder sie unmittelbar und individuell betreffenden Handlungen sowie gegen Rechtsakte mit Verordnungscharakter, die sie unmittelbar betreffen und keine Durchführungsmaßnahmen nach sich ziehen, Klage erheben.“*[509]

Hierbei fällt selbstverständlich auf, dass die Formulierung erneut, wenn auch ohne ersichtlichen Grund[510], leicht geändert wurde. Diese Regierungskonferenz scheiterte letztlich allerdings im Dezember 2003, da man sich in wesentlichen institutionellen Fragen, wie z.B. der Stimmengewichtung bei Abstimmungen mit qualifizierter Mehrheit, nicht einigen konnte.[511]

D. Fassung im Rahmen des endgültigen Verfassungsvertrages: Art. III-365 Abs. 4 VerfV

Schließlich konnte man sich im Rahmen einer erneuten Regierungskonferenz im Jahre 2004 doch noch auf eine endgültige Fassung des Verfassungsvertrages einigen, die dann auch am 29. Oktober 2004 von den Staats- und Regierungschefs

---

508 CONV 850/03, S. 189; abrufbar unter: http://european-convention.eu.int/pdf/reg/de/03/cv00/cv00850.de03.pdf.

509 CIG 50/03, S. 210; abrufbar unter: http://www.consilium.europa.eu/igcpdf/de/03/cg00/cg00050.de03.pdf.

510 So auch Thiele, S. 174.

511 Streinz/Ohler/Hermann, Verfassung für Europa, S. 17.

unterzeichnet wurde.[512] In dieser Fassung findet sich die Individualnichtigkeitsklage nach Umnummerierung in Art. III-365 Abs.4 VerfV und lautet wie folgt:

> *„Jede natürliche oder juristische Person kann unter den in den Absätzen 1 und 2 genannten Bedingungen gegen die an sie gerichteten oder sie unmittelbar und individuell betreffenden Handlungen sowie gegen Rechtsakte mit Verordnungscharakter, die sie unmittelbar betreffen und keine Durchführungsmaßnahmen nach sich ziehen, Klage erheben."*

Es blieb diesbezüglich also bei der von den Rechtsexperten vorgeschlagenen Variante. Der Vollständigkeit halber sei erwähnt, dass durch den Verfassungsvertrag nicht nur der Absatz über die Individualnichtigkeitsklage geändert, sondern die gesamte Vorschrift zur Nichtigkeitsklage (leicht) verändert wurde, sodass sich folgende Fassung ergeben hat:

> *Artikel III-365*
> *(1) Der Gerichtshof der Europäischen Union überwacht die Rechtmäßigkeit der Europäischen Gesetze und Rahmengesetze sowie der Handlungen des Rates, der Kommission und der Europäischen Zentralbank, soweit es sich nicht um Empfehlungen oder Stellungnahmen handelt, und der Handlungen des Europäischen Parlaments und des Europäischen Rates mit Rechtswirkung gegenüber Dritten. Er überwacht ebenfalls die Rechtmäßigkeit der Handlungen der Einrichtungen oder sonstigen Stellen der Union mit Rechtswirkung gegenüber Dritten.*
> *(2) Für die Zwecke des Absatzes 1 ist der Gerichtshof der Europäischen Union für Klagen zuständig, die ein Mitgliedstaat, das Europäische Parlament, der Rat oder die Kommission wegen Unzuständigkeit, Verletzung wesentlicher Formvorschriften, Verletzung der Verfassung oder einer bei ihrer Durchführung anzuwendenden Rechtsnorm oder wegen Ermessensmissbrauchs erhebt.*
> *(3) Der Gerichtshof der Europäischen Union ist unter den in den Absätzen 1 und 2 genannten Bedingungen zuständig für Klagen des Rechnungshofs, der Europäischen Zentralbank und des Ausschusses der Regionen, die auf die Wahrung ihrer Rechte abzielen.*
> *(4) Jede natürliche oder juristische Person kann unter den in den Absätzen 1 und 2 genannten Bedingungen gegen die an sie gerichteten oder sie unmittelbar und individuell betreffenden Handlungen sowie gegen Rechtsakte mit Verordnungscharakter, die sie unmittelbar betreffen und keine Durchführungsmaßnahmen nach sich ziehen, Klage erheben.*
> *(5) In den Rechtsakten zur Gründung von Einrichtungen und sonstigen Stellen der Union können besondere Bedingungen und Einzelheiten für die Erhebung von Klagen von natürlichen oder juristischen Personen gegen Handlungen dieser Einrichtungen und sonstigen Stellen vorgesehen werden, die eine Rechtswirkung gegenüber diesen Personen haben.*
> *(6) Die in diesem Artikel vorgesehenen Klagen sind binnen zwei Monaten zu erheben; diese Frist läuft je nach Lage des Falles von der Veröffentlichung der betreffenden Handlung, ihrer Bekanntgabe an den Kläger oder in Ermangelung dessen von dem Zeitpunkt an, zu dem der Kläger von dieser Handlung Kenntnis erlangt hat.*

512 ABl. 2004 C 310/1.

Es fällt auf, dass insgesamt die Absätze 1, 3 und 4 Änderungen erfahren haben. Absatz 2 blieb inhaltlich unverändert. Dadurch, dass ein neuer Absatz eingefügt wurde, wurde aus dem ebenfalls unveränderten ursprünglichen Absatz 5 nunmehr Absatz 6. Abgesehen von den Änderungen bzgl. der Individualnichtigkeitsklage in Absatz 4 wurden durch die Änderungen außerdem die aktive Parteifähigkeit auf den Ausschuss der Regionen erweitert und auch der Zirkel der anfechtbaren Handlungen erweitert.[513] Doch auch hierbei handelte es sich nicht um die endgültige Fassung, vielmehr wurde diese im Vertrag von Lissabon wiederum leicht verändert, wie im Folgenden genauer untersucht wird.

E. Die Nichtigkeitsklage nach dem Vertrag von Lissabon: Art. 263 AEUV

Nachdem am 1. Dezember 2009 der Vertrag von Lissabon[514] schlussendlich in Kraft trat, ist die Nichtigkeitsklage nun in Art. 263 AEUV geregelt und lautet in ihrer aktuellen Fassung wie folgt:

> *Der Gerichtshof der Europäischen Union überwacht die Rechtmäßigkeit der Gesetzgebungsakte sowie der Handlungen des Rates, der Kommission und der Europäischen Zentralbank, soweit es sich nicht um Empfehlungen oder Stellungnahmen handelt, und der Handlungen des Europäischen Parlaments und des Europäischen Rates mit Rechtswirkung gegenüber Dritten. Er überwacht ebenfalls die Rechtmäßigkeit der Handlungen der Einrichtungen oder sonstigen Stellen der Union mit Rechtswirkung gegenüber Dritten.*
> *Zu diesem Zweck ist der Gerichtshof der Europäischen Union für Klagen zuständig, die ein Mitgliedstaat, das Europäische Parlament, der Rat oder die Kommission wegen Unzuständigkeit, Verletzung wesentlicher Formvorschriften, Verletzung der Verträge oder einer bei seiner Durchführung anzuwendenden Rechtsnorm oder wegen Ermessensmissbrauchs erhebt.*
> *Der Gerichtshof der Europäischen Union ist unter den gleichen Voraussetzungen zuständig für Klagen des Rechnungshofs, der Europäischen Zentralbank und des Ausschusses der Regionen, die auf die Wahrung ihrer Rechte abzielen.*
> *Jede natürliche oder juristische Person kann unter den Bedingungen nach den Absätzen 1 und 2 gegen die an sie gerichteten oder sie unmittelbar und individuell betreffenden Handlungen sowie gegen Rechtsakte mit Verordnungscharakter, die sie unmittelbar betreffen und keine Durchführungsmaßnahmen nach sich ziehen, Klage erheben.*
> *In den Rechtsakten zur Gründung von Einrichtungen und sonstigen Stellen der Union können besondere Bedingungen und Einzelheiten für die Erhebung von Klagen von natürlichen oder juristischen Personen gegen Handlungen dieser Einrichtungen und sonstigen Stellen vorgesehen werden, die eine Rechtswirkung gegenüber diesen Personen haben.*

---

513 Vedder/Heintschel von Heinegg-Pache, EVV, Art. III-365, Rn. 1.
514 ABl. 2007 C 306/1 ff.

Die in diesem Artikel vorgesehenen Klagen sind binnen zwei Monaten zu erheben; diese Frist läuft je nach Lage des Falles von der Bekanntgabe der betreffenden Handlung, ihrer Mitteilung an den Kläger oder in Ermangelung dessen von dem Zeitpunkt an, zu dem der Kläger von dieser Handlung Kenntnis erlangt hat.

Bevor diese neue Fassung der Nichtigkeitsklage allgemein und die Individualnichtigkeitsklage im Besonderen untersucht wird, ist es sinnvoll, sich zunächst einen Überblick über etwaige Unterschiede zum Verfassungsvertrag zu verschaffen.

I. Unterschiede zum Verfassungsvertrag

Bei einem Vergleich zwischen dem Verfassungsvertrag und dem Vertrag von Lissabon bzw. den daraus resultierenden neugefassten Verträgen[515], nämlich dem „Vertrag über die Europäische Union"(EUV) und dem „Vertrag über die Arbeitsweise der Europäischen Union"(AEUV) ergeben sich erwartungsgemäß einige Unterschiede, von denen die für diese Arbeit wichtigsten nun kurz umrissen werden sollen.

Es ergeben sich sowohl strukturell als auch im Hinblick auf die Rechtsakttypen wichtige Unterschiede zwischen den beiden Verträgen.

1. Strukturelle Unterschiede

Der wohl auffälligste und auch wesentlichste Unterschied zwischen den beiden Verträgen besteht darin, dass man sich im Rahmen des Vertrages von Lissabon von dem mit dem Verfassungsvertrag verfolgten Plan, einen einheitlichen Vertrag zu schaffen und die ursprünglichen Verträge aufzuheben, verabschiedete. Im Gegenteil wurden die bereits bestehenden Verträge beibehalten und wie schon bei den Verträgen von Amsterdam und Nizza geändert und teilweise umbenannt.[516] So wurde gem. Art. 2 Nr. 1 des Vertrages von Lissabon aus dem „Vertrag über die Europäischen Gemeinschaften" der „Vertrag über die Arbeitsweise der Europäischen Union". Auch hierdurch wird erreicht, dass die ursprünglichen Europäischen Gemeinschaften und die Europäische Union zu einer mit Rechtspersönlichkeit versehenen einheitlichen Europäischen Union zusammengefasst werden, was auch nach dem Vertrag von Lissabon zu der Auflösung der bisherigen Säulenstruktur führt.[517] Die Substanz des geplanten Verfassungsvertrages

515 Konsolidierte Fassungen des EUV und des AEUV finden sich im ABl. 2010 C 83/1 ff.

516 Khan, Einführung, S. XXIV.

517 Zum Ganzen vgl. Hellmann, S. 1 ff; Khan, Einführung, S. XXI f.

konnte also auch im Rahmen des Vertrages von Lissabon gerettet werden.[518] Allerdings konnte nicht, wie ursprünglich geplant, die Charta der Grundrechte in die Vertragstexte aufgenommen werden, was nicht zuletzt auf die starke Verfassungssymbolik zurückgeführt werden kann.[519] In Art. 6 Abs. 2 EUV findet sich jedoch ein Verweis auf die Grundrechtecharta, der diese für rechtsverbindlich erklärt und den Verträgen ausdrücklich gleichstellt, was dazu führt, dass der Charta faktisch der Rang von Primärrecht zukommt.[520] Ausnahmen hiervon ergeben sich allerdings für Großbritannien und Polen.[521]

Außerdem wurde auf die sog. Verfassungs- bzw. Unionssymbolik, also Flagge, Hymne, Leitspruch etc., verzichtet. Ebenso wurde von der im Verfassungsvertrag vorgesehenen Bezeichnung eines „Außenministers der Union" Abstand genommen und stattdessen die Bezeichnung „Hoher Vertreter der Union für Außen- und Sicherheitspolitik" gewählt.[522]

2. Rechtsakttypen

Ein weiterer nicht unwesentlicher Unterschied zwischen dem Verfassungsvertrag und dem Vertrag von Lissabon besteht in der Bezeichnung der von den Verträgen vorgesehenen Rechtsakttypen. Die vom Vertrag von Lissabon vorgesehenen Rechtsakte sind nun in Art. 288 AEUV aufgelistet. Es fällt direkt auf, dass die im Verfassungsvertrag (Art. I-33 VerfV) noch neu eingeführten Europäischen Gesetze und Rahmengesetze nicht in den Vertrag von Lissabon übernommen worden sind.[523] Dennoch ist es bei der Untersuchung der Entwicklung hin zur aktuellen Individualnichtigkeitsklage sinnvoll, diese unterschiedlichen Rechtsakttypen und ihre Beziehung zueinander etwas eingehender zu betrachten.

a) Unterschiedliche Rechtsakte nach dem Verfassungsvertrag (europäische Gesetze /Rahmengesetze)

Nach dem Verfassungsvertrag waren die unterschiedlichen Rechtsakte in Art. I-33 VerfV geregelt. Hiernach wurde zwischen sechs verschiedenen Rechtsakten

---

518 Weber, EuZW 2008, 7; Khan, Einführung, S. XXI.

519 Terhechte, EuR 2008, 143 (170).

520 Khan, Einführung, S. XXIV; Hellmann, S. 17 f.; Trehechte, EuR 2008, 143 (170 f.); Weber, EuZW 2008. 7, der Art. 6 EUV deshalb auch als „Grundrechtsanerkennungsartikel" bezeichnet.

521 Vgl. Protokoll Nr. 30 in der konsolidierten Fassung vom 30.03.2010, ABl. 2010 C 83/313 f.

522 Hellmann, S. 97; Terhechte, EuR 2008, 143 (175).

523 Cremer, DÖV 2010, 58 (60).

unterschieden, nämlich zwischen Europäischem Gesetz, Europäischem Rahmengesetz, Europäischer Verordnung, Europäischem Beschluss, Empfehlungen und Stellungnahmen.[524] Hierbei entsprachen die Europäischen Gesetze den Verordnungen nach Art. 249 EGV und die Europäischen Rahmengesetze den Richtlinien gem. Art. 249 EGV. Da durch den Verfassungsvertrag die sog. Säulenstruktur der EU aufgelöst und eine einheitliche Europäische Union mit Rechtspersönlichkeit geschaffen wurde[525], mussten auch für die gesamte EU einheitlich geltende Handlungsformen geschaffen werden, die eine Unterscheidung zwischen Exekutiv- und Legislativakten ermöglichten und zu einer Hierarchisierung der Rechtsakte führten.[526]

b) Hierarchisierung der Rechtsakte bzw. Rechtssetzung

Die Hierarchisierung der Rechtsakttypen ergab sich daraus, dass nunmehr zwischen Gesetzgebungsakten (Europäisches Gesetz und Europäisches Rahmengesetz) und Rechtsakten ohne Gesetzcharakter (Europäische Verordnung und europäischer Beschluss) unterschieden wurde.[527] Gemeinsam war allen Rechtsakten, dass sie in all ihren Teilen verbindlich sein sollten. Lediglich die Empfehlungen und Stellungnahmen sollten nicht verbindlich sein, weshalb es sich hierbei auch nicht um Rechtsakte i.e.S. handelte.[528]

Nach Art. I-34 VerfV waren Gesetzgebungsakte nur solche, die im ordentlichen Gesetzgebungsverfahren nach Art. III-396 VerfV vom Europäischen Parlament und dem Rat gemeinsam erlassen worden sind. Die Voraussetzungen für Rechtsakte ohne Gesetzescharakter waren demgegenüber naturgemäß geringer. So konnten solche Rechtsakte auch nur vom Europäischen Rat oder auch von der EZB erlassen werden (vgl. Art. I-35 VerfV).

Insgesamt hat sich diese Umgestaltung oder auch „Umetikettierung“[529] der Rechtsakttypen allerdings nicht im Vertrag von Lissabon durchsetzen können.

c) Rechtsakte nach dem Vertrag von Lissabon

Der Vertrag von Lissabon unterscheidet zwischen fünf verschiedenen Rechtsakttypen, nämlich zwischen Verordnungen, Richtlinien, Beschlüssen,

524 Vgl. Art. I-33 VerfV, Abl. 2004 C 310/26 f.

525 statt vieler vgl. Hellmann, S. 1 ff und Streinz/Ohler/Herrmann, Verfassung für Europa, S. 31 ff.

526 Busse-Muskala, S. 319.

527 Vgl. hierzu insgesamt Streinz/Ohler/Herrmann, Verfassung für Europa, S. 62 ff; Busse-Muskala, S. 320 ff.

528 Busse-Muskala, S. 319.

529 Cremer, DÖV 2010, 58 (60).

Empfehlungen und Stellungnahmen. Es bleibt demnach bei den alten Bezeichnungen. Insofern entspricht die Verordnung nach dem Vertrag von Lissabon dem Europäischen Gesetz und die Richtlinie dem Europäischen Rahmengesetz. Anstelle der Europäischen Verordnung und des Europäischen Beschluss tritt allein der „Beschluss". Dieser ersetzt auch die noch im EGV vorgesehene „Entscheidung".[530] Diesbezüglich ergibt sich auch erstmals die Besonderheit, dass gem. Absatz 4 von Art. 288 zwischen adressatenlosen und an einen Adressaten gerichteten Beschlüssen unterschieden wird, wobei letztere der „Entscheidung" nach dem alten EGV entsprechen.[531]

Beibehalten wurde jedoch die bereits im Verfassungsvertrag vorgesehene Hierarchisierung der Rechtsakte in Form von Gesetzgebungsakten und Rechtsakten ohne Gesetzescharakter.[532]

Nach Art. 289 Abs. 3 AEUV sind Gesetzgebungsakte solche, die im ordentlichen oder auch besonderen Gesetzgebungsverfahren erlassen werden. Im Unterschied zum Verfassungsvertrag können aber nunmehr auf der einen Seite auch Beschlüsse im Wege des Gesetzgebungsverfahren erlassen werden (Art. 289 Abs. 1, 2 AEUV) und somit Gesetzgebungsakte sein. Auf der anderen Seite können aber auch Verordnungen, Richtlinien und Beschlüsse als Rechtsakte ohne Gesetzescharakter ergehen, wenn sie eben nicht im Wege eines Gesetzgebungsverfahrens erlassen wurden.[533] Es wird deutlich, dass es für die Einstufung als Gesetzgebungsakt allein darauf ankommt, ob die Verordnung, die Richtlinie oder der Beschluss im Gesetzgebungsverfahren erlassen worden ist.[534]

---

530 Bei einem Vergleich der unterschiedlichen Sprachfassungen fällt auf, dass zwar in einigen anderen Ländern/Sprachen auch eine Umbenennung von „Entscheidung" in „Beschluss" erfolgt ist (z.B. in der niederländischen Fassung von „beschikking" zu „besluit"), es gibt aber genauso Beispiele, in denen keine Umbennnung erfolgt ist (z.B. im Französischen bleibt es nach wie vor bei der „décision" und im Englischen bei der „decision"), vgl. hierzu Calliess/Ruffert-Cremer, AEUV, Art. 263, Rn. 32 und Cremer, DÖV 2010, 58 (59).

531 Cremer, DÖV 2010, 58 (60); Calliess/Ruffert-Cremer, AEUV, Art. 263, Rn. 32.

532 Weber, EuZW 2008, 7 (12); Cremer, DÖV 2010, 58 (61); Bast, von Bogdandy/Bast, Europ. Verfassungsrecht, 489 (536f).

533 Cremer, DÖV 2010, 58 (61).

534 Calliess/Ruffert-Cremer, AEUV, Art. 263, Rn. 56.

II. Unterschiede und Neuerungen bzgl. der Nichtigkeitsklage gem. Art. 263 AEUV allgemein

Abschließend bleibt zu untersuchen, ob sich bzgl. der Nichtigkeitsklage im Besonderen etwaige Änderungen zwischen dem Verfassungsvertrag (Art. III-365 VerfV) und dem Vertrag von Lissabon (Art. 263 AEUV) ergeben.

Wenn man die beiden Formulierungen gegenüberstellt, fällt auf, dass in Absatz 1 entsprechend der gerade dargestellten Abkehr von den Begriffen „Europäisches Gesetz und Rahmengesetz" nunmehr schlicht von Gesetzgebungsakten die Rede ist. In den Absätzen 2 und 3 ergeben sich kaum wesentliche inhaltliche Änderungen. Es wird natürlich in Absatz 2 nicht mehr von einer Verfassungsverletzung, sondern von einer Verletzung der Verträge gesprochen. Die Absätze 5 und 6 wurden im Vertrag von Lissabon nicht verändert. Auch in Absatz 4 wurde inhaltlich keine Änderung vorgenommen. Lediglich die Satzstellung wurde geringfügig geändert von „jede natürliche oder juristische Person kann unter den in den Absätze 1 und 2 genannten Bedingungen gegen…"(Art. III-365 Abs. 4 VerfV) zu „jede natürliche oder juristische Person kann unter den Bedingungen nach den Absätzen 1 und 2 gegen…" (Art. 263 Abs. 4 AEUV).

Wie bereits erwähnt, wurde durch den Vertrag von Lissabon die Auflösung der sog. Säulenstruktur aus dem Verfassungsvertrag übernommen. Die neue Struktur als einheitliche, mit Rechtspersönlichkeit versehene Europäische Union wirkt sich auch auf die Nichtigkeitsklage gem. Art. 263 AEUV aus. Dies schlägt sich insbesondere auf den Kreis der etwaig aktiv bzw. passiv Parteifähigen aus, da nunmehr auch Handlungen des Europäischen Rates im Wege der Nichtigkeitsklage überprüfbar sind bzw. der Ausschuss der Regionen in den Kreis der aktiv Parteifähigen aufgenommen wurde.[535] Außerdem sind nach dem Vertrag von Lissabon auch die Handlungen der Einrichtungen oder sonstigen Stellen der Union zulässige Klagegegenstände nach Art. 263 AEUV, so sie Rechtswirkungen erzeugen.[536] Ferner wurde in Art. 263 AEUV mit Absatz 5 ein neuer Absatz als lex specialis zu Absatz 1 eingeführt, wonach in Bezug auf den Individualrechtsschutz bei der Errichtung neuer Stellen oder Einrichtungen besondere Regelungen getroffen werden können.[537]

---

535 Calliess/Ruffert-Cremer, AEUV, Art. 263, Rn. 3, 5 ff; Geiger/Kahn/Kotzur-Kotzur, AEUV, Art. 263, Rn. 2.

536 Geiger/Kahn/Kotzur-Kotzur, AEUV, Art. 263, Rn. 2.

537 Calliess/Ruffert-Cremer, AEUV, Art. 263, Rn. 73; Geiger/Kahn/Kotzur-Kotzur, AEUV, Art. 263, Rn. 40, m.w.N.

Nachdem nun die offensichtlichen Unterschiede zwischen dem gescheiterten Verfassungsvertrag und dem mittlerweile in Kraft getretenen Vertrag von Lissabon aufgezeigt wurden, soll nachfolgend die nunmehr für die Nichtigkeitsklage und insbesondere auch die Individualnichtigkeitsklage geltende Vorschrift des Art. 263 Abs. 4 AEUV eingehend dargestellt und untersucht werden.

Kapitel 2: Die Individualnichtigkeitsklage gem. Art. 263 Abs. 4 AEUV

Die Nichtigkeitsklage war bislang in Art. 230 EGV geregelt. Nach Inkrafttreten des Vertrages von Lissabon findet sich die Regelung zur Nichtigkeitsklage nunmehr in Art. 263 AEUV. Um zu zeigen, inwiefern die neue Reglung eine Veränderung gegenüber der alten Fassung darstellt, ist es hilfreich, die beiden Vorschriften einmal gegenüber zu stellen.

Art. 230 Abs. 4 EGV	Art. 263 Abs. 4 AEUV
Jede natürliche und juristische Person kann unter den gleichen Voraussetzungen gegen die an sie ergangenen Entscheidungen sowie gegen diejenigen Entscheidungen Klage erheben, die, obwohl sie als Verordnung oder als eine an eine andere Person gerichtete Entscheidung ergangen sind, sie unmittelbar und individuell betreffen.	Jede natürliche oder juristische Person kann unter den Bedingungen nach den Absätzen 1 und 2 gegen die an sie gerichteten oder sie unmittelbar und individuell betreffenden *Handlungen* sowie gegen *Rechtsakte mit Verordnungscharakter*, die sie unmittelbar betreffen und *keine Durchführungsmaßnahmen* nach sich ziehen, Klage erheben.

Bei dem direkten Vergleich fällt auf, dass in der neuen Fassung nicht mehr „nur" von Entscheidungen, sondern allgemein von „Handlungen" die Rede ist. Außerdem stellt sich die Frage, was unter „Rechtsakten mit Verordnungscharakter" zu verstehen ist und wann diese „keine Durchführungsmaßnahmen" nach sich ziehen. Es ist also schon allein der Terminologie nach eine wesentliche Änderung im Hinblick auf die möglichen Klagegegenstände erfolgt. Es ist allerdings, ähnlich wie bei der alten Fassung des Art. 230 Abs. 4 EGV, eine dreigliedrige Struktur zu erkennen, wonach drei Alternativen gegeben sind, nach denen es für natürliche und juristische Personen möglich ist, Unionsrechtakte anzufechten. Nach der neuen Fassung des Art. 263 Abs. 4 AEUV können diejenigen natürlichen und juristischen Personen Nichtigkeitsklage erheben, an die eine Handlung gerichtet ist (1.Var.), ferner diejenigen, die von einer Handlung unmittelbar und individuell betroffen sind (2.Var.) und schließlich diejenigen, die von einem

Rechtsakt mit Verordnungscharakter unmittelbar betroffen sind und dieser keine Durchführungsmaßnahmen nach sich zieht (3.Var.). Da der Zugang zum Gericht im Klagewege jedoch immer an bestimmte Voraussetzungen geknüpft ist, muss der Einzelnen auch im Rahmen der Nichtigkeitsklage seine individuelle Klagebefugnis nachweisen. Die Anforderungen, die bislang an das Vorliegen der Klagebefugnis gestellt wurden, sind nicht ganz unerheblich, was wiederum zu einem „Spannungsverhältnis“[538] mit dem Grundsatz eines effektiven Rechtsschutzes geführt hat. Nachdem zunächst ein Überblick über die Nichtigkeitsklage und deren Voraussetzungen im Allgemeinen gegeben wurde, werden die spezifischen und zu diesem Spannungsverhältnis führenden Voraussetzungen für die Klagebefugnis nach den drei Varianten näher dargestellt. In diesem Rahmen wird sodann auch gesondert auf das Verhältnis von Nichtigkeitsklage und Vorabentscheidungsverfahren in Bezug auf den effektiven Rechtsschutz des Einzelnen eingegangen, bevor abschließend eine Einschätzung hinsichtlich der tatsächlichen Verbesserung der neuen gegenüber der bisherigen Ausgestaltung der Individualnichtigkeitsklage gegeben wird.

A. Bedeutung der Nichtigkeitsklage

Neben dem Vorabentscheidungsverfahren ist die Nichtigkeitsklage eine der wichtigsten Klagearten[539] auf EU- Ebene, da diese den Adressaten von Handlungen der Unionsorgane die Möglichkeit einräumt, direkt vor dem Gericht (1. Instanz) gegen diese Handlungen vorzugehen und somit die Einhaltung des EU-Rechts zu sichern.[540] Die Nichtigkeitsklage dient somit gerade auch dem effektiven Rechtsschutz[541] und hat mithin für den einzelnen Bürger erhebliche Bedeutung.

538 Kokott/Dervisopoulos/Henze, EuGRZ 2008, 10 (13).

539 In den letzen Jahren lag der Anteil der Nichtigkeitsklagen unter den neu eingegangenen Rechtssachen beim Gericht stets um die 40 % (Im Jahre 2007 sogar bei 47,70 %; im Jahre 2008 bei 42,77 %; im Jahre 2009 bei 37,68 %; im Jahre 2010 bei 47,80 %, im Jahre 2011 bei 47,23 % und im Jahre 2012 bei 41,65%), Zahlen sind dem Archiv der Jahresberichte und dort den Rechtsprechungsstatistiken des Gerichtes (1. Instanz) für die Jahre 2007 bis 2012 entnommen, abrufbar unter http://curia.europa.eu.

540 Rengeling/Middeke/Gellermann, § 7, Rn. 7.

541 Rengeling/Middeke/Gellermann, § 7, Rn. 7.

I. Klageart

Bei der Nichtigkeitsklage handelt es sich um eine Gestaltungsklage, die im Falle der Begründetheit nicht nur die Nichtigerklärung entsprechender Handlungen zur Folge hat, sondern damit einhergehend die Geltung des angegriffenen Rechtsaktes mit ex-tunc Wirkung beseitigt.[542] Der nichtige Rechtsakt wird also aufgehoben, weshalb auch teilweise die Bezeichnung „Aufhebungsklage“ verwendet wird, was dem tatsächlichen Charakter der Klageart wohl am nächsten kommt.[543]

II. Verhältnis zu anderen Klagearten

Da die Nichtigkeitsklage, wie sich auch aus dem Wortlaut des Art. 264 AEUV ergibt, nur die Nichtigerklärung einer bestimmten Handlung und somit deren Beseitigung bewirken kann und hierüber hinaus weder Schadensersatz noch eine Feststellung begehrt werden kann, stellt die Nichtigkeitsklage einen selbstständigen Rechtsbehelf dar, der unabhängig von anderen Klagearten, wie z.B. der Schadensersatzklage, ist.[544] Die Nichtigkeitsklage ist ebenfalls unabhängig von etwaigen nationalen Klagemöglichkeiten; m.a.W. muss nicht erst der nationale Instanzenzug ausgeschöpft werden, um Nichtigkeitsklage zu erheben.[545]

III. Klageberechtigte im Rahmen der Nichtigkeitsklage

Art. 263 AEUV regelt nicht nur den Rechtsschutz im Wege der Nichtigkeitsklage für den Einzelnen, sondern es sind in den Absätzen 2, 3 und 4 insgesamt drei verschiedene Gruppen von Klageberechtigen vorgesehen.[546] Gem. Art. 263 Abs. 2 AEUV können sich zum einen ein Mitgliedstaat, das Europäische Parlament, der Rat oder die Kommission an das Gericht wenden, die als sogenannte privilegierte Kläger bezeichnet werden, da sie in jedem Fall klageberechtigt sind

---

542 Calliess/Ruffert-Cremer, AEUV Art. 263, Rn. 1; Rengeling/Middeke/Gellermann, § 7, Rn. 7; Constantinesco, S. 846; Gündisch/Wienhues, S. 102; von der Groeben/Schwarze-Gaitanides, EGV, Art. 230, Rn. 5; Streinz, Rn. 610.

543 Calliess/Ruffert-Cremer, AEUV, Art. 263, Rn. 1 bzw. EGV, Art. 230, Rn. 1; von der Groeben/Schwarze-Gaitanides, EGV, Art. 230, Rn. 4.

544 Calliess/Ruffert-Cremer, AEUV, Art. 263, Rn. 2; Rengeling/Middeke/Gellermann, § 7, Rn. 11, m.w.N.; Schwarze-Schwarze, EU-Komm., Art. 230, Rn. 3.

545 von der Groeben/Schwarze-Gaitanides, EGV, Art. 230, Rn. 6; Calliess/Ruffert-Cremer, AEUV, Art. 263, Rn. 2.

546 Vgl. auch Schwarze-Schwarze, EU-Komm, Art. 230, Rn. 4; Dittert, EuR 2002, 708 (709).

und keine zusätzlichen besonderen Voraussetzungen gegeben sein müssen.[547] Des Weiteren können gem. Art. 263 Abs. 3 AEUV auch der Rechnungshof, die Europäische Zentralbank sowie der Ausschuss der Regionen klageberechtigt sein. Für diese Gruppe von Klägern hat sich die Bezeichnung teilprivilegiert[548] herausgebildet, da ihre Klageberechtigung davon abhängt, dass sie die Wahrung eigener Rechte durch die Klage erreichen wollen.[549] Schließlich können gem. Art. 263 Abs. 4 AEUV auch natürliche und juristische Personen klageberechtigt sein, die es hier genauer zu untersuchen gilt. Da natürliche und juristische Personen allerdings nur unter den sehr engen Voraussetzungen des Art. 263 Abs. 4 AEUV Klage erheben können, spricht man bei dieser Gruppe von nicht-privilegierten Klägern.[550] Nichts desto trotz wird den natürlichen und juristischen Personen, und somit dem Einzelnen, hierdurch ein Klagerecht gewährt, was eine Erweiterung gegenüber der Regelung in Art. 33 Abs. 2 EGKSV darstellt, da dort nur „Unternehmen“ und deren „Verbände“ klageberechtigt waren.[551] Der Begriff „jede natürliche Person“ bedeutet, dass es hierbei nicht auf die Staatsangehörigkeit oder den Wohnsitz der betreffenden Person ankommt. Sie muss also nicht die Staatsangehörigkeit eines Mitgliedstaates nachweisen und ebenso wenig muss die Person ihren Wohnsitz oder gewöhnlichen Aufenthalt innerhalb eines der Mitgliedstaaten haben.[552] Bei juristischen Personen kommt es deshalb auch nicht auf den Ort ihrer Gründung oder ihren Sitz an.[553] Ferner

---

547 Statt vieler: Geiger/Khan/Kotzur-Kotzur, AEUV, Art. 263, Rn. 15, 16; Thiele, S. 42; Schwarze-Schwarze, EU-Komm, Art. 230, Rn. 4; von der Groeben/Schwarze-Gaitanides, EGV, Art. 230, Rn. 8.

548 Lediglich Streinz unterscheidet ausschließlich zwischen privilegierten (nach Art. 230 Abs. 2) und nicht privilegierten Klageberechtigten (nach Art. 230 Abs. 3 und 4), vgl. Streinz, Rn. 585 ff.

549 Vgl. ebenfalls Geiger/Khan/Kotzur-Kotzur, AEUV, Art. 263, Rn. 15; Thiele, S. 42; ; Schwarze-Schwarze, EU-Komm, Art. 230, Rn. 4; von der Groeben/Schwarze-Gaitanides, EGV, Art. 230, Rn. 8; der Vollständigkeit halber sei erwähnt, dass bis zum Vertrag von Nizza auch das Europäische Parlament noch zu den teilprivilegierten Klageberechtigten gehörte.

550 Geiger/Khan/Kotzur-Kotzur, AEUV, Art. 263, Rn. 18.

551 Daig, S. 68, Rn. 81; Calliess/Ruffert- Cremer, EGV, Art. 230, Rn. 26; von der Groeben/Schwarze-Gaitanides, EGV, Art. 230, Rn. 43; Wegmann, S. 78.

552 Thiele, Prozessrecht, § 7, Rn. 13; Schwarze-Schwarze, EU-Komm, Art. 230, Rn. 9; Borowski, EuR 2004, 879 (881); Wegmann, S. 78; von der Groeben/Schwarze-Gaitanides, EGV, Art. 230, Rn. 44; Rengeling/Middeke/Gellermann, § 7, Rn. 21; Constaninesco, S. 853.

553 Geiger/Khan/Kotzur-Kotzur, AEUV, Art. 263, Rn. 19.

ist beim Begriff „juristische Person" nach Rechtsprechung des Gerichtshofes von einem unionsrechtlichen Begriff auszugehen, der nicht notwendigerweise mit der Definition in den verschiedenen Rechtsordnungen der Mitgliedstaaten identisch ist.[554] Umfasst sind jedenfalls alle Körperschaften, Verbände und Kapitalgesellschaften des öffentlichen und des privaten Rechts, sofern diesen nach nationalem Recht Rechtspersönlichkeit verliehen wurde.[555] Außerdem fallen hierunter auch berufsständische Vereinigungen wie Gewerkschaften und Unternehmensverbände, sofern sie partei- und prozessfähig sind, aber auch Gebietskörperschaften, die nach nationalem Recht prozess- und parteifähig sind, also auch die Länder der Bundesrepublik Deutschland.[556]

IV. Sachliche Zuständigkeit

Die sachliche Zuständigkeit für Klagen gem. Art. 263 AEUV ist seit Errichtung des Gerichts zwischen Gericht und Gerichtshof aufgeteilt.[557] Zunächst wurde dem Gericht ausschließlich die Zuständigkeit für Klagen von den sog. nichtprivilegierten Klageberechtigten gem. Art. 263 Abs. 4 AEUV übertragen,[558] sodass der Gerichtshof für alle anderen Klagen nach Art. 263 AEUV zuständig blieb. Allerdings erfuhr diese Verteilung mit Inkrafttreten des Vertrages von Nizza eine Änderung dahingehend, dass gem. Art. 225 Abs.1 EGV nunmehr Art. 256 Abs. 1 AEUV grundsätzlich alle Nichtigkeitsklagen in die Zuständigkeit des Gerichts fallen, es sei denn, die Satzung des Gerichtshofes regelt etwas

---

554 EuGH Rs. 135/81, Slg. 1982, 3799, Rn. 10 (Groupement des Agences de voyages/Kommission); Thiele, Prozessrecht, § 7, Rn. 15; Rengeling/Middeke/Gellermann, § 7, Rn. 22; von der Groeben/Schwarze-Gaitanides, EGV, Art. 230, Rn. 45; Calliess/Ruffert- Cremer, Art. 230, Rn. 25; a.A. noch Constantinesco, S. 852 f. und wohl auch Wegmann, S. 78, die davon ausgehen, dass es keine unionsrechtliche Bestimmung dieses Begriffs gibt und dass deshalb das Unionsrecht verpflichtet sei, diesen Begriff so zu übernehmen bzw. zu beurteilen, wie dies nach dem nationalen Recht der Fall sei.

555 Calliess/Ruffert-Cremer, EGV, Art. 230, Rn. 27; von der Groeben/Schwarze-Gaitanides, EGV, Art. 230, Rn. 45; Schwarze-Schwarze, EU-Komm, Art. 230, Rn. 9; Thiele, Prozessrecht, § 7, Rn. 16.

556 Calliess/Ruffert-Cremer, EGV, Art. 230, Rn. 27 m.w.N. zu der entsprechenden Rechtsprechung des Gerichtshofes ; von der Groeben/Schwarze-Gaitanides, EGV, Art. 230, Rn. 46; Schwarze-Schwarze, EU-Komm, Art. 230, Rn. 9; vgl. ferner zum Begriff der „juristischen Person" insgesamt die ausführliche Darstellung bei Thiele, S. 49 ff.

557 Rengeling/Middeke/Gellermann, § 7, Rn. 13.

558 Vgl. Art. 3 des Ratsbeschlusses 88/591 vom 24.10.1988, ABl. 1988 L 319/1.

anderes. In Art. 51 der Satzung des Gerichtshofes wurde tatsächlich die Regelung getroffen, dass abweichend von Art. 256 Abs. 1 AEUV dem Gerichtshof alle Klagen gem. Art. 263 AEUV vorbehalten sind, die von den Mitgliedstaaten oder den Unionsorganen erhoben werden. Also ist die Zuständigkeit des Gericht nicht tatsächlich erweitert worden, sondern wurde nur sprachlich anders gefasst, sodass es auch nach Inkrafttreten des Vertrages von Nizza bei einer geteilten Zuständigkeit im Rahmen des Art. 230 EGV bzw. nunmehr Art. 263 AEUV blieb.[559]

V. Klagefrist

In Art. 263 Abs. 6 AEUV ist die Klagefrist der Nichtigkeitsklage normiert. Diese beträgt 2 Monate und wird gegebenenfalls um die sog. Entfernungsfrist um pauschal 10 Tage verlängert (vgl. Art. 51 VerfO Gerichtshof bzw. Art. 102 § 2 VerfO Gericht). Diese Frist läuft gem. Art. 263 Abs. 6 AEUV entweder mit „Bekanntgabe der betreffenden Handlung, ihrer Mitteilung an den Kläger oder in Ermangelung dessen von dem Zeitpunkt an, zu dem der Kläger von dieser Handlung Kenntnis erlangt hat". Welcher Tag tatsächlich ausschlaggebend für den Fristlauf ist, bestimmen im Einzelnen die Art. 49 Abs.1 und 50 VerfO Gerichtshof bzw. Art. 101 §1 und Art. 102 §1 VerfO Gericht.[560] Wichtig bei dieser Klagefrist, gerade auch im Verhältnis zum Vorabentscheidungsverfahren[561], ist, dass es sich bei der Klagefrist nach Abs. 6 um eine sog. Ausschlussfrist handelt, was bedeutet, dass nach Fristablauf das Klagerecht verloren ist.[562] Die Einhaltung der Frist ist eine unabdingbare Zulässigkeitsvoraussetzung für die Nichtigkeitsklage und ist von Amts wegen zu prüfen, was der Gewährleistung der Rechtssicherheit dient, da die Frist weder von den Parteien noch vom Gericht bzw. den Gerichtshof in irgendeiner Form umgangen werden kann.[563] Allerdings besteht gem. Art. 45 Abs. 2 Satzung des Gerichtshofes die Möglichkeit einer Art Wiedereinsetzung, wenn nachgewiesen werden kann, dass ein Zufall oder ein Fall höherer Gewalt vorlag, der zur Fristversäumung geführt hat. Um diesen Nachweis zu erbringen, muss es sich laut Rechtsprechung „um ungewöhnliche, vom Willen des Klägers unabhängige Schwierigkeiten handeln, die selbst bei Beachtung al-

559 Rengeling/Middeke/Gellermann, § 7, Rn. 14; Wegener, DVBl. 2001, 1258 (1260).

560 Vgl. hierzu auch die Ausführungen in Calliess/Ruffert-Cremer, AEUV, Art. 263, Rn. 75 ff; Geiger/Khan/Kotzur- Kotzur, AEUV, Art. 263, Rn. 41 ff.

561 vgl. dazu die Ausführungen in diesem Kapitel unter B II 3 e.

562 Calliess/Ruffert-Cremer, AEUV, Art. 263, Rn. 75; Rengeling/Middeke/Gellermann, § 7, Rn. 84; Constantinesco, S. 848.

563 Calliess/Ruffert-Cremer, AEUV, Art. 263, Rn. 75 m.w.N. zu entsprechender Rechtsprechung; Rengeling/Middeke/Gellermann, § 7, Rn. 84; Constantinesco, S. 848.

ler erforderlichen Sorgfalt unvermeidbar erschienen“[564]. Dieser Nachweis dürfte allerdings nur in seltenen Fällen zu erbringen sein.

VI. Klagegegenstand

Schließlich bleibt als Voraussetzung für die Individualnichtigkeitsklage gem. Art. 263 Abs. 4 AEUV der Klagegegenstand, bevor auf die zentrale Voraussetzung der Klagebefugnis in ihren drei Varianten ausführlich eingegangen wird. In diesem Zusammenhang ergaben sich Neuerrungen gegenüber der alten Fassung des Art. 230 Abs. 4 EGV. Während früher der zentrale Klagegegenstand die „Entscheidung“[565] und darüber hinaus „Entscheidungen in Form von Verordnungen“ waren, ist nunmehr für die ersten beiden Varianten des Art. 263 Abs. 4 AEUV die „Handlung“ maßgeblicher Klagegegenstand, während die dritte Variante einen „Rechtsakt mit Verordnungscharakter“ voraussetzt.

1. Frühere Problematik: Begriff der Entscheidung und der Entscheidung in Form von Verordnungen

Da es früher einen nicht unwesentlichen Streitpunkt darstellte, was unter einer Entscheidung bzw. was genau unter einer Entscheidung in Form einer Verordnung zu verstehen war, wird diese Problematik der Vollständigkeit halber im Folgenden dargestellt.

Hierfür ist zu klären, wie und worin sich die Begriffe Entscheidung und Verordnung im Wesentlichen unterschieden haben. Gem. Art. 249 EGV ergab sich zunächst einmal eine Gemeinsamkeit, die darin bestand, dass sowohl Entscheidung als auch Verordnung in allen ihren Teilen verbindlich waren. Dies war allerdings auch die einzige Gemeinsamkeit dieser beiden Maßnahmen.[566] Im Übrigen konnte eine Verordnung als ein Akt gemeinschaftlicher Gesetzgebung mit allgemeiner Geltung charakterisiert werden, der in den Mitgliedstaaten unmittelbar galt, während die Entscheidung nur demjenigen gegenüber Verbindlichkeit entfaltete, an den sie gerichtet war bzw. den sie bezeichnete.[567] Im Ergebnis lag das Hauptunterscheidungsmerkmal von Verordnung und Entscheidung darin, dass der Verordnung allgemeine Geltung zukam, während die Entscheidung nur individuelle Wirkung gegenüber ihrem Adressaten

---

564 Vgl. z.B. EuGH Rs. C-195/91 P, Slg. 1994, I 5619 ff, Rn.31 (Bayer AG ./. Kommission); Rengeling/Middeke/Gellermann, § 7, Rn. 85 m.w.N.

565 So auch Constantinesco, S. 854; Thiele, Prozessrecht, § 7, Rn. 30.

566 Daig, S. 81, Rn. 101.

567 Schwarze, FS für Schlochauer, 927 (930).

entwickelte.[568] Es ist deshalb aus deutscher Sicht naheliegend, die Entscheidung mit dem deutschen Verwaltungsakt und die Verordnung mit Gesetzen bzw. Verordnungen nach deutschem Verständnis, also als Ergebnis „echter Rechtssetzung", zu vergleichen.[569] Im Grundsatz lässt sich festhalten, dass es sich inhaltlich bei der Entscheidung um eine individuell-konkrete Regelung handelte, während der Verordnung generell-abstrakter Inhalt zugeschrieben werden konnte.[570] Die hier vorgenommene Abgrenzung soll allerdings nur der groben Unterscheidung dienen, die nicht generell und nicht eins zu eins auf die Grenzfälle im Rahmen der Regelung des Art. 230 Abs. 4 EGV übertragbar ist.[571]

a) Entscheidung

Hinsichtlich der Entscheidung hatte die Rechtsprechung zunächst auf die in Art. 249 Abs. 4 EGV festgelegten Voraussetzungen im technischen Sinne abgestellt, allerdings mit der Maßgabe, dass es nicht auf die reine Bezeichnung als Entscheidung, sondern auf den tatsächlichen Regelungsgehalt ankommen sollte.[572] Diese Rechtsprechung wurde jedoch im Laufe der Jahre weiterentwickelt und ausgeweitet, sodass schließlich nach ständiger Rechtsprechung des Gerichtshofes unter einer Entscheidung alle Maßnahmen zu verstehen waren, die unabhängig von ihrer Form dazu bestimmt waren, verbindliche Rechtswirkungen gegenüber ihrem Adressaten zu erzeugen und dadurch dessen Interessen durch einen Eingriff in seine Rechtsstellung beeinträchtigen.[573] Aus deutscher Sicht erscheint die Tatsache, dass es gerade nicht auf die konkrete Form der Maßnahme, sondern nur auf die Auswirkung der Maßnahme auf den Einzelnen ankam, leicht befremdlich, da im deutschen Verwaltungsrecht eine Anfechtungsklage gem. § 42 I VwGO ausschließlich gegen Verwaltungsakte in Form des § 35 VwVfG zulässig ist.[574] Allerdings bestand und besteht zwischen deutschem Verwaltungsrecht und der Nichtigkeitsklage auf EU-Ebene ein

568 Schwarze, FS für Schlochauer, 927 (930).

569 Daig, S. 80, Rn. 100; Schwarze, FS für Schlochauer, 927 (930).

570 Vgl. hierzu auch die Übersicht in Wegmann, S. 80.

571 Für weitere detaillierte Ausführungen zu diesem Problembereich, siehe insbesondere Daig, S. 80 ff, Rn. 100 ff.

572 Thiele, S. 93; Von der Groeben/Schwarze-Gaitanides, EGV, Art. 230, Rn. 13 mit Verweis auf EuGH Rs. 16 und 17/62 Slg. 1962, 963 (978) (Confédération Nationale des Producteurs de Fruits et Légumes/Rat).

573 Geiger, EUV/EGV, Art. 230, Rn. 17; Von der Groeben/Schwarze-Gaitanides, EGV, Art. 230, Rn. 13; Air France/Kommission, EuG, Rs. T- 3/93, Slg. 1994, II-121, 154.

574 Thiele, S. 94.

wesentlicher Unterschied. Im deutschen Verwaltungsrecht sind unterschiedlichste Klagearten und -wege aufgrund der Generalklausel in § 40 I VwGO gegen Maßnahmen der Verwaltung eröffnet, da lediglich eine öffentlich-rechtliche Streitigkeit nicht- verfassungsrechtlicher Art vorliegen muss. Die EU-Ebene bietet demgegenüber ausschließlich die Nichtigkeitsklage für den Einzelnen, um sich direkt gegen eine gegen eine Entscheidung bzw. nunmehr gegen eine Handlung zu wehren.[575] Der Zugang zum Gericht stand und fiel demnach damit, was genau unter einer Entscheidung zu verstehen war. Mit anderen Worten hatte „das Vorliegen einer Entscheidung rechtschutzeröffnende Funktion"[576]. Deshalb war es - auch im Hinblick auf einen effektiven Rechtsschutz - richtig und wichtig, dass der Gerichtshof bei der Bestimmung des Entscheidungsbegriffes nicht streng an der Form des Art. 249 EGV festhielt, sondern auch andere Handlungen unter den Begriff „Entscheidung" subsumierte.[577] Deshalb wurde die Entscheidung im Rahmen des Art. 230 Abs. 4 EGV auch als „Generalklausel indirekten Rechtsschutzes"[578] bezeichnet.

b) Scheinverordnungen

Größere Probleme bereitete die Frage, was unter der Begrifflichkeit „Entscheidungen, die (...) als Verordnung ergangen sind" zu verstehen war. Als Scheinverordnungen[579], also Entscheidungen, die in Form einer Verordnung ergangen sind, wurden Rechtsakte bezeichnet, deren Form „nicht der wahren Natur der Maßnahme entspricht".[580] Hierbei handelte es sich um Akte, die zwar den äußeren Anschein einer Verordnung erfüllt haben, jedoch bei objektiver Betrachtung als eine Entscheidung eingeordnet werden mussten.[581] Der wahre Charakter einer Entscheidung oder auch eines Bündels von Entscheidungen wurde lediglich verschleiert.[582] Dass der Wortlaut „als Verordnung ergangen" eher als „in Form

575 Thiele, S. 94; Borowski, EuR 2004, 879 (880).

576 Borowski, EuR 2004, 879 (880); vgl auch Thiele, S. 94 f, der außerdem auf die Nähe zum französischen Recht hinweist, bei dem für einen „recours pour excès de pouvoir" auch das Vorliegen einer „décision" maßgeblich ist.

577 Thiele, S. 95.

578 Bast, von Bogdandy/Bast, Europ. Verfassungsrecht, 489 (521).

579 So z.B. Calliess/Ruffert-Cremer, EGV, Art. 230, Rn. 29; Rengeling/Middeke/Gellermann, § 7, Rn. 46; Oppermann/Classen/Nettesheim, § 14, Rn. 52; Cremer, EWS 1999, 48.

580 Daig, S. 94, Rn. 119 mit Verweis auf Generalanwalt Capotori 1981, 1527.

581 Daig, S. 94, Rn. 119; Schwarze-Schwarze, EU-Komm, Art. 230, Rn. 32.

582 Geiger/Khan/Kotzur-Kotzur, AEUV, Art. 263. Rn. 29; Schwarze-Schwarze, EU-Komm, Art. 230, Rn. 32, der von einer „verschleierten Entscheidung" spricht.

einer Verordnung ergangen" gelesen werden musste, wurde besonders in anderen Sprachfassungen deutlich, die diese Stelle mit „in the form of a regulation", „sous l'apparence d'un règlement", „pur apparendo come un regolamento", „in de vorm van eene verordening" übersetzten.[583]

Diese Möglichkeit der Anfechtung von Scheinverordnungen bzw. verschleierter Entscheidungen sollte verhindern, dass die den Rechtsakt erlassenden EU-Organe über den Rechtsschutz natürlicher und juristischer Personen allein durch die Wahl der Handlungsform Einfluss nehmen konnten.[584] Mit anderen Worten sollte verhindert werden, dass den gesetzgebenden Organen die Möglichkeit gegeben wurde, allein durch die Bezeichnung einer Maßnahme als Verordnung, dem Einzelnen die Klagemöglichkeit streitig zu machen.

c) „Echte" Verordnungen

Neben der Anfechtbarkeit von sog. Scheinverordnungen stellte sich ferner die Frage, ob auch sog. „echte" Verordnungen von Art. 230 Abs. 4 EGV erfasst werden sollten und somit einen zulässigen Klagegegenstand bilden konnten. Dies wurde zumindest bis zum Inkrafttreten des Vertrages von Lissabon in Rechtsprechung und Literatur intensiv diskutiert.[585]

Im Jahr 1962 entschied der Gerichtshof noch nach strikter Linie, dass natürliche und juristische Personen nicht zur Erhebung von Anfechtungsklagen gegen Verordnungen befugt seien und der Begriff „Entscheidung" ausschließlich im technischen Sinne zu verstehen sei.[586]

Mitte der 1980er Jahre erfuhr diese Rechtsprechung zunächst nur auf dem Gebiet des Anti- Dumpingrechts[587] einen Wandel. In diesem Bereich bestand

583 Daig, S. 94, Rn. 119.

584 Thiele, Prozessrecht, § 7, Rn. 35; Busse-Muskala, S. 60; Gündisch/Wienhues, S. 104, 105 mit Verweis auf EuGH Rs. 307/81, Slg. 1982, 3463, 3471 (Alusuisse/Rat und Kommission).

585 So hielt bereits Riese, EuR 1966, 24 (43) die Zulassung einer Nichtigkeitsklage gegen Verordnungen für wünschenswert. Ebenso Lagrange, Carstens/Börner, Kölner Schriften zum Europarecht, Bd. 1, 10 J. Rspr., S. 609/610. Ferner kann auf die aktuelleren Übersichten bei Schulte, S. 88 ff mit umfangreichen Nachweisen zu Literatur und Rechtsprechung oder Thiele, S.122 ff, ebenfalls m.w.N.verwiesen werden.

586 EuGH verb. Rs. 16 u. 17/62, Slg. 1962, 963 (978) (Confédération Nationale des Producteurs de fruits et légumes/Rat); aber auch Daig, S. 69, Rn. 82 m.w.N.; Cremer, Nowak/Cremer, Individualrechtsschtz, 27 (29/30); Calliess/Ruffert- Cremer, EUV/EGV, Art. 230, Rn. 30; Cremer, EWS 1999, 48 (49).

587 Thiele, Prozessrecht, § 7, Rn. 40 ff; Cremer, Nowak/Cremer, Individualrechtsschutz, 27 (30 f); Cremer, EWS 1999, 48, (49); Schwarze, DVBl. 2002, 1297 (1300).

und besteht nämlich die Besonderheit, dass nach Art. 14 Abs. 1 der VO 384/96[588] als einzige Maßnahme für die Festlegung von Antidumpingzöllen die Form der Verordnung vorgesehen ist, was zu einem Ausschluss von Individualnichtigkeitsklagen in diesem Bereich führen würde.[589] Der Gerichtshof kam für diesen Bereich in den bedeutsamen Urteilen in den Rechtssachen Allied Corporation I[590] und II[591] zu dem Schluss, dass die angefochtenen Maßnahmen, nämlich die in Antidumping-Verordnungen festgesetzten Antidumpingzölle, „zwar (...) tatsächlich, wenn man die Kriterien des Art. 173 Abs. 2 anlegt, auf Grund ihrer Rechtsnatur und ihrer Tragweite normativen Charakter (haben), da sie für die Gesamtheit der betroffenen Wirtschaftsteilnehmer gelten. Dies schließt jedoch nicht aus, dass ihre Bestimmungen diejenigen Hersteller und Exporteure, denen Dumpingpraktiken vorgeworfen werden, unmittelbar und individuell betreffen".[592] Der Gerichtshof hat also eingeräumt, dass es sich im Kern um „echte" Verordnungen handelt, was aber nicht ausschließen kann, dass einzelne Personen dennoch von dieser Verordnung individuell und unmittelbar betroffen sein können. Man könnte demnach sagen, dass der Gerichtshof für diese Fälle die Anfechtbarkeit echter Verordnungen durch natürliche und juristische Personen i.S.v. Art. 230 Abs. 4 EGV anerkannt hat[593], bzw. lässt der Gerichtshof die Klage – wohl zur Sicherheit des Individualrechtsschutzes im Antidumpingrecht[594] – nicht bereits daran scheitern, dass eine „echte" Verordnung angegriffen wird, sofern festgestellt werden kann, dass der Kläger von dieser Verordnung individuell und unmittelbar betroffen ist.

In den 1990er Jahren wurde diese Rechtsprechung schließlich auch auf andere Bereiche des Wirtschaftsrechts außerhalb des Anti-Dumpingrechts ausgedehnt.[595] Das ausschlaggebende Urteil hierfür war die Rechtssache

---

588 ABl. 1996, L 56/1.

589 Schwarze-Schwarze, EU-Komm, Art. 230, Rn. 33; Thiele, Prozessrecht, § 7, Rn. 42.

590 EuGH verb. Rs 239 u.275/82, Slg. 1984, 1005 ff (Allied Corporation u.a./Kommission).

591 EuGH Rs. 53/83, Slg. 1985, 1621 ff (Allied Corporation/Rat).

592 EuGH verb. Rs 239 u.275/82, Slg. 1984, 1005 (Rn. 11) (Allied Corporation u.a./Kommission); mit Verweis auf die vorgenannte Entscheidung auch EuGH Rs. 53/83, Slg. 1985, 1621 (Rn. 4) (Allied Corporation/Rat) EuGH Rs. 264/82, Slg. 1985, 849 (Rn. 12) (Timex/Rat u. Kommission).

593 So eindeutig Cremer, Nowak/Cremer, Individualrechtsschutz, 27 (31).

594 Ähnliche Vermutungen stellt auch Thiele, Prozessrecht, § 7, Rn. 41 an.

595 Cremer, Nowak/Cremer, Individualrechtsschutz, 27 (31); Schwarze-Schwarze, EU-Komm, Art. 230, Rn. 33; Thiele, Prozessrecht, § 7, Rn. 43; Thiele, S. 126.

Codorniu[596]. Hierin ging die Klägerin, eine spanische Gesellschaft, die Schaumweine herstellt und vertreibt und seit 1924 Inhaberin des Markenzeichens „Grand Cremant de Codorniu“ ist, gegen eine Verordnung vor, nach der die Bezeichnung „cremant“ nur noch für Schaumweine aus Anbaugebieten in Luxemburg und Frankreich verwendet werden durfte. In diesem Urteil stellte der Gerichtshof hauptsächlich fest, dass die Klägerin in diesem speziellen Fall als individuell betroffen anzusehen ist,[597] äußerte sich dagegen denkbar knapp zur Anfechtbarkeit von Verordnungen. Hierzu wurde lediglich ausgeführt, dass „zwar (…) die streitige Vorschrift im Hinblick auf Art. 173 Abs. 2 des Vertrages nach ihrer Rechtsnatur und ihrer Tragweite normativen Charakter [hat], da sie für die beteiligten Wirtschaftsteilnehmer im Allgemeinen gilt; es ist jedoch nicht ausgeschlossen, dass sie einige von ihnen individuell betreffen kann“[598]. Mit anderen Worten soll der Rechtsschutz demnach nicht allein wegen des Verordnungscharakters versagt werden können, wenn die Merkmale des Betroffenseins ansonsten erfüllt sind.[599]

Einen weitergehenden Erklärungsversuch unternahm das Gericht, indem es einer Verordnung sog. „Hybridcharakter“[600] zuwies. Danach „kann eine Gemeinschaftshandlung also gleichzeitig eine generelle Norm und in Bezug auf bestimmte betroffene Wirtschaftsteilnehmer eine Entscheidung sein“[601]. Dieser Ansatz wurde allerdings in weiten Teilen der Literatur zum einen mit der Begründung verworfen, dass der Gerichtshof zuvor bereits ausdrücklich festgelegt hat, dass eine Maßnahme nicht gleichzeitig ein Rechtsakt von allgemeiner Geltung und Einzelmaßnahme sein kann[602] und zum anderen bei Entscheidungen

596 EuGH Rs. C-309/89, Slg. 1994, I-1853 (Codorniu/Rat).

597 Dieses Urteil ist deshalb ebenfalls von großer Bedeutung für die Bedingungen, die an das individuelle Betroffensein gestellt werden, wie unten an entsprechender Stelle noch weiter auszuführen sein wird.

598 EuGH Rs. C-309/89, Slg. 1994, I-1853 (Rn. 19) (Codorniu/Rat).

599 Schwarze-Schwarze, EU-Komm, Art. 230, Rn. 33.

600 Thiele, S. 127; Thiele, Prozessrecht, § 7 Rn. 45; Borowski, EuR 2004, 879 (886 ff); Cremer, Nowak/Cremer, Individualrechtsschutz, 27 (32); Arnull, CMLR 2001, 7 (20); Calliess/Ruffert-Cremer, EGV, Art. 230, Rn. 36; sowie sehr ausführlich Schulte, S. 100 ff.

601 EuG verb. Rs. T- 481 und 484/93, Slg. 1995, II-2941 (Rn. 50) (Vereniging van Exporteurs in Levende Varkens u.a./Kommission).

602 EuGH Rs. 45/81, Slg. 1982, 1129 (Rn. 18) (Moksel/Komission); so auch von der Groeben/Schwarze-Gaitanides, EGV, Art. 230, Rn. 60; Arnull, CMLR 2001, 7 (20); allerdings ging auch der Gerichtshof in seinem Urteil Unión de Pequeños Agricultores (UPA) davon aus, dass eine Maßnahme von allgemeiner Geltung

und Verordnungen grundlegend andere Rechtmäßigkeitskriterien wie z.B. Veröffentlichungsvoraussetzungen angelegt werden[603].

Alles in allem ergab sich aus den vorgenannten Ausführungen trotz fehlender ausdrücklicher Begründung durch die europäischen Gerichte, dass auch bei Maßnahmen mit allgemeiner Geltung der Schwerpunkt der Zulässigkeitsprüfung auf die unmittelbare und individuelle Betroffenheit verlagert wurde[604] und eine Anfechtung von „echten" Verordnungen deshalb grundsätzlich nicht von vornherein allein aufgrund des Verordnungscharakters ausgeschlossen war.[605] Es kann deshalb festgehalten werden, dass der Gerichtshof auch „echte" Verordnungen als zulässigen Klagegegenstand gem. Art. 230 Abs. 4 EGV anerkannt hat[606], allerdings nicht, ohne dies an die Bedingung zu knüpfen, dass der Kläger ausnahmsweise von der Verordnung unmittelbar und individuell betroffen ist.[607]

d) Richtlinien

Schließlich wurde auch diskutiert, ob auch Richtlinien als Klagegegenstand einer Nichtigkeitsklage in Frage kamen. Wenn auch der Wortlaut des Art. 230 Abs. 4 EGV im Grunde dagegen sprach, so mussten sich in der Vergangenheit sowohl das Gericht als auch der Gerichtshof mehrfach mit dieser Thematik auseinandersetzen.[608] Auch bei Richtlinien lässt sich zunächst einmal eine Unterscheidung

gegenüber einem Individualkläger „Entscheidungscharakter" haben kann, wenn diese Handlung den Kläger individuell betrifft, EuGH Rs. C-50/00 P, Slg. 2002, I-6677 ff (Rn. 35)(Unión de Pequeños Agricultores (UPA)/Rat).

603 Cremer, Nowak/Cremer, Individualrechtsschutz, 27 (32); Thiele, Prozessrecht, § 7, Rn. 45.

604 Schwarze führt in seinem Kommentar zwar noch aus, dass die Zulässigkeitsprüfung gänzlich auf das Merkmal der individuellen und unmittelbaren Betroffenheit beschränkt werden könne (Schwarze-Schwarze, EU-Komm, Art. 230, Rn. 33), allerdings relativiert er dies selbst in seinen Ausführungen in DVBl. 2002, S. 1300.

605 Von der Groeben/Schwarze-Gaitanides, EGV, Art. 230, Rn. 62.

606 So auch Borowski, EuR 2004, 879 (905); Cremer, Nowak/Cremer, Individualrechtsschutz, 27 (32) ; Thiele, Prozessrecht, § 7, Rn. 46; sowie nach sehr ausführlicher Darstellung im Ergebnis auch Thiele, S. 149 f.

607 Im Gegensatz hierzu hält Thiele dies für eine unzulässige Vermischung von Klagegegenstand und Klageberechtigung und hält „echte" Verordnungen im Wege einer Analogie für generell zulässige Klagegegenstände, Thiele, S. 122 ff mit Ergebnis auf S. 149 f.

608 So z.B. EuGH Rs. 160/88, Slg. 1988, 6399 (Rn. 12 ff) (Fédération europóene de la santé animale u.a./Rat); EuGH Rs. C-298/89, Slg. 1993, I-3605 (Rn. 15ff) (Gibraltar/Rat); EuG, Rs. T-99/94, Slg. 1994, II 871 (Rn. 17) (Asocarne/Rat) ; EuGH, Rs. C-10/95 P, Slg. 1995, I 4149 (Rn.43) (Asocarne/Rat); EuG, Rs. T-135/96, Slg.

zwischen Scheinrichtlinien, also Richtlinien, die eigentlich eine verschleierte Entscheidung verkörpern, und „echten" Richtlinien vornehmen.[609] Die Anfechtbarkeit von Scheinrichtlinien ist wohl mittlerweile in Rechtsprechung und Literatur anerkannt.[610] Dies wurde spätestens seit der Rechtssache UEAPME/Rat[611] – wie bei Verordnungen – vornehmlich darauf gestützt, dass die EU-Organe nicht allein durch die Formwahl einer Maßnahme den Rechtsschutz Einzelner ausschließen können sollen.[612]

Fraglich blieb, wie es sich mit der Anfechtbarkeit „echter" Richtlinien verhält. Nach ursprünglich ablehnender Haltung diesbezüglich[613], hat zumindest das Gericht die Anfechtbarkeit von Richtlinien indirekt anerkannt, indem es trotz des normativen Charakters der in Rede stehenden Richtlinie geprüft hat, ob der Kläger unmittelbar und individuell betroffen ist.[614] Es wurde also, ähnlich wie bei der oben dargelegten Rechtsprechung zu Verordnungen, der Schwerpunkt der Prüfung auf das unmittelbare und individuelle Betroffensein verlagert, allerdings ebenfalls, ohne dies weiter zu begründen.[615] Der Gerichtshof hatte sich allerdings bislang noch nicht so deutlich für eine Anfechtbarkeit von echten Richtlinien ausgesprochen.[616] Nichts desto trotz wurde vor allem aufgrund der Rechtsprechung des Gerichts eine Anfechtbarkeit von Richtlinien grundsätzlich als gegeben angesehen, sofern eben auch die hohen Anforderungen an das unmittelbare und individuelle Betroffensein gegeben waren.

1998, II 2335 (UEAPME/Rat); EuG, verb. Rs. T-172, 175–177/98, Slg. 2000, II 2487 (Salamander u.a./EP u. Rat).

609 Borowski, EuR 2004, 879 (888).

610 EuGH, Rs. C-10/95 P, Slg. 1995, I 4149 (Rn.43) (Asocarne/Rat); EuG, Rs. T-135/96, Slg. 1998, II 2335 (UEAPME/Rat); EuG, verb. Rs. T-172, 175–177/98, Slg. 2000, II 2487 (Salamander u.a./EP u. Rat); Rengeling/Middeke/Gellermann, § 7, Rn. 50; Busse-Muskala, S. 194; Cremer, EuZW 2001, 453 (457 f); Thiele, Prozessrecht, § 7, Rn. 50.

611 EuG, Rs. T-135/96, Slg. 1998, II 2335 (Rn. 63) (UEAPME/Rat).

612 Schulte, S. 60 f; Busse-Muskala, S. 194, m.w.N. zu Rechtsprechung.

613 EuGH Rs. C-298/89, Slg. 1993, I-3605 (Rn. 15ff) (Gibraltar/Rat); EuG, Rs. T-99/94, Slg. 1994, II 871 (Rn. 17) (Asocarne/Rat).

614 EuG, Rs. T-135/96, Slg. 1998, II 2335 (UEAPME/Rat); EuG, verb. Rs. T-172, 175–177/98, Slg. 2000, II 2487 (Salamander u.a./EP u. Rat).

615 Cremer, Nowak/Cremer, Individualrechtsschutz, 27 (38).

616 Zum Teil wird in der Rechtssache Asocarne (EuGH, Rs. C-10/95 P, Slg. 1995, I 4149 (Rn.43)) ein impliziter Wandel in der Rechtsprechung des Gerichtshofes gesehen. So Cremer in EuZW 2001, S. 453 und in Nowak/Cremer, Individualrechtsschutz, 27 (35 f.).

2. Klagegegenstand „Handlung" gem. Art. 263 Abs. 4 AEUV

Mit Inkrafttreten des Vertrages von Lissabon ergeben sich allerdings hinsichtlich der möglichen Klagegegenstände des Art. 263 Abs. 4 AEUV einige Neuerungen. So ist für die 1. und 2. Variante von Art. 263 Abs. 4 AEUV nunmehr die „Handlung" maßgeblicher Klagegegenstand, während die dritte Variante einen „Rechtsakt mit Verordnungscharakter" voraussetzt. Was genau unter letzterem zu verstehen ist, soll der Übersichtlichkeit halber an entsprechender Stelle bei der Darstellung der 3. Variante näher beleuchtet werden. An dieser Stelle soll zunächst nur dargestellt werden, was unter dem Begriff „Handlung" i.S.d. Art. 263 Abs. 4 AEUV zu verstehen ist.

Der Begriff „Handlung" ersetzt die nach Art. 230 Abs. 4 EGV erforderliche „Entscheidung" als zentralen Klagegegenstand. Durch die Wahl dieses allgemeinen Oberbegriffes wurde dem Prinzip der Handlungsformenneutralität Rechnung getragen, da mithin nicht mehr auf eine spezielle Handlungsform (Entscheidung) abgestellt wird.[617] Somit wurde sichergestellt, dass natürliche und juristische Personen gegen alle Handlungsformen angehen können, die in Art. 288 AEUV aufgezählt werden, so sie denn Rechtswirkungen entfalten und verbindlich sind.[618] Dies schließt Empfehlungen und Stellungnahmen aufgrund ihrer Unverbindlichkeit natürlich aus.[619] Umfasst sind aber alle Verordnungen, Richtlinien und Beschlüsse, unabhängig davon, ob sie nun als Gesetzgebungsakte oder als Rechtsakte ohne Gesetzescharakter ergangen sind. Es kommen also im Gegensatz zum alten Art. 230 Abs. 4 EGV alle „Handlungen", die den in Art. 263 Abs. 1 AEUV genannten Organen zuzurechnen sind, als mögliche Klagegegenstände in Betracht, sodass bezüglich des Klagegegenstandes keinerlei Unterschied zwischen Nichtigkeitsklagen von privilegierten und nicht-privilegierten Klägern mehr besteht.[620] Dies scheint auf den ersten Blick eine wesentliche Erweiterung gegenüber der alten Fassung zu sein, die sich dem reinen Wortlaut nach auf Entscheidungen und Entscheidungen in Form von Verordnungen (Scheinverordnungen) als zulässigen Klagegegenstand beschränkte. Das aus dieser alten Formulierung folgende, oben dargestellte Problem bzgl. der Anfechtbarkeit von echten Verordnungen und Richtlinien dürfte sich jedenfalls erledigt haben.[621] Denn wenn eine Beschränkung auf nur bestimmte

617 Kottmann, ZaöRV 2010, 547 (557).

618 Thiele, EuR 2010, 30 (39); Cremer, DÖV 2010, 58 (59); Calliess/Ruffert-Cremer, AEUV, Art. 263, Rn. 31.

619 Last, S. 152/153.

620 Vedder/Heintschel von Heinegg-Pache, EU-Recht, AEUV, Art. 263, Rn. 32.

621 So auch Thiele, EuR 2010, 30 (40); Calliess/Ruffert-Cremer, AEUV, Art. 263, Rn. 29.

Handlungsformen im Rahmen des Art. 263 Abs. 4 AEUV gewollt gewesen wäre, dann hätte dies auch formuliert werden können, indem beispielsweise nur Beschlüsse gem. Art. 288 Abs. 4 S. 2 AEUV[622] für anfechtbar erklärt worden wären.[623]

Ob diese augenscheinliche Erweiterung auf alle Handlungen tatsächlich eine weitreichende Änderung gegenüber der alten Fassung bedeutet, kann jedoch nur im Zusammenhang mit den an die Klagebefugnis geknüpften Voraussetzungen beantwortet werden. In der für den Klagegegenstand „Handlung" maßgeblichen 1. und 2. Variante des Art. 263 Abs. 4 AUEV erfolgen nämlich über die Voraussetzungen der Klagebefugnis nicht unwesentliche Einschränkungen.

B. Die Klagebefugnis nach den drei Varianten des Art. 263 Abs. 4 AEUV

Die Klagebefugnis Einzelner, also sog. nicht-privilegierter Personen, ist gem. Art. 263 Abs. 4 AEUV in drei verschiedenen Varianten gegeben. Zum einen sind sie klagebefugt, wenn eine Handlung an sie gerichtet ist (Var.1), wenn sie von einer Handlung unmittelbar und individuell betroffen sind (Var.2) oder aber, wenn sie sich gegen Rechtsakte mit Verordnungscharakter wenden, von denen sie unmittelbar betroffen sind und diese keine Durchführungsmaßnahmen nach sich ziehen (Var. 3).

Beim ersten Lesen des Wortlauts des Art. 263 Abs. 4 AEUV fällt auf, dass zwei wesentliche Punkte für die Zulässigkeit einer Individualnichtigkeitsklage gegeben sein müssen. Zum einen bildet der Klagegegenstand eine wichtige Rolle. So muss wie zuvor ausgeführt entweder eine Handlung vorliegen oder aber ein Rechtsakt mit Verordnungscharakter. Zum anderen bildet das sogenannte unmittelbare und individuelle Betroffensein eine wesentliche Voraussetzung. Hierbei ist fraglich, was nun genau unter dieser Voraussetzung zu verstehen ist, da diese Begrifflichkeit an sich durchaus Interpretationsspielraum bietet. Es ist deshalb nicht verwunderlich, dass die Auslegung und Bedeutung des Merkmals des unmittelbaren und insbesondere auch des individuellen Betroffenseins zu den umstrittensten Bereichen im Rahmen des EU-Rechts gehört.[624] Aus diesem

622 Diese sog. adressatenbezogenen Beschlüsse entsprechen der früheren Entscheidung gem. Art. 249 Abs. 4 EGV, vgl. oben in diesem Teil Kapitel 1 E I 2 c).

623 Last, S. 151.

624 So auch Thiele, Prozessrecht, § 7, Rn. 66 m.w.N. in Fn. 99 zur umfassenden Literatur in diesem Bereich.

Grund werden diese Voraussetzungen im Folgenden genauer zu untersuchen sein.

I. Klagebefugnis des Adressaten: 1. Variante

Nach der ersten Variante des Art. 263 Abs. 4 AEUV sind diejenigen natürlichen und juristischen Personen klagebefugt, gegen die eine Handlung gerichtet ist.[625] Mit anderen Worten sind diejenigen klagebefugt, die Adressat einer Handlung sind, also von dieser individuell angesprochen werden.[626]

Dies deutet zunächst auf eine Erweiterung des Klagegegenstands gegenüber der alten Fassung hin, die noch von „Entscheidung" sprach. Der Begriff „Handlung" umfasst zwar jeden Sekundärrechtsakt soweit dieser Rechtswirkungen entfaltet, jedoch ist eine Handlung, die eine bestimmte natürliche oder juristische Person zum *Adressaten* hat, schon der Definition nach eine Entscheidung gem. Art. 249 Abs. 4 EGV bzw. nunmehr ein Beschluss gem. Art. 288 Abs. 4 AEUV, sodass allein durch die Wortwahl „Handlung" keine Erweiterung des Klagegegenstandes gegeben ist.[627] Denn eine „Handlung" i.S.d. 1. Variante des Art. 263 Abs. 4 AEUV kann aufgrund der Adressatenbezogenheit nur ein Beschluss nach Art. 288 Abs. 4 S. 2 AEUV sein[628], da es sich bei dem adressatenbezogenen Beschluss um den einzigen in Art. 288 AEUV aufgeführten Rechtsakttypen[629] handelt, der wie eine Entscheidung individuell nur den jeweiligen Adressaten anspricht.[630] Ist also ein adressatenbezogener Beschluss gegeben, so kann sich die hierin bezeichnete natürliche oder juristische Person im Wege der Nichtigkeitsklage dagegen wehren, ohne dass noch weitere Voraussetzungen zur Erfüllung der Klagebefugnis gegeben sein müssten.[631]

---

625 Die noch im Konventsvorschlag eher missglückte deutsche Fassung „an sie ergangenen Handlungen" wurde erfreulicherweise abgeändert zu der konkreteren Formulierung „an sie gerichteten Handlung", wodurch die Adressatenstellung deutlicher hervorgehoben wird und eine Anpassung an den Wortlaut des Art. 288 Abs. 4 S. 2 AEUV erfolgt; vgl. hierzu bereits Mayer, DVBl. 2004, 606 (610) und Last, S. 181, Fn. 145.

626 Mayer, DVBl. 2004, 606 (610); Fredriksen, ZEuS 2005, 99 (114).

627 Cremer, EuGRZ 2004, 577 (578); Cremer, DÖV 2010, 58 (59); Calliess-Ruffert-Cremer, AEUV, Art. 263, Rn. 31.

628 Last, S. 181; Cremer, DÖV 2010, 58 (60); Pilafas, S. 238; Kirchhoff, S. 217.

629 Zu den unterschiedlichen Rechtsakttypen vgl. die Ausführungen im 1. Kapitel unter E I 2.

630 Fredriksen, ZEuS 2005, 99 (114); Pilafas, S. 238; Kirchhoff, S. 217.

631 Last, S. 181.

II. Klagebefugnis bei unmittelbarer und individueller Betroffenheit: 2. Variante

Nach der 2. Variante des Art. 263 Abs. 4 AEUV können diejenigen natürlichen und juristischen Personen Klage erheben, die von einer Handlung individuell und unmittelbar betroffen sind. Auch für diese Variante wird also auf den allgemeinen Begriff „Handlungen" abgestellt. Fraglich ist deshalb, welche Art von Handlungen nun unter diese Variante fällt. Wenn man diese Variante im Zusammenhang mit der 1. Variante sieht, so können hier nur Handlungen gemeint sein, die einen anderen Adressaten (Drittbetroffenheit) oder gar keinen Adressaten haben.[632] Es fallen demnach alle übrigen in Art. 288 AEUV aufgezählten Rechtsakttypen unter den Begriff „Handlungen", also auch Verordnungen, Richtlinien und (adressatenlose) Beschlüsse. Hierdurch wird, wie schon gezeigt[633], der Streit, ob und inwieweit Verordnungen und Richtlinien zulässige Klagegegenstände im Rahmen einer Individualnichtigkeitsklage sein können, hinfällig.[634] Die hierzu bislang geltende Rechtsprechung wurde nunmehr direkt in den Vertragstext eingearbeitet.[635] Dies bedeutet also in der Sache keine tatsächliche Erweiterung der Klagegegenstände gegenüber der alten Fassung des Art. 230 Abs. 4 EGV, aber eine begrüßenswerte primärrechtliche Absicherung der zuvor umstrittenen Rechtsprechung.[636]

Dadurch, dass hierunter auch Handlungen fallen, die an einen von dem Kläger verschiedenen Adressaten gerichtet sind, umfasst diese Variante gleichzeitig auch die dritte Variante des alten Art. 230 Abs. 4 EGV, die sog. Drittanfechtung[637]. Es handelt sich hierbei um Handlungen, die nicht den Kläger, sondern einen Dritten, namentlich als Adressaten bezeichnen.[638] Es ist hiermit jedoch nicht gemeint, dass die Entscheidung irrtümlich an einen Dritten ergangen ist, sondern durchaus an den richtigen Adressaten gerichtet ist, diese Handlung

632 Kirchhoff, S. 218; Cremer, DÖV 2010, 58 (60); Cremer, EuGRZ 2004, 577 (578); Calliess/Ruffert-Cremer, AEUV, Art. 263, Rn. 33; Frenz/Distelrath, NVwZ 2010, 162.

633 Vgl. oben in diesem Teil Kapitel 2 A VI 2.

634 Pilafas, S. 239; Calliess/Ruffert-Cremer, AEUV, Art. 263, Rn. 29; Fredriksen, ZEuS 2005, 99 (113); Thiele, EuR 2010, 30 (40).

635 Frenz/Distelrath, NVwZ 2010, 162 (163).

636 Cremer, DÖV 2010, 58 (60); Cremer, EuGRZ 2004, 577 (578); Calliess/Ruffert-Cremer, AEUV, Art. 263, Rn. 33; Fredriksen, ZEuS 2005, 99 (113).

637 von der Groeben/Schwarze, Gaitanides, EGV, Art. 230, Rn. 80.

638 Daig, S. 95, Rn. 120; Koch, S. 228; Lenz/Borchardt-Borchardt, EGV, Art. 230, Rn. 46.

allerdings nicht nur den Adressaten, sondern eben auch andere Personen beeinflusst.[639] Durch diese Variante der alten Fassung sollte also Privatpersonen die Option eingeräumt werden, „gegen Entscheidungen vorzugehen, die zwar an einen Dritten adressiert sind und nur deren Rechte und Pflichten festlegen sollen, die aber gleichzeitig auch nachteilige Folgen in Form einer Drittwirkung für den Kläger haben können".[640] Ein Dritter konnte und kann hierbei eine Privatperson, ein Konkurrent des Klägers, aber auch ein anderer Mitgliedstaat sein, an den die Entscheidung gerichtet ist.[641]

In jedem Fall muss für alle möglichen Konstellationen der 2. Variante des Art. 263 Abs. 4 AEUV auch das unmittelbare und individuelle Betroffensein des Klägers gegeben sein.

Es ist zunächst zu klären was unter dem Begriff „Betroffensein" zu verstehen ist, bevor im Folgenden die Begriffe „unmittelbar" und „individuell" ausführlich untersucht werden. Betroffen ist der Kläger durch einen Rechtsakt, wenn er durch diesen einen Nachteil erleidet, also materiell beschwert ist. Nachteilig ist hierbei jede Beeinträchtigung von Rechten oder schutzwürdigen Interessen.[642] Es kommt im Gegensatz zum deutschen Verwaltungsrecht jedoch nicht auf die Möglichkeit der Verletzung eines subjektiven Rechts (wie z.B. für § 42 Abs. 2 VwGO gefordert) an. Das Unionsrecht lässt vielmehr die mögliche Beeinträchtigung eines relevanten Interesses genügen, was die Nähe zum französischen Verwaltungsprozessrecht unterstreicht, welches ein „intérêt pour agir" genügen lässt.[643] Insgesamt kann also festgehalten werden, dass ein Kläger dann betroffen ist, wenn er zum Kreis derjenigen gehört, in deren rechtlich relevanten Interessenkreis die Maßnahme eingreift oder zumindest eingreifen könnte.[644] Dieser recht weit gefasste Begriff des Betroffenseins erfährt jedoch eine nicht unerhebliche Einschränkung bzw. Konkretisierung durch die ergänzenden Kriterien der Unmittelbarkeit und der Individualität.[645]

---

639 Daig, S. 95, Rn. 120; Daig, FS für Riese, 187 (201); Koch, S. 229 f.

640 Schwarze-Schwarze, EU-Komm. Art. 230, Rn. 40.

641 Daig, S. 96, Rn. 121; von der Groeben/Schwarze-Gaitanides, EGV, Art. 230, Rn. 80.

642 Constantinesco, S. 858 f.; von Dietze, S. 30; Thiele, S. 215; Wegmann, S. 127; Rengeling/Middeke/Gellermann, § 7, Rn. 57; Schwarze-Schwarze, EU-Komm, Art. 230, Rn. 30.

643 Schwarze-Schwarze, EU-Komm, Art. 230, Rn. 30; Rengeling/Middeke/Gellermann, § 7, Rn. 57.

644 Koenig/Haratsch, EuropaR, Rn. 383.

645 Wegmann, S. 127, Constantinesco, S. 859; Schwarze-Schwarze, EU-Komm, Art. 230, Rn. 30.

Dies stellt im Rahmen der Prüfung der Klagebefugnis auch den wohl wichtigsten und am häufigsten diskutierten Teil dar. Das Kriterium der Unmittelbarkeit dient hierbei der Vermeidung eines direkten Klagerechts eines nur potentiell Betroffenen, während das Kriterium der individuellen Betroffenheit den Ausschluss von Popularklagen sicherstellen soll.[646]

1. Unmittelbares Betroffensein

Das Kriterium der Unmittelbarkeit dient in erster Linie dem Ausschluss derjenigen als Klageberechtigten, die von einer Unionsmaßnahme lediglich potentiell betroffen sind.[647] Hierbei kann zwischen „formeller und materieller Unmittelbarkeit"[648] unterschieden werden.

a) Formelle Unmittelbarkeit

Von unmittelbarem Betroffensein i.S. formeller Unmittelbarkeit wird gesprochen, wenn der Kläger durch die angefochtene Maßnahme ipso facto benachteiligt, wobei es nicht genügt, dass sie ihn benachteiligen kann, sofern weitere Umstände wie z.B. Durchführungsmaßnahmen hinzutreten.[649] Es muss sich also um einen Rechtsakt handeln, der ohne weitere Umsetzungsakte, eben unmittelbar, Rechtsfolgen zeitigt,[650] mit anderen Worten muss die Maßnahme eine fest definierte Rechtsfolge anordnen.[651] Dass in solchen Fällen eine Beeinträchtigung des potentiellen Klägers stets und ohne großen Prüfungsaufwand gegeben ist, liegt auf der Hand. Allerdings würde eine Beschränkung allein auf diesen strengen formellen Maßstab zu weit führen, da hierdurch der Rechtsschutz des Einzelnen zu sehr beschnitten würde.[652] Deshalb wurde und wird die Beschränkung des Betroffenseins auf nur formelle Unmittelbarkeit abgelehnt.[653]

---

646 Schwarze-Schwarze, EU-Komm, Art. 230, Rn. 30; Calliess/Ruffert-Cremer, EGV, Art. 230, Rn. 46; Rengeling/Middeke/Gellermann, § 7, Rn. 58.

647 So auch Cremer, Nowak/Cremer, Individualrechtsschutz, 27 (39).

648 Diese Bezeichnung findet sich bereits bei Daig, FS für Riese, 187 (205).

649 Cremer, Nowak/Cremer, Individualrechtsschutz, 27 (39); Koenig/Haratsch, EuropaR, Rn. 384.

650 Allkemper, S. 77; Daig, FS für Riese, 187 (205); vgl. auch Danner, S. 90 f, der eine solche Interpretation des Unmittelbarkeitsbegriffs als eine mögliche Auslegung des Wortlauts aufzeigt, im Ergebnis lehnt er diese Interpretation und auch These der formellen Unmittelbarkeit ab (S. 100 ff).

651 Allkemper, S. 76.

652 Wegmann, S. 132.

653 Wegmann, S. 132; Daig, FS für Riese, 187 (205); Daig, S. 102, Rn. 132.

b) Materielle Unmittelbarkeit

Davon zu unterscheiden ist die materielle Unmittelbarkeit, für die weniger strikte Anforderungen als für die formelle Unmittelbarkeit gelten. Von materieller Unmittelbarkeit wird gesprochen, wenn trotz der Tatsache, dass zur Durchsetzung der Rechtsfolgen ein weiterer Zwischenakt erforderlich ist, mit großer Wahrscheinlichkeit absehbar ist, dass der spätere Ausführungsakt in die Rechte und Interessen des Klägers eingreifen wird.[654] Dies ist beispielsweise der Fall, wenn die Adressaten der Maßnahme bzw. die jeweiligen Mitgliedstaaten zu deren Umsetzung rechtlich verpflichtet sind und dabei an die festen Vorgaben des Rechtsaktes gebunden sind und ihnen somit kein Ermessensspielraum bzgl. der Umsetzung gegeben ist.[655] In einem solchen Fall ist der Einzelne nämlich nicht nur potentiell, sondern aufgrund der Umsetzungspflicht der Mitgliedstaaten „quasi automatisch" von der Maßnahme betroffen.[656]

Das ausschlaggebende Kriterium hierbei ist also, wann die unionsrechtlichen Vorgaben bzgl. der Ausgestaltung des nationalen Rechtsaktes derart eng sind, dass dem umsetzenden Mitgliedstaat im Grunde keine eigene Gestaltungsmöglichkeit mehr zukommt.

Ursprünglich machte der Gerichtshof dies einzig und allein daran fest, ob dem Mitgliedstaat bei der Umsetzung ein Ermessensspielraum zukam, da dann das unmittelbare Betroffensein zu verneinen war.[657] Mittlerweile hat der Gerichtshof seine Rechtsprechung dahingehend erweitert, dass es für die Bejahung der Unmittelbarkeit darauf ankommt, ob ein Abweichen des Mitgliedstaates von der unionsrechtlichen Vorgabe, mit anderen Worten eine tatsächliche Ausübung des Ermessens, nur eine rein theoretische Möglichkeit darstellt,[658] also beispielsweise in Situationen, in denen der Mitgliedstaat sein beabsichtigtes Verhalten bei der Durchführung der Maßnahme unmissverständlich verdeutlicht oder aber wenn der Rechtsakt erst aufgrund eines entsprechenden Antrages eines Mitgliedstaates ergangen ist.[659] Auch in der Literatur wurde mehrfach darauf abgestellt, dass es für die Bejahung der Unmittelbarkeit genügen muss, wenn mit großer an

654 Allkemper, S. 77; Daig, S. 102; Rn. 132; Daig, FS für Riese, 187 (205).

655 Allkemper, S. 77; Wegmann, S. 132; Koch, S. 240.

656 Cremer, Nowak/Cremer, Individualrechtsschutz, 27 (39).

657 EuGH Rs. 222/83, Slg. 1984, 2889 (Rn.12) (Differdange/Kommission); von Danwitz, NJW 1993, 1108 (1110); Allkemper, S. 78.

658 EuGH Rs. 11/82, Slg. 1985, 207 (Rn. 9) (Piraiki-Patraiki/Kommission); von Danwitz, NJW 1993, 1108 (1110); Allkemper, S. 78.

659 Schwarze-Schwarze, EU-Komm, Art. 230, Rn. 41; Allkemper, S. 78.

Sicherheit grenzender Wahrscheinlichkeit der Kläger durch den Umsetzungsakt beschwert wird.[660]

Sowohl Rechtsprechung als auch Literatur sprechen dafür, der Lehre der materiellen Unmittelbarkeit zu folgen. Ferner ist auch unter Beachtung des „effet utile"- Prinzips die Anwendung der Lehre der materiellen Unmittelbarkeit geboten.[661] Durch das Abstellen auf die Wahrscheinlichkeit einer Interessensbeeinträchtigung bereits im Rahmen der Unmittelbarkeitsprüfung wird die streitige Rechtslage frühzeitig geklärt, was eindeutig der Prozessökonomie dient.[662] Im Ergebnis wird insbesondere durch dieses materielle Verständnis im Vergleich zum formellen Verständnis auch dem effektiven Rechtsschutz Einzelner Rechnung getragen,[663] weshalb insgesamt die Lehre der materiellen Unmittelbarkeit vorzuziehen ist.

2. Individuelles Betroffensein

Außerdem muss für die 2. Variante des Art. 263 Abs. 4 AEUV auch das Merkmal des individuellen Betroffenseins gegeben sein. Dies dient, wie bereits erwähnt, vorrangig dem Ausschluss von sog. Popularklagen (actio popularis).[664] Dieses Merkmal ist seit jeher umstritten und bietet Anlass zur Diskussion. Ein vorläufiger Höhepunkt dieser Diskussion wurde vor ca. 10 Jahren im Rahmen der Entscheidung *Unión de Pequeños Agricultores (UPA)*[665] erreicht, angetrieben durch die Schlussanträge des Generalanwaltes Francis G. Jacobs (vom 21.03.2002) und die Rechtssache *Jégo-Quéré*[666]. Da diese Rechtssachen zu einer umfassenden Diskussion führten, mit der Besonderheit, dass sich sogar Generalanwalt Jacobs und das Gericht in der Sache Jégo-Quéré für eine erweiterte Auslegung des Merkmals der individuellen Betroffenheit aussprachen, werden diese Rechtssachen in einem eigenen Unterpunkt ausführlich dargestellt und erläutert, nachdem zunächst auf die ständige Rechtsprechung des Gerichtshofs zum Merkmal des individuellen Betroffenseins eingegangen wurde.

660 Daig, FS für Riese, 187 (205); Wegmann, S. 134; Daig, S. 102, Rn. 132.

661 Allkemper, S. 80.

662 Allkemper, S. 80; Daig, S. 103; Rn.132.

663 Allkemper, S. 81.

664 So jüngst bestätigt durch GA'in Kokott in ihren Schlussanträgen in der Rechtssache C-583/11 P (Inuit Tapiriit u.a./Parlament und Rat), Rn. 64.

665 EuGH Rs. C-50/00 P, Slg. 2002, I-6677 ff. (Unión de Pequeños Agricultores (UPA)/ Rat).

666 EuGH Rs. C-263/02 P, Slg. 2004, I-3425 (Jégo-Quéré/Kommission); in 1. Instanz EuG Rs. T-177/01, Slg. 2002, II. 2365.

a) Plaumann-Formel und erweiternde Fallgruppen

In seiner Plaumann – Entscheidung[667] entwickelte der Gerichtshof für Abwägung, ob jemand von einem Unionsakt individuell betroffen ist, die sehr restriktive Plaumann- Formel. Hiernach ist derjenige, der nicht Adressat einer Entscheidung ist, nur dann von ihr individuell betroffen, wenn sie ihn wegen bestimmter persönlicher Eigenschaften oder besonderer, ihn aus dem Kreis der übrigen Personen heraushebenden Umstände berührt und ihn daher in ähnlicher Weise individualisiert wie den Adressaten.[668] Diese Formel gilt seither als ständige Rechtsprechung. Obwohl sich der Gerichtshof in derselben Rechtssache dafür aussprach, die Bestimmungen über das Klagerecht nicht restriktiv zu interpretieren[669], hat er sich mit dem Argument des „eindeutig engen Wortlauts"[670] von Art. 230 Abs. 4 EGV bzw. nunmehr Art. 263 Abs. 4 AEUV lange einer über die Plaumann-Formel hinausgehenden Auslegung des Individualitätsmerkmals versperrt.[671] In späteren Entscheidungen verlangte der Gerichtshof außerdem, dass der Kreis der Betroffenen bei Erlass der Entscheidung nach Zahl und Personen abschließend feststeht.[672] Dies wurde damit begründet, dass in einem solchen Fall gerade keine Verordnung im eigentlichen Sinne, sondern vielmehr ein „Bündel individueller (...) Entscheidungen"[673] bzw. eine sog. Sammelentscheidung gegeben sei.[674] Diese Voraussetzungen stellten allerdings einen derart strengen Maßstab dar, dass bis Ende der 1970er Jahre das individuelle Betroffensein nur selten bejaht wurde.[675]

Im Laufe der Jahre ist der Gerichtshof jedoch in einzelnen Fällen von seiner strikten Auslegung abgewichen und hat weitere Fallgruppen gebildet, in denen ein individuelles Betroffensein als gegeben angesehen worden ist. Insgesamt kann man drei verschiedene Fallgruppen unterscheiden.

---

667 EuGH Rs. 25/62, Slg. 1963, 211 (Plaumann/Kommission).

668 EuGH Rs. 25/62, Slg. 1963, 211 (238) (Plaumann/Kommission).

669 EuGH Rs. 25/62, Slg. 1963, 211 (237) (Plaumann/Kommission).

670 So z.B. in EuGH, Rs. 40/64, Slg. 1965, 296 (312) (Sgarlata/Kommission).

671 Calliess/Ruffert-Cremer, EGV, Art. 230, Rn. 50.

672 EuGH, verb. Rs. 106 u. 107/63, Slg. 1965, 547(556) (Töpfer/Kommssion); Daig, S. 1089, Rn. 141; Cremer, Nowak/Cremer, Individualrechtsschutz, 27 (41); Calliess/Ruffert-Cremer, EGV, Art. 230, Rn. 50; Rengeling/Middeke/Gellermann, § 7, Rn. 60.

673 EuGH Rs. 41.44/70, Slg. 1971, 411 (Rn. 16–22) (International Fruit Company u.a./ Kommission).

674 Rengeling/Middeke/Gellermann, § 7, Rn. 61; Rengeling, FS für Kutscheidt, 93 (95).

675 Calliess/Ruffert-Cremer, EGV, Art. 230, Rn. 50, m.w.N. zur entsprechenden Rechtsprechung.

Zum einen hat der Gerichtshof das individuelle Betroffensein bejaht, wenn dem Kläger in einem vorangegangenen Verwaltungsverfahren bestimmte Beteiligungs-, Informations- oder Mitwirkungsrechte eingeräumt worden sind.[676] Die Individualisierung findet also durch Verfahrensbeteiligung und die Verfahrensgarantien statt.[677]

In einer zweiten Fallgruppe hat der Gerichtshof das individuelle Betroffensein bejaht, wenn ein Rechtsakt in besondere Rechte des Klägers eingreift.[678] Dies kann beispielsweise bei einer besonderen bzw. spürbaren Beeinträchtigung der Marktposition des Klägers durch die beanstandete Maßnahme der Fall sein.[679] Auch ließ der Gerichtshof in einigen Fällen, z.B. in den wichtigen Rechtssachen Codorniu[680] und SWM Winzersekt[681], die Beeinträchtigung von zum unionsrechtlichen Grundrechtsstandard gehörenden Grundrechten als Merkmal zur Begründung des individuellen Betroffenseins zu.[682]

Schließlich wurde von der Rechtsprechung eine Individualisierung des Klägers bejaht, wenn ein Unionsorgan verpflichtet ist, aufgrund spezifischer sekundärrechtlicher Bestimmungen die Folgen einer beabsichtigten Handlung auf die Lage bestimmter Personen zu berücksichtigen, und der Kläger zu letzteren gehört.[683]

---

676 Rengeling/Middeke/Gellermann, § 7, Rn. 61; Rengeling, FS für Kutscheidt, 93 (96); Borowski, EuR 2004, 879 (890); Schwarze, DVBl. 2002, 1297 (1301); Nettesheim, JZ 2002, 928 (930); von Danwitz, NJW 1993, 1108 (1110); Calliess, NJW 2002, 3577 (3579); Braun/Kettner, DÖV 2003, 58 (60), jeweils m.w.N. zur Rechtsprechung.

677 Braun/Kettner, DÖV 2003, 58 (60); Cremer, Nowak/Cremer, Individualrechtsschutz, 27 (41, 42), die darauf hinweisen, dass sich im Antidumping-, Antisubventions- und Kartellrecht derartige Fälle finden; Calliess, NJW 2002, 3577 (3579); Schwarze-Schwarze, EU-Komm, Art. 230, Rn. 38, auch jeweils m.w.N. zur einschlägigen Rechtsprechung.

678 EuGH, Rs. C-358/89, Slg. 1991 I 2501 (Extramet Industrie/Rat) ; Renegeling/Middeke/Gellermann, § 7, Rn. 63; Rengeling, FS für Kutscheidt, 93 (96) ; Schwarze-Schwarze, EU-Komm, Art. 230, Rn. 39.

679 Cremer, Nowak/Cremer, Individualrechtsschutz, 27 (42); Allkemper, S. 88/89; Calliess, NJW, 2002, 3577 (3579).

680 EuGH, Rs. C-309/89, Slg. 1994, I 1853 (Rn. 21) (Codorniu/Rat).

681 EuGH, Rs. 306/93, Slg. 1994, I 5555 (Rn. 24) (SWM Winzersekt/Land Rheinland Pfalz).

682 Borowski, EuR 2004, 879 (891); Braun/Kettner, DÖV 2003, 58 (60); Calliess, NJW 2002, 3577 (3579).

683 So z.B.: EuG verb. Rs. T- 480 u. 483/93, Slg. 1995, II 2310 (Antillean Rice Mills NV u.a./Kommission); Cremer, Nowak/Cremer, Individualrechtsschutz, 27 (43); Calliess/Ruffert-Cremer, EGV, Art. 230, Rn. 56; Nettesheim, JZ 2002, 928 (939).

Dennoch hat der Gerichtshof trotz dieser scheinbaren Lockerungen den Grundsatz der Plaumann -Formel nie gänzlich außer Acht gelassen und hat im Gegenteil, bisweilen sogar ausschließlich den strengen Maßstab dieser Formel angewandt.[684] Außerdem ist festzuhalten, dass aufgrund der vielfältigen Rechtsprechung in diesem Bereich die Einteilung in die vorgenannten Fallgruppen bestenfalls als Versuch einer groben Abgrenzung gesehen werden kann. Deshalb wurde gerade die Rechtsprechung zu diesem Bereich schon als „Verwirrspiel"[685] bezeichnet, das durch die „Heterogenität"[686] von Fallgruppen geprägt ist und es deshalb für den Einzelnen schwierig macht, im Vorfeld abzuschätzen, ob seine Klagebefugnis im Einzelfall gegeben ist oder nicht.

b) Das individuelle Betroffenseins und die Rechtssachen Unión de Pequeños Agricultores (UPA) *sowie* Jégo-Quéré

Wie oben gezeigt, hat die Rechtsprechung bislang in einer Vielzahl von Fällen den Zugang des Einzelnen zum Gericht bzw. zum Gerichtshof sehr restriktiv gehandhabt, was bereits seit langem in der Literatur stark kritisiert und der Individualrechtsschutz deshalb als unzureichend eingestuft wurde.[687] Arnull geht sogar so weit und bezeichnet die Rechtsprechung in diesem Bereich als „blot on the landscape of Community law"[688], also als einen Schandfleck in der Landschaft des EU-Rechts. Diese harsche Kritik seitens der Literatur hat dazu geführt, dass selbst Generalanwalt (GA) Jacobs in seinen Schlussanträgen zu der Rechtssache *Unión de Pequeños Agricultores (UPA)*[689] feststellen musste, dass „die eingeschränkte Zulässigkeit von Klagen Einzelner in weiten Kreisen als einer der am wenigsten zufrieden stellenden Aspekte der Gemeinschaftsordnung betrachtet wird"[690]. Die vorbezeichnete Rechtssache UPA bildete gleichzeitig zusammen mit der Rechtssache *Jégo-Quéré*[691] einen vorläufigen Höhepunkt in der

684 Calliess/Lais, ZUR 5/2002, 344.

685 Calliess/Lais, ZUR 5/2002, 344 (345); Calliess, NJW 2002, 3577 (3580).

686 Nettesheim, JZ 2002, 928 (930).

687 Rasmussen, ELRev. 1980, 112 ff; von Danwitz, NJW 1993, 1008 (1111 ff.); Arnull, CMLR 1995, 7 ff; ders. CMLR 2001, 7 ff; Allkemper, S. 39, 40; Waelbroeck/Verheyden, CDE 1995, 399ff; Vandersanden, CDE 1995, 535 ff.

688 Arnull, CMLR 2001, 7 (52).

689 EuGH Rs. C-50/00 P, Slg. 2002, I-6677 ff (Unión de Pequeños Agricultores (UPA)/Rat).

690 Jacobs, Schlussanträge i.d. Rs. C-50/00 P (UPA), abgedruckt in EuGRZ 2002, 420 (432), Rn. 100.

691 EuGH Rs. C-263/02 P, Slg. 2004, I-3425 (Jégo-Quéré/Kommission); in 1. Instanz EuG Rs. T-177/01, Slg. 2002, II-2365 ff.

Diskussion zur bisherigen Rechtsprechung und Verfahrensweise bzgl. des individuellen Betroffenseins. Darin sprachen sich insbesondere der Generalanwalt Jacobs und auch das Gericht gegen die strikte Rechtsprechung des Gerichtshofes aus und forderten eine Reformation der Auslegung des Merkmals des individuellen Betroffenseins. Bemerkenswert hierbei ist, dass durch GA Jacobs und das Gericht der Fokus auf den Grundsatz der Effektivität des Rechtsschutzes gelegt wurde, der bei Beibehaltung der strikten Rechtsprechung des Gerichtshofes als gefährdet bewertet wird.[692] Im Folgenden werden deshalb diese wesentlichen Rechtssachen und die damit verbundenen konträren Standpunkte sowie die Reaktionen in der Literatur hierauf dargestellt. Zu beachten ist hierbei allerdings, dass diese Rechtssachen noch vor Inkrafttreten des Vertrages von Lissabon und somit noch nach dem alten EGV entschieden wurden, weshalb auch im Rahmen der folgenden Darstellung die alte Bezeichnung der Artikel nach dem EGV beibehalten wurde. Nichts desto trotz sei bereits jetzt darauf hingewiesen, dass auch nach der Neugestaltung des Art. 263 Abs. 4 AEUV die Diskussion hinsichtlich der Definition des Kriteriums des individuellen Betroffenseins nicht obsolet geworden ist.[693]

aa) Das Greenpeace-Urteil

Um die Entwicklung hin zu der von GA Jacobs in der Rechtssache UPA vertretenen Ansicht besser nachvollziehen zu können, ist es sinnvoll, zunächst einen Blick auf das Greenpeace- Urteil[694] des Gerichtshofes zu werfen. Dieses Urteil bildet nämlich in gewisser Weise die Grundlage der von GA Jacobs entwickelten Ansicht.[695] Zunächst stellte der Gerichtshof fest, dass die für die Bejahung der individuellen Betroffenheit maßgebende Plaumann-Formel auch für Vereinigungen wie Greenpeace anzuwenden ist.[696] Dem Argument von Greenpeace, dass ihnen bei Anwendung dieses strengen Plaumann-Maßstabes jede Möglichkeit genommen sei, wirksamen Rechtsschutz zu erlangen, begegnete der Gerichtshof damit, dass Greenpeace auf dem nationalen Rechtsweg durchaus ein Vorlageverfahren erreichen könne.[697] Deshalb sei Greenpeace gerade nicht

---

692 Jacobs, Schlussanträge i.d. Rs. C-50/00 P (UPA), abgedruckt in EuGRZ 2002, 420 (432), Rn. 49; EuG Rs. T-177/01, Slg. 2002, II-2365 (Rn. 47 ff.) (Jégo-Quéré/Kommission).

693 Siehe hierzu die Ausführungen in diesem Kapitel unter B II 4.

694 EuGH, Rs. C-321/95 P, Slg. 1998, I 1651 (Greenpeace/Kommission).

695 So auch Calliess/Lais, ZUR 2002, 344 (345).

696 EuGH, Rs. C-321/95 P, Slg. 1998, I 1651 (Rn. 23 ff) (Greenpeace/Kommission).

697 EuGH, Rs. C-321/95 P, Slg. 1998, I 1651 (Rn. 32/33) (Greenpeace/Kommission).

völlig rechtsschutzlos gestellt.[698] Der Gerichtshof ließ hier die Tendenz erkennen, die Zulässigkeitsvoraussetzungen der Nichtigkeitsklage immer dann restriktiv zu interpretieren, wenn die Kläger effektiven Rechtsschutz vor den nationalen Gerichten erlangen könnten, denen die Möglichkeit eines Vorlageverfahrens offen steht.[699] Daraus könnte man also schließen, dass der Gerichtshof eine verborgene Zulässigkeitsvoraussetzung darin sah, ob der Kläger vor den nationalen Gerichten in Verbindung mit einem Vorlageverfahren effektiven Rechtsschutz erreichen kann oder eben nicht.[700] Durch diese Entscheidung wurde jedenfalls das Kriterium des effektiven Rechtsschutzes mehr in den Mittelpunkt gerückt.

bb) Die Rechtssache Unión de Pequeños Agricultores (UPA)[701]

Anknüpfend an das Greenpeace- Urteil wurde es deshalb auch in der folgenden Rechtssache UPA zur zentralen Frage, „wie innerhalb der durch den Wortlaut und die Struktur des Vertrags vorgegebenen Beschränkungen sichergestellt werden kann, dass dem Einzelnen effektiver gerichtlicher Rechtsschutz zuteil wird".[702]

(1) Sachverhalt und die Entscheidung des Gerichts

In dieser Rechtssache hatte ein Interessenverband von kleinen spanischen Landwirten, die Unión de Pequeños Agricultores (UPA), beim Gericht Nichtigkeitsklage[703] gegen einzelne Vorschriften der Verordnung [EG] 1638/98[704] erhoben, in der Änderungen der gemeinsamen Marktorganisation für Olivenöl vorgesehen waren, indem bestimmte Beihilfen entweder geändert oder ganz abgeschafft wurden. Die UPA hat ihre Klage beim Gericht auf eine mögliche Verletzung von Rechten ihrer Mitglieder und eigener Rechte gestützt und zur Zulässigkeit der Nichtigkeitsklage mehrere Gründe angeführt[705]. Das Hauptargument der UPA

---

698 EuGH, Rs. C-321/95 P, Slg. 1998, I 1651 (Rn. 33) (Greenpeace/Kommission).

699 Vgl. hierzu Calliess/Lais, ZUR 2002, 344 (345); Calliess, NJW 2002 3577 (3579); EuGH, Rs. C-321/95 P, Slg. 1998, I 1651 (Rn. 33) (Greenpeace/Kommission); Wegener, ZUR 1998, 131 (134) mit Verweis auf K. Lenaerts in Fn. 29.

700 So z.B. Calliess/Lais, ZUR 2002, 344 (345); Wegener, ZEuS 1998, 183 (195); Wegener, ZUR 1998, 131 (134).

701 EuGH Rs. C-50/00 P, Slg. 2002, I-6677 ff (Unión de Pequeños Agricultores (UPA)/Rat).

702 Jacobs, Schlussanträge i.d. Rs. C-50/00 P (UPA), abgedruckt in EuGRZ 2002, 420 (426), Rn. 54.

703 EuG Rs. T-173/98, Slg. 1999, II-3357 (Unión de Pequeños Agricultores (UPA)/Rat).

704 ABl. 1998 L 210, S. 32 ff.

705 EuG Rs. T-173/98, Slg. 1999, II-3357 (Rn. 20 ff.) (Unión de Pequeños Agricultores (UPA)/Rat), auch abrufbar unter: http://curia.europa.eu/juris/document/document.

bzgl. einer individuellen Betroffenheit lag dabei darin, dass die Nichtigkeitsklage die einzige Möglichkeit für die UPA darstelle, effektiven gerichtlichen Rechtsschutz zu erhalten, da der nationale spanische Rechtsweg keine Möglichkeit gerichtlicher Überprüfung bieten würde.[706]

Durch diesen Hinweis bzw. die Berufung auf eine mögliche Verletzung des Grundsatzes der Effektivität des Rechtsschutzes, sahen sich Gericht und später auch der Gerichtshof gezwungen, im Rahmen der individuellen Betroffenheit hierzu Stellung zu nehmen.[707]

Das Gericht kam jedoch zu dem Ergebnis, dass die UPA von der in Rede stehenden Verordnung nicht als individuell betroffen anzusehen war, da das individuelle Betroffensein nicht von der Möglichkeit bzw. dem Fehlen innerstaatlichen Rechtsschutzes abhängig gemacht werden könne. Vielmehr seien die Mitgliedstaaten aufgrund des Grundsatzes zur loyalen Zusammenarbeit (Art. 10 EGV a.F.) gehalten, auf nationaler Ebene zur Vollständigkeit des Rechtsschutzsystems beizutragen.[708] Auf diese Weise wurde das Argument einer möglichen Verletzung des Grundsatzes der Effektivität des Rechtsschutzes aufgrund fehlender Direktklagemöglichkeiten mit einer denkbar knappen Begründung[709] abgelehnt und die Klage als unzulässig abgewiesen.[710]

Auch Rat und Kommission haben sich hierzu geäußert und vertraten wie das Gericht die Ansicht, dass die Lösung in der Änderung der Vorschriften des nationalen Rechts läge, die es schwierig oder unmöglich machten, Unionshandlungen vor nationalen Gerichten anzufechten.[711]

Daraufhin legte die UPA Rechtsmittel beim Gerichtshof ein, wobei sie sich auf vier Gründe stützte. Erstens sei das Vorbringen der Klägerin zum mangelnden effektiven Rechtsschutz falsch ausgelegt worden. Außerdem sei die Begründung des angefochtenen Beschlusses unzureichend. Drittens seien die Ausführungen

---

jsf?text=&docid=46085&pageIndex=0&doclang=DE&mode=lst&dir=&occ=first&part=1&cid=1138697.

706 EuG Rs. T-173/98, Slg. 1999, II-3357 (Rn. 25 ff.) (Unión de Pequeños Agricultores (UPA)/Rat).

707 Vgl. Weber, S. 5.

708 EuG Rs. T-173/98, Slg. 1999, II-3357 (Rn. 62) (Unión de Pequeños Agricultores (UPA)/Rat).

709 So auch Weber, S. 6.

710 EuG Rs. T-173/98, Slg. 1999, II-3357 (Rn. 61–66) (Unión de Pequeños Agricultores (UPA)/Rat).

711 Jacobs, Schlussanträge i.d. Rs. C-50/00 P (UPA), abgedruckt in EuGRZ 2002, 420 (426), Rn. 54.

des Gerichts in Randnummer 62 des angefochtenen Beschlusses widersprüchlich und schließlich sei nicht geprüft worden, „ob die Abweisung der Klage als unzulässig angesichts der gesamten Sach- und Rechtslage nicht zu einem Verstoß gegen das Grundrecht auf effektiven Rechtsschutz führe", weshalb der angefochtene Beschluss gegen ein Grundrecht, das Bestandteil der Unionsrechtsordnung sei, verstoße.[712]

(2) Ansicht des Generalanwalts Jacobs

In seinen Schlussanträgen in dem Rechtsmittelverfahren vertrat Generalanwalt Jacobs bzgl. der Begründung des Gerichts die gegenteilige und schon fast revolutionäre Ansicht im Hinblick auf die Auslegung des Begriffes des individuellen Betroffenseins. Jacobs sprach sich nämlich für eine Änderung der restriktiven Rechtsprechung aus, da er diese mit dem Grundsatz des effektiven gerichtlichen Rechtsschutzes für unvereinbar hielt.[713] Seine Bedenken gingen insbesondere dahin, ob das Vorabentscheidungsverfahren – wie so oft von den Unionsgerichten als Argument für die restriktive Auslegung des individuellen Betroffenseins angeführt – effektiven Rechtsschutz gegenüber unionsrechtlichen Akten gewähren würde.[714] Er kam diesbezüglich zu dem Ergebnis, dass Verfahren vor nationalen Gerichten eben nicht geeignet seien, dem Einzelnen effektiven Rechtsschutz zu gewährleisten.[715] In seiner Begründung führt GA Jacobs hierzu aus, dass erstens die nationalen Gerichte nicht befugt seien, Unionsakte für unzulässig zu erklären. Zweitens stelle das Vorabentscheidungsverfahren keinen Rechtsbehelf dar, der dem Einzelnen von Rechts wegen zur Verfügung stünde und drittens könne es für den Individualkläger sogar unmöglich sein, auf nationalem Wege gegen eine Unionshandlung anzugehen, nämlich dann, wenn es keiner nationalen Durchführungshandlung mehr bedürfe, gegen die der Kläger vorgehen könne. Dann bliebe ihm nur die Möglichkeit, gegen die Vorschriften bewusst zu verstoßen, um so einen nationalen Rechtsakt in Form einer Sanktionierung zu erwirken, gegen die er sich dann wehren, und im Rahmen dessen die Ungültigkeit der Unionshandlung rügen könne. Dies könne dem einzelnen

---

712 EuGH Rs. C-50/00 P, Slg. 2002, I-6677 ff (Rn. 18) (Unión de Pequeños Agricultores (UPA)/Rat).

713 Jacobs, Schlussanträge i.d. Rs. C-50/00 P (UPA), abgedruckt in EuGRZ 2002, 420 (426), Rn. 49.

714 Jacobs, Schlussanträge i.d. Rs. C-50/00 P (UPA), abgedruckt in EuGRZ 2002, 420 (424/433), Rn.36ff/102.

715 Jacobs, Schlussanträge i.d. Rs. C-50/00 P (UPA), abgedruckt in EuGRZ 2002, 420 (426), Rn. 40.

natürlich nicht zugemutet werden.[716] Außerdem führte Jacobs an, dass Verfahren bei nationalen Gerichten im Vergleich zur Direktklage ernsthafte Nachteile für den Individualkläger mit sich bringen würden, da insbesondere der zusätzliche Verfahrensabschnitt des Vorabentscheidungsverfahrens zu erheblichen Verzögerungen und weiteren Kosten führen würde.[717]

Darüber hinaus gelangte Jacobs zu dem Schluss, dass „das Verfahren vor dem Gericht gemäß Artikel 230 EGV generell geeigneter ist, um über Gültigkeitsfragen zu entscheiden als das Vorabentscheidungsverfahren nach Artikel 234 EGV".[718]

Insgesamt wich Jacobs lediglich in einem Punkt von der Auffassung der UPA ab. So könne die Klagebefugnis für die Anfechtung einer Maßnahme nicht davon abhängig sein, dass dem Kläger effektiver Rechtsschutz versagt würde, da das jeweilige nationale Verfahrensrecht keinen entsprechenden Rechtsbehelf vorsehe. Denn das würde dazu führen, dass die Unionsrichter die Aufgabe übernehmen würden, auch nationales Verfahrensrecht in jedem Einzelfall zu prüfen, was der Vertrag eindeutig nicht vorsehe.[719]

Nichts desto trotz teilte Jacobs die Auffassung vom Gericht sowie von Rat und Kommission nicht, die die Lösung zur Sicherung effektiven Rechtsschutzes auch im Rahmen des Art. 230 Abs. 4 EGV (jetzt Art. 263 Abs. 4 AEUV) allein darin sahen, dass die Vorschriften im jeweiligen nationalen Recht geändert werden müssten und es insofern keiner weiteren Auslegung des Merkmals der individuellen Betroffenheit bedürfe.[720]

Deshalb verlangte Jacobs im Ergebnis eine neue Auslegung des Begriffs des individuellen Betroffenseins.[721] Seiner Meinung nach ist dann *„ein Einzelner als individuell von einer Gemeinschaftshandlung betroffen zu betrachten (…), wenn die Handlung aufgrund seiner persönlichen Umstände erhebliche nachteilige*

716 Jacobs, Schlussanträge i.d. Rs. C-50/00 P (UPA), abgedruckt in EuGRZ 2002, 420 (425), Rn. 41, 42, 43.

717 Jacobs, Schlussanträge i.d. Rs. C-50/00 P (UPA), abgedruckt in EuGRZ 2002, 420 (425), Rn. 44.

718 Jacobs, Schlussanträge i.d. Rs. C-50/00 P (UPA), abgedruckt in EuGRZ 2002, 420 (425), Rn. 45 ff.

719 Jacobs, Schlussanträge i.d. Rs. C-50/00 P (UPA), abgedruckt in EuGRZ 2002, 420 (426), Rn. 50–53.

720 Jacobs, Schlussanträge i.d. Rs. C-50/00 P (UPA), abgedruckt in EuGRZ 2002, 420 (426), Rn. 54 ff.

721 Jacobs, Schlussanträge i.d. Rs. C-50/00 P (UPA), abgedruckt in EuGRZ 2002, 420 (427), Rn. 59 f.

Auswirkungen auf seine Interessen hat oder wahrscheinlich haben wird".[722] Durch diese Definition werden nach Auffassung von Jacobs alle bisher relevanten Probleme gelöst. Vor allem würde so verhindert, dass Situationen entstünden, in denen es zu einem vollständigen Fehlen von Rechtsschutzmöglichkeiten käme. Ferner würde durch die neue Definition dieser sehr komplexe und wenig kohärente Rechtsprechungsbereich gerade auch für die praktische Anwendung deutlich klarer und außerdem würde so der Schwerpunkt der entsprechenden Rechtssachen von den formellen auf die materiellen Zulässigkeitsfragen verlagert. Schließlich würde durch diese Auslegung auch der allgemeinen Tendenz in der Rechtsprechung entsprochen.[723]

Den Bedenken von Rat und Kommission, dass eine weitergehende Auslegung des Begriffs der individuellen Betroffenheit Art. 230 Abs. 4 EGV (bzw. Art. 263 Abs. 4 AEUV) widersprechen würde und außerdem zu einer Flut zusätzlicher Klage führen würde[724], begegnete er damit, dass die von ihm vorgeschlagene Auslegung vollständig mit dem Wortlaut des Art. 230 Abs. 4 EGV (bzw. Art. 263 Abs. 4 AEUV) vereinbar sei. Auch eine Klageflut sei nicht zu erwarten, da immerhin noch weitere Voraussetzungen an die Zulässigkeit einer Nichtigkeitsklage geknüpft würden, wie z.B. das unmittelbare Betroffensein und auch die Klagefrist von zwei Monaten.[725]

Insgesamt kam Jacobs zu dem Ergebnis, dass es an der Zeit gewesen sei, „die enge Auslegung von Artikel 230 Absatz 4 EG zu überdenken, die (...) bewirkt, dass Rechtssachen von dem Gericht fern gehalten werden, das geschaffen wurde, um sich mit ihnen zu befassen und den Rechtsschutz des Einzelnen zu verbessern"[726]. Deshalb sei nach Ansicht von Jacobs der angefochtene Beschluss des Gerichtes aufgrund der alten zu engen Auslegung des Begriffs der individuellen Betroffenheit nach der Plaumann-Formel aufzuheben.[727]

---

722 Jacobs, Schlussanträge i.d. Rs. C-50/00 P (UPA), abgedruckt in EuGRZ 2002, 420 (427), Rn. 60.

723 Jacobs, Schlussanträge i.d. Rs. C-50/00 P (UPA), abgedruckt in EuGRZ 2002, 420 (427433), Rn. 61ff/102.

724 Jacobs, Schlussanträge i.d. Rs. C-50/00 P (UPA), abgedruckt in EuGRZ 2002, 420 (428), Rn. 73.

725 Jacobs, Schlussanträge i.d. Rs. C-50/00 P (UPA), abgedruckt in EuGRZ 2002, 420 (428), Rn. 75, 79.

726 Jacobs, Schlussanträge i.d. Rs. C-50/00 P (UPA), abgedruckt in EuGRZ 2002, 420 (432), Rn. 99.

727 Jacobs, Schlussanträge i.d. Rs. C-50/00 P (UPA), abgedruckt in EuGRZ 2002, 420 (433), Rn. 104.

(3) *Entscheidung des Gerichtshofes in der Rechtssache UPA: Keine Abwendung von der Plaumann- Formel*

Trotz der ausführlichen und gut belegten und begründeten Stellungnahme von GA Jacobs in seinen Schlussanträgen, ist der Gerichtshof in seinem Urteil in der Rechtssache UPA[728] nicht dem Vorschlag des Generalanwaltes, den Beschluss aufzuheben[729], gefolgt, sondern hat das Rechtmittel als unbegründet zurückgewiesen.[730]

Der Gerichtshof sprach sich, wenn auch nicht explizit, gegen die Möglichkeit aus, den Begriff des individuellen Betroffenseins weiter als bisher zu definieren, indem er erneut seine Plaumann – Formel bekräftigte.[731]

Ausgehend von der durch die UPA vorgenommene Auslegung der Rechtssache Greenpeace[732], nach der eine Nichtigkeitsklage zulässig sei, wenn es keinen nationalen Rechtsbehelf gebe[733], prüfte der Gerichtshof in der vorliegenden Rechtssache, „ob die Rechtsmittelführerin (…) Klage auf Nichtigerklärung der angefochtenen Verordnung erheben kann, und zwar allein deshalb, weil das Recht auf effektiven gerichtlichen Rechtsschutz dies in Anbetracht des behaupteten gänzlichen Fehlens eines Rechtsbehelfs vor den nationalen Gerichten gebieten würde“ [734]. In seiner nun folgenden Prüfung stellte der Gerichtshof zunächst fest, dass eine individuelle Betroffenheit nur unter den Voraussetzungen der Plaumann-Formel gegeben wäre und dass ein Einzelner, der diese Voraussetzungen nicht erfülle, keinesfalls Nichtigkeitsklage gegen eine Verordnung erheben könne.[735] Gleich darauf scheint der Gerichtshof dies aber wieder zu relativieren, indem er auf das als allgemeiner Rechtsgrundsatz geltende Gebot des effektiven

728 EuGH Rs. C-50/00 P, Slg. 2002, I-6677 ff (Unión de Pequeños Agricultores (UPA)/Rat).

729 Jacobs, Schlussanträge i.d. Rs. C-50/00 P (UPA), abgedruckt in EuGRZ 2002, 420 (433), Rn. 104.

730 EuGH Rs. C-50/00 P, Slg. 2002, I-6677 ff (Rn. 46, 47) (Unión de Pequeños Agricultores (UPA)/Rat).

731 EuGH Rs. C-50/00 P, Slg. 2002, I-6677 ff (Rn. 36) (Unión de Pequeños Agricultores (UPA)/Rat).

732 EuGH Rs. C-321/95 P, Slg. 1998, I-1651 ff (Greenpeace/Kommission).

733 EuGH Rs. C-50/00 P, Slg. 2002, I-6677 ff (Rn. 28) (Unión de Pequeños Agricultores (UPA)/Rat).

734 EuGH Rs. C-50/00 P, Slg. 2002, I-6677 ff (Rn. 33) (Unión de Pequeños Agricultores (UPA)/Rat).

735 EuGH Rs. C-50/00 P, Slg. 2002, I-6677 ff (Rn. 36, 37) (Unión de Pequeños Agricultores (UPA)/Rat).

Rechtsschutzes eingeht.[736] Diese Argumentationslinie wirkt dadurch nicht ganz einheitlich und etwas sprunghaft.[737]

Der Gerichtshof begründete sodann die Wahrung des Gebotes der Effektivität des Rechtsschutzes damit, dass der EG-Vertrag durch die Verfahren nach Art. 234 und Art. 241 EGV (bzw. Art. 267 und Art. 277 AEUV) ein vollständiges System von Rechtsbehelfen geschaffen habe.[738] Für den Fall einer mangels individueller Betroffenheit unzulässigen Nichtigkeitsklage, bliebe dem Einzelnen immer noch die Möglichkeit, die Ungültigkeit der in Rede stehenden Verordnung im Rahmen des inzidenten Rechtsschutzes gem. Art. 241 EGV (bzw. Art. 277 AEUV) überprüfen zu lassen oder aber im Rahmen eines nationalen Verfahrens das nationale Gericht dazu zu veranlassen, ein Vorlageverfahren gem. Art. 234 EGV (bzw. Art. 267 AEUV) einzuleiten.[739] Daraus folgerte der Gerichtshof, dass es „Sache der Mitgliedstaaten sei, ein System von Rechtsbehelfen und Verfahren vorzusehen, mit dem die Einhaltung des Rechts auf effektiven gerichtlichen Rechtsschutz gewährleistet werden kann".[740] Weiter führt der Gerichtshof aus, dass die Voraussetzungen der Individualnichtigkeitsklage zwar im Lichte des Grundsatzes eines effektiven gerichtlichen Rechtsschutzes ausgelegt werden müssen, allerdings könne dies nicht zu einem gänzlichen Wegfall der ausdrücklich vertraglich vorgesehenen Voraussetzungen führen.[741] Am Ende seiner recht knappen Urteilsbegründung führte der Gerichtshof aus, dass zwar ein anderes System der Rechtmäßigkeitskontrolle (also eine Erweiterung der Klagemöglichkeiten im Sinne von GA Jacobs) vorstellbar sei, eine entsprechende Reformation jedoch gem. Art. 48 EUV Sache der Mitgliedstaaten sei.[742] Im Übrigen ging der Gerichtshof auf die umfangreichen Ausführungen von GA Jacobs nur insoweit ein, als er mit Jacobs dahingehend übereinstimmt, dass es nicht

---

736 EuGH Rs. C-50/00 P, Slg. 2002, I-6677 ff (Rn. 38 ff) (Unión de Pequeños Agricultores (UPA)/Rat).

737 So auch Weber, S. 8.

738 EuGH Rs. C-50/00 P, Slg. 2002, I-6677 ff (Rn. 40) (Unión de Pequeños Agricultores (UPA)/Rat).

739 EuGH Rs. C-50/00 P, Slg. 2002, I-6677 ff (Rn. 40) (Unión de Pequeños Agricultores (UPA)/Rat).

740 EuGH Rs. C-50/00 P, Slg. 2002, I-6677 ff (Rn. 41) (Unión de Pequeños Agricultores (UPA)/Rat).

741 EuGH Rs. C-50/00 P, Slg. 2002, I-6677 ff (Rn. 44) (Unión de Pequeños Agricultores (UPA)/Rat).

742 UPA/Rat, EuGH, Rs. C-50/00 P, Urteil, Rn. 45; Nettesheim, JZ 2002, 928 (932); Calliess, NJW 2002, 3577 (3581).

Sache der Unionsgerichte sein könne, die jeweiligen nationalen Verfahrensvorschriften zu prüfen.[743]

Insgesamt kann festgehalten werden, dass der von GA Jacobs gewagte Vorstoß hinsichtlich einer erweiterten Auslegung des Merkmals der individuellen Betroffenheit vom Gerichtshof unbeachtet blieb.

cc) Die Rechtssache Jégo- Quéré

Im Rahmen der Diskussion um die Auslegung des Merkmals der individuellen Betroffenheit, kommt schließlich der Rechtssache Jégo- Quéré[744] erhebliche Bedeutung zu. In diesem Fall entschied das Gericht nämlich völlig entgegengesetzt zu seinen Ausführungen, die es noch in der Rechtssache UPA getroffen hatte. In der Rechtssache UPA hatte das Gericht noch in Übereinstimmung mit dem Gerichtshof entschieden, dass das Fehlen innerstaatlicher Rechtsschutzmöglichkeiten ein Abweichen von dem bisherigen durch die Rechtsprechung geschaffenen Rechtsschutzsystem gerade nicht rechtfertige.[745] In der Rechtssache Jégo-Quéré öffnete sich das Gericht jedoch auch einer erweiterten Auslegung des Merkmals des individuellen Betroffenseins.

(1) Sachverhalt und Argumente der Parteien

In diesem Rechtstreit beantragte die Klägerin, eine französische Fischfang-Reederei die teilweise Nichtigerklärung der Verordnung [EG] 1162/2001[746], in der die Mindestmaschenweite für Fischfangnetze in bestimmten Fanggebieten zum Schutze der Seehechtbestände festgelegt wurde. Die Klägerin betrieb südlich vor Irland gezielten Wittlingfang mit Netzen mit einer nach der Verordnung zu geringen Maschenweite. Der Wittlingfang machte rund 67,3 % ihrer Fänge aus.[747]

Die Klägerin führte in ihrer Klagebegründung aus, dass sie die einzige Fischfanggesellschaft gewesen sei, die ständig in diesem Gebiet Wittlingfang betrieb. Durch die Einschränkung durch die Verordnung hätte sie erhebliche wirtschaftliche Einbußen zu erwarten. Außerdem führte sie an, dass die in Rede stehende Verordnung keine allgemeine Geltung habe und sie als Klägerin hinreichend individualisiert gewesen sei, was der Kommission aufgrund eines entsprechenden

743 EuGH Rs. C-50/00 P, Slg. 2002, I-6677 ff (Rn. 43) (Unión de Pequeños Agricultores (UPA)/Rat).

744 EuG Rs. T-177/01, Slg. 2002, II-2365 ff (Jégo-Quéré/Kommission).

745 EuG Rs. T-173/98, Slg. 1999, II-3357 (Rn. 63) (Unión de Pequeños Agricultores (UPA)/Rat).

746 ABl. L 159, S. 4 ff.

747 EuG Rs. T-177/01, Slg. 2002, II-2365 ff (Rn. 5) (Jégo-Quéré/Kommission).

Hinweises auch bekannt gewesen sei. Schließlich machte die Klägerin geltend, dass sie im Falle einer unzulässigen Nichtigkeitsklage über keinen weiteren Rechtsbehelf mehr verfügen würde, da es keinen nationalen Rechtsakt gebe, gegen den die Klägerin innerstaatlich hätte vorgehen können.[748]

Die Kommission hingegen vertrat den Standpunkt, dass die Klage mangels individuellen Betroffenseins der Klägerin unzulässig gewesen sei, denn die Verordnung würde für alle Wirtschaftsteilnehmer gelten. Insofern sei die besondere Stellung der Klägerin für das unmittelbare Betroffensein irrelevant gewesen. Außerdem sei der Klägerin der Zugang zu den Gerichten aufgrund des geschaffenen Rechtschutzsystems (Art. 235 und 288 Abs. 2 EGV bzw. Art. 268 und 340 Abs. 2 AEUV) nicht verwehrt gewesen.[749]

(2) Entscheidung des Gerichts

Wie eingangs bereits angedeutet, entschied das Gericht in dieser Rechtssache entgegengesetzt zu der Rechtssache UPA, bejahte das individuelle Betroffensein und wies die Einrede der Unzulässigkeit ab.[750] Zunächst stellte das Gericht fest, dass, entgegen der Auffassung der Klägerin, die angefochtenen Vorschriften allgemeine Geltung haben, es jedoch zu prüfen sei, ob ein unmittelbares und individuelles Betroffensein der Klägerin gegeben ist.[751]

Das Gericht sah die unmittelbare Betroffenheit problemlos als gegeben an, da sich die angefochtene Verordnung durch die Besonderheit auszeichnete, dass sie keiner weiteren nationalen Durchführungsmaßnahmen mehr bedurft habe, um ihre Wirkungen gegenüber der Klägerin zu entfalten.[752] Hinsichtlich der individuellen Betroffenheit verwies das Gericht auch auf die altbekannte Plaumann-Formel und prüfte, ob sich hiernach eine Individualisierung der Klägerin ergeben konnte. Im Ergebnis führte das Gericht aus, dass die Tatsache, dass die Reederei die einzige sei, die in den fraglichen Gewässern gefischt hat, nicht geeignet sei, die Klägerin im Sinne der Plaumann-Rechtsprechung zu individualisieren.[753]

Allerdings trat das Gericht daraufhin in eine Prüfung ein, ob die Klägerin tatsächlich über keinen weiteren Rechtsbehelf mehr verfügte, mit dem Ergebnis, dass der Klägerin mangels Durchführungsmaßnahmen kein nationales

748 EuG Rs. T-177/01, Slg. 2002, II-2365 ff (Rn.18–21) (Jégo-Quéré/Kommission).
749 EuG Rs. T-177/01, Slg. 2002, II-2365 ff (Rn. 13–17) (Jégo-Quéré/Kommission).
750 EuG Rs. T-177/01, Slg. 2002, II-2365 ff (Rn. 54) (Jégo-Quéré/Kommission).
751 EuG Rs. T-177/01, Slg. 2002, II-2365 ff (Rn. 24, 25) (Jégo-Quéré/Kommission).
752 EuG Rs. T-177/01, Slg. 2002, II-2365 ff (Rn. 26) (Jégo-Quéré/Kommission).
753 EuG Rs. T-177/01, Slg. 2002, II-2365 ff (Rn. 29, 30, 38) (Jégo-Quéré/Kommission).

Verfahren und somit nicht die Möglichkeit eines Vorabentscheidungsverfahren zur Verfügung gestanden habe und auch eine Schadensersatzklage aus außervertraglicher Haftung keine befriedigende Lösung für die Klägerin bieten würde.[754] Das Gericht stützte sich, wie auch schon GA Jacobs, insbesondere darauf, dass dem Einzelnen nicht zugemutet werden könne, gegen ein Gesetz zu verstoßen, um Zugang zu den Gerichten zu erlangen.[755] Insgesamt folgerte das Gericht hieraus, dass „im Licht der Art. 6 und 13 EMRK sowie des Artikels 47 der Charta der Grundrechte nicht mehr davon ausgegangen werden kann, dass die Verfahren nach Artikel 234 EGV einerseits und nach den Artikel 235 EGV und 288 Abs. 2 EGV andererseits den Rechtsbürgern ein Recht auf einen wirksamen Rechtsbehelf gewährleisten".[756] Deshalb kam das Gericht, auch unter Hinweis auf die Ausführungen von GA Jacobs, zu dem Ergebnis, dass die bisherige Plaumann-Rechtsprechung zur individuellen Betroffenheit zu überdenken sei[757] und schlug vor, dass eine natürliche oder juristische Person von einer allgemein geltenden Unionsbestimmung dann als individuell betroffen anzusehen sein solle, *„wenn diese Bestimmung ihre Rechtsposition unzweifelhaft und gegenwärtig beeinträchtigt, indem sie ihre Rechte einschränkt oder ihr Pflichten auferlegt"*[758]. Das Gericht entwickelte also ebenso wie GA Jacobs eine neue weitere Definition des Begriffes des unmittelbaren Betroffenseins.

Der Gerichtshof ließ sich allerdings nicht von der Entscheidung des Gerichtes beeinflussen und blieb auch in seinem Urteil in dem Rechtsmittelverfahren zu der Rechtssache Jégo-Quéré[759] bei den strengen Voraussetzungen der Plaumann-Formel, was wieder zur Unzulässigkeit der Nichtigkeitsklage führte.

dd) Bewertung der Entscheidung des Gerichtshofes in der Rechtssache UPA in der Literatur

Die Entscheidung des Gerichtshofes in der Rechtssache UPA wurde in der Literatur verständlicherweise mit Spannung erwartet. Sowohl durch die Schlussanträge von GA Jacobs als auch durch das zeitlich zwischen den Schlussanträgen und dem Urteil des Gerichtshofes liegende Urteil des Gerichtes in der Rechtssache Jégo-Quéré wurde in Teilen der Literatur berechtigterweise Hoffnung

754 EuG Rs. T-177/01, Slg. 2002, II-2365 ff (Rn. 43–46) (Jégo-Quéré/Kommission).
755 EuG Rs. T-177/01, Slg. 2002, II-2365 ff (Rn. 45) (Jégo-Quéré/Kommission).
756 EuG Rs. T-177/01, Slg. 2002, II-2365 ff (Rn. 47) (Jégo-Quéré/Kommission).
757 EuG Rs. T-177/01, Slg. 2002, II-2365 ff (Rn. 49, 50) (Jégo-Quéré/Kommission).
758 EuG Rs. T-177/01, Slg. 2002, II-2365 ff (Rn. 51) (Jégo-Quéré/Kommission).
759 EuGH Rs. 263/02 P, (Kommission/Jégo-Quéré), abrufbar unter: http://eur-lex.europa.eu/LexUriServ/LexUriServ.do?uri=CELEX:62002CJ0263:DE:HTML.

geschöpft, dass der Gerichtshof von seiner strengen Linie bzgl. der individuellen Betroffenheit abrücken würde[760], wie schon länger von Seiten der Literatur gefordert.[761] Das Urteil des Gerichthofes wurde allerdings unterschiedlich in der Literatur aufgenommen.

Ein Großteil der Literatur zeigte sich zu recht vom Urteil des Gerichtshofes enttäuscht.[762] Nachdem noch nach dem Urteil des Gerichts z.B. von Schneider euphorisch festgestellt worden war, dass es „noch Richter in Luxemburg" gibt[763] und dass „die Zeit reif"[764] gewesen sei für das Jégo-Quéré-Urteil des Gerichts, wurde das Urteil des Gerichtshofes in der Sache UPA enttäuscht bis resignierend aufgenommen. Das Urteil des Gerichts und die Schlussanträge von GA Jacobs seien also doch nur „viel Lärm um nichts"[765] gewesen. Schohe zeigt sich vom Urteil des Gerichtshofes sogar „sprachlos" und außerdem offenbare es „politischen Widerwillen, soweit es um Rechtsschutz gegen abgeleitetes Recht geht".[766] Die strenge Linie des Gerichtshofes bestätige das geflügelte Wort „la Cour tranche, la Cour ne discute pas"[767]. Dem ist insofern zuzustimmen, als die Urteilsbegründung des Gerichtshofes denkbar knapp ausfällt und sich einer kritischen Auseinandersetzung, sowohl mit den Schlussanträgen das GA Jacobs, als auch mit dem zwischenzeitlich ergangenen Urteil des Gerichts in der Rechtssache Jégo-Quéré, entzieht. Auch kann man aus der Begründung des Gerichtshofes nicht wirklich entnehmen, weshalb er sich gegen die vorgeschlagenen Erweiterungen hinsichtlich der individuellen Betroffenheit verschließt. Vielfach wird vermutet, dass die Angst vor einer möglichen Klageflut und einer

---

760 Schohe/Arhold, EWS 2002, 320 (324); Jans/von der Heide, ZUR 2003, 390 (393); Braun/Kettner, DÖV 2003, 58 (64); Lübbing, EuZW 2002, 415; Schneider, NJW 2002, 2927; Calliess/Lais, ZUR 2002, 344 (346).

761 Riese, EuR 1966, 24 (46); Daig, FS für Riese, 187 (209); von Simon, DVBl. 1966, 653 ff; Vandersanden, CDE 1995, 535 ff; Rasmussen, ELRev. 1980, 112 ff; Arnull, CLMR 1995, 7 ff und CLMR 2001, 7 ff; von Danwitz, NJW 1993, 1108 (1115).

762 Schohe/Arhold, EWS 2002, 320 (324); Schohe, EWS 2002, 424 (425); Jans/von der Heide, ZUR 2003, 390 (393); Braun/Kettner, DÖV 2003, 58 (64); Lübbing, EuZW 2002, 415; Schneider, NJW 2002, 2927; Calliess/Lais, ZUR 2002, 344 (346); Calliess, ZUR 2002 402; Calliess, NJW 2002, 3577 (3580); Lindner, NVwZ 2003, 569 (572); Feddersen, EuZW 2002, 532 (534).

763 Schneider, NJW 2002, 2927.

764 Calliess/Lais, ZUR 2002, 344 (346).

765 Calliess/Lais, ZUR 2002, 344 (346); Calliess, ZUR 2002, 402.

766 Schohe, EWS 2002, 424 (425).

767 Schohe, EWS 2002, 424 (425).

damit verbundenen Überlastung der Gerichte ein Hauptgrund ist.[768] Diese Bedenken sind zumindest von Rat und Kommission in diesem Zusammenhang geäußert worden.[769] Allerdings wurden diese Befürchtungen bereits von Jacobs in seinen Schlussanträgen überzeugend entkräftet und auch in der Literatur als überzogen betrachtet, da durch die Klagefrist und das zusätzliche Merkmal der unmittelbaren Betroffenheit ausreichende Begrenzungsmittel vorhanden seien.[770] Eine Klageflut sei auch deshalb nicht zu erwarten, da die Praxis in England und Frankreich, wo die Bejahung der Klagebefugnis erheblich offener gehandhabt wird, das Gegenteil bewiesen habe.[771] Außerdem seien auch die von GA Jacobs und dem Gericht erarbeiteten neuen Definitionen zur individuellen Betroffenheit problemlos mit dem Wortlaut des Art. 230 EGV vereinbar.[772] Es verwundere deshalb, dass der Gerichthof im Rahmen seiner Rechtsprechung zur Anwendbarkeit des Art. 230 Abs. 4 EGV auf Verordnungen und Richtlinien eine erweiterte Auslegung zulässt, sich jedoch im Rahmen des individuellen Betroffenseins streng an den Wortlaut der Vorschrift hält und sich einer erweiterten Auslegung verschließt.[773]

Die Reaktionen auf das Urteil in der Sache UPA fielen allerdings nicht nur negativ aus. Gerade im Hinblick auf die Entscheidung des Gerichts in der Rechtssache Jégo-Quéré wurden nämlich auch kritische Stimmen laut, die eine entsprechende grundlegende Änderung der Auslegung des Begriffes der individuellen Betroffenheit ablehnten.[774] Dies wird zum Teil damit begründet, dass eben doch das Problem der Arbeitsbelastung verschärft würde und die Rechtssicherheit und Rechtsstaatlichkeit nicht mehr gewährleistet wäre.[775] Außerdem wird bezweifelt, dass sich die von Jacobs oder die vom Gericht vorgenommene neue Auslegung des Merkmals des individuellen Betroffenseins mit dem

---

768 Lindner, NVwZ 2003, 569 (572); Schohe, EWS 2002, 424 (425); Calliess, NJW 2002, 3577 (3581).

769 Jacobs, Schlussanträge i.d. Rs. C-50/00 P (UPA), abgedruckt in EuGRZ 2002, 420 (428), Rn. 73.

770 Jacobs, Schlussanträge i.d. Rs. C-50/00 P (UPA), abgedruckt in EuGRZ 2002, 420 (428), Rn. 75, 79; Lindner, NVwZ 2003, 569 (571).

771 Calliess, NJW 2002, 3577 (3581); Calliess/Lais, ZUR 2002, 344 (346).

772 Lindner, NVwZ 2003, 560 (571); Calliess/Lais, ZUR 2002, 344 (346).

773 Feddersen, EuZW 2002, 532 (534).

774 Schwarze, DVBl. 2002, 1297 (1302); Malferrari/Lerche, EWS 2003, 254 (260 f); Nettesheim, JZ 2002, 928 8932f); von der Groeben/Schwarze-Gaitanides, EGV, Art. 230, Rn. 71; Köngeter, NJW 2002, 2216 ff.

775 So z.B. bei Malferrari/Lerche, EWS 2003, 254 (260 f); bzgl. der erhöhten Arbeitsbelastung auch Nettesheim, JZ 2002, 928 (932).

Wortlaut des Art. 230 Abs. 4 EGV (bzw. Art. 263 Abs. 4 AEUV) vereinbaren lässt.[776] Im Gegenteil sei für grundlegende Änderungen im Rechtsschutzsystem, was durch die von Jacobs und dem Gericht geforderte erweiterte Auslegung im Hinblick auf die individuelle Betroffenheit gegeben sei, stets der Unionsgesetzgeber und somit auch, wie vom Gerichtshof eingeräumt, die Mitgliedstaaten zuständig.[777]

ee) Stellungnahme

Wenn man nun all die unterschiedlichen Argumente in der Literatur betrachtet, so muss man meines Erachtens zu dem Ergebnis kommen, dass die Enttäuschung über das Urteil des Gerichtshofes gerechtfertigt war und ist. Zum einen allein deshalb, weil der Gerichtshof, wie bereits erwähnt, mit keinem Wort auf die vorgeschlagenen neuen Auslegungsmöglichkeiten eingegangen ist, sondern mit dem Verweis auf den Grundsatz zur loyalen Zusammenarbeit und die Möglichkeit einer Vertragsänderung gem. Art. 48 EUV den „Ball ins Feld" der Mitgliedstaaten gelegt hat.[778] Dies könnte man damit erklären, dass sich der Gerichtshof in seinem Urteil an den Antrag der UPA im Rechtsmittelverfahren gehalten hat, nach dem die Nichtigkeitsklage allein deshalb zugelassen werden sollte, weil der UPA der nationale Rechtsweg versperrt gewesen sei.[779] Auch GA Jacobs lehnte es ab, die Zulässigkeit einer Nichtigkeitsklage von der Möglichkeit nationalen Rechtsschutzes abhängig zu machen, da dies die Kompetenzen der Richter am Gericht und am Gerichtshof eindeutig überschreite.[780] Dies hielt ihn jedoch nicht davon ab, darüber hinaus dazu Stellung zu nehmen und zu untersuchen, ob der Grundsatz der Effektivität des Rechtsschutzes durch die strenge Plaumann-Formel gefährdet sei und im Ergebnis zu einer neuen Interpretation des Merkmals der individuellen Betroffenheit zu gelangen. Es ist deshalb nicht

---

776 Schwarze, DVBl. 2002, 1297 (1302 f); von der Groeben/Schwarze-Gaitanides, EGV, Art. 230, Rn. 70; Lenz/Staeglich, NVwZ 2004, 1421 (1423); Köngeter, NJW 2002, 2216 (2218).

777 Lenz/Staeglich, NVwZ 2004, 1421 (1424); Schwarze, DVBl. 2002, 1297 (1310), der selbst einen Vorschlag für eine Neuformulierung erarbeitet; anders jedoch, Malferrari/Lerche, EWS 2003, 254 (261), die eine Vertragsänderung nicht für erforderlich halten, da die Entscheidung des Gerichtshofes Raum für Ansätze zu einer zufriedenstellenden Bestimmung des Begriffs der individuellen Betroffenheit biete.

778 So auch Lenz/Staeglich, NVwZ 2004, 1421 (1429).

779 So erklärt dies auch Kluttig, S. 16.

780 Jacobs, Schlussanträge i.d. Rs. C-50/00 P (UPA), abgedruckt in EuGRZ 2002, 420 (428), Rn. 50, 52.

nachvollziehbar, warum sich der Gerichtshof außerstande sah, über den Antrag der Rechtsmittelführerin hinaus auch auf die Vorschläge und Ausführungen des GA Jacobs näher einzugehen. Die Möglichkeit hätte der Gerichtshof jedenfalls gehabt.[781]

Ferner scheint es mit Blick auf die bisherige Rechtsprechung nicht nachvollziehbar, weshalb in einigen Fällen eine erweiterte, über den tatsächlichen Wortlaut des Art. 230 Abs. 4 EGV (bzw. Art. 263 Abs. 4 AEUV) hinausgehende Auslegung zugelassen wird – so z.B. hinsichtlich der Anfechtbarkeit von Richtlinien -, in anderen Fällen jedoch auf die Unvereinbarkeit mit dem Wortlaut verwiesen wird.

Schließlich scheint es mit dem Grundsatz der Effektivität des Rechtsschutzes schwer vereinbar, die Rechtsschutzsuchenden mit dem Hinweis zurückzuweisen, dass die Mitgliedstaaten gehalten sind, alle für einen umfassenden Rechtsschutz erforderlichen Klagemöglichkeiten auf nationaler Ebene bereitzustellen. Wenn auch in Deutschland die Möglichkeit einer Feststellungsklage gem. § 43 VwGO vorgesehen ist, so können in anderen Ländern mangels nationaler Rechtsbehelfe durchaus Lücken entstehen. Dem Rechtsschutzsuchenden ist jedoch in keiner Weise hinsichtlich seines aktuellen Anliegens geholfen, wenn ihm gesagt wird, dass der entsprechende Mitgliedstaat eigentlich dafür Sorge tragen müsste, dass ein Rechtsbehelf zur Verfügung steht. Selbst wenn der Mitgliedstaat dann verpflichtet würde, einen entsprechenden Rechtsbehelf zu schaffen und einen entstandenen Schaden auszugleichen, so kann nicht mehr von einem zeitnahen und effektiven Rechtsschutz die Rede sein. Effektiver Rechtsschutz kann in erster Linie durch direkte Rechtsschutzmöglichkeit gesichert und gewährt werden. Hierfür steht primär die Nichtigkeitsklage zur Verfügung. Deshalb waren und sind die Ansätze von GA Jacobs und vom Gericht zu einer erweiterten Auslegung des Merkmals der individuellen Betroffenheit sehr zu begrüßen.

3. Entstehen durch die strenge Linie des Gerichtshofs Rechtsschutzlücken? – Das Verhältnis der Nichtigkeitsklage zu anderen Verfahrensarten

Da der Gerichtshof in der Rechtssache UPA erneut ausdrücklich darauf hingewiesen hat, dass das Unionsrecht ein vollständiges System von Rechtsbehelfen geschaffen habe, das auch im Falle einer unzulässigen Nichtigkeitsklage den Einzelnen nicht rechtsschutzlos dastehen lasse, stellt sich die Frage, ob durch das Zusammenspiel der verschiedenen Klagearten auf europäischer Ebene tatsächlich keine Rechtsschutzlücken entstehen. Dafür wird im Folgenden das

781 So auch Kluttig, S. 17.

Verhältnis der Nichtigkeitsklage zu den anderen europäischen Rechtsbehelfen anhand der einzelnen Verfahrensarten dargestellt, wobei besonderer Fokus auf das spezielle Verhältnis von Nichtigkeitsklage und Vorabentscheidungsverfahren gelegt wird.

a) Untätigkeitsklage

Zunächst einmal sei die Untätigkeitsklage gem. Art. 265 Abs. 3 AEUV als zusätzliche Rechtsschutz- bzw. Klagemöglichkeit für den Einzelnen erwähnt. Hiernach ist es natürlichen oder juristischen Personen möglich, beim Gerichthof Beschwerde darüber zu führen, „dass ein Organ oder eine Einrichtung oder sonstige Stelle der Union es unterlassen hat, einen anderen Akt als eine Empfehlung oder eine Stellungnahme an sie zu richten". Im Gegensatz zur Nichtigkeitsklage, bei der sich der Kläger gegen eine Maßnahme eines EU-Organs richtet, rügt er bei der Untätigkeitsklage das pflichtwidrige Unterlassen einer vom Vertrag vorgesehenen Maßnahme durch die Organe.[782] Zu beachten ist hierbei jedoch, dass das entsprechende Organ überhaupt nicht gehandelt haben darf. Wenn nämlich das Organ die Vornahme einer Handlung ausdrücklich ablehnt, so liegt keine Untätigkeit i.S.d. Art. 265 AEUV mehr vor, sondern eine Handlung in Form einer Ablehnung, wogegen wiederum die Nichtigkeitsklage die statthafte Klageart wäre.[783] Insofern wird von einer Subsidiarität der Untätigkeitsklage gegenüber der Nichtigkeitsklage gesprochen, was allerdings unterstreicht, dass die Untätigkeitsklage als Ergänzung zur Nichtigkeitsklage bzw. als deren Gegenstück gesehen werden kann.[784]

Ein weiterer Gegensatz zur Nichtigkeitsklage ist der, dass am Ende einer erfolgreichen Untätigkeitsklage ein Feststellungsurteil steht.[785] Es wird also lediglich festgestellt, dass pflichtwidrig eine gebotene Handlung unterlassen worden ist. Dies hat jedoch keinerlei gestaltende Wirkung, sondern gem. Art. 266 Abs. 1 AEUV ausschließlich die Verpflichtung zur Folge, dass die betreffenden Organe „die sich aus dem Urteil des Gerichtshofs ergebenden Maßnahmen zu ergreifen" haben. Da sich aus Art. 266 AEUV die eben genannte Verpflichtung ergibt, wird zum Teil auch vertreten, dass es sich bei der Untätigkeitsklage um eine Art Verpflichtungsklage handelt.[786]

---

782 Thiele, S. 73; Allkemper, S. 114; Kirchhoff, S. 34.

783 Thiele, S. 73.

784 Thiele, S. 73; Kirchhoff, S. 34

785 Thiele, S. 77; Allkemper, S. 114.

786 Allkemper, S. 114 m.w.N.

Schließlich ist anzumerken, dass die vom Kläger begehrte Handlung individualbezogen sein muss, wobei es mittlerweile, ebenso wie bei der Nichtigkeitsklage, möglich ist, eine Untätigkeitsklage auch dann zu erheben, wenn die unterlassene Handlung eigentlich an einen Dritten zu richten gewesen wäre.[787]

Insgesamt kann also festgehalten werden, dass die Untätigkeitsklage zwar eine Ergänzung zur Nichtigkeitsklage darstellt. Da sie jedoch zur Nichtigkeitsklage eine völlig entgegengesetzte Ausgangssituation voraussetzt, nämlich, dass eine Handlung erzwungen werden soll und nicht, dass sich der Kläger gegen eine Handlung wehren will, vermag die Untätigkeitsklage etwaige Rechtsschutzlücken, die sich bei der Nichtigkeitsklage ergeben, nicht zu schließen.

b) Schadensersatzklage/Amtshaftungsklage

Des Weiteren besteht für den Einzelnen die Möglichkeit, im Wege des Amtshaftungsverfahrens gem. Art. 268 i.V.m. Art. 340 Abs. 2 AEUV Schadensersatz einzuklagen. Hierbei bildet Art. 268 AEUV die prozessuale Zuständigkeitsnorm und Art. 340 Abs. 2 AEUV sozusagen die Anspruchsgrundlage bzw. materielle Grundlage für die Durchsetzung eines Schadensersatzanspruches.[788] Ziel dieser Klagemöglichkeit ist, dem Einzelnen die Möglichkeit einzuräumen, sich gegen normatives Unrecht wehren zu können und somit einen Ausgleich für die fehlende Klagemöglichkeit gegen Verordnungen und Richtlinien zu schaffen.[789] Ob durch die Möglichkeit des Schadensersatzes allerdings tatsächlich ein adäquater Ausgleich zu den fehlenden Rechtsschutzmöglichkeiten im Rahmen der Nichtigkeitsklage gegeben ist, wird in der Literatur unterschiedlich bewertet, wobei die Tendenz deutlich dahin geht, dass Schadensersatz als sekundärer Rechtsschutz nicht mit dem Primärrechtsschutz auf eine Stufe gestellt werden kann.[790] Auch

787 Kirchhoff, S. 34 m.w.N.

788 Thiele, S. 77 f; Allkemper, S. 129; Kirchhoff, S. 34; Calliess/Ruffert-Cremer, EGV, Art. 235, Rn. 1.

789 Thiele, S. 78; Schulte, S. 26.

790 So sehen Schulte (S. 26) und Thiele (S. 78 f) zumindest eine teilweise Kompensation durch die Schadensersatzklage, da man hierdurch wenigstens den entstandenen Schaden liquidieren kann (Schulte, S. 26), während Allkemper (S. 129) und auch Kirchhof (S. 35) eine Ausgleichfunktion für nicht gegeben halten, da zum einen die Voraussetzungen bei der Schadensersatzklage ungleich höher sind, als bei der Nichtigkeitsklage (Kirchhoff, S. 35) und zum anderen, weil nicht einzusehen ist, dass der Betroffene zunächst eine Schädigung überhaupt hinnehmen muss, um dann erst im Nachgang einen Ausgleich dafür zu bekommen (Allkemper, S. 129). Im Ergebnis vertritt allerdings auch Schulte, dass die Schadensersatz- bzw. Amtshaftungsklage keinen Ausgleich für die *direkten* Klagemöglichkeiten bietet und

m.E. kann aus der Möglichkeit des Schadensersatzes keine wirkliche Kompensation für etwaige Rechtsschutzlücken hergeleitet werden, da in der Natur der Sache begründet ist, dass dafür tatsächlich erst einmal ein Schaden entstanden sein muss und hierfür dann auch noch Beweise seitens des Klägers erbracht werden müssen. Zunächst einmal muss „das Kind also schon in den Brunnen gefallen sein", um dann mögliche Folgen zu kompensieren. Effektiver Rechtsschutz sollte jedoch gerade davor bewahren, dass man erst einen Schaden abwarten bzw. hinnehmen muss. Es sollte vielmehr gewährleistet sein, dass ausreichende Rechtsschutzmöglichkeiten vorhanden sind, um es erst gar nicht zu einem Schaden wegen normativen Unrechts kommen zu lassen.

Ursprünglich sollte ein Schadenersatzanspruch wegen normativen Unrechts nach Ansicht des Gerichtshofes nicht bestehen, da dem Kläger nicht die Möglichkeit eingeräumt werden sollte, durch den Umweg über die Schadensersatzklage die Wirkung eines nicht für nichtig erklärten Rechtsaktes zu umgehen, was zur Folge hatte, dass eine Schadensersatzklage nur gegen Maßnahmen möglich war, die bereits zuvor für nichtig erklärt worden waren.[791] Diese Haltung gab der Gerichtshof jedoch im Jahre 1971 mit der Begründung auf, dass die beiden Klagearten verschiedene Klageziele verfolgten, nämlich zum einen reinen Schadenersatz und zum anderen eine reine Nichtigerklärung, sodass es nicht sinnvoll sei, die Voraussetzungen von der einen Klageart auf die andere zu übertragen.[792] Seither stellen Schadensersatz- und Nichtigkeitsklage zwei eigenständige Rechtsbehelfe dar.[793]

Insgesamt kann also festgehalten werden, dass die Möglichkeit des Schadensersatzes allenfalls eine weitere Ergänzung zur Nichtigkeitsklage darstellt, die den Einzelnen nicht ganz rechtsschutzlos dastehen lässt, wenn ihm ein Klagerecht nach Art. 263 Abs. 4 AEUV versagt ist. Aufgrund der unterschiedlichen Klageziele vermag die Schadensersatzklage die etwaigen Rechtsschutzlücken des Art. 263 Abs. 4 AEUV allerdings nicht zu schließen.

c) Einstweiliger Rechtsschutz

Das Rechtsbehelfssystem des AEUV sieht ferner auch die Möglichkeit des einstweiligen Rechtsschutzes vor. Dieser ist in den Art. 278, 279 AEUV verankert. Die Besonderheit gegenüber dem deutschen Recht besteht insbesondere darin,

---

ein rein sekundärer Rechtsschutz über den Schadensersatz keine sinnvolle Rechtsschutzmöglichkeit darstellt (Schulte, S. 33).

791 Schwarze, FS für Schlochauer, 927 (941); Constantinesco, S. 900 f.

792 Constantinesco, S. 901 m.w.N. zur Rechtsprechung; Thiele, S. 81.

793 Schwarze, FS für Schlochauer, 927 (941).

dass Klagen gem. Art. 278 S. 1 AEUV *keine* aufschiebende Wirkung haben. Dies ist gerade im Hinblick auf eine erhobene Nichtigkeitsklage beachtenswert, da die Folge wäre, dass die mit der Klage angefochtene Handlung dennoch ihre Wirkung entfalten würde. Deshalb besteht für den Gerichtshof gem. Art. 278 S. 2 AEUV die Möglichkeit, die Durchführung der angefochtenen Handlung gegebenenfalls auszusetzen. Will der Kläger also entsprechende Vollstreckungsmaßnahmen aus der angefochtenen Handlung vermeiden, kann er im Wege des einstweiligen Rechtsschutzes beim Gerichtshof einen Antrag auf einstweilige Anordnung i.S.d. Art. 278 S. 2 AEUV stellen.[794] Da für die Beantragung einstweiligen Rechtsschutzes jedoch immer eine Hauptsache, in diesem Fall also eine Nichtigkeitsklage, rechtshängig sein muss, stellt der einstweilige Rechtsschutz keine selbstständige Verfahrensart dar.[795] Allerdings kommt es für die Gewährung einstweiligen Rechtsschutzes nicht auf die Zulässigkeit der zugrunde liegenden Klage an – es sei denn die Klage ist offensichtlich unzulässig -, da im Rahmen des einstweiligen Rechtsschutzes die Hauptsache nicht vorweg genommen werden soll und darf.[796]

Demnach kann eine einstweilige Anordnung zwar nicht die sich im Rahmen der Nichtigkeitsklage ergebenden Rechtsschutzlücken schließen, allerdings ist sie für den effektiven Rechtsschutz dennoch von großer Bedeutung. Denn dadurch, dass die Möglichkeit besteht, die Durchführung der im Rahmen einer Nichtigkeitsklage angefochtenen Handlung aussetzen zu lassen, werden zumindest bis zur endgültigen Entscheidung die Rechte des Klägers gewahrt.[797]

d) *Inzidente Normenkontrolle*

Eine weitere Möglichkeit des Rechtsschutzes des Einzelnen ist durch die inzidente Normenkontrolle gem. Art. 277 AEUV gegeben. Hierbei wird den Parteien eines Rechtsstreits die Möglichkeit eingeräumt, im Rahmen dieses Klageverfahrens die Rechtmäßigkeit des zugrunde liegenden Rechtsaktes mit allgemeiner Geltung durch den Gerichtshof überprüfen zu lassen bzw. die Unanwendbarkeit dieses Rechtsaktes geltend zu machen. Voraussetzung ist also, dass bereits ein Verfahren beim Gerichtshof anhängig ist, woraus ersichtlich ist, dass es sich auch bei der inzidenten Normenkontrolle nicht um eine eigenständige Klageart

794 Calliess/Ruffert-Cremer, EGV, Art. 242, 243, Rn. 2.
795 Calliess/Ruffert-Cremer, EGV, Art. 242, 243, Rn. 8.; Allkemper, S. 145.
796 Calliess/Ruffert-Cremer, EGV, Art. 242, 243, Rn. 9.
797 Kirchhoff, S. 35 f.

handelt.[798] Deshalb können auch durch dieses Verfahren keine etwaigen Rechtsschutzlücken im Rahmen der Nichtigkeitsklage geschlossen werden, da zunächst einmal eine Nichtigkeitsklage z.B. gegen eine den Kläger belastende Entscheidung anhängig und statthaft sein muss, bevor sich der Kläger dann im Rahmen dieses Verfahrens gegen die Rechtmäßigkeit der dieser Entscheidung zugrunde liegenden Verordnung wehren kann.[799] Ferner ist zu beachten, dass im Falle einer erfolgreichen inzidenten Normenkontrolle dies nicht zur Nichtigerklärung der angegriffenen Norm führt, sondern lediglich zur Unanwendbarkeit der Norm im konkreten Rechtsstreit zwischen den Parteien.[800]

e) Vorabentscheidungsverfahren

Eine besondere Stellung im Verhältnis zur Nichtigkeitsklage nimmt das Vorabentscheidungsverfahren ein. Der Gerichtshof wird nicht müde, zu betonen, dass gerade durch die Möglichkeit eines Vorabentscheidungsverfahrens ein vollständiges System von Rechtsbehelfen für den Einzelnen geschaffen worden ist, wenn ihm eine Nichtigkeitsklage gegen eine Verordnung aufgrund mangelnder individueller Betroffenheit versagt wird.

Zur Sicherung des Individualrechtsschutzes wurde auf europäischer Ebene ein System von direktem und indirektem Rechtsschutz entwickelt. Die individualrechtsschützende Funktion des Vorabentscheidungsverfahrens im Rahmen des indirekten Rechtsschutzes wurde bereits in Teil 1 als eine der wesentlichen Funktionen des Vorabentscheidungsverfahrens umrissen.[801] Nicht minder wichtig ist jedoch der Rechtsschutz, der im Rahmen der Nichtigkeitsklage dem Einzelnen gewährt wird, da es sich hierbei um die einzige direkte Rechtsschutzmöglichkeit gegen Maßnahmen der EU handelt. Etwaige weitere Verfahren, z.B. die Untätigkeitsklage gem. Art. 265 AEUV, die Schadensersatzklage nach Art. 268, 340 AEUV oder die inzidente Normenkontrolle gem. Art. 277 AEUV, gewähren – wie gezeigt wurde – dem Einzelnen zwar auch Klagemöglichkeiten, jedoch können mit solchen Klagen die eigentlichen Rechtsakte bzw. Handlungen nicht angegriffen werden. Diese Möglichkeit, einen Rechtsakt bzw. eine Handlung für nichtig erklären zu lassen, bietet allein die Nichtigkeitsklage gem. Art. 263 i.V.m. Art. 264 AEUV.

---

798 Kirchhoff, S. 37; Allkemper, S. 182.

799 Allkemper, S. 182; Kirchhoff, S. 37.

800 Schwarze, FS für Schlochauer, 927 (938 f).

801 Vgl. Teil 1, Kapitel 1, E I 2; zur weiteren detaillierten Vertiefung siehe außerdem die Dissertation von Patricia Thomy: „Individualrechtsschutz durch das Vorabentscheidungsverfahren“, die sich intensiv mit diesem Thema auseinandersetzt.

Es stellt sich allerdings die Frage, ob durch dieses Geflecht aus Vorabentscheidungsverfahren und Nichtigkeitsklage tatsächlich ein umfassendes Rechtsschutzsystem geschaffen worden ist, wie es der Gerichtshof in seinem Urteil *Les Verts*[802] und auch wieder in seinem Urteil in der Rechtssache UPA[803] behauptet hat. Es erscheint zwar richtig und wichtig, dass der zentrale und dezentrale Rechtsschutz nicht getrennt betrachtet werden sollen, da diese ein „geschlossenes System"[804] bilden; allerdings muss spätestens seit den Rechtssachen UPA und Jégo-Quéré festgestellt werden, dass allein durch die Schaffung dieses geschlossenen Systems noch kein lückenloser Rechtsschutz für den Einzelnen her- und sichergestellt ist. Denn es sind, wie oben bereits dargestellt und auch vom Gericht treffend erkannt, Situationen denkbar, in denen der Einzelne, beispielsweise mangels einer nationalen Durchführungsmaßnahme, erst gar kein nationales Verfahren einleiten kann, in dessen Rahmen dann ein Vorlageverfahren stattfindet könnte. Mithin vermag auch das Vorabentscheidungsverfahren nicht gänzlich vor Rechtsschutzlücken zu schützen.

Nichts desto trotz wird deutlich, dass gerade das indirekte Vorabentscheidungsverfahren zusammen mit der direkten Nichtigkeitsklage sozusagen das Fundament effektiven Rechtsschutzes darstellen, da der Rechtsschutz im Rahmen der EU – einem Verbund souveräner Rechtsstaaten – so ausgestaltet ist, dass jeder einzelne nationale Richter auch Unionsrichter ist, der Europarecht anwenden muss und über europarechtliche Fragen dezentral zu entscheiden hat und zusätzlich der Gerichthof der Europäischen Union als zentrales Rechtsprechungsorgan zur Verfügung steht.

Fraglich ist daher in diesem Zusammenhang, wie aus Sicht des Rechtsschutzsuchenden nun das Verhältnis zwischen dem indirekten Rechtsschutz durch das Vorabentscheidungsverfahren und dem direkten Rechtsschutz durch die Nichtigkeitsklage ist.

Deshalb soll dieses besondere Verhältnis im Folgenden noch einmal genauer beleuchtet werden.

aa) Wie „funktioniert" Individualrechtsschutz durch das Vorabentscheidungsverfahren?

Unabhängig von seiner Hauptfunktion, der Gewährleistung der einheitlichen Auslegung und Anwendung des Unionsrechts, ist eine weitere wesentliche

802 EuGH Rs. 294/83, Slg. 1986, 1339 ff, Rn. 23 (Les Verts).

803 EuGH Rs. C-50/00 P, Slg. 2002, I-6677 ff (Rn. 40) (Unión de Pequeños Agricultores (UPA)/Rat).

804 Kirchhoff, S. 25.

Funktion des Vorabentscheidungsverfahrens der Individualrechtsschutz.[805] Diese Funktion hat sich durch die entsprechende Rechtsprechung des Gerichtshofes herausgebildet, nicht zuletzt, um den – wie oben dargestellt – in vielen Fällen als unzureichend angesehenen Rechtsschutz über die Nichtigkeitsklage etwas auszugleichen.[806]

Wie bereits im ersten Teil dieser Arbeit mehrfach ausgeführt, handelt es sich bei dem Vorabentscheidungsverfahren nicht um ein streitiges Verfahren, sondern lediglich um ein Zwischenverfahren zu einem zugrunde liegenden streitigen nationalen Verfahren.[807] Dass das Vorabentscheidungsverfahren dennoch individualrechtsschützende Funktionen erfüllt, liegt daher auf den ersten Blick nicht auf der Hand, da der Einzelne nur als Partei des Ausgangsrechtsstreits, nicht aber als Partei im Rahmen des Vorabentscheidungsverfahrens auftritt. Im Rahmen der nationalen Rechtsstreitigkeiten, in deren Verlauf es zu einer Vorlage an den Gerichtshof kommt, kommt es häufig auf die Frage an, ob nationales Recht gegen EU-Recht verstößt.[808] Auf einen solchen Verstoß kann es allerdings nur ankommen, wenn sich der Einzelne vor einem nationalen Gericht überhaupt auf EU-Recht berufen kann. Dies hat der Gerichtshof bereits 1963 in einem für den Individualrechtsschutz wohl wichtigsten Urteil (van Gend & Loos) entschieden.[809] Denn in diesem Urteil legte der Gerichtshof fest, dass sich der einzelne Bürger vor einem nationalen Gericht auf Unionsecht berufen und dieses entsprechend unmittelbare Wirkung entfalten und individuelle Rechte erzeugen kann.[810] Eine weitere für den (Individual-)Rechtschutz wegweisende Entscheidung des Gerichtshofs findet sich in dem Urteil Costa/ENEL aus dem Jahre 1964.[811] Hierin manifestiert der Gerichtshof den Grundsatz des Vorranges des Unionsrechts vor nationalem Recht.[812] Sieht man sich nun die vom Gerichtshof aufgestellten Grundsätze aus den zwei vorgenannten Urteilen an, nämlich den Vorrang von Unionsrecht sowie die Tatsache, dass sich der Einzelne auch auf dieses vorrangige Unionsrecht berufen kann, so wird deutlich, welche essentielle Bedeutung diese Entscheidungen für den Individualrechtsschutz auf

805 Statt vieler: Calliess/Ruffert-Wegener EGV, Art. 234, Rn. 1; Dauses, S. 48 ff.; Schwarze, DVBl. 2002, 1297 (1303).
806 So bereits Constantinesco, S. 837 ff.
807 Siehe Teil 1 Kapitel 1E I 1; außerdem Schwarze, FS für Schlochauer, 927 (940).
808 Everling, S. 18.
809 EuGH Rs. 26/62, Slg. 1963, 1 ff (Van Gend &Loos).
810 EuGH Rs. 26/62, Slg. 1963, 1, 26 f. (Van Gend &Loos).
811 EuGH Rs. 6/64, Slg. 1964, 1251 ff (Costa/ENEL).
812 EuGH Rs. 6/64, Slg. 1964, 1251, 1270 (Costa/ENEL).

europäischer Ebene haben.[813] Auf diese Weise ist es dem Einzelnen nunmehr innerhalb eines nationalen Rechtsstreits möglich, sich auf Unionsrecht zu berufen und die Verletzung von EU-Recht durch nationales Recht zu rügen. Das nationale Gericht kann sich sodann entweder mit einer Auslegungs- oder Gültigkeitsfrage an den Gerichthof wenden. Der Gerichtshof urteilt je nach Vorlagefrage dann entweder über die richtige Auslegung von Unionsrecht oder über die Gültigkeit bzw. Nichtigkeit von Handlungen der Organe der Union. Der Gerichtshof prüft somit sozusagen inzident bzw. indirekt einen den Einzelnen als Partei des Ausgangsrechtsstreits betreffenden Unionsrechtsakt auf dessen Gültigkeit.[814] Auf diese Weise wird erreicht, dass Vorschriften, gegen die sich der Einzelne im Rahmen der Nichtigkeitsklage nicht direkt zur Wehr setzen kann, dennoch vom Gerichtshof auf ihre Gültigkeit überprüft werden.[815] Da das nationale Gericht an das Urteil des Gerichtshofes gebunden ist und somit gegebenenfalls eine den Einzelnen betreffende Norm unangewendet lassen muss, entsteht durch das Vorlageverfahren ein indirektes individuelles Rechtsschutzsystem. Dieses stellt eine wesentliche und in ihrer Bedeutung nicht zu unterschätzende Ergänzung zum direkten Rechtsschutz über die Nichtigkeitsklage gem. Art. 263 AEUV dar, im Rahmen derer der Einzelne die Möglichkeit hat, selbst als Partei, also direkt, den Gerichtshof anzurufen. Teilweise wird in diesem Zusammenhang auch von zentralem (Nichtigkeitsklage) und dezentralem (Vorabentscheidungsverfahren) Rechtsschutz gesprochen.[816]

bb) Probleme des Vorabentscheidungsverfahrens als Rechtsschutzmöglichkeit

Trotz der grundsätzlich bestehenden Möglichkeit für den Einzelnen, Rechtsschutz auch indirekt über das Vorabentscheidungsverfahren zu erlangen, bringt dieses Verfahren einige Probleme mit sich, die es mit Blick auf die Fragestellung, ob das bestehende System lückenlosen und umfassenden Rechtsschutz gewährleistet, näher zu beleuchten gilt.

(1) Lange Verfahrensdauer und Kostenaufwand

Wie im ersten Teil dieser Arbeit bereits ausführlich dargestellt, ist ein großer Nachteil des Vorabentscheidungsverfahrens die Tatsache, dass allein die Durchführung des Vorabentscheidungsverfahrens als Zwischenverfahren derzeit ca.

---

813 Zu der Tragweite und Bedeutung dieser Urteile vgl. auch Thiele, S. 61; Everling, S. 18 ff, jeweils m.w.N.

814 Dauses, S. 49.

815 Dauses, S. 49.

816 Vgl. z.B. Kirchhoff, S. 24.

um die 16 Monate dauert.[817] Da das eigentliche nationale Verfahren während dieser Zeit ruht und erst nach der Entscheidung des Gerichtshofes fortgeführt wird, besteht in vielen Fällen die Gefahr, dass sich die Hauptsache in der Zwischenzeit erledigt hat, sodass dem Einzelnen als Partei im nationalen Verfahren nur noch der Weg über Schadensersatzansprüche bleibt.[818] In solchen Fällen, in denen sich die Hauptsache durch schlichten Zeitablauf bereits bei Urteilsverkündung erledigt hat, ist dem Einzelnen weder das Vorabentscheidungsurteil noch das nationale Urteil in seinem eigentlichen „Anliegen" tatsächlich von Nutzen, sodass es mehr als fraglich erscheint, ob man dann überhaupt noch von wirksamem Rechtsschutz für den Einzelnen sprechen kann. Vielmehr scheint sich in solchen Konstellationen für den Einzelnen lediglich eine Situation des „dulde und liquidiere" zu ergeben.[819] Da – wie im Folgenden dargestellt –der Einzelne kein Antragsrecht auf Durchführung eins Vorlageverfahrens hat, kann zu der ohnehin schon langen Verfahrensdauer des Vorabentscheidungsverfahren noch hinzu kommen, dass der Einzelne im Rahmen des nationalen Verfahrens gegebenenfalls erst den (gesamten) Instanzenzug ausschöpfen muss, um eine Vorlage an den Gerichtshof zu erreichen, was zusätzlich einen nicht unerheblichen Zeitverlust bedeutet. Neben dem Zeitverlust kommt außerdem ein gewisser Kostenaufwand für den Einzelnen hinzu. Zum einen die Kosten, die im Laufe des nationalen Instanzenzuges anfallen, zum anderen aber auch die durch das Vorabentscheidungsverfahren zusätzlich entstehenden Anwaltskosten.[820]

(2) Fehlendes Antragsrecht des Einzelnen

Ein weiterer wesentlicher Nachteil des Vorabentscheidungsverfahrens für den effektiven Rechtsschutz des Einzelnen besteht darin, dass der Einzelne als Partei im nationalen Rechtsstreit kein eigenes Antragsrecht auf Durchführung eines Vorlageverfahrens hat, sondern dies lediglich anregen kann, was den Charakter des indirekten Rechtsschutzes unterstreicht.[821] Erzwingen kann er eine Vorlage jedoch nicht.[822] Bei nicht-vorlagepflichtigen nationalen Gerichten liegt es also allein im Ermessen des Gerichtes und somit außerhalb des Beeinflussbaren für den Einzelnen, ob und mit welchen Fragen eine Vorlage an

817 Siehe oben Teil 1 Kapitel 2 A.
818 Sack, EuR 1985, 319 (321).
819 So auch Sack, EuR 1985, 319 (321).
820 Zum Vorgenannten: Thomy, S. 139/140 m.w.N.
821 Rengeling/Middeke/Gellermann, §10, Rn. 8 m.w.N.; Schwarze, FS für Schlochauer, 927 (940); Everling, S. 20; Allkemper, S. 155.
822 Allkemper, S. 155 m.w.N.

den Gerichtshof erfolgt oder nicht.[823] Gerade weil im Falle einer Vorlage, wie eben dargestellt, ein erheblicher Zeitverlust eintritt, besteht die Gefahr, dass die nationalen Richter zusätzlich gehemmt sind, von ihrer Vorlageberechtigung Gebrauch zu machen.[824] Darüber hinaus müssen die nationalen Gerichte auch sicher sein, dass sich eine Vorlage an den Gerichtshof lohnt und dieser auch die erhoffte Unterstützung bietet, damit eine eventuelle Zurückhaltung hinsichtlich einer möglichen Vorlage von vornherein ausgeräumt wird.[825] Denn „die Intensität des Individualrechtsschutzes (durch das Vorlageverfahren) hängt von der Vorlagefreudigkeit der nationalen Gerichte ab“[826]. Insgesamt lässt sich hieraus ableiten, dass die Parteieigenschaft im nationalen Verfahren keine genügende Rechtsstellung im Vorlageverfahren begründet, weshalb dem Vorabentscheidungsverfahren die Eigenschaft als subjektives Rechtsschutzverfahren abgesprochen wird.[827]

Neben dem bloßen Anregen, ein Vorlageverfahren durchzuführen, bleibt dem Einzelnen – wie zuvor bereits angedeutet – höchstens die Möglichkeit, den Instanzenzug auszuschöpfen, da gem. Art. 267 Abs. 3 AEUV das letztinstanzliche Gericht zur Vorlage verpflichtet ist.[828] Doch bedeutet dies wiederum einen nicht unerheblichen Zeit- und Kostenaufwand für den Einzelnen.[829] Leider ist nicht auszuschließen, dass selbst im Falle einer Verpflichtung die Vorlage an den Gerichtshof unterbleibt. Zwar kann sich der Einzelne gegen die Verletzung der Vorlagepflicht wehren, allerdings bietet Art. 267 AEUV selbst keinerlei Sanktionsmöglichkeit.[830]

Insgesamt kann demnach festgehalten werden, dass das mangelnde Antragsrecht einen nicht unerheblichen Nachteil im Rahmen des Vorabentscheidungsverfahrens mit Blick auf die Effektivität dieses Rechtsbehelfs aufweist.

cc) Wie „funktioniert“ der Individualrechtsschutz durch die Nichtigkeitsklage?

Im Unterschied zum indirekten Rechtsschutz über das Vorabentscheidungsverfahren, bietet die Nichtigkeitsklage gem. Art. 263 Abs. 4 AEUV folglich direkten Rechtsschutz für den Einzelnen vor den europäischen Gerichten.

---

823 Thomy, S. 138 f. m.w.N; Allkemper, S. 155.
824 Everling, EuR 1997, 398 (402) und Everling, S. 7.; Thiele, S. 72.
825 Everling, S. 76.
826 Thiele, S. 69 mit Verweis in Fn. 269 auf Everling, S. 76 ff.
827 Baumeister, EuR 2005, 1 (19).
828 Schwarze, FS für Schlochauer, 927 (940).
829 Schulte, S. 29.
830 Vgl. bereits diesbezügliche Ausführungen oben Teil 1, Kapitel 1 E III 1. d) ee).

Bei dieser Verfahrensart ist der Einzelne im Gegensatz zum Vorabentscheidungsverfahren selbst Partei im Verfahren. Gem. Art. 263 Abs. 4 AEUV können natürliche und juristische Personen mit der Nichtigkeitsklage beim Gericht gegen Handlungen der Organe und Einrichtungen der EU vorgehen bzw. diese überprüfen lassen.[831] Die Nichtigkeitsklage dient auf diese Weise also eindeutig dem Rechtsschutz des Einzelnen, aber auch der Rechtmäßigkeitskontrolle.[832] Dem Individualrechtsschutz dient sie dadurch, dass der Einzelnen als natürliche oder juristische Person selbstständig das Klageverfahren einleiten und sich als Partei, also aktiv, gegen belastende Rechtsakte und Handlungen seitens der EU-Organe wenden und deren Nichtigerklärung erreichen kann. Gerade darin besteht auch die Rechtmäßigkeitskontrolle, da auf diese Weise sichergestellt ist, dass unrechtmäßige Rechtsakte nicht nur offenbart werden, sondern durch verbindliche Nichtigerklärung auch nicht länger Wirkungen auf EU-Ebene entfalten können.

Der Vollständigkeit halber sei erwähnt, dass auch die Variante der Nichtigkeitsklage, bei der sogenannte privilegierte Kläger klageberechtigt sind (Art. 263 Abs. 2 AEUV), für den Individualrechtschutz von Bedeutung sein kann, wenn auch nur indirekt. Denn in diesem Fall soll durch die Nichtigkeitsklage eine Kontrolle des sekundären Unionsrechts sichergestellt werden und somit werden eben auch solche Rechtsakte überprüft, die sich auf den einzelnen Unionsbürger auswirken. Wird eine solche Vorschrift dann im Rahmen der Nichtigkeitsklage für unrechtmäßig erklärt, kommt dies auch dem Einzelnen zu Gute. Dass es sich hierbei, ebenso wie bei dem Vorabentscheidungsverfahren, jedoch nur um indirekten Rechtsschutz handelt, ergibt sich daraus, dass der Einzelne hier ebenfalls kein eigenes Antragsrecht hat und auch nicht auf das Verfahren Einfluss nehmen kann.[833]

Im Ergebnis ist für den (direkten) Individualrechtsschutz in erster Linie also die Nichtigkeitsklage gem. Art. 263 Abs. 4 AEUV maßgeblich.

dd) Nachteile der Nichtigkeitsklage

Auch im Rahmen der Nichtigkeitsklage ergeben sich Nachteile im Hinblick auf den effektiven Rechtsschutz.

---

831 So bereits Constantinesco, S. 845; ebenfalls Thiele, S. 42 m.w.N.; Calliess/Ruffert-Cremer, AEUV, Art. 263, Rn. 1.

832 Constantinesco, S. 845.

833 Zum Ganzen siehe Thiele, S. 42 f. m.w.N.

(1) Strenge Voraussetzung des individuellen Betroffenseins als Nachteil

Um Wiederholungen zu vermeiden, darf an dieser Stelle auf die oben gemachten Ausführungen zur Voraussetzung des individuellen Betroffenseins verwiesen werden. Die Anforderungen, die an dieses Merkmal gestellt werden, sind nach überwiegender Meinung in der Literatur und auch nach Ansicht des GA Jacobs zu streng und können dadurch die Effektivität des Rechtsschutzes im Rahmen der Nichtigkeitsklage beeinträchtigen.

(2) Verfahrensdauer der Nichtigkeitsklage als Nachteil

Wie schon bei dem Vorabentscheidungsverfahren stellt die Verfahrensdauer auch bei der Nichtigkeitsklage ein Problem im Rahmen des effektiven Rechtsschutzes dar. Denn auch bei dieser Verfahrensart lag die Verfahrensdauer in den letzten Jahren immer deutlich über 20 Monaten. Bei den Verfahren hinsichtlich staatlicher Beihilfen oder Wettbewerb sogar zwischen 30 und 50 Monaten.[834] Hinzu kommt bei der Nichtigkeitsklage, dass gegen Urteile, die beim Gericht in erster Instanz ergangen sind, die Möglichkeit besteht, Rechtsmittel zum Gerichtshof einzulegen, wodurch sich die Verfahrensdauer zusätzlich verlängert.[835] Solche Rechtsmittelverfahren beim Gerichtshof dauerten in den vergangenen Jahren zwischen 18,4 Monaten (im Jahre 2008) und 15,3 Monaten (im Jahre 2012).[836] Die Rechtsprechungsstatistiken sprechen insoweit also eine deutliche Sprache. Zwar stellt die Nichtigkeitsklage – im Gegensatz zum Vorabentscheidungsverfahren – bereits das Hauptsache- und nicht nur ein Zwischenverfahren

---

834 Im Jahr 2008 lag die durchschnittliche Dauer von Verfahren zu staatlichen Beihilfen bei 48,1 und zu wettbewerbsrechtlichen Fragestellungen bei 40,2 Monaten. Alle sonstigen Klagen dauerten im Schnitt 20,6 Monate. Im Jahre 2009 lag die Dauer sogar bei 50,3 Monaten bzgl. staatlicher Beihilfen, 46,2 Monaten bzgl. Wettbewerb und 23,9 Monaten für alle sonstigen Klagen. Im Jahr 2010 trat bzgl. der Verfahren zu staatlichen Beihilfen mit „nur" noch 32,4 Monaten eine deutliche Beschleunigung ein, wettbewerbsrechtliche Verfahren dauerten im Schnitt 45,7 Monate und alle sonstigen Klagen 23,7 Monate; im Jahre 2011 traten keine wesentlichen Änderungen ein (Wettbewerb: 50,5 Monate; Staatliche Beihilfen: 32,8 Monate und sonstige Verfahren: 22,8 Monate) und im Jahre 2012 war auch nur eine kleine Beschleunigung zu verzeichnen (Wettbewerb: 48,4 Monate; Staatliche Beihilfen: 31,5 Monate und sonstige Verfahren: 22,2 Monate) alle Angaben laut Jahresbericht und Rechtsprechungsstatistik 2012 des Gerichts, S. 199, abrufbar unter http://curia.europa.eu.

835 vgl. Art. 225 Abs. 1 EGV.

836 Vgl. Jahresbericht und Rechtsprechungsstatistik 2012 des Gerichtshofes, S. 110, abrufbar unter http://curia.europa.eu.

dar, dennoch kann man bei der gerade dargestellten Verfahrensdauer auch bei der Nichtigkeitsklage nicht gerade von zeitnahem bzw. rechtzeitigem Rechtsschutz sprechen.

(3) Klagefrist der Nichtigkeitsklage als Nachteil

Auch für die Individualnichtigkeitsklage gem. Art. 263 Abs. 4 AEUV gilt die in Abs. 6 geregelte Klagefreist von nur zwei Monaten.

Dies ist vergleichsweise kurz und kann sicherlich dazu führen, dass eine Nichtigkeitsklage ausgeschlossen ist. Ob dieser Nachteil dadurch wieder ausgeglichen wird, dass bei Fristversäumung auf andere Verfahrensarten, insbesondere das Vorabentscheidungsverfahren zurückgegriffen werden kann, soll im Folgenden dargestellt werden.

ee) Besteht ein Präklusionsverhältnis zwischen Vorabentscheidungsverfahren und Nichtigkeitsklage?

Ausgehend von dem zuvor dargestellten Problem der recht kurzen Klagefrist im Rahmen der Nichtigkeitsklage stellt sich die Frage, wie und gegebenenfalls in welchen „Rangverhältnis" Vorabentscheidungsverfahren und Nichtigkeitsklage in ihrer Funktion als Rechtsbehelfe zueinander stehen. Hierbei ist insbesondere zu untersuchen, ob die Möglichkeit besteht, im Falle der Fristversäumung bzgl. einer Nichtigkeitsklage den „Umweg" des Vorabentscheidungsverfahrens zu gehen, um so doch noch eine Nichtigkeitserklärung bzw. Ungültigkeitserklärung des in Rede stehenden Rechtsaktes zu erreichen.

(1) Problemaufriss

Das Problem, das sich in diesem Zusammenhang stellt, ist, ob die Möglichkeit, zentralen Rechtsschutz im Wege der Nichtigkeitsklage zu erreichen, die Möglichkeit des dezentralen Rechtsschutzes über das Vorabentscheidungsverfahren grundsätzlich ausschließt, genauer gesagt, ob die Versäumung der Klagefrist einer Nichtigkeitsklage zu einer Präklusion einer Gültigkeitsvorlage führt.

Dass diese Frage nicht ganz leicht zu beantworten ist, liegt an der Tatsache, dass sich bei der Frage nach einem Rangverhältnis zwei wesentliche Rechtsschutzgarantien gegenüber stehen. So gilt es zum einen, möglichst umfassenden Individualrechtsschutz sicherzustellen und den Einzelnen nicht in seinem Recht auf effektiven Rechtsschutz zu beschneiden. Zum anderen gilt es aber auch, den Grundsatz der Rechtssicherheit zu wahren, was durch die Zulassung einer Anfechtung von Rechtsakten, nachdem diese in Bestandskraft erwachsen sind, nicht mehr gegeben wäre. Wenn man also die Überprüfung eines Rechtsaktes im Rahmen eines Vorabentscheidungsverfahrens auch dann noch zuließe, wenn die Klagefrist des Art. 263 Abs. 6 AEUV bereits abgelaufen ist, würde dies dazu führen, dass der bereits in Bestandskraft erwachsene Rechtsakt nachträglich hinfällig sein könnte, was ohne Zweifel zu großen Problemen im Hinblick auf die Rechtssicherheit im Rahmen der EU führen würde.[837]

Leider regelt weder der AEUV noch die vorherigen Fassungen des EGV ausdrücklich das Verhältnis von Nichtigkeitsklage und Vorabentscheidungsverfahren hinsichtlich einer möglichen Präklusion.[838] Bis zu der Leitentscheidung in der Rechtssache *Textilwerke Deggendorf*[839] war diesbezüglich auch vom Gerichtshof keine eindeutige Regelung getroffen worden.[840] Dies führte dazu, dass sich verschiedene Ansichten zu diesem Problemfeld herausbildeten. So wurde einerseits auf die unterschiedliche Funktion der Nichtigkeitsklage und des Vorabentscheidungsverfahrens abgestellt. So sollte eine Vorlage auch dann zulässig sein, wenn die Frist des Art. 263 Abs. 6 AEUV bereits abgelaufen ist, da das Vorabentscheidungsverfahren vor allem die Funktion erfülle, eine einheitliche Anwendung des EU-Rechts zu gewährleisten. Wenn nun aber die Entscheidung, gegen einen Unionsrechtsakt vorzugehen, vom jeweiligen Adressaten abhinge, der es ggf. versäumt, innerhalb der Frist eine Nichtigkeitsklage zu erheben, dann sei auch die einheitliche Anwendung des EU-Rechts nicht mehr gewährleistet, weshalb auch dann noch ein Vorlageverfahren möglich sein müsse.[841]

Andererseits wurde bereits sehr früh auf die Bedeutung der Rechtssicherheit und der Bestandskraft von Unionsrechtsakten nach Ablauf der Klagefrist im Rahmen der Nichtigkeitsklage hingewiesen. Hiernach sei eine Vorlage nach Ablauf der Klagefrist schlicht ausgeschlossen und der Individualrechtsschutz müsse insofern hinter den „Interessen des Rechtsfriedens" zurücktreten.[842]

(2) Die Lösung des Gerichtshofes in der Rechtssache Textilwerke Deggendorf

Um die lange Zeit eher unklare Lage des Verhältnisses von möglichst umfassendem Individualrechtsschutz einerseits zu dem Grundsatz der Rechtssicherheit andererseits zu klären, hat sich der Gerichtshof im Rahmen der Rechtssache Textilwerke Deggendorf bemüht, einen möglichst interessengerechten Ausgleich

837 Zum Ganzen vgl. Pache, EuZW 1994, 615 ff m.w.N.

838 So auch Pache, EuZW 1994, 615 (616).

839 EuGH Rs. C-188/92, Slg. 1994, I 833 ff.(TWD Textilwerke Deggendorf).

840 Vgl. insofern Pache, EuZW 1994, 615 ff.

841 Zum Vorgenannten vgl. z.B. Groeben/Thiesing/Ehlermann-Krück, EWGV Art. 177, Rn. 6.

842 So bereits ausführlich und vehement: Tomuschat, S. 89 ff.

zu schaffen.[843] In dieser Rechtssache legte der Gerichtshof zum ersten Mal ausdrücklich fest, dass die Nichtigkeitsklage und das Vorabentscheidungsverfahren zwar grundsätzlich vor Ablauf der Klagefrist nebeneinander anwendbar sind, also eine Vorlage nicht generell durch die Nichtigkeitsklage präkludiert ist.[844] Allerdings tritt die Präklusion ein, wenn nach Ablauf der Klagefrist des Art. 263 Abs. 6 AEUV der in Rede stehende Rechtsakt im Rahmen einer Gültigkeitsvorlage überprüft werden soll, der Adressat dieses Rechtsaktes aber unproblematisch die Möglichkeit gehabt hätte, den Rechtsakt im Rahmen einer Nichtigkeitsklage anzufechten.[845] Zu beachten ist hierbei, dass diese Präklusion jedoch nur dann eintreten soll - und im Hinblick auf den effektiven Rechtsschutz des Einzelnen auch nur eintreten darf - wenn es sich um einen Rechtsakt handelt, der auch tatsächlich von dem Einzelnen mit der Nichtigkeitsklage aufgrund der bestehenden Klagebefugnis hätte angefochten werden können, ihn also unmittelbar und individuell betrifft.[846] Dies bedeutet, dass also nicht nur bei Handlungen in Form eines Beschlusses bzw. früher in Form einer Entscheidung die Präklusion eintreten kann, sondern auch bei anderen Handlungen wie Verordnungen, sofern die besonderen Voraussetzungen der Klagebefugnis gem. Art. 263 Abs. 4 AEUV gegeben sind.[847] Im Umkehrschluss führt dies dazu, dass eine Vorlage aber auch nach Ablauf der Zwei-Monats-Frist und somit nach Bestandskraft noch möglich sein muss, wenn der Einzelne z.B. gegen eine Verordnung oder Richtlinie mangels Klagebefugnis eben nicht im Rahmen der Nichtigkeitsklage vorgehen kann,[848]da derjenige sonst mangels irgendeines Rechtsmittels rechtsschutzlos gestellt wäre.[849] Eine Nichtigkeitsklage hätte also „ohne jeden Zweifel“ zulässig sein müssen.[850]

---

843 EuGH Rs. C-188/92, Slg. 1994, I 833 ff.(TWD Textilwerke Deggendorf); Thomy, S. 85.

844 EuGH Rs. C-188/92, Slg. 1994, I 833 ff, (Rn. 19)(TWD Textilwerke Deggendorf)mit Verweis auf EuGH Verb.Rs. 133 bis 136/85, Slg. 1987, 2289 ff, (Rn. 9ff) (Rau).

845 EuGH Rs. C-188/92, Slg. 1994, I 833 ff, (Rn. 24)(TWD Textilwerke Deggendorf); Rengeling/Middeke/Gellermann, § 7, Rn. 12; Thomy, S. 85; Nowak, EuR 2000, 724 (730 ff).

846 Rengeling/Middeke/Gellermann, § 7, Rn. 12; Pache, EuZW 1994, 615 (619); Steiner/Woods, EU Law, S. 299 f.

847 Pache, EuZW 1994, 615 (619); Gröpl, EuGRZ 1995, 583 (585); Thomy, S. 85 f.

848 Nowak, EuR 2000, 724 (731); ders., Nowak/Cremer, Individualrechtsschutz, 47 (51 ff).

849 Gröpl, EuGRZ 1995, 583 (586) mit Hinweis auf die umstrittene Bananenmarktverordnung.

850 So jüngst im Urteil des Gerichtshofes vom 17.02.2011 in der Rs. C-494/09, Rn. 23 (Bolton Alimentari SpA) mit Verweis auf das Urteil des Gerichtshofes Rs. C-550/09, Rn. 48 (E und F).

Alles in allem kann festgehalten werden, dass bei Rechtsakten, die tatsächlich hätten im Rahmen einer Nichtigkeitsklage angefochten werden können, nach Ablauf der Zwei-Monats-Frist des Art. 263 Abs. 6 AEUV Bestandskraft eintritt, die bewirkt, dass die nationalen Gerichte an diese Rechtsakte gebunden sind und diese deshalb auch nicht mehr zum Gegenstand einer Gültigkeitsvorlage machen können.[851]

(3) Sonderfall des Parallelverfahrens

Der Vollständigkeit halber soll in diesem Zusammenhang auch die Problematik des sog. Parallelverfahrens kurz beleuchtet werden. Dieser Sonderfall ist in der eher seltenen Situation gegeben, in der bereits eine Nichtigkeitsklage bzgl. einer Entscheidung eines EU-Organs beim Gericht anhängig ist und sich gleichzeitig ein nationales Gericht ebenfalls mit der Gültigkeit dieser Entscheidung befasst und vor der Frage steht, ob es sich mit einer entsprechenden Gültigkeitsvorlage an den Gerichtshof wenden kann. Eine solche Situation war unter anderem Grundlage des Urteils des Gerichtshofes in der Rechtssache Masterfoods[852]. Hierbei ergab sich folgende Situation: In Irland erhoben zwei konkurrierende Unternehmen (HB und Masterfoods) Klage vor dem irischen High Court, in der sie sich gegenseitig Verstöße gegen Art. 101, 102 AEUV vorwarfen. Es wurde jedoch nur der Klage von HB stattgegeben, weshalb der irische Supreme Court in dem durch Masterfoods angestrengten Rechtsmittelverfahren über einen etwaigen Verstoß von HB gegen Art. 101, 102 AEUV zu entscheiden hatte. Zeitgleich war auch auf europäischer Ebene, nämlich vor der Kommission, ein Verfahren anhängig, das sich ebenfalls mit der gleichen Ausgangssituation, also einem etwaigen Verstoß von HB gegen Art. 101, 102 AEUV befasste und in der Entscheidung der Kommission mündete, dass HB einen solchen Verstoß begangen habe. Diese Entscheidung wurde wiederum von HB im Wege der Nichtigkeitsklage beim Gericht angefochten, womit sich die Situation ergab, dass sowohl auf nationaler als auch auf europäischer Ebene über die gleiche Frage zu entscheiden war, sodass sog. Parallelverfahren vorlagen. Ferner setzte der irische Supreme Court das Verfahren aus, um es dem Gerichtshof zur Vorabentscheidung vorzulegen.[853] Die hier interessierende Frage im Rahmen des Vorlageverfahrens ging dahin, ob „die Verpflichtung zur loyalen Zusammenarbeit mit der Kommission,

---

851 EuGH Rs. C-188/92, Slg. 1994, I 833 ff, (Rn. 25 ff)(TWD Textilwerke Deggendorf); Pache, EuZW 1994, 615 (619).

852 EuGH Rs. C-344/98, Slg. 2000, I 11369 ff. (Masterfoods Ltd).

853 Bzgl. der inhaltlichen Zusammenfassung der Rs. Masterfoods vgl auch Malferrari, EuR 2001, 605 f.

wie sie der Gerichtshof ausgelegt hat [verlangt], dass der Supreme Court das vorliegende Verfahren aussetzt, bis das Gericht erster Instanz über die gegen die genannte Entscheidung der Kommission erhobene Klage und der Gerichtshof über ein möglicherweise eingelegtes Rechtsmittel entschieden haben“[854]. Kurz gesagt stellt sich hierbei die Frage, welchem Verfahren im Falle von Parallelverfahren der Vorrang einzuräumen ist.

In der Rechtssache Masterfoods entschied der Gerichtshof, dass das nationale Gericht in einer solchen Situation prüfen muss, ob es das Verfahren entweder bis zur endgültigen Entscheidung über die Nichtigkeitsklage oder für ein Vorlageverfahren aussetzen soll.[855] Der Gerichtshof machte jedoch ferner deutlich, dass im Falle der Abhängigkeit der Entscheidung des nationalen Verfahrens von der Gültigkeit der Kommissionsentscheidung aus der Verpflichtung zur loyalen Zusammenarbeit folge, dass das nationale Gericht sein Verfahren bis zur endgültigen Entscheidung über die Nichtigkeitsklage aussetzen müsse, um so zu verhindern, dass es selbst womöglich eine der Kommissionsentscheidung zuwiderlaufende Entscheidung erlässt.[856]

Mit anderen Worten muss ein nationales Gericht im Falle von Parallelverfahren zwar den nationalen Rechtsstreit aussetzen, allerdings grundsätzlich nicht zu dem Zwecke eines Vorlageverfahrens, sondern, um den Ausgang der parallel anhängigen Nichtigkeitsklage abzuwarten, damit im Ergebnis etwaige entgegengesetzte bzw. zuwiderlaufende Entscheidungen auf nationaler und auf europäischer Ebene vermieden werden.[857]

Lediglich in Ausnahmefällen darf das nationale Gericht dennoch die Gültigkeitsfrage dem Gerichtshof vorlegen, und zwar, wenn eine Vorlage trotz der Situation eines Parallelverfahrens gerechtfertigt erscheint.[858] Fraglich ist an dieser Stelle natürlich, was genau unter dieser doch recht vagen Formulierung des Gerichtshofes zu verstehen ist. Hierzu gibt Malferrari[859] folgende gute, nachvollziehbare und m.E. auch richtige Hinweise. So müssen die Umstände, die im Falle eines Parallelverfahrens dennoch eine Vorlage zum Gerichtshof rechtfertigen, objektiven Charakter haben. Außerdem können diese Umstände gegeben sein, wenn sich die Parallelverfahren auf unterschiedliche Gegenstände

---

854 EuGH Rs. C-344/98, Slg. 2000, I 11369 ff. (Rn. 18) (Masterfoods Ltd).
855 EuGH Rs. C-344/98, Slg. 2000, I 11369 ff. (Rn. 55) (Masterfoods Ltd).
856 EuGH Rs. C-344/98, Slg. 2000, I 11369 ff. (Rn. 57) (Masterfoods Ltd).
857 Vgl. hierzu erneut die detaillierten Ausführungen bei Malferrari, EuR 2001, 605 (610 ff).
858 EuGH Rs. C-344/98, Slg. 2000, I 11369 ff. (Rn. 57) (Masterfoods Ltd).
859 Malferrari, EuR 2001, 605 (612 f.).

beziehen bzw. wenn die Gründe, die zu einer Ungültigkeit des entsprechenden Rechtsaktes führen sollen, in den parallel laufenden Verfahren auf völlig unterschiedliche tatsächliche und rechtliche Argumente gestützt werden. Letzteres soll im Übrigen auch dann gelten, wenn der Kläger der Nichtigkeitsklage nicht Partei im nationalen Verfahren ist, in dessen Rahmen dann über eine Vorlage nachgedacht wird. Denn selbst wenn der Nichtigkeitskläger nicht Partei in dem nationalen Verfahren ist, schließt dies noch lange nicht aus, dass die Streitgegenstände und die jeweils angeführten Argumente sich in beiden Verfahren decken und somit dennoch die Gefahr einander gegenläufiger Entscheidungen besteht.

Schließlich kann also festgehalten werden, dass im Falle von Parallelverfahren grundsätzlich dem Nichtigkeitsklageverfahren der Vorrang einzuräumen ist.[860] Dies lässt sich, wie ebenfalls Malferrari sehr detailliert herausarbeitet, im Wesentlichen auf drei Argumente stützen. Zum einen wird so der Kohärenz des gemeinschaftlichen Rechtsschutzsystems Rechnung getragen, ferner wird dem Grundsatz der Verfahrensökonomie entsprochen und schließlich bietet die Nichtigkeitsklage bzgl. etwaiger europäischer Entscheidungen schlicht den besseren, weil direkteren und umfassenderen Rechtsschutz.[861]

(4) Ergebnis: Es besteht ein Präklusionsverhältnis

Im Ergebnis kann nach den vorstehenden Ausführungen also festgehalten werden, dass seit der Deggendorf Rechtsprechung des Gerichtshofes grundsätzlich von einer Präklusion des dezentralen Rechtsschutzes, also des Vorabentscheidungsverfahrens, in den Fällen ausgegangen werden kann, in denen der in Rede stehende europäische Rechtsakt zweifelsfrei zentral, also im Wege der Nichtigkeitsklage, hätte angefochten werden können. Da die hierfür erforderliche Klagebefugnis im Rahmen der Nichtigkeitsklage zweifelsfrei feststehen muss, beschränken sich die Fälle einer eindeutigen Präklusion allerdings meist auf Beschlüsse, die durch ein EU-Organ ergangen sind. Nur in den seltenen Fällen, in denen auch eine Nichtigkeitsklage gegen eine Handlung in Form einer Verordnung bzw. Richtlinie statthaft ist, kann auch eine Gültigkeitsvorlage hinsichtlich der betreffenden Verordnung bzw. Richtlinie präkludiert sein. Dies dürfte allerdings die Ausnahme bilden, da aufgrund der – wie oben dargelegt – sehr restriktiven und nur wenig berechenbaren Rechtsprechung des Gerichtshofes

---

860 a.A. Karpenstein in Grabitz/Hilf/Nettesheim, EGV Art. 234, Rn. 50, der es grundsätzlich für sinnvoll hält, das Vorabentscheidungsurteil vorzuziehen.

861 Vgl. zum Ganzen die sehr gute und detaillierte Darstellung bei Malferrari, EuR 2001, 605 (613ff) m.w.N.

bzw. des Gerichtes bzgl. der Klagebefugnis Einzelner im Rahmen der 2. Variante des Art. 263 Abs. 4 AEUV bzw. Art. 230 EGV a.F. gegen Verordnungen bzw. Richtlinien, in nur wenigen Fällen bereits von vornherein, also bei Klageerhebung ohne Zweifel feststeht, ob die Klagebefugnis für den jeweiligen Einzelfall tatsächlich bejaht wird.[862] Insgesamt lässt sich eine Tendenz zur Zentralisierung des Individualrechtsschutzes gegen Beschlüsse und zu einer Dezentralisierung des Rechtsschutzes gegen Legislativakte nicht leugnen.[863]

Was das Verhältnis von effektivem Individualrechtsschutz auf der einen und dem Grundsatz der Rechtssicherheit auf der anderen Seite betrifft, so ist m.E. im Großen und Ganzen ein sachgerechter Ausgleich geschaffen worden. Es ist vollkommen nachvollziehbar, dass zumindest in den Fällen, in denen ein Beschluss von einem Einzelnen angegriffen werden soll, eine Präklusion des Vorabentscheidungsverfahrens eintreten muss, da hier ausreichender Rechtsschutz über die Nichtigkeitsklage gewährleistet ist. Denn wenn dem Einzelnen der Beschluss bekannt ist und er diesen zweifelsfrei (auch nach dem Wortlaut des Art. 263 Abs. 4 AEUV) anfechten kann, ist aus Gründen des effektiven Individualrechtsschutzes keine Notwendigkeit gegeben, nach Ablauf der Klagefrist des Art. 263 AEUV und somit nach Eintritt der Bestandskraft, die Gültigkeit über ein Vorlageverfahren in Frage zu stellen. Auch die Zwei-Monats-Frist (zuzüglich etwaiger Entfernungspauschalen) kann in diesen Fällen noch als ausreichend angesehen werden. Auf nationaler Ebene, so beispielsweise in Deutschland, ist die Klage- bzw. Widerspruchsfrist gegen Verwaltungsakte auf einen Monat ab Zustellung des Widerspruchsbescheides bzw. ab Bekanntgabe des Verwaltungsaktes festgelegt.[864] Zwei Monate zuzüglich einer Entfernungspauschale von 10 Tage sollten also auch auf europäischer Ebene ausreichen, um sich gegebenenfalls einen Rechtsbeistand zu suchen und Klage beim Gericht zu erheben. Dies gilt allerdings im Wesentlichen für die Fälle, in denen der Einzelne auch tatsächlich der Adressat des in Rede stehenden Beschlusses ist, da nur dann von einer umgehenden Kenntniserlangung und somit auch von einer unmittelbaren Handlungsmöglichkeit des Einzelnen ausgegangen werden kann. In dieser Fallkonstellation ist es deshalb m.E. gerechtfertigt, den Individualrechtsschutz hinter den Grundsatz der Rechtssicherheit zurücktreten zu lassen, da der Rechtssicherheit hierbei nicht auf Kosten des Individualrechtsschutzes der Vorrang eingeräumt wird, sondern die Möglichkeit, Individualrechtsschutz zu

862 Nowak, EuR 2000, 724 (741).

863 So auch Nowak, EuR 2000, 724 (727).

864 Vgl. §§ 70, 74 VwGO.

erlangen, in effektiver Weise gegeben ist. In den übrigen Fällen, in denen es um eine etwaige Anfechtung von Verordnungen oder Richtlinien geht, wird jedoch mit Recht in der Rechtsprechung eine andere Gewichtung der vorgenannten Grundsätze vertreten. Es muss nämlich in jedem Fall vermieden werden, dass die Rechtssicherheit auf Kosten des Individualrechtsschutzes geht. Deshalb erscheint es richtig, dass eine Präklusion des Vorabentscheidungsverfahrens nur in solchen Fällen gegeben ist, in denen einwandfrei und ohne Zweifel feststeht, dass der Einzelne klagebefugt i.S.d. 2. Variante des Art. 263 Abs. 4 AEUV gewesen ist, also die unmittelbare und individuelle Betroffenheit vorgelegen hat. Würde man nämlich ein Vorlageverfahren versagen, obwohl nicht feststeht, dass sich der Einzelne auch im Wege der Nichtigkeitsklage hätte wehren können, dann wäre dieser gänzlich rechtsschutzlos gestellt. Zu beachten ist allerdings, dass aufgrund der eher vagen und nicht immer einheitlichen Rechtsprechung der europäischen Gerichte damit zu rechnen ist, dass zumindest im Zweifelsfall, also wenn eben kein Beschluss, sondern womöglich eine Verordnung vom Einzelnen für nichtig gehalten wird, immer auch Nichtigkeitsklage erhoben wird, um zu vermeiden, dass ein folgendes Vorlageverfahren mit dem Argument präkludiert ist, man hätte den in Rede stehenden Rechtsakt mit der Nichtigkeitsklage anfechten müssen.[865] Wenn dann nach Abweisung der sicherheitshalber eingereichten Nichtigkeitsklage noch eine Gültigkeitsvorlage folgt, wäre eine zusätzliche Belastung der europäischen Gerichtsbarkeit die Folge, was nicht im Sinne einer effizienten Rechtsprechung und eines effektiven Rechtsschutzes sein kann.

Alles in allem kann festgehalten werden, dass zwar ein Präklusionsverhältnis zwischen Vorabentscheidungsverfahren und Nichtigkeitsklage besteht, dieses jedoch in nur sehr eingeschränkten Fällen zum Ausschluss eines Vorlageverfahrens führt.

Nach der durchgeführten Untersuchung kann hinsichtlich des Verhältnisses von Nichtigkeitsklage und Vorabentscheidungsverfahren und somit von zentralem und dezentralem Rechtsschutz folgendes festgehalten werden:

Zunächst einmal stehen zentraler und dezentraler Rechtsschutz nicht beziehungslos nebeneinander, sondern bilden insbesondere im Hinblick auf den Individualrechtsschutz eine Einheit.[866] Zwar kann, wie gezeigt wurde, die Durchführung eines auf einem nationalen Verfahren beruhenden Vorlageverfahrens präkludiert sein, allerdings begründet dies noch kein grundsätzliches Subsidiaritätsverhältnis, geschweige denn einen Instanzenzug zwischen nationalem

865 Grabitz/Hilf/Nettesheim- Booß, EGV Art. 230, Rn. 133.
866 Nowak, EuR 2000, 724 (725).

und unionsrechtlichem Rechtsschutz.[867] Die Präklusion bedeutet in diesem Zusammenhang, dass die nationalen Gerichte aus Gründen der Rechtssicherheit an die Entscheidungen der EU-Organe gebunden sind, sofern diese vor ihrer Bestandskraft nicht angefochten worden sind.[868] Es muss jedoch auch festgehalten werden, dass sich die Präklusion im Hauptanwendungsfall auf Beschlüsse, also konkret-individuelle Rechtsakte, bezieht und – bis auf wenige Ausnahmen – nicht auf Verordnungen und Richtlinien.[869]

f) Ergebnis: Es entstehen Rechtsschutzlücken

Insgesamt lässt sich festhalten, dass auch im Zusammenspiel mit den anderen europäischen Rechtsbehelfen Lücken im Individualrechtsschutz entstehen können. Auch die anderen Verfahrensarten können nicht sicherstellen, dass dem Einzelnen im Falle einer unzulässigen Nichtigkeitsklage ausreichender Rechtsschutz gewährt wird. Man kann allenfalls von einer Ergänzung der Nichtigkeitsklage durch die anderen Verfahrensarten sprechen, allerdings gewährt keines der Verfahren eine vergleichbare Möglichkeit, direkten Rechtsschutz zu erlangen. Insbesondere ist auch das Vorabentscheidungsverfahren nicht in vollem Umfang geeignet, alle im Rahmen des direkten Rechtsschutzes entstehenden Rechtsschutzlücken im Wege des dezentralen Rechtsschutzes zu schließen.

Es lässt sich also nicht leugnen, dass durch die restriktive Interpretation des Merkmals des individuellen Betroffenseins faktische Rechtsschutzlücken entstehen können, wenn mangels eines nationalen Durchführungsaktes gerade kein nationales Verfahren angestrengt werden kann, in dessen Rahmen eine Gültigkeitsvorlage möglich wäre.[870]

Lediglich im Hinblick auf Beschlüsse besteht m.E. nach ein ausreichender und interessengerechter effektiver Rechtsschutz für den Einzelnen, da hier bereits nach dem eindeutigen Wortlaut des Art. 263 Abs. 4 AEUV dem Einzelnen die Möglichkeit eingeräumt wird, direkt beim Gericht gegen eine an den Einzelnen gerichtete Handlung, also einem Beschluss i.S.d. Art. 288 Abs. 4 S. 2 AEUV, vorzugehen. Versäumt der Einzelne dies innerhalb der Frist von zwei Monaten zu tun, so muss er den Beschluss aufgrund eingetretener Bestandskraft für und

867 So bereits Groeben/Thiesing/Ehlermann-Krück, EWGV Art. 173, Rn. 5 m.w.N. zur Rechtsprechung; aber auch Rengeling/Middeke/Gellermann, § 7, Rn. 12; Grabitz/Hilf/Nettesheim- Booß, EGV Art. 230, Rn. 6.

868 Rengeling/Middeke/Gellermann, § 7, Rn. 12.

869 Zum Problem der Präklusion im Rahmen der 3. Variante des Art. 263 Abs. 4 AEUV vgl. die Ausführungen unten in diesem Kapitel unte B V.

870 Jans/von der Heide, ZUR 2003, 390 (394); Petzold, S. 33, 34.

gegen sich wirken lassen, da sodann auch die nationalen Gerichte an diese Entscheidung gebunden sind. Da dem Individuum also ein direkter und auch effizienter Rechtsbehelf zusteht, besteht auch unter dem Gesichtspunkt des effektiven Rechtsschutzes kein Bedürfnis, dem Einzelnen zusätzlich noch die Möglichkeit einer Überprüfung des Beschlusses im Wege einer Gültigkeitsvorlage einzuräumen. Nur in einem solchen Fall ist das Bestehen einer Rechtsschutzlücke demnach ausgeschlossen.

4. Änderungen der strengen Voraussetzungen im Rahmen des Art. 263 Abs. 4 AEUV

Wenn auch nunmehr alle Handlungen gem. Art. 263 Abs. 4 AEUV anfechtbar sind, so muss nach wie vor für die 2. Variante noch das Kriterium der unmittelbaren und individuellen Betroffenheit erfüllt sein. Dies bedeutet gleichzeitig auch, dass für diese Variante an den bisherigen strengen Voraussetzungen und insbesondere auch an der Plaumann-Formel weiterhin festgehalten wird, da dieses Merkmal wörtlich aus der alten Fassung übernommen worden ist.[871] Zwar wird von *Mayer* vertreten, dass nach der neuen Formulierung Raum bestünde, das Kriterium des individuellen und unmittelbaren Betroffenseins völlig neu zu bestimmen, da sich die alte Plaumann-Formel daraus ergeben habe, dass sich Art. 230 Abs. 4 EGV nur auf „Entscheidungen" bezogen habe. Da der Begriff „Entscheidungen" nunmehr allgemein durch „Handlungen" ersetzt worden ist, könne auch das Kriterium der individuellen und unmittelbaren Betroffenheit völlig neu bestimmt werden.[872] Diese Auffassung vermag allerdings nicht zu überzeugen.[873] Zum einen hätte bei einer gewünschten Änderung bzw. Abkehr von der Plaumann-Formel und einer damit verbundenen neuen Interpretation des Begriffes „individuelles und unmittelbares Betroffensein" eine diesbezügliche Klarstellung im Rahmen der Verfassungs- bzw. Reformdiskussionen erfolgen können bzw. müssen.[874] Dies blieb jedoch aus. Vielmehr wurde die alte Formulierung eins zu eins in der neuen Fassung übernommen. Zum anderen spricht auch die Entstehungsgeschichte von Art. 263 Abs. 4 AEUV bzw. des

871 Vedder/Heintschel von Heinegg-Pache, EU-Recht, AEUV, Art. 263. Rn. 43; Munding, S. 581.

872 Zum Ganzen Mayer, DVBl. 2004, 606 (610); so i.E. auch Last, S. 186 und im Ansatz auch Borowski, EuR 2004, 879 (910) und Petzold, S. 76.

873 So z.B.: Cremer, DÖV, 2010, 58 (60); Calliess/Ruffert-Cremer, AEUV, Art. 263, Rn. 33; Munding, S. 582; Pilafas, S. 240; Kirchhoff, S. 218; Fredriksen, ZEuS 2005, 99 (117).

874 So Munding, S. 581 f.

Art. III-365 Abs. 4 VerfV gegen eine anderweitige Auslegung des individuellen und unmittelbaren Betroffenseins.[875] Bereits im Arbeitskreis Gerichtshof[876] und auch im Verfassungskonvent[877] wurde ausdrücklich an den strengen Voraussetzungen festgehalten, so es sich um die Anfechtung von Gesetzgebungsakten handelte. Die Änderung sollte sich eben nur auf die Bezeichnung der angreifbaren Rechtsakte beziehen, was dadurch deutlich wird, dass in der Änderung der Klagegegenstände eine rein „redaktionelle" Änderung bzw. schlichte Vereinfachung gesehen worden ist.[878]

Wenn man sich zu diesem Themenbereich aktuelle Urteile des Gerichts bzw. des Gerichtshofes ansieht, wird deutlich, dass auch die Gerichte im Rahmen der 2. Alternative von Art. 263 Abs. 4 AEUV an den alten, strengen Voraussetzungen festhalten. So entschied das Gericht in einem Beschluss vom 15. Juni 2011 in der Rechtssache Ax/Rat und Kommission[879] beispielsweise, dass die „Voraussetzung der unmittelbaren Betroffenheit nicht geändert wurde" und deshalb die alte, nach Art. 230 Abs. 4 EGV geltende Rechtsprechung auch für die aktuelle Fassung gilt.[880] Außerdem entschied das Gericht im gleichen Beschluss auch, dass das Kriterium der unmittelbaren Betroffenheit, das sowohl in der 2. als auch – wie noch zu erläutern sein wird- in der 3. Alternative vorausgesetzt wird, für beide Alternativen gleich zu interpretieren ist.[881] Auch was das Kriterium der individuellen Betroffenheit anbelangt, greift das Gericht nach wie vor auf die alte Rechtsprechung bzw. die sog. Plaumann-Formel zurück.[882]

---

875 So auch Fredriksen, ZEuS 2005, 99 (117); Cremer, DÖV 2010, 58 (60); Calliess/Ruffert-Cremer, AEUV, Art. 263, Rn. 33.

876 CONV 636/03, S. 8, Rn. 22, 23.

877 CONV 734/03, S. 20 f.

878 CONV 636/03, S. 8, Rn. 23; CONV 734/03, S. 21.

879 EuG Rs. T-259/10 Beschluss vom 15.06.2011 (Ax/Rat und Kommission), abrufbar unter: http://curia.europa.eu/juris/document/document.jsf?text=&docid=106803&pageIndex=0&doclang=DE&mode=lst&dir=&occ=first&part=1&cid=1554310.

880 EuG Rs. T-259/10 Beschluss vom 15.06.2011 (Ax/Rat und Kommission), Rn. 20, 21.

881 EuG Rs. T-259/10 Beschluss vom 15.06.2011(Ax/Rat und Kommission), Rn. 25.

882 So z.B. EuG Rs. T-18/10 Beschluss vom 06.09.2011 (Inuit Tapiriit Kanatami u.a./Parlament und Rat), Rn. 88, abrufbar unter: http://curia.europa.eu/juris/document/document.jsf?text=&docid=109461&pageIndex=0&doclang=DE&mode=lst&dir=&occ=first&part=1&cid=1267267; EuG Rs. T-224/10 Beschluss vom 12.10.2011 (Association belge des consommateurs test-achats/Kommission) Rn. 27 ff, abrufbar unter : http://curia.europa.eu/juris/document/document.jsf?text=nichtigkeitsklage%2Bindividuelles%2Bbetroffensein&docid=111122&pageIndex=0&doclang=DE&mode=req&dir=&occ=first&part=1&cid=1267513#ctx1.

Demnach ist eine Person dann von der angefochtenen Handlung individuell betroffen, „wenn sie von ihr aufgrund bestimmter persönlicher Eigenschaften oder besonderer, sie aus dem Kreis aller übrigen Personen heraushebender Umstände berührt und dadurch in ähnlicher Weise individualisiert wird, wie es bei dem Adressaten einer Entscheidung der Fall ist"[883].

Im Ergebnis kann demnach festgehalten werden, dass sich im Hinblick auf die Klagebefugnis für diese Variante keine Änderungen gegenüber der alten Fassung ergeben. Es wird diesbezüglich nach wie vor bei den strengen Voraussetzungen des individuellen und unmittelbaren Betroffenseins bleiben, sodass auch zukünftig Klagen gegen Handlungen gem. der 2. Variante des Art. 263 Abs. 4 AEUV oftmals unzulässig sein werden.[884]

5. Zusammenfassung/Ergebnis bzgl. der 2. Variante

Abschließend lässt sich hinsichtlich der 2. Variante des Art. 263 Abs. 4 AEUV feststellen, dass im Bereich der Auslegung des Begriffes des individuellen Betroffenseins Änderungs- bzw. Reformbedarf bestand. Es wurde gezeigt, dass gerade im Hinblick auf den Grundsatz der Effektivität des Rechtsschutzes für den Einzelnen Rechtsschutzlücken entstehen können, wenn die Plaumann-Formel angewandt wird. Auch die Kombination von direktem und indirektem Rechtsschutz ändert daran nichts.

Einem effektiven Rechtsschutz liegen nämlich drei wesentliche Komponenten zugrunde. Zum einen die Rechtsweggarantie, außerdem die Garantie auf Gewährung von Rechtsschutz in angemessener Zeit und schließlich noch die Rechtswegklarheit.[885]

Da der zentrale und dezentrale Rechtsschutz nicht beziehungslos nebeneinander stehen, sondern sich überschneiden, ist der letztgenannte Aspekt der Rechtswegklarheit in diesem Zusammenhang von besonderer Bedeutung.[886] Mit anderen Worten muss es für den Einzelnen klar sein, welchen Rechtsweg, also den zentralen oder den dezentralen, er beschreiten muss, um effektiven Rechtsschutz zu erlangen. Wie gezeigt ist bei Rechtsakten, insbesondere Beschlüssen, gegen die sich der Einzelne wehren möchte, die Nichtigkeitsklage innerhalb der vorgesehenen Zwei-Monats-Frist zu erheben, wenn diese zweifelsfrei zulässig

883 EuG Rs. T-18/10 Beschluss vom 06.09.2011 (Inuit Tapiriit Kanatami u.a./Parlament und Rat), Rn. 88.

884 Fredriksen, ZEuS 2005, 99 (117) m.w.N.

885 Nowak, Nowak/Cremer, Individualrechtsschutz, S. 49 f, m.w.N. zur Rechtsprechung.

886 Nowak, Nowak/Cremer, Individualrechtsschutz, S. 50.

ist. Durch die hierfür zugrunde liegende Entscheidung in der Rechtssache Deggendorf ist gleichzeitig ein „gelungener Ausgleich“[887] zwischen dem Interesse des Einzelnen auf Rechtswegklarheit und effektiven Rechtsschutz und dem allgemeinen Interesse der Rechtssicherheit zu sehen. Dank der Deggendorf-Rechtsprechung ist zumindest in Fällen einer zweifelsfrei zulässigen Nichtigkeitsklage eindeutig, dass stets eine solche zu erheben ist, um sich gegen den entsprechenden Rechtsakt zu wehren.

Da allerdings fast ausschließlich in Fällen, in denen ein Beschluss angefochten werden soll, die Nichtigkeitsklage zweifelsfrei zulässig ist, ist aus Sicht des Rechtsschutzsuchenden bei allen anderen Arten von EU-Rechtsakten nicht von vornherein klar, welchen Rechtsweg er beschreiten muss, um effektiven Rechtsschutz zu erlangen. Das ist jedoch mit dem Gebot der Rechtswegklarheit nicht ohne weiteres vereinbar, da dies voraussetzt, dass anhand von nachvollziehbaren und transparenten Kriterien entschieden werden kann, ob der direkte oder der indirekte Rechtsweg einschlägig ist.[888] Als einzig transparentes Kriterium kann hier der Beschluss herangezogen werden. Bei allen anderen Rechtsakten kann von einer Transparenz aufgrund des „Verwirrspiels“[889] der Rechtsprechung nicht mehr die Rede sein.

Darüber hinaus ist auch die Rechtsweggarantie durch das Zusammenspiel von Nichtigkeitsklage und Vorabentscheidungsverfahren nicht immer sicher gegeben. Zwar besteht für den Einzelnen im Falle einer mangels individuellen Betroffenseins unzulässigen Nichtigkeitsklage immer noch die Möglichkeit, auf nationaler Ebene zu klagen und darauf hinzuwirken, dass das befasste Gericht dann im Wege des Vorabentscheidungsverfahrens die streitigen Rechtsakte dem Gerichtshof zur Überprüfung vorlegt. Allerdings kann es wie im Fall Jégo-Quéré Situationen geben, in denen es dem Einzelnen mangels eines nationalen Durchführungsaktes gar nicht erst möglich ist, den nationalen Rechtsweg zu beschreiten und im Rahmen dessen eine Vorlage an den Gerichtshof zu erreichen. Es kann dem Einzelnen in einer solchen Situation auch keinesfalls zugemutet werden, erst bewusst gegen eine Regelung zu verstoßen, um Zugang zu den nationalen Gerichten und somit die gerichtliche Klärung seines Anliegens zu erreichen.

Mit anderen Worten bietet auch das Zusammenspiel von Nichtigkeitsklage und Vorabentscheidungsverfahren nicht immer umfassenden effektiven Rechtsschutz.[890]

---

887 Nowak, Nowak/Cremer, Individualrechtsschutz, S. 51.

888 Kottmann, ZaöRV 2010, 547 (554).

889 Calliess/Lais, ZUR 2002, 344 (345).

890 Eine interessante Feststellung in diesem Zusammenhang trifft Cornelia Koch in EL-Rev. 2005, 511 (515), in dem sie im Hinblick auf die möglichen Kritikpunkte bzgl.

Dies wurde auch vom Gericht und von GA Jacobs richtig erkannt. Beide haben dementsprechend neue Voraussetzungen für das Merkmal des individuellen Betroffenseins entwickelt, die eindeutig über die Grenzen der Plaumann-Formel hinausgingen. Welcher dieser beiden Ansätze im Ergebnis vorzuziehen wäre, muss an dieser Stelle nicht beantwortet werden, da der Gerichtshof leider keinem dieser Ansätze gefolgt, sondern auch in der Rechtssache UPA bei seiner strengen Plaumann-Formel geblieben ist. Allerdings hat der Gerichtshof in dieser Rechtssache grundsätzlich eingeräumt, dass er eine Änderung des Systems der Rechtmäßigkeitskontrolle für möglich hält. Es sei jedoch ausdrücklich Sache der Mitgliedstaaten, im Wege einer Vertragsänderung gem. Art. 48 EUV insofern Abhilfe zu schaffen. Mit anderen Worten schiebt der Gerichtshof den „schwarzen Peter" den Mitgliedstaaten zu, indem er die Verantwortung für die Gewährleistung des Grundsatzes der Effektivität des Rechtsschutzes in den Bereich der Mitgliedstaaten legt. Zum Teil wird in diesem Zusammenhang die Vermutung geäußert, dass die Entscheidung des Gerichtshofes in der Rechtssache UPA deshalb so ausgefallen ist, weil damals schon der Verfassungskonvent ins Leben gerufen war und aus diesem Grund eine mögliche Vertragsänderung quasi zum Greifen nahe gelegen hat.[891] Dieser Gedanke scheint schon deswegen naheliegend, weil der Gerichtshof selbst explizit auf eine mögliche Vertragsänderung hingewiesen hat. Außerdem konnte sich der Gerichtshof auf diese Weise ersparen, selbst seine jahrelang unumstößliche Rechtsprechung in Frage zu stellen bzw. aufzugeben.[892]

Insgesamt war es daher nur die logische Konsequenz, dass im Rahmen des Verfassungskonvents auch die Umformulierung der Individualnichtigkeitsklage diskutiert wurde, um dem ewigen Auslegungsproblem bzgl. der individuellen

---

des Vorabentscheidungsverfahrens als „Ausgleich" zur Nichtigkeitsklage zwischen zwei Kategorien unterscheidet. Die erste Kategorie bilden Fälle von „complete denial of a remedy", in denen ein Vorlageverfahren mangels nationaler Durchführungsmaßnahme gänzlich ausgeschlossen ist. Die zweite Kategorie bilden Fälle des „denial of an effective remedy". Dies sind Fälle, in denen ein Kläger durchaus die Möglichkeit hat, den nationalen Rechtsweg zu beschreiten. Allerdings führt Koch hierbei als Nachteil an, dass die nationalen Gerichte selbst nicht die Ungültigkeit von Unionsrecht feststellen können und der Weg über das Vorlageverfahren zusätzliche Kosten und zeitliche Verzögerungen mit sich bringt, was dazu führt, dass man nicht mehr von einem effektiven Rechtsmittel sprechen kann. Der Grundsatz der *Effektivität* des Rechtsschutzes kann demnach also auch durch das Vorabentscheidungsverfahren nicht gewahrt werden.

891 Dies vermutet Petzold, S. 67.

892 So auch Kottmann, ZaöRV 2010, 547 (555 f).

Betroffenheit ein Ende zu setzen. Die nunmehr gültige Formulierung des Art. 263 Abs. 4 AEUV beinhaltet in der gerade dargestellten 2. Variante allerdings noch immer unverändert das Merkmal der individuellen Betroffenheit. Ferner hält der Gerichtshof, wie gezeigt wurde, auch nach der neuen Fassung weiterhin an der alten Plaumann-Formel fest. Somit kann festgehalten werden, dass zumindest nach der 2. Variante des Art. 263 Abs. 4 AEUV die Rechtsschutzlücken noch nicht geschlossen worden sind. Ob dies allerdings durch die Einführung der 3. Variante erfolgt, wird im Folgenden näher zu untersuchen sein.

III. Klagebefugnis bei Rechtsakten mit Verordnungscharakter: 3. Variante

Gänzlich neu eingeführt wird durch die dritte Variante die Klagebefugnis gegen Rechtsakte mit Verordnungscharakter. Nach dieser Variante ist die Klagebefugnis gegeben, wenn der Rechtsakt mit Verordnungscharakter den Kläger unmittelbar betrifft und zudem keine Durchführungsmaßnahmen nach sich zieht. Die Voraussetzungen, die an die Klagebefugnis gestellt werden, scheinen nach dieser Variante also weniger streng als nach der 2. Variante, da hier „nur" noch das unmittelbare Betroffensein erforderlich ist. Diese Privilegierung findet allerdings nur bei Rechtsakten mit Verordnungscharakter ohne nachfolgende Durchführungsmaßnahmen als besonderen Klagegegenstand Anwendung.[893] Dies scheint auf den ersten Blick das direkte Resultat aus der Diskussion im Rahmen der Rechtssachen UPA und Jégo-Quéré zu sein. In der Diskussion um diese Rechtssachen wurde nämlich insbesondere das strikte Festhalten am Erfordernis des individuellen Betroffenseins im Sinne der Plaumann- Formel in den Fällen kritisiert, in denen der Einzelne mangels nationalem Durchführungsakt weder auf direktem noch auf indirektem Klageweg die Möglichkeit hat, gegen Verordnungen vorzugehen, ohne zunächst gegen diese bewusst zu verstoßen. Die 3. Variante von Art. 263 Abs. 4 AEUV verzichtet nunmehr gänzlich auf das Erfordernis des individuellen Betroffenseins, wenn sich der Kläger gegen Rechtsakte mit Verordnungscharakter wehren will, die keine Durchführungsmaßnahmen nach sich ziehen. Ob dies nun aber tatsächlich zu der geforderten Verbesserung der Klagemöglichkeiten in Fällen wie den Rechtssachen UPA und Jégo-Quéré führt, ist fraglich. Dafür muss zunächst einmal genau untersucht werden, was

893 Da die 2. Variante generell auf alle Handlungen anwendbar ist, wird dieser auch als „Auffangtatbestand" für alle von der 1. und 3. Variante nicht umfassten Rechtsakten bezeichnet; so z.B. bei Vedder/Heintschel von Heinegg-Pache, EU-Recht, AEUV, Art. 263, Rn. 43.

unter einem Rechtsakt mit Verordnungscharakter zu verstehen ist (aa.), wie die unmittelbare Betroffenheit hier definiert wird (bb.) und schließlich, wann solche Rechtsakte keine Durchführungsmaßnahmen nach sich ziehen (cc.).

1. Rechtsakte mit Verordnungscharakter

Die 3. Variante des Art. 263 Abs. 4 AEUV setzt im Gegensatz zu der 1. und 2. Variante einen anderen Klagegegenstand voraus, nämlich Rechtsakte mit Verordnungscharakter. Es ist also zunächst zu klären, was hierunter zu verstehen ist. In Art. 288 AEUV wird ein Rechtsakt mit Verordnungscharakter nicht als besonderer Rechtsakttyp erwähnt. Allein vom Wortlaut her legt die Bezeichnung „Verordnungscharakter" allerdings eine Anknüpfung an die gleichnamige Handlungsform Verordnung nahe.[894] Um nun zu klären, was unter einem Rechtsakt mit Verordnungscharakter zu verstehen ist, ist es sinnvoll, sich noch einmal die Struktur der in Art. 288 AEUV tatsächlich vorgesehenen Rechtsakttypen, insbesondere die Verordnung, zu vergegenwärtigen. Es wurde bereits festgestellt[895], dass die in Art. 288 AEUV erwähnten Verordnungen, Richtlinien und Beschlüsse sowohl als „Gesetzgebungsakte", als auch als „Rechtsakte ohne Gesetzescharakter" ergehen können. Unter letztgenannte fallen z.B. delegierte Rechtsakte i.S.v. Art. 290 Abs. 1 AEUV. Es können mithin also auch Verordnungen mit oder ohne Gesetzgebungscharakter ergehen.[896] Allein an der gewählten Handlungsform ist folglich nicht ablesbar, ob ein Rechtsakt Gesetzgebungscharakter hat oder nicht.[897] Ein Gesetzgebungsakt unterscheidet sich von den Rechtsakten ohne Gesetzgebungscharakter allein dadurch, dass Rechtsakte ohne Gesetzgebungscharakter solche sind, die nicht nach einem förmlichen Gesetzgebungsverfahren angenommen worden sind.[898] Dies erschwert die Einordnung, ob und wann ein Rechtsakt mit Verordnungs*charakter* vorliegt. Denn der Begriff „Rechtsakt" und der Begriff „Verordnung" treffen sowohl auf Gesetzgebungsakte, als auch auf Rechtsakte ohne Gesetzescharakter zu. Die eigentliche Frage besteht also darin, ob ein „Rechtsakt mit Verordnungscharakter" sich nur auf „Gesetzgebungsakte" oder nur auf „Rechtsakte ohne Gesetzescharakter" oder womöglich auf beides bezieht. Hierüber ist sich die Literatur seit Inkrafttreten des Vertrages von Lissabon uneinig.[899] Zum einen wird vertreten, dass der

---

894 Busse-Muskala, S. 333.

895 Siehe oben in diesem Teil Kapitel 1 E 2 c.).

896 Everling, EuZW 2010, 572 (574).

897 Streinz/Ohler/Herrmann, S. 81.

898 Streinz/Ohler/Herrmann, S. 79.

899 Vgl. hierzu auch Pernice, EuR 2011, 151, Fn. 1.

Begriff „Rechtsakte mit Verordnungscharakter“ ausschließlich auf „Rechtsakte ohne Gesetzescharakter“, also auf Rechtsakte, die nicht im Wege eines Gesetzgebungsverfahrens entstanden sind, bezieht.[900] Andererseits wird vertreten, dass von dem in Rede stehenden Begriff alle Rechtsakte bzw. Verordnungen, unabhängig von ihrer Entstehung, umfasst sind.[901]

a) Verordnungscharakter nur bei Rechtsakten ohne Gesetzescharakter

Die Vertreter der erstgenannten Auffassung stützen sich bei der Auslegung des Begriffes „Rechtsakte mit Verordnungscharakter“ auf die Entstehungsgeschichte des Art. 263 Abs. 4 AEUV, also auf den ursprünglichen Wortlaut des Konventsentwurfes und die im Rahmen des Konvents erfolgten Beratungen.[902] Im Konventsentwurf des Vertrags über eine Verfassung für Europa wurde, wie bereits dargelegt, die Hierarchisierung zwischen Gesetzgebungsakten und Rechtsakten ohne Gesetzgebungscharakter vorgenommen.[903] So sollten im Ergebnis „Europäische Verordnungen“ und „Europäische Beschlüsse“ Rechtsakte ohne Gesetzescharakter sein und „Europäische Rahmengesetze“ und „Europäische Gesetze“ Rechtsakte mit Gesetzescharakter.[904] Demnach mussten also Rechtsakte mit Verordnungscharakter, da sie an die Handlungsform der Verordnung anknüpften, eben auch Rechtsakte ohne Gesetzescharakter sein.[905] Hieraus folgern die Vertreter dieser Meinung, dass also „Europäische Verordnungen“ und „Europäische Beschlüsse“ Rechtsakte mit Verordnungscharakter und ohne Gesetzgebungscharakter seien, sodass sich die Klagebefugnis diesbezüglich nach der dritten Variante richten müsse, wohingegen die Klagebefugnis bzgl. „Europäischer Rahmengesetze“ und „Europäischer Gesetze“ nach der strengeren zweiten

900 Cremer, DÖV 2010, 58 (61 ff.); Calliess/Ruffert-Cremer, AEUV, Art. 263, Rn. 56 ff; Thiele, EuR 2010, 30 (44); Schröder, DÖV 2009, 61 (63 f); Hatje/Kindt, NJW 2008, 1761 (1767); Streinz/Ohler/Hermmann, S. 94; Streinz,-Ehricke, AEUV, Art. 263, Rn. 53, 54; Oppermann/Classen/Nettesheim, § 14, Rn. 61.

901 Everling, EuZW 2010, 572 (575), Everling, EuR Beiheft 1/2009, 71 (74); Bast, von Bogdandy/Bast, Europ. Verfassungrecht, 489 (557); Frenz/Distelrath, NVwZ 2010, 162 (165); Vedder/Heintschel von Heinegg-Pache, EU-Recht, AEUV, Art. 263, Rn. 40.

902 Cremer, DÖV 2010, 58 (62 ff.); Calliess/Ruffert-Cremer, AEUV, Art. 263, Rn. 64 ff; Thiele, EuR 2010, 30 (44); Schröder, DÖV 2009, 61 (63 f)Hatje/Kindt, NJW 2008, 1761 (1767); Streinz/Ohler/Hermmann, S. 94; Streinz-Ehricke, AEUV, Art. 263, Rn. 53, 54; Oppermann/Classen/Nettesheim, § 14, Rn. 61.

903 Vgl. oben in diesem Teil Kapitel 1 E I 2 b oder auch Streinz/Ohler/Herrmann, S. 80.

904 Cremer, EuGRZ 2004, S. 577 (582).

905 Busse-Muskala, S. 333.

Variante gegeben sei.[906] Dass unter „Rechtsakten mit Verordnungscharakter“ nur normative untergesetzliche Akte fallen können, wurde und wird außerdem damit begründet, dass eine Individualklage gegen Gesetzgebungsakte eben ohne das Merkmal der individuellen Betroffenheit nicht vom „gemeineuropäischen rechtsstaatlichen Bestand“[907] umfasst sei.[908]

Dies soll nach dieser Auffassung genauso für die aktuelle Fassung des Art. 263 Abs. 4 AEUV gelten, da eine Ausweitung der Klagebefugnis des Einzelnen auf alle Rechtsakte bzw. Verordnungen, ob nun mit oder ohne Gesetzescharakter, nicht vom Mandat der Regierungskonferenz zum Vertrag von Lissabon umfasst gewesen sei.[909] Zwar sei auf die „Umetikettierung“ der Rechtsakte zu Europäischen Gesetzen und Rahmengesetzen im Vertrag von Lissabon verzichtet worden, dies bedeute jedoch nicht gleichzeitig, dass damit womöglich auch auf die Hierarchisierung der Rechtsakte verzichtet werden sollte.[910] Dies führe lediglich dazu, dass nunmehr auf beiden Seiten der Normenhierarchie Verordnungen aber auch Richtlinien und Beschlüsse ergehen können, ändere allerdings nichts an der ursprünglichen Intention, den Verzicht auf das Kriterium der individuellen Betroffenheit nur auf Rechtsakte ohne Gesetzescharakter zu beschränken.[911] Zwar ergibt sich nach dieser Auffassung die zugegebenermaßen sprachlich etwas unglückliche Option, dass eine Verordnung, die im Wege eines Gesetzgebungsverfahrens ergangen und somit ein Gesetzgebungsakt ist, eben nicht als ein „Rechtsakt mit Verordnungscharakter“ angesehen werden kann.[912] Allerdings könne nicht davon ausgegangen werden, dass nur weil nunmehr keine Differenzierung zwischen Europäischen Gesetzen und Europäischen Verordnungen mehr gegeben ist, dies gleichzeitig bedeuten soll, dass nunmehr alle Verordnungen von der 3. Variante des Art. 263 Abs. 4 AEUV umfasst sein sollen.[913] Hierfür spreche im Übrigen auch, dass an der ursprünglichen Wortwahl

---

906 Cremer, EuGRZ 2004, S. 577 (582).
907 Everling, Verfassungsentwurf/Schwarze, 363 (380).
908 So auch Schröder, DÖV 2009, 61 (63).
909 Streinz/Ohler/Herrmann, S. 94.
910 Cremer, DÖV 2010, 58 (60 f).
911 Schröder, DÖV 2009, 61 (63 f); Cremer, DÖV 2010, 58 (61 ff); Streinz-Ehricke, AEUV, Art. 263, Rn. 54.
912 So auch Cremer, DÖV 2010, 58 (61); Calliess/Ruffert-Cremer, AEUV, Art. 263, Rn. 56; Thiele, EuR 2010, 30 (44).
913 Cremer, DÖV 2010, 58 (61); Calliess/Ruffert-Cremer, AEUV, Art. 263, Rn. 56; Thiele, EuR 2010, 30 (43).

„Verordnungscharakter" festgehalten wurde und nicht etwa von „Verordnungen" die Rede ist.[914]

Darüber hinaus äußern sich die Vertreter dieser Auffassung auch zu der Frage, ob ausschließlich Verordnungen, die *nicht* im Wege eines Gesetzgebungsverfahren angenommen worden sind, unter den Begriff „Rechtsakte mit Verordnungscharakter" fallen, oder ob alle Rechtsakte ohne Gesetzescharakter hierunter zu subsumieren sind. Sie kommen zu dem Ergebnis, dass sowohl Verordnungen als auch nicht-adressatenbezogene Beschlüsse hierunter fallen, sofern diese keinen Gesetzescharakter haben.[915] Dies wird zum einen damit begründet, dass von „Verordnungs*charakter*" die Rede ist, was darauf hindeute, dass eben auch andere Rechtsakte, die den Charakter einer Verordnung aufweisen, hierunter fallen.[916] Zum anderen wird auf die Gefahr des Formenmissbrauchs verwiesen, die in Fällen gegeben wäre, in denen die Unionsorgane die Wahl haben zwischen Verordnungen oder Beschlüssen. Wären Beschlüsse ohne Gesetzescharakter nicht auch als Rechtsakte mit Verordnungscharakter anzusehen, könnten die Organe allein durch die Wahl der Rechtsaktform bestimmen, ob ein potentieller Kläger die strengeren Voraussetzungen der 2. Variante des Art. 263 Abs. 4 AEUV erfüllen muss oder eben nicht.[917]

b) Verordnungscharakter auch bei Gesetzgebungsakten

Die Gegenauffassung steht demgegenüber auf dem Standpunkt, dass alle Verordnungen unabhängig von ihrem Zustandekommen unter den Begriff „Rechtsakte mit Verordnungscharakter" fallen.[918] Die Vertreter dieser Auffassung stützen sich hierbei auch auf den Wortlaut und meinen, dass gerade unter „Rechtsakte mit Verordnungscharakter" auch Verordnungen selber fallen müssen, da man Verordnungen eben nicht ihren Verordnungscharakter absprechen könne.[919]

---

914 Hatje/Kindt, NJW 2008, 1761 (1767).

915 Schröder, DÖV 2009, 61 (64); Last, S. 157 f m.w.N.; Cremer, DÖV 2010, 58 (64), der dies auch auf Richtlinien ohne Gesetzescharakter ausweitet.

916 So Last, S. 157.

917 Cremer, DÖV 2010, 58 863 f); Calliess/Ruffert-Cremer, AEUV, Art. 263, Rn. 67 f., Last, S. 157.

918 Everling, EuZW 2010, 572 (575), Everling, EuR Beiheft 1/2009, 71 (74); Bast, von Bogdandy/Bast, Europ. Verfassungrecht, 489 (557); Frenz/Distelrath, NVwZ 2010, 162 (165); Vedder/Heintschel von Heinegg-Pache, EU-Recht, AEUV, Art. 263, Rn. 40.

919 Everling, EuR Beiheft 1/2009, 71 (74); Frenz/Distelrath, NVwZ 2010, 162 (165); Vedder/Heintschel von Heinegg-Pache, EU-Recht, AEUV, Art. 263, Rn. 40; i.E. wohl auch Rabe, NJW 2007, 3153 (3157).

Ferner sei im Vertrag von Lissabon dadurch, dass Verordnungen nunmehr als Rechtsakte ohne Gesetzescharakter aber auch als Gesetzgebungsakte ergehen können, die ursprüngliche Beschränkung der 3. Variante auf delegierte Rechtsakte weggefallen, weshalb kein Anknüpfungspunkt mehr bestünde, die Verordnungen auszuschließen, die als Gesetzgebungsakte ergehen.[920] Mit anderen Worten führt hiernach allein die Tatsache, dass der Vertrag von Lissabon nicht die Unterscheidung zwischen Europäischen Gesetzen bzw. Rahmengesetzen als Gesetzgebungsakte und Europäischen Verordnungen als delegierte Rechtsakte ohne Gesetzescharakter übernommen hat, dazu, dass nunmehr auch Verordnungen, weil sie auch als Gesetzgebungsakte ergehen können, unter den Begriff „Rechtsakte mit Verordnungscharakter" fallen müssen. Unter systematischen Auslegungsaspekten sei außerdem zu beachten, dass nicht zuletzt wegen der nunmehr verbindlichen Vorschrift des Art. 47 Grundrechtscharta der Grundsatz der Effektivität des Rechtsschutzes mehr und mehr an Bedeutung gewinnen würde, was einer Beschränkung der Auslegung des Begriffes „Rechtsakte mit Verordnungscharakter" auf delegierte Rechtsakte ohne Gesetzescharakter zuwiderlaufen würde.[921] Schließlich wird angeführt, dass nur unter Einbeziehung aller Verordnungen die zuvor von Seiten der Literatur immer wieder beanstandete Rechtsschutzlücke im Rahmen des Individualrechtsschutzes geschlossen werden könne, was letztlich das verfolgte Ziel der Einführung der 3. Variante in Art. 263 Abs. 4 AEUV gewesen sei.[922]

c) Ansicht des Gerichts

Mittlerweile musste sich auch das Gericht mit dieser Thematik beschäftigen und hat erstmals in der Rechtssache *Inuit Tapiriit Kanatami u.a./Parlament und Rat*[923] eine Auslegung des Begriffes „Rechtsakte mit Verordnungscharakter" nach dem Vertrag von Lissabon vorgenommen. In diesem Rechtsstreit beantragten die Kläger, allesamt im Bereich des Robbenfangs tätig, die Nichtigerklärung

---

920 Frenz/Distelrath, NVwZ 2010, 162 (167); Everling, EuZW 2010, 572 (574, f).

921 Everling, EuZW 2010, 572 (575); Vedder/Heintschel von Heinegg-Pache, EU-Recht, AEUV, Art. 263, Rn. 40.

922 Frenz/Distelrath, NVwZ 2010, 172 (175); Bast, von Bogdandy/Bast, Europ. Verfassungrecht, 489 (557); Verdder/Heintschel von Heinegg-Pache, EU-Recht, AEUV, Art. 263, Rn. 40.

923 EuG Rs. T-18/10, Beschluss vom 06.09.2011 (Inuit Tapiriit Kanatami u.a./Parlament und Rat), abrufbar unter: http://curia.europa.eu/juris/document/document.jsf?text=&docid=109461&pageIndex=0&doclang=DE&mode=lst&dir=&occ=first&part=1&cid=1267267.

der Verordnung (EG) Nr. 1007/2009 über den Handel mit Robbenerzeugnissen[924], die unter anderem einheitliche Vorschriften für das In-Verkehr-Bringen von Robbenerzeugnissen enthält. Parlament und Rat machten hierbei drei Unzulässigkeitsgründe geltend. Zum einen sei die angefochtene Verordnung kein Rechtsakt mit Verordnungscharakter, sie ziehe zum anderen Durchführungsmaßnehmen nach sich und betreffe die Kläger auch nicht individuell.[925] Das Gericht musste folglich also zunächst klären, was unter dem Begriff Rechtsakte mit Verordnungscharakter zu verstehen ist und kommt zu dem Ergebnis, dass dieser Begriff i.S.v. Art. 263 Abs. 4 AEUV dahingehend auszulegen ist, „*dass er mit Ausnahme der Gesetzgebungsakte jede Handlung mit allgemeiner Geltung erfasst. Eine natürliche oder juristische Person kann gegen einen Gesetzgebungsakt daher nur dann Nichtigkeitsklage erheben, wenn sie von ihm unmittelbar und individuell betroffen ist.*“[926] Hiernach kann also ein „Rechtsakt mit Verordnungscharakter“ nicht auch ein „Gesetzgebungsakt“ sein. Zwar können beide Akte allgemeine Geltung haben, allerdings „*beruht nach dem AEU-Vertrag ihre Einstufung als Gesetzgebungsakt oder als Rechtsakt mit Verordnungscharakter auf dem Kriterium, ob sie im Gesetzgebungsverfahren ergangen*“[927] sind. Diese Auslegung begründet das Gericht wie folgt:

Zunächst verweist das Gericht darauf, dass schon aus dem gewöhnlichen Wortsinn des Begriffes „Verordnungscharakter“ abzulesen sei, dass diese Art von Rechtsakten allgemeine Geltung haben, allerdings aufgrund der vorgenommenen Einschränkung „mit Verordnungscharakter“ eben nicht alle Akte mit allgemeiner Geltung umfasst sein können.[928] Aus der Formulierung des Art. 263 Abs. 1 AEUV ließe sich erkennen, dass mehrere Kategorien von Handlungen Klagegegenstand einer Nichtigkeitsklage sein können, nämlich Gesetzgebungsakte und sonstige verbindliche Handlungen, ob nun mit individueller oder allgemeiner Geltung. Der in den Varianten 1 und 2 des 4. Absatzes gewählte allgemeine Begriff „Handlungen“ könne nicht als „Handlungen als Gesetzgebungsakte“ gelesen werden, sondern umfasse alle Handlungen, egal

924 ABl. 2009 L 286, S. 36.

925 EuG Rs. T-18/10, Beschluss vom 06.09.2011 (Inuit Tapiriit Kanatami u.a./Parlament und Rat), Rn. 36.

926 EuG Rs. T-18/10, Beschluss vom 06.09.2011 (Inuit Tapiriit Kanatami u.a./Parlament und Rat), Rn. 56.

927 EuG Rs. T-18/10, Beschluss vom 06.09.2011 (Inuit Tapiriit Kanatami u.a./Parlament und Rat), Rn. 65.

928 EuG Rs. T-18/10, Beschluss vom 06.09.2011 (Inuit Tapiriit Kanatami u.a./Parlament und Rat), Rn. 42, 43.

ob Gesetzgebungsakte oder Rechtsakte mit Verordnungscharakter, während die 3. Variante sich eben nur auf „Rechtsakte mit Verordnungscharakter“ beziehe, woraus ebenfalls abgelesen werden könne, dass unter diese Variante eben keine Gesetzgebungsakte fallen können.[929]

Als weiteres Argument führt das Gericht die Entstehungsgeschichte an, indem es sich auf den Übermittlungsvermerk des Präsidiums des Konvents (CONV 734/03) bezieht. Hieraus ergebe sich, dass sich das Präsidium für den Formulierungsvorschlag entschied, in dem von „Durchführungsrechtsakten“ und eben nicht von „Rechtsakten mit allgemeiner Geltung“ die Rede war. Hierdurch werde *„eine Unterscheidung zwischen Gesetzgebungsakten und Durchführungsrechtsakten ermöglicht, unter Beibehaltung des restriktiven Ansatzes in Bezug auf die Klagebefugnis von Einzelpersonen gegen Gesetzgebungsakte (für die das Kriterium ‚unmittelbar und individuell betroffen‘ weiterhin gilt)“*[930].

Schließlich argumentiert das Gericht in seiner Entscheidung noch mit dem Zweck der 3. Variante. Dieser bestünde nämlich darin, *„es natürlichen oder juristischen Personen zu ermöglichen, gegen Handlungen mit allgemeiner Geltung, die keine Gesetzgebungsakte sind, sie aber unmittelbar betreffen und keine Durchführungsmaßnahmen nach sich ziehen, Klage zu erheben, und dadurch zu vermeiden, dass sie gegen das Recht verstoßen müssten, um Zugang zu den Gerichten zu erhalten“.*[931] Aus der durchgeführten Analyse ergebe sich ferner, dass *„nach der Formulierung in Art. 263 Abs. 4 AEUV nicht gegen alle Handlungen, die die Kriterien des unmittelbaren Betroffenseins und des Fehlens von Durchführungsmaßnahmen erfüllen, und auch nicht gegen alle Handlungen mit allgemeiner Geltung, die diese Kriterien erfüllen, eine Klagemöglichkeit gegeben [ist], sondern nur gegen eine spezifische Kategorie der letztgenannten Handlungen, nämlich die der Rechtsakte mit Verordnungscharakter.“*[932] Daraus folgt nach Ansicht des Gerichts, dass bei der Zulässigkeit einer Nichtigkeitsklage gegen Gesetzgebungsakte nach wie vor strengere Voraussetzungen gelten, als bei Klagen gegen Rechtsakte mit Vorordnungscharakter.[933]

---

929 EuG Rs. T-18/10, Beschluss vom 06.09.2011 (Inuit Tapiriit Kanatami u.a./Parlament und Rat), Rn. 44–47.

930 EuG Rs. T-18/10, Beschluss vom 06.09.2011 (Inuit Tapiriit Kanatami u.a./Parlament und Rat), Rn. 49.

931 EuG Rs. T-18/10, Beschluss vom 06.09.2011 (Inuit Tapiriit Kanatami u.a./Parlament und Rat), Rn. 50.

932 EuG Rs. T-18/10, Beschluss vom 06.09.2011 (Inuit Tapiriit Kanatami u.a./Parlament und Rat), Rn. 50.

933 EuG Rs. T-18/10, Beschluss vom 06.09.2011 (Inuit Tapiriit Kanatami u.a./Parlament und Rat), Rn. 50.

Das Gericht entkräftete in seinem Beschluss auch das Argument, dass die Effektivität des Rechtsschutzes mit Hinblick auf Art. 47 Grundrechtecharta eine Auslegung im oben genannten Sinne nicht zulasse. Hiergegen spreche nämlich, dass die Unionsgerichte die Voraussetzungen der Klagebefugnis des Einzelnen gegen Verordnungen nicht derart auslegen dürfen, dass dies eine Abweichung von den eigentlichen Voraussetzungen zur Folge hätte, da dies zu einer Überschreitung ihrer Befugnisse führen würde.[934]

Aufgrund der hier eingangs dargestellten Definition des Begriffes „Rechtsakt mit Verordnungscharakter“ und der eben dargelegten Argumentation, untersuchte das Gericht im vorliegenden Fall die in Rede stehende Verordnung Nr. 1007/2009 und kam zu dem Ergebnis, dass diese als Gesetzgebungsakt einzustufen sei, da die Verordnung in einem dem jetzigen ordentlichen Gesetzgebungsverfahren nach Art. 294 AEUV entsprechenden Verfahren ergangen war und somit im Ergebnis kein Rechtsakt mit Verordnungscharakter gegeben sei.[935]

Diese soeben dargestellte Rechtsprechung ist mittlerweile auch in der Rechtssache *Microban International und Microban (Europe) /Kommission*[936] bestätigt worden, mit dem Unterschied, dass die in dieser Rechtssache angefochtene Handlung, ein Beschluss der Kommission, als Rechtsakt mit Verordnungscharakter eingestuft worden ist. Dies wurde damit begründet, dass die Kommission diesen Beschluss „in Ausübung ihrer Durchführungsbefugnisse und nicht in Ausübung ihrer Rechtsetzungsbefugnisse“ erlassen habe und der Beschluss zudem allgemeine Geltung habe, „da er für objektiv bestimmte Situationen gilt und Rechtswirkungen gegenüber einer allgemein und abstrakt umschriebenen Personengruppe erzeugt“.[937]

Im Ergebnis kann also festgehalten werden, dass ein „Rechtsakt mit Verordnungscharakter“ alle Rechtsakte von allgemeiner Geltung mit Ausnahme von Gesetzgebungsakten umfasst. Dies muss also bedeuten, dass grundsätzlich alle Verordnungen, Richtlinien und Beschlüsse Rechtsakte mit Verordnungscharakter

---

934 EuG Rs. T-18/10, Beschluss vom 06.09.2011 (Inuit Tapiriit Kanatami u.a./Parlament und Rat), Rn. 51.

935 EuG Rs. T-18/10, Beschluss vom 06.09.2011 (Inuit Tapiriit Kanatami u.a./Parlament und Rat), Rn. 57–66.

936 EuG Rs. T-262/10, Urteil vom 25.10.2011 (Microban International und Microban (Europe)./Kommission), abrufbar unter: http://curia.europa.eu/juris/document/document.jsf?text=&docid=111762&pageIndex=0&doclang=DE&mode=lst&dir=&occ=first&part=1&cid=330595.

937 EuG Rs. T 262/10, Urteil vom 25.10.2011 (Microban International und Microban (Europe)./Kommission), Rn. 22, 23.

sein können, sofern sie nicht im Wege eines Gesetzgebungsverfahrens ergangen sind.[938]

d) Ansicht von Generalanwältin Kokott

Die soeben vorgestellte Rechtssache T-18/10 (Inuit Tapiriit u.a./Parlament und Rat) war mittlerweile im Wege eines Rechtsmittelverfahrens beim Gerichtshof anhängig und ist am 03.10.2013 entschieden worden[939] (Az. C-583/11 P).[940] Bevor der Gerichtshof in dieser Rechtssache entschieden hat, hat auch die Generalanwältin (GA'in) Kokott am 17.01.2013 ihre Schlussanträge hierzu abgegeben.[941] Hierin bestätigt sie die Ansicht und die Entscheidung des Gerichts und schlägt dem Gerichtshof vor, das Rechtsmittel zurückzuweisen.[942] In dem Rechtsmittelverfahren wurden von den Rechtsmittelführern (Inuit Tapiriit u.a.) drei Rechtsmittelgründe angeführt, von denen hier insbesondere der erste Rechtmittelgrund interessiert, der die richtige Auslegung und Anwendung des Art. 263 Abs. 4 AEUV zum Gegenstand hat. In dem ersten Teil dieses Rechtsmittelgrundes geht es um die Definition des Begriffes „Rechtsakte mit Verordnungscharakter". Diesbezüglich rügen die Rechtsmittelführer, dass die vom Gericht vorgenommene Auslegung zu restriktiv und formalistisch sei.[943] Dem tritt die GA'in allerdings entgegen und schließt sich nach ausführlicher Abwägung der Auffassung des Gerichts an.[944] Insbesondere geht die GA'in hierbei auch auf die Auswirkung des Art. 263 Abs. 4 AEUV auf Fälle wie der oben dargestellten Rechtssache UPA ein. Sie stellt sich der Behauptung der Rechtsmittelführer entgegen, dass durch die

938 Insofern auch bereits Cremer, DÖV 2010, 58 (64).

939 Das Urteil in der Rechtssache EuGH Rs. C-583/11P (Inuit Tapiriit Kanatami u.a./Parlament und Rat) erging am 03.10.2013 und somit nach Abgabe dieser Arbeit. Der Vollständigkeit halber wurde die Arbeit vor Drucklegung und Veröffentlichung aktualisiert und dieses Urteil eingearbeitet.

940 Mittlerweile wurde auch ein weiteres Verfahren beim Gericht bzgl. der Durchführungsverordnung Nr. 737/2010 der Kommission anhängig gemacht und am 25.04.2013 vom Gericht dahingehend entschieden, dass die Gültigkeit der Durchführungsverordnung bestätigt worden ist.

941 Schlussanträge GA'in Kokott vom 17.01.2013, Rs. C-583/11 P (Inuit Tapiriit u.a./Parlament und Rat), abrufbar unter: http://curia.europa.eu.

942 Schlussanträge GA'in Kokott v. 17.01.2013, Rs. C-583/11 P (Inuit Tapiriit u.a./Parlament und Rat), Rn. 154.

943 Schlussanträge GA'in Kokott v. 17.01.2013, Rs. C-583/11 P (Inuit Tapiriit u.a./Parlament und Rat), Rn. 27.

944 Schlussanträge GA'in Kokott v. 17.01.2013, Rs. C-583/11 P (Inuit Tapiriit u.a./Parlament und Rat), Rn. 29 ff.

vom Gericht vorgenommene Auslegung des Begriffs „Rechtsakte mit Verordnungscharakter“ die Rechtsschutzlücken, die, wie oben gezeigt, in solchen Fällen entstehen können, nicht geschlossen werden.[945] Sie führt hierzu aus, dass es sich zwar bei der in der Rechtssache UPA in Rede stehenden Verordnung um einen Gesetzgebungsakt handele und die Klägerin also unmittelbar und individuell betroffen sein müsse, um sich erfolgreich im Rahmen einer Nichtigkeitsklage hiergegen zu wehren, dass bei Fehlen dieser Voraussetzung allerdings der Weg der Inzidentrüge offen stünde. Die Klägerin könne sich also entweder im Wege der Nichtigkeitsklage gegen etwaige Durchführungsverordnungen der Kommission oder eben auf dem nationalen Rechtsweg gegen Durchführungsmaßnahmen nationaler Stellen wehren.[946] Gerade im vorliegenden Fall seien die Inuit Tapiriit und ihre Mitstreiter nicht rechtsschutzlos gestellt, da sie die Möglichkeit hätten, „die vermeintliche Rechtswidrigkeit der Verordnung Nr. 1007/2009 inzident zu rügen, und zwar im Rahmen etwaiger Rechtsstreitigkeiten gegen Durchführungsmaßnahmen zu jener Verordnung“[947], wie es die meisten Mitstreiter bereits getan haben.[948]

Ferner machen die Rechtsmittelführer in ihrem ersten Rechtsmittelgrund geltend, dass das Gericht die Voraussetzung der unmittelbaren und individuellen Betroffenheit fehlerhaft ausgelegt und angewandt hat. Auch hier bestätigt GA'in Kokott jedoch das Urteil des Gerichts. Insbesondere sei das Kriterium der Unmittelbarkeit sowohl in der 2. als auch in der 3. Variante dasselbe.[949] Ferner sei hinsichtlich der Voraussetzung des individuellen Betroffenseins weiterhin die Plaumann-Formel als ständige Rechtsprechung zu berücksichtigen, nach der die Rechtsmittelführer im vorliegenden Fall allerdings nicht individuell betroffen seien.[950]

Der Vollständigkeit halber ist im Zusammenhang noch auf den zweiten Rechtsmittelgrund hinzuweisen, mit dem die Rechtsmittelführer unter anderem

---

945 Schlussanträge GA'in Kokott v. 17.01.2013, Rs. C-583/11 P (Inuit Tapiriit u.a./Parlament und Rat), Rn. 59.

946 Schlussanträge GA'in Kokott v. 17.01.2013, Rs. C-583/11 P (Inuit Tapiriit u.a./Parlament und Rat), Rn. 60.

947 Schlussanträge GA'in Kokott v. 17.01.2013, Rs. C-583/11 P (Inuit Tapiriit u.a./Parlament und Rat), Rn. 61.

948 Siehe hierzu Gericht Rs. T-526/10 (Inuit Tapiriit u.a./Parlament und Rat).

949 Schlussanträge GA'in Kokott v. 17.01.2013, Rs. C-583/11 P (Inuit Tapiriit u.a./Parlament und Rat), Rn. 69.

950 Schlussanträge GA'in Kokott v. 17.01.2013, Rs. C-583/11 P (Inuit Tapiriit u.a./Parlament und Rat), Rn. 86 f.

die Verletzung des Grundrechts auf einen wirksamen Rechtsbehelf rügen. Auch diese Rüge weist GA'in Kokott jedoch vollumfänglich mit der Begründung zurück, dass der Gerichthof bereits klargestellt habe, „dass das Recht auf einen wirksamen Rechtsbehelf eine Ausweitung der direkten Klagemöglichkeiten natürlicher und juristischer Personen gegen Unionsrechtsakte mit allgemeiner Geltung nicht erfordert"[951]. Weiter führt sie aus, dass „entgegen der Auffassung der Rechtsmittelführer (...) nämlich aus diesem Grundrecht nicht kurzerhand abgeleitet werden (kann), dass natürlichen und juristischen Personen vor den Unionsgerichten notwendigerweise eine direkte Klagemöglichkeit gegen Gesetzgebungsakte der Europäischen Union offenstehen muss"[952].

Alles in allem kann also festgehalten werden, dass GA'in Kokott von der gleichen Definition bzw. Auslegung des Begriffs „Rechtsakte mit Verordnungscharakter" ausgeht wie das Gericht.

e) Ansicht des Gerichtshofes[953]

Auch die Entscheidung des Gerichtshofes vom 03.10.2013[954] ergibt insoweit keine Änderung. Vielmehr ist der Gerichtshof dem Vorschlag der GA'in Kokott gefolgt und hat das Rechtsmittel zurückgewiesen.[955]

Der Gerichtshof prüft hinsichtlich des ersten Teils des ersten Rechtsmittelgrundes eingehend, ob das Gericht in seiner Entscheidung einen Rechtsfehler begangen hat, indem es festgestellt hat, „dass der Begriff ‚Rechtsakte mit Verordnungscharakter' im Sinne von Art. 263 Abs. 4 AEUV Handlungen mit allgemeiner Geltung mit Ausnahme der Gesetzgebungsakte erfasse".[956] Hierfür geht der Gerichtshof zunächst auf die Handlungen ein, die nach der neuen Fassung des Art. 263 AEUV Gegenstand einer Nichtigkeitsklage sein können und stellt

---

951 Schlussanträge GA'in Kokott v. 17.01.2013, Rs. C-583/11 P (Inuit Tapiriit u.a./Parlament und Rat), Rn. 108.

952 Wie vor.

953 Dieser Unterpunkt wurde nach Abgabe und vor Drucklegung bzw. Veröffentlichung ergänzt (vgl. auch Fn.939).

954 EuGH Rs. 583/11 P, Urteil vom 03.10.2013 (Inuit Tapiriit Kanatami u.a./Parlament und Rat), abrufbar unter: http://curia.europa.eu/juris/document/document.jsf;jsessionid=9ea7d2dc30d6b864591ebba04f2fb4ff8f34c9a46641.e34KaxiLc3qMb40Rch0SaxuOahz0?text=&docid=142607&pageIndex=0&doclang=DE&mode=lst&dir=&occ=first&part=1&cid=636134.

955 EuGH Rs. 583/11 P, Urteil vom 03.10.2013 (Inuit Tapiriit Kanatami u.a./Parlament und Rat), Rn. 118.

956 EuGH Rs. 583/11 P, Urteil vom 03.10.2013 (Inuit Tapiriit Kanatami u.a./Parlament und Rat), Rn. 51.

diesbezüglich übereinstimmend mit dem Gericht fest, dass dies Gesetzgebungsakte und sonstige verbindliche Handlungen mit Rechtswirkung gegenüber Dritten sein können.[957] Nachdem der Gerichtshof auf die Klagemöglichkeiten nach den ersten drei Absätzen eingeht, kommt er zur Prüfung des neu gefassten Absatzes 4. Es wird festgestellt, dass sich die ersten beiden Varianten des Absatzes 4 nicht wesentlich gegenüber der alten Fassung geändert haben. Hinsichtlich der neu eingeführten dritten Variante stellt der Gerichtshof jedoch fest, dass in diesem Fall eine Lockerung der Zulässigkeitsvoraussetzungen der Individualnichtigkeitsklage stattgefunden habe, indem das Merkmal der individuellen Betroffenheit bei Rechtsbehelfen gegen „Rechtsakte mit Verordnungscharakter", die keine Durchführungsmaßnahmen nach sich ziehen und den Kläger unmittelbar betreffen nicht vorliegen muss.[958] Der Gerichthof kommt sodann in seiner Prüfung was unter „Rechtsakten mit Verordnungscharakter" zu verstehen ist zu dem Ergebnis, dass übereinstimmend mit dem Gericht Gesetzgebungsakte gerade nicht umfasst sind. Dies wird damit begründet, dass dieser Begriff eine „geringere Tragweite" als der Begriff „Handlungen" habe.[959] Würde man diesen Begriff ähnlich weit auslegen, wie den Begriff „Handlungen" würde die vorgenommene Unterscheidung zwischen den Begriffen „Handlungen" und „Rechtsakte mit Verordnungscharakter" ihres Sinnes entleert.[960] Außerdem führt der Gerichtshof an, dass der nunmehr gültige Art. 263 Abs. 4 AEUV wörtlich mit der Entwurfsfassung des Art. III-365 Abs. 4 übereinstimmt. Aus den Vorarbeiten der Entwurfsfassung gehe insoweit hervor, dass die Zulässigkeitsvoraussetzungen für Rechtsbehelfe gegen Gesetzgebungsakte gerade nicht gelockert werden sollten. Denn hierfür sollte weiterhin der restriktive Ansatz gelten, der das Vorliegen des unmittelbaren und individuellen Betroffenseins fordere.[961] Hieraus lässt sich nach Ansicht des Gerichtshofes schließen, dass lediglich eine Erleichterung für die Erhebung von Nichtigkeitsklagen gegen Handlungen mit allgemeiner Geltung unter Ausschluss von Gesetzgebungsakten ermöglicht werden

957 EuGH Rs. 583/11 P, Urteil vom 03.10.2013 (Inuit Tapiriit Kanatami u.a./Parlament und Rat), Rn. 52.
958 EuGH Rs. 583/11 P, Urteil vom 03.10.2013 (Inuit Tapiriit Kanatami u.a./Parlament und Rat), Rn. 57.
959 EuGH Rs. 583/11 P, Urteil vom 03.10.2013 (Inuit Tapiriit Kanatami u.a./Parlament und Rat), Rn. 58.
960 EuGH Rs. 583/11 P, Urteil vom 03.10.2013 (Inuit Tapiriit Kanatami u.a./Parlament und Rat), Rn. 58.
961 EuGH Rs. 583/11 P, Urteil vom 03.10.2013 (Inuit Tapiriit Kanatami u.a./Parlament und Rat), Rn. 59.

sollte.[962] Deshalb kommt der Gerichtshof hinsichtlich des ersten Teils des ersten Rechtmittelgrundes zu dem Ergebnis, dass das Gericht zu Recht angenommen hat, dass „der Begriff ‚Rechtsakte mit Verordnungscharakter' in Art. 263 Abs. 4 AEUV Gesetzgebungsakte nicht umfasst".[963]

Im Rahmen des zweiten Teils des ersten Rechtsmittelgrundes, mit dem die Rechtsmittelführer die fehlerhafte Auslegung des Merkmals der unmittelbaren und individuellen Betroffenheit rügen, kommt der Gerichtshof auch dazu, dass dieser im Ergebnis unbegründet und deshalb zurückzuweisen ist. Insofern sei anzuführen, dass die zweite Variante des Art. 263 Abs. 4 AEUV im Wortlaut nicht geändert worden ist, woraus zu schließen sei, dass die „Verfasser des Vertrages von Lissabon [nicht] die Absicht gehabt hätten, die Tragweite der bereits in Art. 230 Abs. 4 EG vorgesehen Zulässigkeitsvoraussetzungen zu ändern"[964] Es gäbe deshalb auch keine Anhaltspunkte dafür, dass das Merkmal der individuellen Betroffenheit nunmehr anders auszulegen sei, als nach der Plaumann-Rechtsprechung.[965] Da die Rechtsmittelführer jedoch nicht im Sinne der Plaumann-Formel individuell betroffen waren, wies der Gerichtshof den ersten Rechtsmittelgrund insgesamt zurück.[966]

Insgesamt ist also festzuhalten, dass der Gerichtshof in seiner Entscheidung die Definition des Gerichts bzgl. des Begriffes „Rechtsakte mit Verordnungscharakter" uneingeschränkt bestätigt hat.

2. Unmittelbares Betroffensein

Eine weitere Frage, die sich im Zusammenhang mit der dritten Variante stellt, ist, ob dadurch, dass hier nunmehr die Voraussetzung des individuellen Betroffenseins wegfällt, das Merkmal der unmittelbaren Betroffenheit ein anderes Gewicht oder gar eine andere Bedeutung bekommt. So könnte man meinen, dass ohne das zusätzliche Kriterium der individuellen Betroffenheit für das Kriterium der unmittelbaren Betroffenheit nunmehr wie im deutschen Verwaltungsrecht

---

962 EuGH Rs. 583/11 P, Urteil vom 03.10.2013 (Inuit Tapiriit Kanatami u.a./Parlament und Rat), Rn. 60.

963 EuGH Rs. 583/11 P, Urteil vom 03.10.2013 (Inuit Tapiriit Kanatami u.a./Parlament und Rat), Rn. 61.

964 EuGH Rs. 583/11 P, Urteil vom 03.10.2013 (Inuit Tapiriit Kanatami u.a./Parlament und Rat), Rn. 70.

965 EuGH Rs. 583/11 P, Urteil vom 03.10.2013 (Inuit Tapiriit Kanatami u.a./Parlament und Rat), Rn. 71.

966 EuGH Rs. 583/11 P, Urteil vom 03.10.2013 (Inuit Tapiriit Kanatami u.a./Parlament und Rat), Rn. 77.

die Behauptung einer Verletzung subjektiver Rechte als Zulässigkeitsvoraussetzung hinzutreten müsse.[967] Dies würde allerdings zu weit führen, da einerseits die Nichtigkeitsklage nach dem Vorbild des französischen Verwaltungsrechts gebildet wurde, bei dem es eben nicht auf eine Verletzung subjektiver Rechte ankommt.[968] Andererseits besteht auch allein aus dem Weglassen des Erfordernisses der individuellen Betroffenheit kein ersichtlicher Grund für eine Neuinterpretierung des Begriffes der unmittelbaren Betroffenheit, da dies augenscheinlich allein dazu dienen sollte, den Zugang zum Gericht in Fällen der 3. Variante zu erleichtern. Auch das Gericht selber hat in seiner Rechtsprechung seit Inkrafttreten des Vertrages von Lissabon keine neue bzw. geänderte Interpretation des Begriffes der unmittelbaren Betroffenheit im Rahmen der 3. Variante vorgenommen. Wie oben bereits erwähnt entschied das Gericht in der Rechtssache Ax/Rat und Kommission, dass die Zulässigkeitsvoraussetzung des unmittelbaren Betroffenseins sowohl für die 2. als auch für die 3. Variante gleichermaßen gilt.[969] Dies wurde auch bestätigt durch das zuvor erwähnte Urteil des Gerichts in der Rechtssache Microban International und Microban (Europe)/Kommission, in dem das Gericht erstmals einen Fall der 3. Variante des Art. 263 Abs. 4 AEUV als gegeben ansah und demgemäß auch zum ersten Mal in diesem Rahmen die unmittelbare Betroffenheit untersuchen musste. Das Gericht kam hierbei zunächst zu dem Ergebnis, dass eine unmittelbare Betroffenheit, so wie sie bislang nach Art. 230 Abs. 4 EGV definiert wurde, gegeben war.[970] Nach dieser Definition war ein Einzelner dann unmittelbar betroffen, wenn sich zum einen die angefochtene Maßnahme auf die Rechtsstellung des Einzelnen unmittelbar auswirkte und zum anderen, wenn den Mitgliedstaaten als eigentliche Adressaten der Maßnahme, keinerlei Ermessensspielraum hinsichtlich der Durchführung blieb, die Umsetzung also vielmehr rein automatisch erfolgte.[971] Um Wiederholungen zu vermeiden, darf hinsichtlich dieser Auslegung an dieser Stelle auf die entsprechenden detaillierteren Ausführungen im Rahmen der zweiten Variante

967 Diese Frage werfen auch Kokott/Dervisopoulos/Henze, EuGRZ 2008, 10 (14) und Frenz/Distelrath, NVwZ 2010, 162 (165) auf.

968 Frenz/Distelrath, NVwZ 2010, 162 (165).

969 EuG Rs. T-259/10, Beschluss vom 15.06.2011 (Ax/Rat und Kommission), Rn. 25.

970 EuG Rs. T 262/10, Urteil vom 25.10.2011 (Microban International und Microban (Europe)./Kommission), Rn. 30.

971 EuG Rs. T 262/10, Urteil vom 25.10.2011 (Microban International und Microban (Europe)./Kommission), Rn. 27 mit Verweis auf EuGH R. C-386/96 P, Slg. 1998, I-2309, Rn. 43 (Dreyfus/Kommission) u.a.

verwiesen werden.[972] Dann musste sich das Gericht zwangsläufig mit der oben bereits aufgeworfenen Frage befassen, ob der Begriff des unmittelbaren Betroffenseins in der neu eingeführten 3. Variante des Art. 263 Abs. 4 AEUV anders auszulegen ist und kommt zu dem Ergebnis, dass der Begriff „jedenfalls nicht enger ausgelegt“[973] werden kann als nach der alten Vorschrift. Dies begründet das Gericht damit, dass mit der 3. Variante des Art. 263 Abs. 4 AEUV „das Ziel einer Öffnung der Voraussetzungen für die Erhebung von Klagen verfolgt“[974] werde. Nach all dem kann also festgehalten werden, dass die Voraussetzungen, die an das unmittelbare Betroffensein gestellt werden, die gleichen sind bzw. bleiben wie unter der 2. Variante des Art. 263 Abs. 4 AEUV.[975]

3. Keine Durchführungsmaßnahmen

Als letzte Voraussetzung der dritten Variante darf der Rechtsakt mit Verordnungscharakter keine Durchführungsmaßnahmen nach sich ziehen. Dies dürfte wohl das direkte Resultat aus der oben näher dargestellten Rechtssache UPA[976] sein. In dieser Rechtssache war ein Hauptproblem nämlich, dass der Kläger nach der Plaumann-Formel von der angefochtenen Maßnahme nicht individuell und unmittelbar betroffen war, aber auch mangels nationalen Durchführungsaktes keinerlei Möglichkeit hatte, sich vor den nationalen Gerichten zu wehren. Dies hätte zur Folge gehabt, dass der Kläger zunächst bewusst gegen nationales Recht hätte verstoßen müssen, um dann gegen eine etwaige Sanktion vorgehen zu können. Genau diese Fälle sollen nunmehr von der 3. Variante des Art. 263 Abs. 4 AEUV erfasst werden. Gemeint sind also Rechtsakte (mit Verordnungscharakter), die keiner nationalen Umsetzung mehr bedürfen. Sobald ein nationaler Umsetzungsakt erforderlich und gegeben ist, können und müssen sich die Kläger nach wie vor direkt vor den nationalen Gerichten gegen den mitgliedstaatlichen Akt wehren. Dies bedeutet aber auch, dass in Fällen, in denen den Mitgliedstaaten bei der Umsetzung keinerlei Ermessenspielraum verbleibt, dennoch ein

---

972 Vgl. die Ausführungen in diesem Teil unter Kapitel 2 B II 1.

973 EuG Rs. T 262/10, Urteil vom 25.10.2011 (Microban International und Microban (Europe)./Kommission), Rn. 32.

974 EuG Rs. T 262/10, Urteil vom 25.10.2011 (Microban International und Microban (Europe)./Kommission), Rn. 32 mit Verweis auf EuG Rs. T-18/10, Beschluss vom 06.09.2011 (Inuit Tapiriit Kanatami u.a./Parlament und Rat), Rn. 50.

975 So auch GA'in Kokott, Schlussanträge in der Rechtssache C. 583/11 P (Inuit Tapiriit u.a./Parlament und Rat), Rn. 69.

976 EuGH Rs. C-50/00 P, Slg. 2002, I-6677 ff (Unión de Pequeños Agricultores (UPA)/ Rat).

Durchführungsakt gegeben ist, was dazu führt, dass dann die Klagemöglichkeit nach der 3. Variante ausgeschlossen ist, und sich die Kläger folglich dann gegen den nationalen Akt wehren müssen. Hiermit wird gleichzeitig der Unterschied zu der Voraussetzung des unmittelbaren Betroffenseins deutlich.[977] Im Ergebnis bedeutet dies, dass Richtlinien, die ja wie festgestellt wurde durchaus unter den Begriff „Rechtsakte mit Verordnungscharakter" fallen können, dennoch nie im Wege der 3. Variante des Art. 263 Abs. 4 AEUV angefochten werden können, da Richtlinien definitionsgemäß immer einen nationalen Umsetzungsakt nach sich ziehen.[978]

IV. Anwendbarkeit der neuen Vorschrift

Schließlich ist im Hinblick auf die neue Regelung des Art. 263 Abs. 4 AEUV fraglich, ob diese seit dem Inkrafttreten des Vertrages von Lissabon auf alle zu diesem Zeitpunkt anhängigen Nichtigkeitsklagen anzuwenden ist. Der AEUV selbst enthält hierzu keine besonderen Übergangsreglungen.[979] Es kann beispielsweise Situationen geben, in denen die mit der Nichtigkeitsklage angegriffene Handlung bereits vor Inkrafttreten des Vertrages von Lissabon ergangen ist oder dass die Klage selbst bereits vor Inkrafttreten anhängig war. Hierzu hat der Gerichtshof bereits entschieden, dass es hinsichtlich der Frage der Zulässigkeit einer Klage nach dem sog. Grundsatz „tempus regit actum" auf die im Zeitpunkt der Klageerhebung geltenden Vorschriften ankommt und hinsichtlich der Prüfung der Zulässigkeitsvoraussetzungen der Klage auf den Zeitpunkt der Klageerhebung, also der Einreichung der Klageschrift, abzustellen ist.[980] Dies

---

977 Zum Ganzen vergleiche Cremer, DÖV 2010, 58 (65); Calliess/Ruffert-Cremer, AEUV, Art. 263, Rn. 70 f.

978 Dies meint wohl auch Cremer, DÖV 2010, 58 (65), auch wenn er vermutlich versehentlich von „Richtlinien ohne Verordnungscharakter" in diesem Zusammenhang spricht.

979 Gericht, Rs. T-532/08, Rn. 69 (Norilsk Nickel Harjavalta Oy und Umicore/Kommission), abrufbar unter: http://curia.europa.eu/juris/document/document.jsf?text=&docid=78876&pageIndex=0&doclang=DE&mode=lst&dir=&occ=first&part=1&cid=1019994; Gericht, Rs. T-539/08, Rn. 75 (Etimine SA und Etiproducts/Kommission), abrufbar unter: http://curia.europa.eu/juris/document/document.jsf?text=&docid=78874&pageIndex=0&doclang=DE&mode=lst&dir=&occ=first&part=1&cid=1020833.

980 Gericht, Rs. T-18/10, Rn. 34 (Inuit Tapiriit Kanatami u.a./Parlament und Rat), abrufbar unter: http://curia.europa.eu/juris/document/document.jsf?text=&docid=109461&pageIndex=0&doclang=DE&mode=lst&dir=&occ=first&part=1&cid=1019696; Gericht, Rs. T-532/08, Rn. 70 (Norilsk Nickel Harjavalta Oy und

bedeutet zum einen, dass die Zulässigkeit von Nichtigkeitsklagen, die bereits vor Inkrafttreten des Vertrages von Lissabon und somit auch des AEUV erhoben worden sind, noch nach Art. 230 Abs. 4 EGV zu beurteilen ist.[981] Zum anderen bedeutet dies aber auch, dass Klagen, die erst nach dem Inkrafttreten des AEUV eingereicht worden sind, nach dem neuen Art. 263 Abs. 4 AEUV zu beurteilen sind, auch wenn die angefochtene Handlung noch auf der Grundlage des EGV ergangen ist.[982]

V. Problematik der Präklusion

Nachdem nun die (neuen) Voraussetzungen für die Klagemöglichkeit nach Art. 263 Abs. 4 AEUV dargelegt wurden, stellt sich unweigerlich die Frage, ob sich die neue Gestaltung der Individualnichtigkeitsklage auch auf das Verhältnis zum Vorabentscheidungsverfahren auswirkt.

Wie oben bereits dargestellt[983], besteht grundsätzlich ein Präklusionsverhältnis zwischen Individualnichtigkeitsklage und Vorabentscheidungsverfahren in den Fällen, in denen der Kläger „ohne jeden Zweifel"[984] innerhalb der Klagefrist hätte Nichtigkeitsklage erheben können. Dann nämlich ist ihm der indirekte Weg einer Gültigkeitsvorlage über die nationalen Gerichte aus Gründen der Bestandskraft und Rechtssicherheit verwehrt. Da sich im Rahmen der Nichtigkeitsklage die Klagefrist nicht geändert hat und gem. Art. 263 Abs. 6 AEUV noch immer zwei Monate beträgt, sind potentielle Kläger gehalten, in Fällen, in denen die Nichtigkeitsklage „ohne jeden Zweifel" zulässig ist, innerhalb dieser zwei Monate Klage zu erheben, um die Präklusionswirkung zu vermeiden.

Fraglich ist also, wann eine Nichtigkeitsklage nach der neuen Fassung des Art. 263 Abs. 4 AEUV „ohne jeden Zweifel" zulässig ist.

Umicore/Kommission); Gericht, Rs. T-539/08, Rn. 76 (Etimine SA und Etiproducts/Kommission) m.w.N. zur Rspr.

981 Gericht, Rs. T-532/08, Rn. 72 (Norilsk Nickel Harjavalta Oy und Umicore/Kommission); Gericht, Rs. T-539/08, Rn. 78 (Etimine SA und Etiproducts/Kommission).

982 Gericht, Rs. T-18/10, Rn. 32–45 (Inuit Tapiriit Kanatami u.a./Parlament und Rat).

983 Vgl. Die Ausführungen in diesem Teil unter Kapitel 2 B II 3. e) ee.).

984 Grundlegend hierzu EuGH Rs. C-188–92, Slg. 1994, I 833 ff (TWD Textilwerke Deggendorf) aber auch EuGH Rs. C 441/05, Slg. 2007, I-1993 (Roquette Frères), sowie zum Verhältnis von Nichtigkeitsklage zum Vorlageverfahren : Schlussanträge von GA'in Kokott vom 26.10.2006 in der Rs. C 441/05, Slg. 2007, I-1993 (Roquette Frères), Rn. 27 ff.

Für den Fall des adressatenbezogenen Beschlusses, der einer Entscheidung i.S.v. Art. 230 Abs. 4 EGV entspricht, dürfte die neue Regelung keinerlei Änderungen mit sich bringen. Denn in einem solchen Fall ist eine Nichtigkeitsklage gem. der 1. Variante des Art. 263 Abs. 4 AEUV ohne jeden Zweifel zulässig, sodass der Adressat innerhalb der Zwei-Monats-Frist Klage erheben kann. Wenn er dies nicht tut, ist ein etwaig angestrebtes Vorlageverfahren präkludiert. Keine Änderung gegenüber der alten Rechtslage dürfte sich außerdem hinsichtlich der 2. Variante des Art. 263 Abs. 4 AEUV ergeben, da hier nach wie vor die strengen Voraussetzungen des unmittelbaren und individuellen Betroffenseins erfüllt sein müssen. Dies bedeutet gleichzeitig, dass, wie schon nach der alten Vorschrift, im Zweifel das Vorabentscheidungsverfahren auch nach Ablauf der Nichtigkeitsklagefrist noch zulässig ist, da der Einzelne sonst gänzlich rechtsschutzlos gestellt wäre.[985] Man könnte also auch sagen, dass die Rechtsprechung aus Textilwerke Deggendorf nur dann anzuwenden ist, wenn der Einzelne von einer Maßnahme betroffen ist, die einer individuellen Entscheidung entspricht, da sonst die Gefahr bestünde, dass rein vorsorglich Nichtigkeitsklagen eingelegt würden, was nicht im Sinne einer effizienten Gerichtspraxis sein kann.[986]

Fraglich ist nun aber, wie es sich mit der neuen Klagemöglichkeit nach der 3. Variante des Art. 263 Abs. 4 AEUV verhält.[987] Nach der aktuellen Rechtsprechung des Gerichts wurde zumindest einmal eine (vorläufige) Definition des Begriffes „Rechtsakte mit Verordnungscharakter" festgelegt, die mittlerweile auch vom Gerichtshof bestätigt worden ist.[988] Demnach fallen unter diesen Begriff „Rechtsakte von allgemeiner Geltung mit Ausnahme von Gesetzgebungsakten"[989]. Wenn man nun diese Definition auf die Deggendorf-Rechtsprechung anwendet, bedeutet das, dass für einen potentiellen Kläger ohne jeden Zweifel klar sein muss, wann ein Rechtsakt mit allgemeiner Geltung vorliegt, der kein Gesetzgebungsakt ist. Dies dürfte momentan noch relativ schwierig zu beurteilen sein, zumal die europäische Gerichtsbarkeit bislang in nur sehr wenigen Fällen das Vorliegen eines Rechtsaktes mit Verordnungscharakter überprüfen musste, sodass es zum einen verfrüht wäre, von gefestigter Rechtsprechung zu reden und zum anderen

985 Vgl. die Ausführungen in diesem Teil unter Kapitel 2 B II 3 e) ee) (4).

986 So Balthasar, E.L.Rev. 2010, 542 (549).

987 So auch Kokott/Dervissopoulos/Henze, EuGRZ 2008, 10 (14), Thiele, EuR 2010, 30 (45); Balthasar, E.L.Rev. 2010, 542 (548 f).

988 EuGH Rs. 583/11 P, Urteil vom 03.10.2013 (Inuit Tapiriit Kanatami u.a./Parlament und Rat), Rn. 61; (ergänzt vor Veröffentlichung).

989 EuG Rs. T-18/10, Beschluss vom 06.09.2011 (Inuit Tapiriit Kanatami u.a./Parlament und Rat), Rn. 56.

auch noch keine konkreten Fallgruppen ersichtlich sind. Es ist deshalb nach jetzigem Stand zumindest ratsam, zunächst eine Nichtigkeitsklage zu erheben, wenn das Vorliegen eines Rechtsaktes mit Verordnungscharakter möglich erscheint, um eben zu vermeiden, dass eine spätere Gültigkeitsvorlage präkludiert ist.[990] Dies ist auch im Hinblick auf die Etablierung einer gefestigten Rechtsprechung in diesem Bereich von Vorteil.

Dies darf allerdings nicht zur Folge haben, dass Unsicherheiten bzgl. einer etwaigen Klagebefugnis zu Lasten des Einzelnen gehen.[991] Mit anderen Worten darf eine Gültigkeitsvorlage – zumindest momentan – noch nicht präkludiert sein, weil sich im konkreten Einzelfall nach Ablauf der Frist des Art. 263 Abs. 6 AEUV herausstellt, dass eine Nichtigkeitsklage gem. der 3. Variante des Art. 263 Abs. 4 AEUV statthaft gewesen wäre. Insofern ist das Grundrecht auf effektiven Rechtsschutz höher einzustufen als die Rechtssicherheit bzgl. etwaiger Rechtsakte mit Verordnungscharakter. Erst dann, wenn für den Einzelnen ohne jeden Zweifel ersichtlich ist, wann ein Rechtsakt mit Verordnungscharakter vorliegt, der zudem den Einzelnen unmittelbar betrifft und keine Durchführungsmaßnahmen nach sich zieht, dann kann das Versäumen der Nichtigkeitsklagefrist zu einer Präklusion einer Gültigkeitsvorlage führen.

C. Bewertung: Fortschritt, Stillstand oder Rückschritt

Zusammenfassend kann festgehalten werden, dass Individualnichtigkeitsklagen möglich sind, wenn der Kläger Adressat eine Handlung ist, oder in Fällen, in denen es keinen Adressaten gibt oder ein Dritter Adressat der Handlung ist, kann der Einzelne Klage erheben, wenn er von der Handlung unmittelbar und individuell betroffen ist. Hierbei ist es unerheblich, ob es sich bei der Handlung um Gesetzgebungsakte oder um Rechtsakte ohne Gesetzescharakter handelt. Schließlich ist der Einzelne dann klagebefugt, wenn ein Rechtsakt allgemeiner Geltung vorliegt, der kein Gesetzgebungsakt ist, dieser keine Durchführungsmaßnahmen nach sich zieht und der Einzelne hiervon unmittelbar betroffen ist.

Nachdem nun ausführlich die Neuerungen der Individualnichtigkeitsklage gem. Art. 263 Abs. 4 AEUV dargestellt worden sind, stellt sich die Frage, wie diese zu bewerten sind, also, ob die Neuerungen einen Fortschritt darstellen und insbesondere, ob nunmehr die vormals bestehenden Rechtsschutzlücken geschlossen worden sind. Diesbezüglich ist sich vor allem die Literatur uneinig.

990 Ähnlich auch Thiele, EuR 2010, 30 (45).

991 So auch schon zu Art. 230 Abs. 4 EGV Kokott in ihren Schlussanträgen vom 26.10.2006 in der Rs. C 441/05, Slg. 2007, I-1993 (Roquette Frères), Rn. 33.

I. Diskussion in der Literatur

Was die unterschiedlichen Positionen in der Literatur betrifft, so ist deutlich zu erkennen, dass sich die Meinungen der Vertreter gegenüber stehen, die auch schon im Rahmen der Diskussion, was unter einem „Rechtsakt mit Verordnungscharakter" zu verstehen ist, opponierten. Dies führt dazu, dass die Vertreter, die auch Gesetzgebungsakte als Rechtsakte mit Verordnungscharakter in Betracht ziehen[992], in der Neuformulierung des Art. 263 Abs. 4 AEUV einen (großen) Fortschritt sehen, der damit verbunden sei, dass nunmehr die zuvor vielfach diskutierten Rechtschutzlücken geschlossen und das Rechtsschutzsystem wesentlich verbessert würden.[993] Zwar erkennt auch *Everling*[994], dass selbst nach seiner Auffassung Klagen gegen Handlungen, die noch einer Durchführungsmaßnahme bedürfen, nach wie vor nicht zulässig sind und deshalb die „Forderung nach einer allgemeinen Klagemöglichkeit gegen Rechtsakte der Union vor den Unionsgerichten nicht erfüllt" wurde, er verweist aber gleichzeitig darauf, dass durch den nationalen Rechtsweg und die damit verbundene Möglichkeit eines Vorlageverfahrens gleichwohl der effektive Rechtsschutz gewährleistet sei.

Demgegenüber stehen die Vertreter[995], die den Begriff „Rechtsakte mit Verordnungscharakter" weitgehend ähnlich interpretieren wie das Gericht in seiner Entscheidung *Inuit Tapiriit Kanatami u.a./Parlament und Rat*[996] und Gesetzgebungsakte als Rechtsakte mit Verordnungscharakter ausschließen.[997] Während *Thiele*[998] die Neuerungen im Hinblick auf die Individualnichtigkeitsklage sogar als „systemwidrige Modifizierung" ansieht und deshalb keinen Schritt nach vorn

992 Allen voran Everling, EuR Beiheft 1/2009, 71 ff; Everling EuZW 2010, 572 ff, aber auch Balthasar, E.L.Rev. 2010. 542 (550).

993 Everling, EuR Beiheft 1/2009, 71 (74)

994 Everling, EuZW 2010, 572 (575 f).

995 z.B. Cremer, DÖV 2010, 58 ff; Schröder, DÖV 2009, 61 ff; Thiele, EuR 2010, 31 ff.

996 EuG Rs. T-18/10, Beschluss vom 06.09.2011 (Inuit Tapiriit Kanatami u.a./Parlament und Rat), abrufbar unter: http://curia.europa.eu/juris/document/document.jsf?text=&docid=109461&pageIndex=0&doclang=DE&mode=lst&dir=&occ=first&part=1&cid=1267267.

997 So nunmehr auch bestätigt durch den Gerichtshof: EuGH Rs. 583/11 P, Urteil vom 03.10.2013 (Inuit Tapiriit Kanatami u.a./Parlament und Rat), Rn. 61; (ergänzt vor Veröffentlichung).

998 Thiele, EuR 2010, 31 (50).

erkennen kann, räumen *Cremer*[999] und *Schröder*[1000] ein, dass zwar im Bereich der untergesetzlichen Rechtsakte eine Verbesserung des Direktklagerechts zu erkennen sei, dies im Ergebnis jedoch auch in Zukunft nicht verhindern könne und werde, dass der Großteil der europäischen Rechtsakte nicht direkt von dem Einzelnen vor den Unionsgerichten angefochten werden kann. Aus diesem Grund erlange auch die Verpflichtung der Mitgliedstaaten, auf nationaler Ebene die erforderlichen Rechtsbehelfe zu schaffen, um einen effektiven und umfassenden Rechtschutz zu gewährleisten, die nunmehr in Art. 19 Abs. 1 UAbs. 2 EUV geregelt ist, eine größere Bedeutung.[1001]

Insgesamt ist zu erkennen, dass nach beiden Auffassungen stets auch nach der Neuregelung eine Rechtsschutzlücke gegeben ist. Mit dem Unterschied, dass sich diese Lücke nach der ersten Auffassung auf Fälle beschränkt, in denen es eines nationalen Durchführungsaktes bedarf, wobei in diesen Fällen der nationale Rechtsweg und ein Vorlageverfahren offen steht, weshalb hiernach der effektive Rechtsschutz in jedem Fall gewährleistet ist. Bei der zweiten Auffassung hingegen besteht im Großen und Ganzen die alte Rechtschutzlücke fort, allerdings mit der Einschränkung, dass im Bereich der untergesetzlichen Rechtsakte tatsächlich eine geringfügige Verbesserung des Individualrechtsschutzes auf Unionsebene zu verzeichnen ist.

II. Eigene Stellungnahme und Ergebnis

Eingangs ist zunächst festzustellen, dass die vom Gericht und nunmehr auch von Gerichtshof in seiner aktuellen Rechtsprechung vertretene Auffassung hinsichtlich der Auslegung des Begriffs „Rechtsakte mit Verordnungscharakter“, die wie gezeigt auch einem überwiegenden Teil der Literaturmeinung entspricht, nachvollziehbar und gegenüber der Gegenmeinung vorzugswürdig ist. Insofern darf auf die jeweilige Argumentation verwiesen werden, um Wiederholungen zu vermeiden. Wenn auch die Gegenmeinung behauptet, dass unter „Rechtsakten mit Verordnungscharakter“ alle Verordnungen bzw. Handlungen zu fassen sind, dann ist nicht ersichtlich, warum dann nicht die schlichte Formulierung „Handlungen, die sie unmittelbar betreffen und keine Durchführungsmaßnahmen nach sich ziehen“ gewählt wurde. Denn hiervon wären eindeutig alle Handlungen, ob nun Rechtsakte mit oder ohne Gesetzescharakter, umfasst gewesen. Es ist deshalb davon auszugehen, dass

999 Cremer, DÖV 2010, 58 (65).
1000 Schröder, DÖV 2009, 61 (64).
1001 Cremer, DÖV 2010, 58 (65); Schröder, DÖV 2009, 61 (64).

die Formulierung „mit Verordnungscharakter" auf die klassischerweise als delegierte Rechtsakte ergehenden Verordnungen von untergesetzlicher Qualität bezogen ist und mit dem Zusatz „Charakter" eben auch die anderen delegierten Rechtsakte, wie adressatenlose Beschlüsse und Richtlinien, eingeschlossen werden sollten. Dies wird auch dadurch unterstützt, dass auch nach dem Vertrag von Lissabon eine Hierarchisierung der Rechtsakte beibehalten worden ist.

Allerdings wird hierdurch m.E. aber tatsächlich keine umfassende Lösung des Problems der bestehenden Rechtsschutzlücken geschaffen, da eben nicht an der Auslegung des Merkmals der individuellen Betroffenheit etwas geändert, sondern „nur" die 3. Variante eingeführt wurde. Das eigentliche Problem wird dadurch nicht behoben, da das Gericht und auch der Gerichtshof[1002] insofern immer noch an der Plaumann-Formel festhalten, wie aktuelle Urteile zeigen. Selbst wenn also eine weitere Auslegung des Begriffs „Rechtsakte mit Verordnungscharakter" gewollt gewesen wäre, so wäre die gefundene Formulierung als misslungen anzusehen, da zumindest für das Gericht selber aus der Formulierung kein Anhaltspunkt ersichtlich scheint, der zu einer solchen weiten Auslegung führen könnte.

Ausgehend von der durch das Gericht vorgenommenen Auslegung des Begriffes „Rechtsakte mit Verordnungscharakter", wonach Gesetzgebungsakte nicht hierunter zu subsumieren sind, wird die 3. Variante des Art. 263 Abs. 4 AEUV in nur relativ eingeschränkten Fällen zum Tragen kommen.

Es muss aber nichts desto trotz festgehalten werden, dass zumindest in Fällen delegierter Verordnungen und bei Beschlüssen die Rechtsschutzlücke geschlossen sein dürfte. Die Lücke bleibt allerdings bei allen Handlungen, die Gesetzgebungsakte sind, bestehen, sofern dann ähnliche Fallkonstellationen gegeben sind wie in der Rechtssache UPA. Zwar verweist auch GA'in Kokott in ihren Schlussanträgen in der Rechtssache C-583/11 P wiederum auf die Möglichkeiten des inzidenten Rechtsschutzes im Rahmen eines Rechtsstreits gegen Durchführungsmaßnahmen hin, allerdings war gerade im Fall UPA keine nationale Durchführungsmaßnahme gegeben, gegen die sich der Kläger hätte wehren können, um in diesem Rahmen eben auch die zugrunde liegende EU-Verordnung rügen zu können.

Alles in allem ist mithin festzustellen, dass die Rechtsschutzlücken in diesem Bereich, die insbesondere in Fällen wie der Rechtssache UPA etwaig entstehen können, durch die Neuformulierung der Nichtigkeitsklage leider nicht

---

1002 Ergänzt vor Veröffentlichung.

vollständig geschlossen worden sind. Es ist also lediglich ein gewisser Fortschritt zu verzeichnen, der jedoch nicht die erhoffte Verbesserung mit sich bringt.

Jedoch wurde mittlerweile in Art. 19 Abs. 1 UAbs. 2 EUV primärrechtlich festgelegt, dass alle Mitgliedsstaaten verpflichtet sind, alle notwendigen Rechtsbehelfe zu schaffen, damit ein wirksamer Rechtsschutz in den vom Unionsrecht erfassten Bereichen gewährleistet ist. Dies ist unter anderem auch als eine Verdeutlichung der Wechselwirkung von zentralem und dezentralem Rechtsschutz zu werten. Dies hat zur Folge, dass auf nationaler Ebene eben keine Situationen mehr entstehen dürften, in denen der Einzelne mangels eines nationalen Durchführungsaktes sich nicht im Wege des Vorlageverfahrens wehren kann. Ob dies tatsächlich der Fall ist, oder ob es eventuell der Einführung einer weiteren Klageart auf EU-Ebene, z.B. einer Feststellungsklage bedarf, soll im nun folgenden 3. Teil näher beleuchtet werden.

Teil 3: Fazit unter der Berücksichtigung der Verpflichtung und der Folgen aus Art. 19 Abs. 1 UAbs. 2 EUV

Dieser dritte Teil der Arbeit soll nun abschließend eine Zusammenfassung der in den ersten beiden Teilen gefundenen Ergebnisse darstellen und zeigen, ob nach dem derzeitigen status quo der Rechtsschutzmöglichkeiten für den Einzelnen von einem umfassenden Rechtsschutz auf europäischer Ebene gesprochen werden kann. Zusätzlich wird in diesem Zusammenhang untersucht, welche Folgen sich aus dem durch den Vertrag von Lissabon neu eingeführten Art. 19 Abs. 1 UAbs. 2 EUV für das bereits mehrfach erwähnte Zusammenspiel von Nichtigkeitsklage und Vorabentscheidungsverfahren ergeben. Fraglich ist hierbei nämlich, ob die hierdurch primärrechtlich eingeführte Verpflichtung der Mitgliedstaaten, alle erforderlichen Rechtsbehelfe zu schaffen, damit ein wirksamer Rechtsschutz in den vom Unionsrecht erfassten Bereichen gewährleistet ist, dazu führt, dass alle etwaigen Rechtsschutzlücken im Rahmen des Individualrechtsschutz geschlossen oder zumindest hinreichend überbrückt werden, oder ob es sinnvoll erscheint, den *numerus clausus*[1003] der Klagearten auf europäischer Ebene primärrechtlich um beispielsweise eine Feststellungsklage zu erweitern.

A. Zusammenfassung des Problems der Rechtsschutzlücken im Individualrechtsschutz

Bevor näher auf die Neuerungen durch Art. 19 Abs. 1 UAbs. 2 EUV und die daraus resultierenden Folgen für den effektiven Individualrechtsschutz eingegangen wird, soll noch einmal komprimiert zusammengefasst und dargestellt werden, welche Lücken im europäischen Rechtsschutz für den Einzelnen bestehen können.

I. Mögliche Rechtsschutzlücken

Wie bereits zum zweiten Teil der Arbeit ausgeführt, können sich Rechtsschutzlücken ergeben bei Verordnungen, die unmittelbar, d.h. ohne nationalen

1003 So bezeichnet dies Wegener, EuGRZ 2008, 354 (355), der aber mit Nachweisen zur Rechtsprechung darauf hinweist, dass diese Bezeichnung ausdrücklich nicht von der Europäischen Gerichtsbarkeit verwendet wird.

Vollzugsakt, gegenüber dem Einzelnen Wirkung entfalten. Werden dem Einzelnen durch sog. Self-executing-Normen unmittelbar Verhaltenspflichten auferlegt, ergeben sich nämlich dann Schwierigkeiten für die Gewährleistung effektiven Rechtsschutzes, wenn die nationalen Gerichte keine Rechtschutzmöglichkeiten bieten.[1004]

Ist nämlich der Einzelne durch die in Rede stehende Norm nicht individuell betroffen, so ist ihm der Rechtsschutz über die Nichtigkeitsklage gem. Art. 263 Abs. 4 AEUV verwehrt. Dies gilt nach der neuen Fassung des Art. 263 Abs. 4 AEUV „nur" noch für die 2. Variante, da nur dann auch noch ein individuelles Betroffensein vorausgesetzt wird. Bei Rechtsakten mit Verordnungscharakter, also Rechtsakten mit allgemeiner Geltung, die keine Gesetzgebungsakte sind[1005], genügt nunmehr ein unmittelbares Betroffensein, wenn der in Rede stehende Rechtsakt keine Durchführungsmaßnahmen nach sich zieht. In den Fällen der Variante 2, in denen jedoch kein direkter Rechtsschutz durch die Nichtigkeitsklage möglich ist, besteht grundsätzlich die Möglichkeit im Wege des indirekten Rechtsweges, also über das Vorabentscheidungsverfahren noch die Gültigkeit des Rechtsaktes überprüfen zu lassen. Allerdings kann dem Einzelnen auch der indirekte Weg über das Vorabentscheidungsverfahren versagt sein, weil aufgrund des self-executing-Charakters der Verordnung gar kein nationaler Vollzugsakt gegeben ist, gegen den sich der Einzelne im Klagewege richten könnte. Eine vergleichbare Situation ergab sich beispielsweise in der Rechtssache UPA. Dies würde zur Folge haben, dass der Einzelne zunächst gegen die Verordnung verstoßen müsste, um aufgrund der daraus folgenden Sanktionierung einen Rechtsakt zu erwirken, gegen den er sich im Klagewege wehren kann, um sodann im Wege eines inzident durchgeführten Vorabentscheidungsverfahrens die Vereinbarkeit der Verordnung mit EU-Recht überprüfen zu lassen.[1006]

Darüber, ob das Zusammenwirken von direktem Rechtsschutz vor europäischen Gerichten unter Beachtung der nach wie vor strengen Rechtsprechung zum Merkmal des individuellen Betroffenseins einerseits und der indirekten Überprüfungsmöglichkeit über ein nationales Verfahren in Verbindung mit einer Gültigkeitsvorlage andererseits dennoch ausreichenden Rechtsschutz bietet, gingen und gehen die Meinungen auseinander.

1004 Baumeister, EuR 2005, S. 1 (3).

1005 So die aktuelle Definition des Gerichts, vgl. EuG Rs. T-18/10, Beschluss vom 06.09.2011 (Inuit Tapiriit Kanatami u.a./Parlament und Rat), Rn. 56.

1006 Zur Problematik der sog. self-executing Akte vgl. auch: Busse-Muskala, S. 177 ff.

1. Rechtsschutz ausreichend gesichert

Zentrales Argument dafür, dass durch die Kombination von direkten und indirekten Klagemöglichkeiten auch umfassender und ausreichender Rechtsschutz für den Einzelnen gewährleistet wird, war bis zum Inkrafttreten des Vertrages von Lissabon vor allem, dass sich aus Art. 10 EGV die Verpflichtung für die Mitgliedstaaten ergebe, die Gewährung indirekten Rechtsschutzes durch die Einführung entsprechender Rechtsbehelfe zu sichern.[1007] So sei auch in Fällen von Verordnungen, die keinen nationalen Vollzugsakt nach sich ziehen, ausreichender Rechtsschutz dadurch gewährleistet, dass es auf nationaler Ebene – wie im deutschen Verwaltungsrecht – Feststellungsklagen geben müsse, die darauf gerichtet sind, festzustellen, dass das Rechtsverhältnis, welches durch die betreffende EG-Verordnung im Fall ihrer Gültigkeit konstituiert würde, nicht besteht.[1008] Für deutsche Bürger sei somit ein umfassender Rechtsschutz gegeben.[1009] Alle anderen Mitgliedstaaten, die nicht über einen solchen Rechtsbehelf verfügten, wären gehalten, einen solchen vorzusehen, so dass „der Ball im Feld der Mitgliedstaaten“[1010] läge. Außerdem wurde angeführt, dass ein erweiterter Zugang zu den Unionsgerichten auch bei sog. self-executing-Akten zu einer erhöhten Arbeitsbelastung, wenn nicht sogar Überlastung der Gerichte führen würde[1011], was mit einer wesentlichen Verlängerung der Verfahren verbunden wäre.[1012]

Auch nach Inkrafttreten des Vertrages von Lissabon und somit nach der Neugestaltung des Art. 263 Abs. 4 AEUV gehen die Meinungen, ob umfassender Rechtsschutz besteht und etwaige Rechtsschutzlücken geschlossen worden sind, auseinander. Wie gezeigt wurde, wird von einigen Stimmen in der Literatur vertreten, dass der Rechtsschutz durch die Einführung der 3. Variante des Art. 263 Abs. 4 AEUV nun hinreichend gesichert und etwaige Rechtsschutzlücken jetzt geschlossen seien. Denn unter den Begriff „Rechtsakte mit Verordnungscharakter, die keine Durchführungsmaßnahmen nach sich ziehen“ fielen auch

1007 Dies betonte der Gerichtshof ausdrücklich erneut in seinem Urteil in der Rechtssache UPA: EuGH Rs. C-50/00 P, Slg. 2002, I-6677 ff (Rn. 41) (Unión de Pequeños Agricultores (UPA)/Rat); so aber auch: Lenz/Staeglich, NVwZ 2004, S. 1421 (1424).

1008 Baumeister, EuR 2005, 1 (16); Lenz/Staeglich, NVwZ 2004, 1421, (1425).

1009 Hinsichtlich der sich durch den unionsrechtlichen Bezug ergebenden Besonderheiten innerhalb der Feststellungsklage nach § 43 VwGO, vgl. Lenz/Staeglich, NVwZ, 2004, 1425f.

1010 Lenz/Staeglich, NVwZ 2004, 1421 (1429).

1011 Malferrari/Lerche, EWS 2003, 254 (260f); Nettesheim, JZ 2002, 928 (932).

1012 Baumeister, EuR 2005, 1 (22).

Gesetzgebungsakte und weil in diesen Fällen nur noch ein unmittelbares Betroffensein gefordert werde, seien die alten Rechtsschutzlücken insofern geschlossen. Für alle übrigen Fälle sei der Rechtsschutz ausreichend über das indirekte Vorlageverfahren über die nationalen Gerichte gesichert.[1013]

2. Kein ausreichender Rechtsschutz aufgrund bestehender Rechtsschutzlücken

Andererseits wurde vertreten, dass die Verfahren vor den nationalen Gerichten gerade nicht geeignet seien, umfassenden effektiven Rechtsschutz gegen die Wirksamkeit einer Unionshandlung zu gewährleisten, da die Möglichkeit, ein Vorabentscheidungsverfahren durchzuführen, keinen Rechtsbehelf eines Individualklägers darstelle.[1014] Auch die Möglichkeit nach Art. 288 EGV bzw. Art. 340 Abs. 2 AEUV Schadensersatz einzuklagen, genüge den Anforderungen der Gewährleistung effektiven Rechtsschutzes nicht, da „ausnahmslos jeder hinreichend Belastete Zugang zum Richter" haben müsse.[1015] Dies kann nur so gedacht sein, dass man primär Zugang zum Richter haben muss und nicht erst „wenn das Kind bereits in den Brunnen gefallen ist" die Möglichkeit hat, auf Schadensersatz zu klagen. Auch die übrigen Klagearten auf europäischer Ebene können nicht gewährleisten, dass keine Rechtsschutzlücken entstehen[1016].

Wenn auch der Verweis darauf, dass die Mitgliedstaaten gehalten seien, die erforderlichen nationalen Rechtsbehelfe vorzusehen, um dem Einzelnen Zugang zum Gericht zu ermöglichen, auf den ersten Blick einen Großteil der Rechtsschutzlücken schließen könnte, so dürfe nicht außer Acht gelassen werden, dass der „Umweg" über das Vorabentscheidungsverfahren im Hinblick auf einen grundrechtlich gesicherten effektiven Rechtsschutz eben nicht die gebotene Effizienz mit sich bringe.[1017] Außerdem ergebe sich durch die unterschiedlichen Anforderungen, die an den nationalen im Vergleich zum europäischen Rechtsschutz bei der Kontrolle von Unionsrecht gestellt würden, eine augenscheinliche

---

1013 Zum Ganzen vgl.: Everling, EuR Beiheft 1/2009, 71 ff; Everling EuZW 2010, 572 ff, aber auch Balthasar, E.L.Rev. 2010. 542 (550); siehe auch Ausführungen in Teil 2, 2. Kapitel, C I.

1014 So z.B.: Jacobs, Schlussanträge i.d. Rs. C-50/00 P (UPA), abgedruckt in EuGRZ 2002, 420 (424 f), Rn. 40, 41.

1015 Nettesheim, JZ 2002, 928 (934).

1016 Vgl. hierzu die Ausführungen in Teil 2, Kapitel 2, B II 3.

1017 Calliess, NJW 2002, 3577 (3581) m.w.N.

Divergenz.[1018] Dies habe die absurde Konsequenz, dass dem Einzelnen die Nichtigkeitsklage vor den europäischen Gerichten mangels individueller Betroffenheit versagt werden könne, die nationalen Gerichte dann aber über Art. 10 EGV verpflichtet wären, dem Einzelnen unabhängig davon, ob das nationale Recht dies vorsieht, jedenfalls einen passenden gerichtlichen Rechtsbehelf einzuräumen.[1019] Ist jedoch ein nationales Gericht nicht fähig, indirekten Rechtsschutz durch entsprechende Klagemöglichkeiten zu gewähren, so müsse man der europäischen Gerichtsbarkeit den Vorwurf der Rechtsverweigerung machen, wenn auch diese dem Einzelnen keinen Rechtsschutz gewähren will oder kann.[1020]

Zumindest im Hinblick auf Gesetzgebungsakte wird von einem Teil der Literatur auch nach Inkrafttreten des Vertrages von Lissabon weiterhin kritisiert, dass die altbekannten Rechtsschutzlücken bestehen. Es wird jedoch auch darauf hingewiesen, dass die nunmehr primärrechtlich geregelte Verpflichtung der Mitgliedstaaten in Art. 19 Abs. 1 UAbs. 2 EUV für einen umfassenden Rechtsschutz von größerer Bedeutung ist.[1021]

Dies könnte ein Hinweis darauf sein, dass nach dieser Auffassung nunmehr auch der indirekte Rechtsschutz über das Vorabentscheidungsverfahren größere Bedeutung für die Effektivität des Rechtsschutzes hat.

II. Zusammenfassung des status quo nach dem Vertrag von Lissabon

Nach dem Inkrafttreten des Vertrages von Lissabon kann zum status quo des Individualrechtsschutzes über die Nichtigkeitsklage gem. Art. 263 Abs. 4 AEUV folgendes festgehalten werden:

Zunächst einmal wird über die Nichtigkeitsklage nunmehr Rechtsschutz für grundsätzlich alle Arten von Rechtsakten und nicht mehr nur für Entscheidungen und Entscheidungen, die in Form einer Verordnung ergangen sind, gewährleistet. Aber es wird noch immer weitgehend der strenge Maßstab der unmittelbaren und individuellen Betroffenheit angesetzt, und zwar grundsätzlich für alle Rechtsakte, ob nun mit oder ohne Gesetzgebungscharakter. Allerdings ist für Rechtsakte mit Verordnungscharakter, die keine Durchführungsmaßnahmen nach sich ziehen, eine Erleichterung eingetreten, da hierbei nur noch die

---

1018 Calliess, NJW 2002, 3577 (3581); in diesem Sinne auch Jacobs, Schlussanträge i.d. Rs. C-50/00 P (UPA), abgedruckt in EuGRZ 2002, 420 (432), Rn. 97ff.

1019 Calliess, NJW 2002, 3577, (3581).

1020 Nettesheim, JZ 2002, 928 (934).

1021 Cremer, DÖV 2010, 58 (65); Schröder, DÖV 2009, 61 (64); Thiele, EuR 2010, 31 (50).

unmittelbare Betroffenheit vorliegen muss. Dies gilt aber nur für untergesetzliche Rechtsakte, also für Rechtsakte, die zwar allgemeine Geltung haben, aber keine Gesetzgebungsakte sind. Die Rechtsschutzlücke kann folglich mithin immer noch in Fällen der 2. Variante des Art. 263 Abs. 4 AEUV gegeben sein. Beachtenswert ist insgesamt aber, dass für den Individualrechtsschutz auf europäischer Ebene jetzt grundsätzlich die Möglichkeit besteht, auch gegen Gesetzgebungsakte direkt vor europäischen Gerichten vorzugehen.[1022] Nichts desto trotz bleiben, wie am Ende des 2. Teils herausgearbeitet wurde, gewisse Rechtsschutzlücken bestehen. Denn auch beim bereits häufig erwähnten Zusammenspiel von direktem und indirektem Rechtsschutz, also von Nichtigkeitsklage und Vorabentscheidungsverfahren, können Lücken entstehen, nämlich dann, wenn bei Unzulässigkeit einer Nichtigkeitsklage auch ein Vorabentscheidungsverfahren mangels nationalem Durchführungsakt dem Einzelnen erst gar nicht offen steht.

Dennoch wurde und wird die Rechtsprechung nicht müde, zu bekräftigen, dass die Verträge ein „umfassendes Rechtsschutzsystem"[1023] vorsehen. Dass dies nach den alten Verträgen schon mehr als zweifelhaft war, da sich trotz des angeblich umfassenden Systems immer wieder Rechtsschutzlücken ergaben, wurde bereits mehrfach herausgestellt.[1024] Doch auch in aktuellen Entscheidungen, die bereits auf Grundlage des Vertrages von Lissabon und somit auf Grundlage der neugefassten Regelung zur Individualnichtigkeitsklage ergingen, bestätigte die europäische Gerichtsbarkeit die frühere Rechtsprechung und wies darauf hin, dass auch durch die neuen Verträge „ein vollständiges System von Rechtsbehelfen und Verfahren geschaffen wurde"[1025]. Hiermit kann ebenfalls nur die Ergänzung des europäischen Rechtsweges durch den nationalen Rechtsweg und das Vorlageverfahren gem. Art. 267 AEUV gemeint sein.

Zwar wurde zuvor darauf hingewiesen, dass auch hier grundsätzlich Rechtschutzlücken möglich sind, allerdings stellt sich die Frage, ob durch die Einführung des Art. 19 Abs. 1 UAbs. 2 EUV die Verantwortung für die Schließung dieser Lücken nicht auf die Mitgliedstaaten verlagert wurde, da diese nunmehr ausdrücklich vertraglich gehalten sind, die erforderlichen Rechtsbehelfe vorzusehen, damit wirksamer Rechtsschutz gewährleistet ist.

Dieser Frage soll gesondert im nun folgenden Punkt nachgegangen werden.

1022 Zum Ganzen vgl. auch Last, S. 272.

1023 EuGH Rs. 294/83, Slg. 1986, 1339, Rn. 23 (Les Verts/Parlament), was u.a. bestätigt wurde in der EuGH Rs. C-50/00 P, Slg. 2002, I-6677 ff (Rn. 40) (Unión de Pequeños Agricultores (UPA)/Rat).

1024 Vgl. hierzu die Ausführungen im 2. Teil, Kapitel 2, B II 3 f.).

1025 Gericht, Rs. T-18/10, Rn. 55 (Inuit Tapiriit Kanatami u.a./Parlament und Rat).

B. Auswirkungen der Einführung von Art. 19 I UAbs. 2 EUV

Während die Rechtsprechung[1026] vor Inkrafttreten des Vertrages von Lissabon immer den Standpunkt vertreten hat, dass sich die mitgliedstaatliche Verpflichtung, bei einer umfassenden Rechtsschutzgewährung mitzuwirken, in dem die Mitgliedstaaten die erforderlichen Rechtsbehelfe auf nationaler Ebene schaffen, um dem Einzelnen zumindest indirekt, über das Vorlageverfahren den Weg zu den europäischen Gerichten zu eröffnen, aus dem Gebot der loyalen Zusammenarbeit gem. Art. 10 EGV ergeben habe, so ist diese Verpflichtung nun in Art. 19 Abs. 1 UAbs. 2 EUV ausdrücklich primärrechtlich geregelt. Fraglich ist also, ob und wie sich diese vertraglich geregelte Verpflichtung auf den effektiven Rechtsschutz auswirkt und was dies insgesamt bedeutet.

I. Bedeutung des Art. 19 Abs. 1 UAbs. 2 EUV

Die Tatsache, dass in Art. 19 Abs. 1 UAbs. 2 EUV die Verpflichtung der Mitgliedstaaten nun primärrechtlich aufgenommen wurde, kann als direkte Reaktion auf die Urteile in den Rechtssachen UPA und Jégo-Quéré gesehen werden.[1027] Teilweise wird dies aber auch damit begründet, dass zu befürchten steht, dass noch nicht alle Beitrittsstaaten ein voll ausgebildetes Rechtsschutzsystem vorsehen.[1028] In der Sache bringt die Aufnahme der Verpflichtung aber wohl keine Neuerung, da sie den Mitgliedstaaten keine neuen zusätzlichen Pflichten, die über die ursprüngliche Ableitung aus Art. 10 EGV hinausgehen, auferlegt.[1029] Die tatsächliche primärrechtliche Formulierung ist allerdings begrüßenswert, da dies ein zusätzliches Zeichen dafür ist, dass auch die nationalen Gerichte eine nicht zu unterschätzende Rolle im europäischen Rechtsschutzsystem einnehmen.[1030]

1026 So z.B. in EuGH Rs. C-50/00 P, Slg. 2002, I-6677 ff (Rn. 42) (Unión de Pequeños Agricultores (UPA)/Rat) ; siehe zu dieser Rechtsprechung auch die Ausführungen bei Nettesheim, JZ 2002, 928 (933), der die aus Art. 10 EGV abgeleitete Pflicht als „eher vage" bezeichnet.

1027 So zumindest Wegener in Calliess/Ruffert-Wegener, EUV Art. 19, Rn. 42; in diesem Sinne aber auch Pache in Vedder/Heintschel von Heinegg-Pache, EU-Recht, EUV, Art. 19, Rn. 12.

1028 Everling, Verfassungsentwurf/Schwarze, 363 (370).

1029 Vedder/Heintschel von Heinegg-Pache, EU-Recht, EUV, Art. 19, Rn. 2.

1030 Everling, Verfassungsentwurf/Schwarze, 363 (370); mit dem Hinweis auf die sich hieran anschließende Diskussion über die Bedeutung, ob die im Rahmen der Vorlagepflicht letztinstanzlicher Gerichte geltende CILFIT-Rechtsprechung gelockert werden kann; vgl. hierzu die Ausführungen in Teil 1 Kapitel 2, B III 2.

Art. 19 Abs. 1 EUV insgesamt ist ein eindeutiger Hinweis darauf, dass „der Europäische Gerichtshof seine Aufgabe im Verbund mit den nationalen Gerichten wahrnimmt“[1031].

Die Verpflichtung aus Art. 19 Abs. 1 UAbs. 2 EUV bedeutet im Ergebnis also nichts anderes, als dass die Mitgliedstaaten ihr Prozessrecht bzw. ihre nationalen Rechtsschutzsysteme dahingehend überprüfen müssen, ob diese stets einen adäquaten Rechtsbehelf vorsehen, mit dem sich der Einzelne auch gegen Unionsrecht wehren kann.[1032] Dies bedeutet, dass im Zweifelsfall neue Rechtsbehelfe auf nationaler Ebene geschaffen werden müssen. Es wird deutlich, dass diese Verpflichtung unmittelbar auf das nationale Verwaltungs- und Gerichtsverfahrensrecht einwirkt.[1033] Es ist allerdings nirgends erklärt, in welcher Art und Weise die nationalen Verfahrens- bzw. Prozessordnungen geändert oder angepasst werden sollen, um den Voraussetzungen des Art. 19 Abs. 1 UAbs. 2 EUV zu genügen.[1034]

Konkret kann es aber nur darauf hinauslaufen, dass auf nationaler Ebene eine entsprechende Feststellungsklage eingeführt wird, mit der die Rechtmäßigkeit des in Rede stehenden europäischen Rechtsaktes in Frage gestellt werden kann.[1035]

Aus deutscher Sicht stellen sich die Voraussetzungen diesbezüglich gut dar, da das deutsche Verwaltungsprozessrecht sowohl eine vorbeugende Feststellungsklage gem. § 43 VwGO als auch eine Verpflichtungsklage vorsieht.[1036] Es muss also nur sichergestellt werden, dass auch die deutsche Feststellungsklage bezüglich europäischer Rechtsakte zulässig ist[1037], und dass die nationalen Gerichte dann im Rahmen der Feststellungsklage die Sache dem Gerichtshof vorlegen.[1038] Ein entsprechender Antrag im Rahmen einer solche Feststellungsklage wäre dann darauf zu richten, „festzustellen, dass keine Verpflichtung aus dem für

1031 Pernice, EuR 2011, 151 (154) m.w.N.

1032 Calliess/Ruffert-Wegener, EUV, Art. 19, Rn. 45.

1033 So auch schon Rodríguez Iglesias, NJW 2000, 1889 (1893).

1034 Vedder/Heintschel von Heinegg-Pache, EU-Recht, EUV, Art. 19, Rn. 14.

1035 Kokott/Dervisopoulos/Henze, EuGRZ 2008, 10 (15).

1036 Zu der Frage, wann und wie Rechtsschutz über die Feststellungsklage und wann über die Verpflichtungsklage in Betracht kommt, vgl die Ausführungen bei Lenz/Staeglich, NVwZ 2004, 1421 (1424) und Calliess/Ruffert-Wegener, EUV, Art. 19, Rn. 45, Fn. 205, 206.

1037 Dies ist mittlerweile wohl problemlos anerkannt, vgl. Kopp/Schenke, VwGO, § 43, Rn. 8e.

1038 Vedder/Heintschel von Heinegg-Pache, EU-Recht, EUV, Art. 19, Rn. 15; zum Ganzen vgl. auch: Otting/Olgemüller, AnwBlatt 3/2010, 155 (157).

nichtig gehaltenen Unionsrechtsakt besteht und eine entgegenstehende Handlung nicht durch einen deutschen Rechtsakt bzw. durch eine deutsche Behörde sanktioniert werden darf"[1039].

Insgesamt kann im Hinblick auf die Bedeutung des Art. 19 Abs. 1 UAbs. 2 EUV festgehalten werden, dass die Aufnahme der hieraus resultierenden Verpflichtung in den Vertrag von nicht zu unterschätzender Bedeutung für den effektiven Rechtsschutz ist, da sich hieraus eine dem deutschen Art. 19 Abs. 4 GG bzw. dem internationalen Art. 6 EMRK entsprechende Rechtsweggarantie auf Unionsebene herleiten lassen kann.[1040] Außerdem müsste konsequenterweise bei einem Verstoß gegen diese Verpflichtung ein Vertragsverletzungsverfahren gem. Art. 258 AEUV statthaft sein.

II. Schließung der Rechtsschutzlücken

Bleibt die Frage, ob nun durch die vertragliche Einführung der Verpflichtung der Mitgliedstaaten, alle erforderlichen Rechtsbehelfe für einen wirksamen Unionsrechtsschutz zu schaffen, auch tatsächlich alle möglichen Rechtschutzlücken, die im Rahmen der Individualnichtigkeitsklage entstehen können, geschlossen werden.

Auf einer rein theoretischen Ebene betrachtet scheint dies der Fall zu sein. Unabhängig davon, ob dabei auch von einer Effektivität des Rechtsschutzes gesprochen werden kann, resultiert aus der Einführung des Art. 19 Abs. 1 UAbs. 2 EUV eine Schließung der Rechtsschutzlücke. Im Falle einer durch die noch immer recht strengen Voraussetzungen der Individualnichtigkeitsklage entstehenden Rechtsschutzlücke im Rahmen des direkten Rechtsschutzes, muss – rein theoretisch – diese Lücke stets auf indirektem Wege, also über das Rechtsschutzsystem der Mitgliedstaaten in Verbindung mit einem Vorlageverfahren geschlossen werden. Es dürften mithin also eigentlich keine Situationen mehr entstehen, die vergleichbar sind mit den Rechtssachen UPA und Jégo-Quéré, bei denen ein Hauptargument darin bestand, dass die Kläger auf nationaler Ebene keinen Rechtsschutz erlangen konnten, ohne vorher selber gegen den in Rede stehenden Rechtsakt zu verstoßen.

Problematisch ist hierbei jedoch, dass es sich um eine rein theoretische Annahme handelt, die sich erst in der Praxis beweisen muss. So sind beispielsweise die Mitgliedstaaten vielfach nur unzureichend auf die europarechtlichen

---

1039 Calliess/Ruffert-Wegener, EUV, Art. 19, Rn. 45; Wegener, EuR Beiheft 3/2008, 45 (50).

1040 Streinz/Ohler/Herrmann, S. 60.

Anforderungen vorbereitet und insbesondere die prozessualen und auch materiellrechtlichen Voraussetzungen für die Prüfung von europäischem Recht nicht ausreichend entwickelt.[1041]

Dies dürfte insbesondere auch für die Beitrittsstaaten gelten, die unabhängig davon, ob sie bereits entsprechende nationale Verfahrensarten – wie eine Feststellungsklage – vorsehen, insgesamt vor der Herausforderung stehen, auch EU-Recht angemessen zu berücksichtigen und anzuwenden.

Außerdem steht zu befürchten, dass die Mitgliedstaaten, die bislang noch keine entsprechenden Rechtsbehelfe vorsehen, dies ohne konkreten Anlass auch nicht zwingend ändern werden.[1042] Es darf unterstellt werden, dass jeder Mitgliedstaat zunächst einmal auf dem Standpunkt steht, dass der derzeitige status quo der nationalen Rechtsbehelfe ausreichend ist, um effektiven und umfassenden Rechtsschutz auf nationaler Ebene zu gewährleisten. Man sieht am Beispiel von Deutschland[1043] immer wieder, dass die Mitgliedstaaten Eingriffe im weitesten Sinne in ihre Souveränität von Seiten der EU nicht ohne weiteres hinnehmen.

Außerdem darf nicht außer Acht gelassen werden, dass nicht sicher gestellt werden kann, dass in allen Mitgliedstaaten, wenn sie denn die erforderlichen Rechtsbehelfe schaffen, ein einheitlicher (Mindest-)Standard angesetzt wird, was zu einem Ungleichgewicht dahingehend führen kann, dass die Qualität der Rechtsschutzgewährung von Staat zu Staat unterschiedlich sein kann.[1044]

Dies bedeutet im Ergebnis also, dass die Rechtsschutzlücken zwar theoretisch durch die Einführung von Art. 19 Abs. 1 UAbs. 2 EUV geschlossen werden (können), dies jedoch aktuell und in der Praxis so lange nicht der Fall ist, bis alle Mitgliedstaaten auch tatsächlich die erforderlichen und geforderten nationalen Rechtsbehelfe eingeführt haben.[1045]

III. Ergebnis in Bezug auf die Effektivität des Rechtsschutzes

Nach dem Vorgenannten kann festgehalten werden, dass zwar theoretisch nach den neuen Regelungen des Vertrages von Lissabon etwaige Rechtsschutzlücken geschlossen werden, allerdings nur über den „Umweg" über

---

1041 Wegener, EuR Beiheft 3/2008, 45 (49f).

1042 In diesem Sinne auch Koch, E.L.Rev. 2005, 511 (518).

1043 Zuletzt deutlich erkennbar am Verfahren, dass zum sog. „Lissabon-Urteil" des BVerfG (Urteil vom 30.06.2009, 2 BvE 2/08 u.a.) führte.

1044 Koch, E.L.Rev. 2005, 511 (518).

1045 Wegener, EuR Beiheft3/2008, 45 (51).

das nationale Recht in Verbindung mit einem Vorlageverfahren, mit anderen Worten durch das Zusammenspiel von direktem und indirektem Rechtsschutz.

Fraglich ist und bleibt aber auch nach dem Vertrag von Lissabon, ob die Möglichkeit des *indirekten* Rechtsschutzes im Wege des Vorabentscheidungsverfahrens tatsächlich dem unionsrechtlichen Grundsatz auf Gewährleistung effektiven Rechtsschutzes gerecht wird. Allein die Tatsache, dass auf lange Sicht durch die Verpflichtung in Art. 19 Abs. 1 UAbs. 2 EUV Rechtsschutzlücken geschlossen werden können, führt noch lange nicht dazu, dass dadurch auch die Effektivität des Individualrechtsschutzes gesichert und alle damit zusammenhängende Probleme aus der Welt geschaffen wären.[1046] Es bleibt also auch nach dem Vertrag von Lissabon zu klären, ob im Bereich des Individualrechtsschutzes gegen Gesetzgebungsakte ohne Durchführungsakt ein Zusammenwirken von Unionsgerichten und nationalen Gerichten für die Gewährung effektiven Rechtsschutzes ausreichend ist oder ob weitere Änderungen bzw. Verbesserungen de lege lata oder sogar de lege ferenda, durch Einführung einer neuen Direktklagemöglichkeit, erforderlich sind.

1. Mankos des dezentralen/indirekten Rechtsschutzes

Wie bereits mehrfach erwähnt, bringt der indirekte Rechtsschutz über das Vorabentscheidungsverfahren einige wesentliche Nachteile mit sich. Zum einen besteht das Problem der recht langen Verfahrensdauer allein für das Vorlageverfahren. Zum anderen stellt sich das Problem des nicht vorhandenen Antragsrechts des Einzelnen und der damit einhergehenden Abhängigkeit des Einzelnen von der Vorlagefreudigkeit der nationalen Richter. Zwar gilt für letztinstanzliche Gerichte die Vorlagepflicht, dem steht allerdings ein weiterer Zeitverlust und Kostenaufwand, den die Ausschöpfung des nationalen Instanzenzuges für den Einzelnen mit sich bringt, gegenüber.[1047]

Daher wird die Verweisung auf den dezentralen bzw. indirekten Rechtsschutz vielfach nicht als ausreichend effektiv angesehen.[1048]

Dem ist zuzustimmen. Zwar soll die Bedeutung und Wichtigkeit des indirekten Rechtsschutzes – vor allem des Vorabentscheidungsverfahrens – für den Individualrechtsschutz hiermit nicht in Abrede gestellt werden. Dies kann und darf im Ergebnis aber nicht dazu führen, dass die Schließung von Rechtsschutzlücken

---

1046 So auch Koch, E.L.Rev. 2005, 511 (518).

1047 Vgl. zu der gesamten Problematik bereits die Ausführungen in Teil 1 Kapitel 2 A und Teil 2 Kapitel 2 B II 3.e.) bb.).

1048 Statt vieler, Last, S. 222 ff, m.w.N.

durch Bereithalten entsprechender Verfahren mit der Herstellung und Garantie effektiver Rechtsschutzgewährung gleichgestellt wird.

Es sind mithin weitere Überlegungen anzustellen, wie die Effektivität des Rechtsschutzes verbessert werden kann.

2. Verbesserungsmöglichkeiten

Da durch den Vertrag von Lissabon erst kürzlich eine Neufassung der Verträge stattgefunden hat, soll zunächst untersucht werden, ob Verbesserungsmöglichkeiten de lege lata oder zumindest im Rahmen der bereits bestehenden Klagemöglichkeiten denkbar sind, die zu einer Gewährleistung effektiven Rechtsschutzes beitragen.

Die bislang erfolgten Veränderungen im Rahmen der Nichtigkeitsklage und des Vorabentscheidungsverfahrens können dies, wie im Laufe dieser Arbeit dargestellt wurde, nicht leisten. Denn es bleiben zum einen bei der Nichtigkeitsklage von vornherein Situationen bestehen, in denen sich Rechtsschutzlücken ergeben, und zum anderen können diese Rechtsschutzlücken durch die Verpflichtung aus Art. 19 Abs. 1 UAbs. 2 EUV und der daraus folgenden Möglichkeit eines Vorabentscheidungsverfahrens nur rein faktisch, jedoch nicht im Sinne eines effektiven Rechtsschutzes geschlossen werden.

a) Erweiterte Auslegung des Begriffs „individuelles Betroffensein"- Abkehr von der Plaumann-Formel

Auch nach der neuen Fassung des Art. 263 Abs. 4 AEUV bleibt zu überlegen, ob die Auslegung des Begriffes der „individuellen Betroffenheit" geändert bzw. erweitert werden sollte. Denn auch aktuell wird dieses Merkmal durch die Rechtsprechung nach der strengen „Plaumann-Formel" geprüft.[1049] Dies führt zu dem Ergebnis, dass Klagen, die unter die 2. Variante des Art. 263 Abs. 4 AEUV fallen, nach wie vor mangels individuellen Betroffenseins nur in seltenen Fällen zulässig sein werden. Insofern haben die Schlussanträge des GA Jacobs in der Rechtssache UPA oder aber auch das Urteil des Gerichts in der Rechtssache Jégo-Quéré auf die Auslegung hinsichtlich der neuen Fassung der Nichtigkeitsklage bedauerlicherweise keine Auswirkung gezeigt. Nichts desto trotz können die Versuche des GA Jacobs und des Gerichts, das Merkmal der individuellen Betroffenheit neu zu interpretieren,[1050] als Grundlage dienen, das Merkmal im

1049 Vgl. Ausführungen hierzu in Teil 2 Kapitel 2 B II 4.

1050 Jacobs, Schlussanträge i.d. Rs. C-50/00 P (UPA), abgedruckt in EuGRZ 2002, 420 (427), Rn. 60; EuG Rs. T-177/01, Slg. 2002, II-2365 ff (Rn. 51) (Jégo-Quéré/Kommission).

Zusammenhang mit der neuen Formulierung des Art. 263 Abs. 4 AEUV neu auszulegen. Ein solcher durchaus gelungener Versuch findet sich bei *Christina Last*[1051]. Diese weist darauf hin, dass es bei der individuellen Betroffenheit nicht darauf ankomme, dass lediglich bestimmte Interessen des Einzelnen durch die angefochtene Norm wahrscheinlich betroffen sind, sondern dass darauf abzustellen sei, ob der Einzelne durch diese Norm in seinen individuellen, subjektiven Rechten betroffen ist oder sein wird.[1052] *Last* unterstreicht aber, dass dadurch, dass die mit der Nichtigkeitsklage angreifbaren Handlungen nicht mehr auf Entscheidungen bzw. Entscheidungen mit Verordnungscharakter beschränkt sind, nicht jede Norm, die in subjektive Rechte eingreift, zu einer Klage berechtige, da auf diese Weise die eigentliche Funktion der Klagebefugnis ausgehöhlt würde.[1053] Um die Klagebefugnis mit der in Art. 263 Abs. 4 AEUV vorgenommenen Unterscheidung zwischen Rechtsakten mit Verordnungscharakter und anderen Rechtsakten in Einklang zu bringen, also um die wichtige Filterfunktion der Klagebefugnis nicht zu untergraben, aber gleichzeitig eine vernünftige und rechtsschutzwahrende Auslegung des Merkmals der individuellen Betroffenheit zu finden, die über die strengen Vorgaben der Plaumann-Formel hinausgeht, gelangt *Last* zu folgendem Vorschlag: *„Sobald eine Norm auch ein personenbezogenes Rechtsgut schützt und der Rechtsschutzbegehrende dem durch diese Norm geschützten Personenkreis angehört, ist eine individuelle Betroffenheit des Einzelnen durch die verletzende Norm dann zu bejahen, wenn diese verletzende Norm die rechtlich geschützten Interessen berührt"*[1054].

Durch diesen Vorschlag von *Last* wird deutlich, dass auch nach der neuen Fassung des Art. 263 Abs. 4 AEUV durchaus Möglichkeiten offen stehen, das Merkmal der individuellen Betroffenheit weiter auszulegen, als dies durch die Plaumann-Formel vorgegeben ist.

Da die fast schon gebetsmühlenartige Wiederholung der europäischen Gerichte, dass die Effektivität des Rechtsschutzes bereits durch die indirekten Rechtsschutzmöglichkeiten hinreichend gesichert sei, wie gezeigt wurde, nicht geteilt werden kann, wäre der oben aufgezeigte Vorschlag von *Last* zumindest ein Ansatz, um auch im Bereich der Direktklagemöglichkeiten den Rechtsschutz zu verbessern, ohne dass es einer weiteren Vertragsänderung bedürfte. Es bleibt daher abzuwarten, ob sich die europäische Gerichtsbarkeit doch noch einsichtig

1051 Last, S. 229 ff.
1052 Last, S. 230.
1053 Last, S. 230
1054 So wörtlich Last, S. 231.

zeigt, was angesichts der Tatsache, dass auch in aktuellen Entscheidungen[1055] noch immer auf die Plaumann-Formel zurückgegriffen wird, nicht unbedingt zu erwarten steht.

b) Einführung eines eigenen Antragsrechts bei Vorabentscheidungsverfahren

Es ist aber auch im Bereich des indirekten Rechtsschutzes eine Verbesserungsmöglichkeit denkbar. Man könnte hier an eine Einführung eines Antragsrechts bei Vorabentscheidungsverfahren denken. Es könnte also dem Kläger im Rahmen eines nationalen Rechtsstreits die Möglichkeit eingeräumt werden, ein Vorlageverfahren nicht bloß anzuregen, sondern einen prozesswirksamen Antrag auf Durchführung eines solchen Verfahrens zu stellen.[1056] Auf diese Art und Weise wäre der Einzelne im Rahmen des nationalen Rechtsstreits in unteren Instanzen nicht auf die Vorlagewilligkeit des Richters und auch nicht darauf angewiesen, zunächst unter hohem Zeit- und Kostenaufwand den Instanzenzug soweit auszuschöpfen, bis das entscheidende Gericht eine Vorlagepflicht gem. Art. 267 Abs. 3 AEUV trifft.

Fraglich ist in diesem Zusammenhang natürlich, wie genau ein solches Antragsrecht ausgestaltet sein müsste. Zunächst einmal kann dies nur in Fällen von Gültigkeitsvorlagen in Betracht kommen[1057], da sich nur in diesem Zusammenhang das Manko des nicht ausreichend effektiven Rechtsschutzes stellt. Bei reinen Auslegungsfragen steht der Zweck der Sicherung einer einheitlichen Anwendung und Auslegung des Unionsrechts im Vordergrund. Es ist deshalb wichtig, dass die Möglichkeiten, in denen ein Antragsrecht auf Durchführung eines Vorlageverfahrens gegeben sind, nur auf die Fälle beschränkt werden, in denen beim Zusammenspiel von direktem und indirektem Rechtsschutz Nachteile für die Effektivität entstehen. In keinem Fall darf aus dem eigentlichen Zwischenverfahren ein Parteiverfahren werden.[1058]

Ferner stellt sich jedoch die Schwierigkeit der tatsächlichen Gestaltung eines solchen Antragsrechtes. Da sich ein solcher Antrag aus dem Ursprungsrechtsstreit vor dem nationalen Gericht ergeben würde, müsste wohl auch auf nationaler Ebene ein derartiges Antragsrecht in die jeweiligen Prozessordnungen eingeführt werden.

1055 So z.B. EuG Rs. T-18/10 Beschluss vom 06.09.2011 (Inuit Tapiriit Kanatami u.a./ Parlament und Rat), Rn. 88.

1056 So bereits Allkemper, S. 171 ff.

1057 So auch Allkemper, S. 172.

1058 Allkemper, S. 173.

C. Einführung einer weiteren europäischen Direktklage als Lösung?

Obwohl durch den Vertrag von Lissabon gerade eine Änderung der Verträge stattgefunden hat, sind natürlich zur Verbesserung des effektiven Individualrechtsschutzes auch Änderungen de lege ferenda, z.B. durch die Einführung von weiteren Direktklagemöglichkeiten auf europäischer Ebene denkbar.

I. Einführung einer europäischen Verfassungsbeschwerde

In der Vergangenheit wurde immer wieder die Möglichkeit diskutiert, eine Verfassungsbeschwerde auf Europaebene einzuführen.[1059] Dass diese Möglichkeit vor allem von deutscher Seite in Betracht gezogen wurde, verwundert insofern nicht, als Deutschland einer der wenigen Mitgliedstaaten ist, der auch auf nationaler Ebene die Möglichkeit einer Verfassungsbeschwerde vorsieht. Im Ergebnis wurde die Notwendigkeit hierfür jedoch zu einem überwiegenden Teil verneint[1060] und wurde auch im Rahmen des Verfassungskonvents abgelehnt[1061]. Begründet wird dies mit der schwierigen Abgrenzbarkeit zwischen Fällen einer solchen Grundrechtsbeschwerde und Fällen der „normale" Nichtigkeitsklage[1062], was besonders in der „tatbestandlichen Konturlosigkeit"[1063] begründet liege.

II. Einführung einer Feststellungsklage

Schließlich könnte man auch darüber nachdenken, den numerus clausus der Direktklagemöglichkeiten vor den Europäischen Gerichten um eine Feststellungsklage zu erweitern. Die direkten Klagearten auf europäischer Ebene sind recht begrenzt und kennen insbesondere zahlreiche im deutschen Recht vorkommende Rechtbehelfe, wie z.B. eine Verpflichtungs- oder Leistungsklage und vor allem eine Feststellungsklage nicht.[1064]

Wie bereits oben erläutert, ist gerade die Feststellungsklage auf den nationalen Ebenen der nach Art. 19 Abs. 1 UAbs. 2 EUV einzuführende Rechtsbehelf, um die durch die Individualnichtigkeitsklage entstehenden Rechtsschutzlücken

1059 Papier, EuGRZ 2003, 85; Reich, ZRP 2000, 375 ff; dies wurde auch im Rahmen des Verfassungskonvents vorgeschlagen, vgl. CONV636/03, Rn. 19 a.E.

1060 vgl. hierzu die Ausführungen von Last, S. 274 m.w.N.

1061 CERCLE I, WD 01, S. 4, abrufbar unter: http://european-convention.eu.int/docs/wdcirl/8563.pdf.

1062 CERCLE I, WD 01, S. 4, abrufbar unter: http://european-convention.eu.int/docs/wdcirl/8563.pdf.

1063 Wegener, EuR Beiheft 3/2008, 45 (48).

1064 Wegener, EuR Beiheft 3/2008, 45 (59); Wegener, EuGRZ 2008, 354 (356).

zu schließen. Ferner wurde festgestellt, dass aber auch der „Umweg" über das nationale Recht in Verbindung mit einem Vorlageverfahren kein adäquates Mittel darstellt, um die Effektivität des Rechtsschutzes zu gewährleisten. Warum also nicht den „Umweg" über eine nationale Feststellungsklage durch eine europäische Feststellungsklage vereinfachen?

Dies muss schlicht mit dem Hinweis verneint werden, dass eine Feststellungsklage – so wie dies nach deutschen Verständnis der Fall ist – in erster Linie auf die Feststellung des Bestehens oder auch Nichtbestehens eines Rechtsverhältnisses oder die Nichtigkeit eines Verwaltungsaktes gerichtet ist. Die Tatsache, dass nach Art. 19 Abs. 1 UAbs. 2 EUV auf nationaler Ebene die Feststellungsklage am sinnvollsten erscheint, ist damit zu begründen, dass dies die naheliegendste nationale Klageart ist, ohne eine völlig neue Klageart für die Nichtanwendbarkeit von europarechtlichen Vorschriften mit self-executing-Charakter einzuführen. Wenn nun eine Feststellungsklage auf europäischer Ebene eingeführt würde, so würde diese eben auch in erster Linie der Feststellung des Bestehens oder Nichtbestehens von Rechtsverhältnissen und der Nichtigkeit von Beschlüssen[1065] dienen. Da jedoch der Rechtsschutz für (adressatenbezogene) Beschlüsse durch die Nichtigkeitsklage bereits hinreichend und effektiv gesichert ist, wäre eine Feststellungsklage insofern also überflüssig. Die eigentliche Lücke, die sich im Bereich der Individualnichtigkeitsklage stellt, ergibt sich jedoch hinsichtlich der Anfechtbarkeit von Gesetzgebungsakten. Eine Feststellung der Nichtigkeit von Normen ist jedoch auch im deutschen Recht grds. nicht möglich.[1066] Eine Feststellungsklage kann insoweit mithin also keine adäquate Lösung sein.[1067]

D. Gesamtergebnis

Abschließend kann zu der Frage, ob der Individualrechtsschutz auf europäischer Ebene nach dem Vertrag von Lissabon ausreichend gesichert ist, folgendes festgehalten werden:

Durch das Zusammenspiel von direktem und indirektem Rechtsschutz und den Änderungen im Rahmen der Individualnichtigkeitsklage sowie der

---

1065 Gemeint sind hierbei in erster Linie adressatenbezogene Beschlüsse gem. Art. 288 Abs. 4 S. 2 AEUV, die dem deutschen Verwaltungsakt entsprechen, Vedder/Heintschel von Heinegg –Vedder, EU-Recht, AEUV, Art. 288, Rn. 41.

1066 Kopp/Schenke, VwGO, § 43, Rn. 8 bzw. 8g.

1067 Ob die Einführung eine Feststellungsklage aus anderen Gründen ratsam ist, soll hier nicht weiter thematisiert werden. Es darf zu diesem Themenbereich auf die ausführliche Darstellung bei Wegener, EuGRZ 2008, 354 ff und in EuR Beiheft 3/2008, 59 ff verwiesen werden.

Einführung des Art. 19 Abs. 1 UAbs. 2 EUV wurden zumindest rein faktisch die etwaig entstehenden Rechtsschutzlücken geschlossen. Dies kann jedoch nicht gleichgesetzt werden mit einer Schaffung und Gewährleistung effektiven Rechtsschutzes. Es wurde gezeigt, dass gerade die Möglichkeit des indirekten Rechtsschutzes über das Vorabentscheidungsverfahren im Bereich der Effektivität beachtliche Defizite aufweist. Ein Zusammenwirken von europäischen und nationalen Gerichten und vor allem die Einbeziehung der nationalen Gerichte ist zwar sehr positiv zu bewerten, da gerade das Vorabentscheidungsverfahren eine wesentliche Säule im Geflecht des europäischen Rechts bildet. Sehr begrüßenswert in diesem Zusammenhang ist daher sicherlich die Einführung des Eilvorlageverfahrens für den Raum der Freiheit, der Sicherheit und des Rechts, die zumindest in den von diesem Raum umfassten sensiblen Bereichen eine erhebliche Verfahrensbeschleunigung bedeutet, was nur im Sinne eines effektiven Rechtsschutzes sein kann. Dies kann aber nicht darüber hinwegtäuschen, dass im Bereich des Rechtsschutzes gegen Unionsrechtsakte die Verweisung des Einzelnen von dem direkten auf den indirekten Rechtsweg Einbußen im Hinblick auf die Effektivität des Rechtsschutzes mit sich bringt.

Erfreulich ist sicherlich auch die Neugestaltung des Art. 263 Abs. 4 AEUV, da hierin zumindest für untergesetzliche Rechtsakte ein Fortschritt zu erkennen ist. Insofern war abzuwarten, ob die bislang vom Gericht in diesem Zusammenhang vorgenommene Interpretation der „Rechtsakte mit Verordnungscharakter“ als Rechtsakte mit allgemeiner Geltung aber ohne Gesetzgebungscharakter vom Gerichtshof bestätigt würde. Aus den Schlussanträgen der GA'in Kokott in der Rechtssache C-583/11 P ließ sich diesbezüglich bereits eine Tendenz dahingehend erkennen, die Auffassung des Gerichts zu bestätigen. In seinem Urteil vom 03.10.2013[1068] schloss sich der Gerichtshof dann auch der Definition des Gerichts an.[1069]

Dennoch hat im Ergebnis bzgl. der Interpretation des Merkmals der individuellen Betroffenheit keine Änderung stattgefunden. Vielmehr wenden das Gericht und auch der Gerichtshof noch immer unverändert die Plaumann-Formel an. Insofern hat weder GA Jacobs in der Rechtssache UPA noch die Rechtssache Jégo-Quéré Einfluss auf die aktuelle Rechtslage nehmen können.

Aus der Rechtssache UPA resultiert jedoch immerhin die Einführung der Variante 3 des Art. 263 Abs. 4 AEUV und die Einführung des Art. 19 Abs. 1 UAbs. 2 EUV.

1068 EuGH Rs. 583/11 P, Urteil vom 03.10.2013 (Inuit Tapiriit Kanatami u.a./Parlament und Rat).

1069 Ergänzt vor Veröffentlichung dieser Arbeit.

Die europäische Gerichtsbarkeit hätte jedoch nach Inkrafttreten des Vertrages von Lissabon auch die Möglichkeit gehabt, die Interpretation des noch immer gegebenen Merkmals der individuellen Betroffenheit neu auszulegen, ohne sein „Gesicht zu verlieren", da eine Neuinterpretation sich gut mit der insgesamt veränderten Struktur hätte vertreten lassen können. Insofern ist die Hoffnung der Literatur auf Neuinterpretation bislang zumindest enttäuscht worden. Dies stellt aber neben der möglichen Einführung eines Antragsrechts für den Kläger bzgl. der Einleitung eines Vorlageverfahrens die sinnvollste Möglichkeit dar, um die Effektivität des Rechtsschutzes zu verbessern.

Insofern würde auch die Einführung eine Feststellungsklage auf europäischer Ebene nicht zu dem gewünschten Erfolg führen, da eine solche, bei einer unterstellten ähnlichen Ausgestaltung wie im deutschen Recht, nicht für tatsächliche Gesetzgebungsakte, sondern auch nur auf (adressatenbezogene) Beschlüsse Anwendung finden würde.

Bleibt also alles in allem lediglich zu hoffen, dass der Europäische Gerichtshof im Rahmen einer Rechtsmittelentscheidung zukünftig ggf. doch noch eine großzügigere Auslegung des Merkmals der individuellen Betroffenheit vornimmt, um zumindest solche Fälle zu vermeiden, in denen die Kläger ansonsten ohne eigenes vorheriges rechtswidriges Verhalten gänzlich rechtsschutzlos gestellt wären. Die Neuerungen im Rahmen des Vertrages von Lissabon im Zusammenspiel mit der geltenden Rechtsprechung der Europäischen Gerichtsbarkeit führen also noch immer nicht zur vollständigen Schließung aller denkbaren Rechtsschutzlücken.

Literaturverzeichnis

Allkemper, Ludwig: Der Rechtsschutz des Einzelnen nach dem EG-Vertrag, Baden-Baden 1995 (zit.: Allkemper, S.)

Arnull, Anthony: Private applicants and the action of annulment under Article 173 of the EC Treaty. In: CMLR 1995, S. 7 ff. (zit.: Arnull, CMLR 1995, S.)

ders.: Private Applicants and the action for annulment since Codorniu. In: CMLR 2001, S. 7 ff. (zit.: Arnull, CMLR 2001, S.)

Baarsma, Nynke Anna: The Europeanisation of international family law. Dissertation Universität Groningen (Niederlande) 2010, Den Haag, Berlin 2011 (zit.: Baarsma, S.)

Balthasar, Stephan: Locus Standi Rules for Challenges to Regulatory Acts by Private Applicants: The New Article 263 (4) TFEU. In: European Law Review 2010, S. 542 ff. (zit.: Balthasar, E.L.Rev. 2010, S.)

Bast, Jürgen: Handlungsformen und Rechtsschutz. In: von Bogdandy/Bast (Hrsg.): Europäisches Verfassungsrecht, S. 489–557. 2. Auflage, Berlin Heidelberg 2009. (zit.: Bast, von Bogdandy/Bast, Europ. Verfassungsrecht, S.)

Baumeister, Peter: Effektiver Rechtsschutz im Gemeinschaftsrecht. In: EuR 2005, S. 1 ff. (zit.: Baumeister, EuR 2005, S.)

Bieber, Roland/Eppiney, Astrid/Haag, Marcel: Die Europäische Union, Europarecht und Politik, 7. Auflage, Baden-Baden 2006 (zit.: Bieber/Eppiney/Haag, §, Rn.)

Borowski, Martin: Die Nichtigkeitsklage gem, Art. 230 Ab. 4 EGV. In: EuR 2004, S. 879 ff. (zit.: Borowski, EuR 2004, S.)

Braun, Jens-Daniel/Kettner, Moira: Die Absage des EuGH an eine richterrechtliche Reform des EG-Rechtsschutzsystems – „Plaumann“ auf immer und ewig? – In: DÖV 2003, S. 58 ff. (zit.: Braun/Kettner, DÖV 2003, S.)

Busse-Muskala, Dominika: Normenkontrolle in der Europäischen Union, Zu den Direktklagemöglichkeiten gegen EU-/EG-Normativakte, Frankfurt am Main 2007 (zit.: Busse-Muskala, S.)

Calliess, Christian: Kohärenz und Konvergenz beim europäischen Individualrechtsschutz. In: NJW 2002, 3577ff. (zit.: Calliess, NJW 2002, S.)

ders.: Anmerkung zum Urteil des Gerichtshofes vom 25.07.2002 in der Rechtssache C-50/00 Unión de Pequeños Agricultores (UPA)/Rat. In: ZUR 2002, S. 402 (zit.: Calliess, ZUR 2002, S.)

Calliess, Christian/Lais, Martina: Anmerkungen zum Urteil des Gerichtes vom 03.05.2002 in der Rechtssache T-177/01, Jégo-Quéré u.a./Kommission. In: ZUR 5/2002, S. 344 ff. (zit.: Calliess/Lais, ZUR 2002, S.)

Calliess, Christian/Ruffert, Matthias: EUV/EGV. Das Verfassungsrecht der Europäischen Union mit Europäischer Grundrechtecharta, Kommentar. 3. Auflage, München 2007, sowie, EUV/AEUV Kommentar. 4. Auflage, München 2011 (Zit.: Calliess/Ruffert-Bearbeiter, Vertrag, Art., Rn.)

Constantinesco, Léontin-Jean: Das Recht der Europäischen Gemeinschaften, Band I – Das institutionelle Recht. 1. Auflage, Baden- Baden 1977 (zit.: Constantinesco, S.)

Craig, Paul/De Burca, Grainne: EU Law, Text, Cases and Materials, 4th Edition, Oxford 2008 (zit.: Craig/De Burca, EU Law, S.)

Cremer, Wolfram: Nichtigkeitsklagen einzelner gegen Rechtsakte der Gemeinschaft und Klagebefugnis nach Art. 173 EGV. In: EWS 1999, S. 48 ff. (zit.: Cremer, EWS 1999, S.)

ders.: Individualrechtsschutz gegen Richtlinien. In: EuZW 2001, S. 453 ff. (zit.: Cremer, EuZW 2001, S.)

ders.: Individualrechtsschutz gegen Rechtsakte der Gemeinschaft: Grundlagen und neuere Entwicklungen. In: Nowak, Carsten/Cremer, Wolfram(Hrsg.): Individualrechtsschutz in der EG und der WTO, S. 27–45. 1. Auflage Baden-Baden 2002 (zit.: Cremer, Nowak/Cremer, Individualrechtsschutz, S.)

ders.: Zum Rechtsschutz des Einzelnen gegen abgeleitetes Unionsrecht nach dem Vertrag von Lissabon. In: DÖV 2010, S. 58 ff. (zit.: Cremer, DÖV 2010, S.)

Daig, Hans-Wolfram: Zum Klagerecht von Privatpersonen nach Art. 173 Abs. 2 EWG-, 146 Abs. 2 EAG-Vertrag. In: Aubin/von Caemmerer/Meylan/Neumayer/Rinck/Strausz (Hrsg.): Festschrift für Otto Riese aus Anlass seines 70, Geburtstages, Karlsruhe 1964 (zit.: Daig, FS für Riese, S.)

ders.: Nichtigkeits- und Untätigkeitsklagen im Recht der Europäischen Gemeinschaften, 1. Auflage Baden-Baden 1985 (zit.: Daig, S.)

Danner, Wolfgang: Die Klagemöglichkeiten privater Personen gegen Maßnahmen der Kommission, die an Mitgliedstaaten gerichtet sind, nach Art. 173 Abs. 2 EWG-Vertrag, Diss. Tübingen 1965 (zit.: Danner, S.)

von Danwitz, Thomas: Die Garantie effektiven Rechtsschutzes im Recht der Europäischen Gemeinschaften. In: NJW 1993, S. 1108 ff. (zit.: von Danwitz, NJW 1993, S.)

Dauses, Manfred A.: Das Vorabentscheidungsverfahren nach Artikel 177 EG-Vertrag, 2. Auflage München 1995 (zit.: Dauses. S.)

ders.: Aufgabenteilung und judizieller Dialog zwischen den einzelstaatlichen Gerichten und dem EuGH als Funktionselemente des Vorabentscheidungsverfahrens. In: Due/Lutter/Schwarze (Hrsg.): Festschrift für Ulrich Everling, Band 1, S. 223–243. 1. Auflage, Baden-Baden 1995 (zit.: Dauses, FS für Everling, S.)

von Dietze, Philipp: Verfahrensbeteiligung und Klagebefugnis im EG-Recht, Frankfurt am Main 1995 (zit.: von Dietze, S.)

Dittert, Daniel: Effektiver Rechtsschutz gegen EG-Verordnungen: Zwischen Fischfangnetzen, Olivenöl und kleinen Landwirten. In: EuR 2002, S. 708 ff. (zit.: Dittert, EuR 202, S.)

Dörr, Oliver: Das beschleunigte Vorabentscheidungsverfahren im Raum der Freiheit, der Sicherheit und des Rechts. In: EuGRZ 2008, S. 349 ff. (zit.: Dörr, EuGRZ 2008, S.)

Dörr, Oliver/Lenz, Christofer: Europäischer Verwaltungsrechtsschutz, 1. Auflage, Baden-Baden 2006 (zit.: Dörr/Lenz, Rn.)

Everling, Ulrich: Das Vorabentscheidungsverfahren vor dem Gerichtshof der Europäischen Gemeinschaften, 1. Auflage, Baden-Baden 1986 (zit.: Everling, S.)

ders.: Die Zukunft der europäischen Gerichtsbarkeit in einer erweiterten Europäischen Union. In: EuR 1997, S. 398 ff. (zit.: Everling, EuR 1997, S.)

ders.: Zur Gerichtsbarkeit der Europäischen Union. In: Ipsen/Stüer (Hrsg.): Festschrift für Hans-Werner Rengeling „Europa im Wandel" Köln München 2008, S. 527–544 (zit.: Everling, FS für Rengeling, S.)

ders.: Zur Fortbildung der Gerichtsbarkeit der Europäischen Gemeinschaften durch den Vertrag von Nizza. In: Cremer/Giegerich/Richter/Zimmermann (Hrsg.): Festschrift für Helmut Steinberger „Tradition und Weltoffenheit des Rechts" Berlin u.a. 2002, S. 1103–1127 (zit.: Everling, FS für Steinberger, S.)

ders.: Rechtsschutz im europäischen Wirtschaftsrecht auf der Grundlage der Konventsregelungen. In: Schwarze (Hrsg.): Der Verfassungsentwurf des Europäischen Konvents, 1. Auflage, Baden-Baden 2004, S. 363–383 (zit.: Everling, Verfassungsentwurf/Schwarze, S.)

ders.: Rechtsschutz in der Europäischen Union nach dem Vertrag von Lissabon. In: Schwarze/Hatje (Hrsg.), Der Reformvertrag von Lissabon, EuR Beiheft1/2009, Baden-Baden 2009, S. 71–86 (zit.: Everling, EuR Beiheft 1/2009, S.)

ders.: Lissabon-Vertrag regelt Dauerstreit über Nichtigkeitsklage Privater. In: EuZW 2010, S. 72 ff. (zit.: Everling, EuZW 2010, S.)

Feddersen, Christoph: Anmerkung zum Urteil des Gerichtshofes vom 25.07.2002 in der Rechtssache C-50/00 Unión de Pequeños Agricultores (UPA)/Rat. In: EuZW 2002, S. 532 ff. (zit.: Feddersen, EuZW 2002, S.)

Fredriksen, Halvard Haukeland: Individualklagemöglichkeiten vor den Gerichten der EU nach dem Vertrag über eine Verfassung für Europa. In: ZEuS 2005, S. 99 ff. (zit.: Fredriksen, ZEuS 2005, S.)

Frenz, Walter/Distelrath, Anna-Maria: Klagegegenstand und Klagebefugnis von Individualnichtigkeitsklagen nach Art. 263 IV AEUV. In: NVwZ 2010, S. 162 ff. (zit.: Frenz/Distelrath, NVwZ 2010, S.)

Gehlhaar, Daniel: Honeywell in der Praxis –Ein Aus- und Überblick. In: NZA 2010, S. 1053 f (zit.: Gehlhaar, NZA 2010, S.)

Geiger, Rudolf/Khan, Daniel-Erasmus/Kotzur, Markus: EUV/AEUV, Vertrag über die Europäische Union und Vertrag über die Arbeitsweise der Europäischen Union, Kommentar, 5. Auflage, München 2010 (zit.: Geiger/Khan/Kotzur-Bearbeiter, Art., Rn.)

Giegerich, Thomas: Verschmelzung der drei Säulen der EU durch europäisches Richterrecht? In: ZaöRV 67 (2007), S. 351 ff. (zit.: Giegerich, ZaöRV 67 (2007), S.)

Grabenwarter, Christoph: Vorabentscheidungsverfahren nach dem Vertrag von Nizza. In: EuR Beiheft 1 2003, S. 55 ff. (zit.: Grabenwarter, EuR Beiheft 1 2003, S.)

Grabitz, Eberhard/Hilf, Meinhard/Nettesheim, Martin: Das Recht der Europäischen Union. Loseblatt Kommentar EUV/EGV. Band III, Stand Oktober 2009, München (zit.: Grabitz/Hilf/Nettesheim- Bearbeiter, Vertrag, Art. Rn.)

von der Groeben, Hans/Schwarze, Jürgen (Hrsg.): Kommentar zum Vertrag über die Europäische Union und zur Gründung der Europäischen Gemeinschaften, 6. Auflage, Band 4, Baden-Baden 2004 (zit.: von der Groeben/Schwarze-Bearbeiter, Vertrag, Art. Rn.)

von der Groeben, Hans/Thiesing, Jochen/Ehlermann, Claus-Dieter: Kommentar zum EWG-Vertrag, 4. Auflage. Band 3, Baden-Baden 1991 (zit.: Groeben/Thiesing/Ehlermann- Bearbeiter, EWGV Art., Rn.)

Gröpl, Christoph: Individualrechtsschutz gegen EG-Verordnungen, Rechtsschutzlücken im Konkurrenzverhältnis des Vorabentscheidungsverfahrens (Art. 177 Abs. 1 Buchst. b EGV) gegenüber der Nichtigkeitsklage (Art. 173 EGV). In: EuGRZ 1995, S. 583 ff. (zit.: Gröpl, EuGRZ 1995, S.)

Gündisch, Jürgen/Wienhues, Sigrid: Rechtsschutz in der Europäischen Union – Ein Leitfaden für die Praxis, 2. Auflage, Stuttgart, München, Hannover, Berlin, Weimar, Dresden 2003 (zit.: Gündisch/Wienhues, S.)

Hakenberg, Waltraud: Vorabentscheidungsverfahren und europäisches Privatrecht, Erfahrungen aus europäischer Sicht. In: RabelsZ 66 (2002), S. 367 ff. (zit.: Hakenberg, RabelsZ 66 (2002), S.)

Hatje, Armin/Kindt, Anne: Der Vertrag von Lissabon –Europa endlich in guter Verfassung? In: NJW 2008, S. 1761 ff. (zit.: Hatje/Kindt, NJW 2008, S.)

Hellmann, Vanessa: Der Vertrag von Lissabon, Berlin Heidelberg 2009 (zit.: Hellmann, S.)

Herdegen, Matthias: Europarecht, 10.Auflage, München 2008 (zit.: Herdegen, §, Rn.)

Hess, Burkhard: Rechtsfragen des Vorabentscheidungsverfahrens. In: RabelsZ 66 (2002), S. 470 ff. (zit.: Hess, RabelsZ 66 (2002), S.)

Hirsch, Günter: Dezentralisierung des Gerichtssystems der Europäischen Union? In: ZRP 2000, S. 57 ff. (zit.: Hirsch, ZRP 2000, S.)

ders.: Das Vorabentscheidungsverfahren: Mehr Freiraum und mehr Verantwortung für die nationalen Gerichte. In: Colneric/Edward/Puissochet/Ruiz-Jarabo (Hrsg.): Une communauté de droit, Festschrift für Gil Carlos Rodriguez Iglesias, Berlin 2003 (zit.: Hirsch, FS für Rodriguez Igelsias, S. 601)

Hummert, Katharina: Neubestimmung der acte-clair-Doktrin im Kooperationsverhältnis zwischen EG und Mitgliedstaat, Berlin 2006 (zit.: Hummert, S.)

Jacobs, Francis G.: References to the Court of Justice – the Way forward ? In: Colneric/Edward/Puissochet/Ruiz-Jarabo (Hrsg.): Une communauté de droit, Festschrift für Gil Carlos Rodriguez Iglesias, Berlin 2003 (zit.: Jacobs, FS für Rodriguez Iglesias, S. 637)

ders.: Further reform of the preliminary ruling procedure – towards a "green light" system? In: Gaitanides/Kadelbach/Rodriguez (Hrsg.): „Europa und seine Verfassung" Festschrift für Manfred Zuleeg zum 70, Geburtstag, Baden-Baden 2005 (zit.: Jacobs, FS für Zuleeg, S.)

Jans, Jan H./von der Heide/Ann-Katrin: Lückenhafter Individualrechtsschutz im Europäischen Umweltrecht – Eine Bestandsaufnahme der Rechtsprechung des EuGH. In: ZUR 6/2003, S. 390 ff. (zit.: Jans/von der Heide, ZUR 2003, S.)

Khan, Daniel-Erasmus: Einführung zum EUV und AEUV. In: Khan (Hrsg.), Beck'sche Textausgaben, EUV u.a.. 2. Auflage, München 2010, S. IX – XXXII (zit.: Khan, Einführung, S.)

Kirchhoff, Henrik: Individualrechtsschutz im Europäischen Gemeinschaftsrecht – Unter Berücksichtigung der Geltendmachung von Umweltinteressen, 1. Auflage, Baden-Baden 2005 (zit.: Kirchhoff, S.)

Kluttig, Bernhard: Die Klagebefugnis Privater gegen EU-Rechtsakte in der Rechtsprechung des Europäischen Gerichtshofes: Und die Hoffnung stirbt zuletzt…, in: Tietje/Kraft/Sethe (Hrsg.), Beiträge zum Transnationalen Wirtschaftsrecht, Heft 30 Abrufbar unter: http://telc.jura.uni-halle.de/sites/default/files/altbestand/Heft30.pdf (zit: Kluttig, S.)

Knapp, Andreas: Die Garantie des effektiven Rechtsschutzes durch den EuGH im „Raum der Freiheit, der Sicherheit und des Rechts". In: DöV 2001, S. 12ff. (zit.: Knapp, DöV 2001, S.)

Koch, Cornelia: Locus standi of private applicants under the EU Constitution: preserving gaps in the protection of individuals' right to an effective remedy. In: E.L.Rev. 2005, S. 511 ff. (zit.: Koch, E.L.Rev. 2005, S.)

Koch, Klaus: Die Klagebefugnis Privater gegenüber Europäischen Entscheidungen gemäß Art. 173 Abs. 2 EWG-Vertrag, Frankfurt am Main 1981 (zit.: Koch, S.)

Köngeter, Matthias: Erweiterte Klageberechtigung bei Individualnichtigkeitsklagen gegen EG-Verordnungen? In: NJW 2002, S. 2216 ff. (zit.: Köngeter, NJW 2002, S.)

Koenig, Christian/Haratsch, Andreas: Europarecht. 4. Auflage, Tübingen 2003 (zit.: Koenig/Haratsch, EuropaR, Rn.)

Koenig, Christian/Pechstein, Matthias/Sander, Claude: EU-, EG-Prozessrecht: mit Aufbaumustern und Prüfungsübersichten. 2. erw. Auflage, Tübingen 2002 (zit.: Koenig/Pechstein/Sander, Rn.)

Kokott, Juliane/Dervisopoulos, Ioanna/Henze, Thomas: Aktuelle Fragen des effektiven Rechtsschutzes durch die Gemeinschaftsgerichte. In: EuGRZ 2008, S. 10 ff. (zit.: Kokott/Dervisopoulos/Henze, EuGRZ 2008, S.)

Kokott, Juliane/Henze, Thomas/Sobotta, Christoph: Die Pflicht zur Vorlage an den Europäischen Gerichtshof und die Folgen ihrer Verletzung. In: JZ 2006, S. 633 ff. (zit.: Kokott/Henze/Sobotta, JZ 2006, S.)

Kopp, Ferdinand/Schenke, Wolf-Rüdiger: Verwaltungsgerichtsordnung, Kommentar. 17. Auflage, München 2011 (zit.: Kopp/Schenke, VwGO, §, Rn.)

Kottmann, Matthias: Plaumanns Ende: Ein Vorschlag zu Art. 263 Abs. 4 AEUV. In: ZaöRV 2010, S. 547 ff. (zit.: Kottmann, ZaöRV 2010, S.)

Kühn, Werner Miguel: Grundzüge des neuen Eilverfahrens vor dem Gerichtshof der Europäischen Gemeinschaften im Rahmen von Vorabentscheidungsersuchen. In: EuZW 2008, S. 263 ff. (zit.: Kühn, EuZW 2008, S.)

Lagrange, Maurice: Empfiehlt es sich, Bestimmungen über den Rechtsschutz zu ändern? 2. Korreferat. In: Cartens/Börner, (Hrsg.), Kölner Schriften zum Europarecht, Band 1, 10 Jahre Rechtsprechung des Gerichtshofs der Europäischen Gemeinschaften, Europäische Arbeitstagung Köln vom 24. bis 26. April 1963, S. 606 ff. Köln, Berlin, Bonn, München, 1965 (zit.: Lagrange, Carstens/Börner, Kölner Schriften zum Europarecht, Bd. 1, 10 J. Rspr., S.)

Last, Christina: Garantie wirksamen Rechtsschutzes gegen Maßnahmen der Europäischen Union. 1. Auflage, Tübingen 2008 (zit.: Last, S.)

Lenz, Carl Otto: Die Rolle und der Wirkungsmechanismus des Vorabentscheidungsverfahrens. In: DRiZ 1995, S. 213 ff. (zit.: Lenz, DRiZ 1995, S.)

ders.: Die Gerichtsbarkeit in der Europäischen Gemeinschaft nach dem Vertrag von Nizza. In: EuGRZ 2001, S. 433 ff. (zit.: Lenz, EuGRZ 2001, S.)

Lenz, Carl Otto/Borchardt, Klaus-Dieter: EU- und EG- Vertrag, Kommentar zu dem Vertrag über die Europäische Union und zu dem Vertrag zur Gründung der Europäischen Gemeinschaft, 4. Auflage, Köln 2006 (zit.: Lenz/Borchardt-Bearbeiter, EGV, Art. Rn.)

Lenz, Sebastian/Staeglich, Simone: Kein Rechtsschutz gegen EG-Verordnungen? Europäische Rechtsschutzdefizite und ihr Ausgleich durch die Feststellungsklage nach § 43 I VwGO. In: NVwZ 2004, S. 1421 ff. (zit.: Lenz/Staeglich, NVwZ 2004, S.)

Lindner, Berend: Zur Klagebefugnis natürlicher und juristischer Personen für Nichtigkeitsklagen gem. Art. 230 IV EG gegen EG-Verordnungen. In: NVwZ 2003, S. 569 ff. (zit.: Lindner, NVwZ 2003, S.)

Lipp, Volker: Entwicklung und Zukunft der europäischen Gerichtsbarkeit. In: JZ 1997, S. 326ff. (zit.: Lipp, JZ 1997, S.)

ders.: Europäische Justizreform. In: NJW 2001, S. 2657ff. (zit.: Lipp, NJW 2001, S.)

Lübbing, Thomas: Anmerkungen zum Urteil des Gerichtes vom 03.05.2002 in der Rechtssache T-177/01 Jégo-Quéré u.a./Kommission. In: EuZW 2002, S. 415 f. (zit.: Lübbing, EuZW 2002, S.)

Lumma, Moritz: Verfahrensbeschleunigung und Kohärenz beim EuGH – Die Perspektive des Bevollmächtigten der Bundesrepublik beim EuGH. In: EuGRZ 2008, S. 381 ff. (zit.: Lumma, EuGRZ 2008, S.)

Malferrari, Luigi: Neues zur Kompetenzverteilung zwischen Kommission und nationaler Gerichtsbarkeit auf dem Gebiet des Wettbewerbs und zum Verhältnis zwischen der Nichtigkeitsklage und dem Vorabentscheidungsverfahren. In: EuR 2001, S. 605 ff. (zit: Malferrari, EuR 2001, S.)

ders.: Zurückweisung von Vorabentscheidungsersuchen durch den EuGH, Baden-Baden 2003 (zit.: Malferrari, S.)

Malferrari, Luigi/Lerche, Christoph: Zulässigkeit der Nichtigkeitsklage von Privatpersonen nach Art. 230 EG – Niedergang und Wiederaufleben des Plaumann-Tests. In: EWS 2003, S. 254 ff. (zit.: Malferrari/Lerche, EWS 2003, S.)

Mayer, Franz: Individualrechtsschutz im Europäischen Verfassungsrecht. In: DVBl. 2004, S. 606 ff. (zit.: Mayer, DVBl. 2004, S.)

ders.: Der Vertrag von Lissabon im Überblick. In: JuS 2010, S. 189 ff(zit.: Mayer, JuS 2010, S.)

Monar, Jörg: Die politische Konzeption des Raumes der Freiheit, der Sicherheit und des Rechts: Vom Amsterdamer Vertrag zum Verfassungsentwurf des Konvents. In: Müller-Graff, Peter-Christian (Hrsg.): Der Raum der Freiheit, der Sicherheit und des Rechts, S. 29–41. 1.Auflage, Baden- Baden 2005 (zit.: Monar, RFSR (Müller-Graff), S.)

ders.: Der Raum der Freiheit, der Sicherheit und des Rechts. In: von Bogdandy/ Bast (Hrsg.): Europäisches Verfassungsrecht, S. 749–797. 2. Auflage, Berlin Heidelberg 2009 (zit.: Monar, Europäisches Verfassungsrechts, S.)

Müller-Graff, Peter-Christian: Der Raum der Freiheit, der Sicherheit und des Rechts – Der primärrechtliche Rahmen. In: Müller-Graff, Peter-Christian (Hrsg.): Der Raum der Freiheit, der Sicherheit und des Rechts, S. 11–27. 1. Auflage, Baden- Baden 2005 (zit.: Müller-Graff, RFSR (Müller-Graff), S.)

ders.: Der „Raum der Freiheit, der Sicherheit und des Rechts" im neuen Verfassungsvertrag für Europa-Neuerungen und Notwendigkeit seiner Rekonstruktion. In: Gaitanides/Kadelbach/Rodriguez (Hrsg.): „Europa und seine Verfassung" Festschrift für Manfred Zuleeg zum 70, Geburtstag, Baden- Baden 2005 (zit.: Müller-Graff, FS für Zuleeg, S.)

Munding, Christoph-David: Das Grundrecht auf effektiven Rechtsschutz im Rechtssystem der Europäischen Union, 1. Auflage Berlin 2010 (zit.: Munding, S.)

Nowak, Carsten: Das Verhältnis zwischen zentralem und dezentralem Individualrechtsschutz im Europäischen Gemeinschaftsrecht. In: EuR 2000, S. 724 ff. (zit.: Nowak, EuR 2000, S.)

ders.: Zentraler und dezentraler Individualrechtsschutz in der EG im Lichte des gemeinschaftsrechtlichen Rechtsgrundsatzes effektiven Rechtsschutzes. In: Nowak, Carsten/Cremer, Wolfram(Hrsg.): Individualrechtsschutz in der EG und der WTO, S. 47–79. 1. Auflage Baden-Baden 2002 (zit.: Nowak, Nowak/Cremer, Individualrechtsschutz, S.)

Obwexer, Walter: Der Beitritt der EU zur EMRK: Rechtsgrundlagen, Rechtsfragen und Rechtsfolgen. In: EuR 2012, Heft 2, S. 115 ff. (zit.: Obwexer, EuR 2012, S.)

Oppermann, Thomas/Classen, Dieter/Nettesheim, Martin: Europarecht – Ein Studienbuch, 4. Auflage München 2009 (zit.: Oppermann/Classen/Nettesheim, §, Rn.)

Oppermann, Thomas: Die Berliner Erklärung vom 25. März 2007 – Instrument zur „Erneuerung der politischen Gestalt Europas". In: Ipsen/Stüer(Hrsg.): Festschrift für Hans-Werner Rengeling „Europa im Wandel", Köln München 2008 (zit.: Oppermann, FS für Rengeling, S.)

Ottaviano, Marco: Der Anspruch auf rechtzeitigen Rechtsschutz im Gemeinschafts-Prozessrecht, Tübingen 2008 (zit.: Ottaviano, S.)

Otting, Olaf/Olgemöller, Udo: Europäischer Rechtsschutz im Verwaltungsprozess? Folgen des Europarechts für die forensische Tätigkeit vor Verwaltungsgerichten. In: Anwaltsblatt 3/2010, S. 155 ff. (zit.: Otting/Olgemöller, AnwBlatt 3/2010, S.)

Pache, Eckhard: Keine Vorlage ohne Anfechtung? Zum Verhältnis des Vorabentscheidungsverfahrens nach Art. 177 I lit. B EGV zur Nichtigkeitsklage nach Art. 173 IV EGV. In: EuZW 1994, S. 615 ff. (zit.: Pache, EuZW 1994, S.)

Pache, Eckhard/Knauff, Matthias: Wider die Beschränkung der Vorlagebefugnis unterinstanzlicher Gerichte im Vorabentscheidungsverfahren – zugleich ein Beitrag zu Art. 68 I EG. In: NVwZ 2004, S. 16 ff. (zit.: Pache/Knauff, NVwZ 2004, S.)

Papier, Hans-Jürgen: Diskussionsbeitrag zum Kolloquium des EuGH zu seinem 50-jährigen Bestehen, 4.12.2002. In: EuGRZ 2003, S. 85 (zit.: Papier, EuGRZ 2003, S.)

Pechstein, Matthias: EU-/EG-Prozessrecht. 3. Auflage, Tübingen 2007 (zit.: Pechstein, Rn.)

Pernice, Ingolf: Die Zukunft der Unionsgerichtsbarkeit – Zu den Bedingungen einer nachhaltigen Sicherung effektiven Rechtsschutzes im Europäischen Verfassungsverbund. In: EuR, 2011, S. 151 ff. (zit.: Pernice, EuR 2011, S.)

Petzold, Hans Arno: Individualrechtsschutz an der Schnittstelle zwischen deutschem und Gemeinschaftsrecht, 1. Auflage Baden- Baden 2008 (zit.: Petzold, S.)

Pilafas, Christos: Individualrechtsschutz durch Nichtigkeitsklage nach EG-Recht, 1. Auflage Baden-Baden 2006 (zit.: Pilafas, S.)

Rabe, Hans-Jürgen: Zur Metamorphose des Europäischen Verfassungsvertrags. In: NJW 2007, S. 3153 ff. (zit.: Rabe, NJW 2007, S.)

ders.: Nach der Reform ist vor der Reform. Zum Gerichtsystem der Europäischen Union. In: Gaitanides/Kadelbach/Rodriguez (Hrsg.): „Europa und seine Verfassung" Festschrift für Manfred Zuleeg zum 70, Geburtstag Baden- Baden 2005 (zit.: Rabe, FS für Zuleeg, S.)

ders.: Zur Reform des Gerichtsystems der Europäischen Gemeinschaften. In: EuR 2000, Heft 5, S. 811 ff. (zit.: Rabe, EuR 2000)

Rasmussen, Hjalte: Why is Article 173 Interpreted against Private Plaintiffs? In: ELRev. 1980, S. 112 ff. (zit.: Rasmussen, ELRev. 1980, S.)

Reich, Norbert: Zur Notwendigkeit einer Europäischen Grundrechtsbeschwerde. In: ZRP 2000, S. 375 ff. (zit.: Reich, ZRP 2000, S.)

Rengeling, Hans-Werner/Middeke, Andreas/Gellermann, Martin: Handbuch des Rechtsschutzes in der EU, 2. Auflage, München 2003 (zit.: Rengeling/Middeke/Gellermann, §, Rn.)

Rengeling, Hans-Werner: Individualrechtsschutz gegen Rechtsnormen vor dem Europäischen Gerichtshof. In: Hansmann/Rebentisch/Paetow: Festschrift für Ernst Kutscheidt zum 70, Geburtstag, München 2003 (zit.: Rengeling, FS für Kutscheidt, S.)

Rennert, Klaus: Effektivität des Rechtsschutzes und Vorabentscheidungsverfahren – Die Perspektive der nationalen Gerichtsbarkeit. In: EuGRZ 2008, S. 385 ff. (zit.: Rennert, EuGRZ 2008, S.)

Richter, Marie-Therese: Schnell und effektiv: Zwei Jahre Eilvorlageverfahren vor dem Europäischen Gerichtshof. In: ZfRV 2010, S. 148 ff. (zit.: Richter, ZfRV 2010, S.)

Rieck, Jürgen: Neues Eilvorlageverfahren zum EuGH – Kindesrückgabe nach Art. 11 VIII, 42 EheVO. In: NJW 2008, S. 2958 ff. (zit.: Rieck, NJW 2008, S.)

Riese, Otto: Über den Rechtsschutz innerhalb der Europäischen Gemeinschaften. In: EuR 1966, S. 24 ff. (zit.: Riese, EuR 1966, S.)

Rodriguez Iglesias, Gil Carlos: Der EuGH und die Gerichte der Mitgliedstaaten – Komponenten der richterlichen Gewalt in der Europäischen Union. In: NJW 2000, S. 1889 ff. (zit.: Rodriguez Iglesias, NJW 2000, S.)

Rösler, Hannes: Zur Zukunft des Gerichtssystems der EU. In: ZRP 2000, S. 52ff. (zit.: Rösler, ZRP 2000, S.)

Sack, J.: Lücken im Rechtsschutzsystem der Europäischen Gemeinschaften und Möglichkeiten, sie zu schließen. In: EuR 1985, S. 319 ff. (zit.: Sack, EuR 1985, S.)

Sack, Jörn: Zur künftigen europäischen Gerichtsbarkeit nach Nizza. In: EuZW 2001, S. 77 ff. (zit.: Sack, EuZW 2001, S.)

Scharf, Daniel: Die Kompetenzordnung im Vertrag von Lissabon – Zur Zukunft Europas: Die Europäische Union nach dem Vertrag von Lissabon. In: Tietje (Hrsg.): Beiträge zum Europa- und Völkerrecht, Heft 3. Abrufbar unter: http://www2.jura.uni-halle.de/telc/Heft3.pdf (zit.: Scharf, S.)

Schilling, Theodor: Der Beitritt der EU zur EMRK – Verhandlungen und Modalitäten. In: Humboldt Forum Recht 2011, Beitrag 8, S. 1 ff. (zit.: Schilling, HFR 2011, Beitrag 8, S.)

Schima, Bernhard: Das Vorabentscheidungsverfahren vor dem EuGH, 2.Auflage Wien 2004 (zit.: Schima, S.)

Schlette, Volker: Der Anspruch auf Rechtsschutz innerhalb angemessener Frist – Ein neues Prozessgrundrecht auf EG-Ebene. In: EuGRZ 1999, S. 369ff. (zit.: Schlette, EuGRZ 1999, S.)

Schneider, Hans-Peter: Es gibt noch Richter in Luxemburg – Zum Individualrechtsschutz durch europäische Gerichte. In: NJW 2002, S. 2927 f. (zit.: Schneider, NJW 2002, S.)

Schohe, Gerrit: Rechtsschutz des Einzelnen gegenüber abgeleitetem Gemeinschaftsrecht: eine schwarze Serie. In: EWS 2002, S. 424 ff. (zit.: Schohe, EWS 2002, S.)

Schohe, Gerrit/Arhold, Christoph: Betroffen und kein Klagerecht? – Zum Individualrechtsschutz gegen Eingriffsnormen der Europäischen Gemeinschaft. In: EWS 2002, S. 320 ff. (zit.: Schohe/Arhold, EWS 2002, S.)

Schröder, Meinhard: Neuerungen im Rechtsschutz der Europäischen Union durch den Vertrag von Lissabon. In: DÖV 2009, S. 61 ff. (zit.: Schröder, DÖV 2009, S.)

Schulte, Ellen: Individualrechtsschutz gegen Normen im Gemeinschaftsrecht. 1. Auflage, Berlin 2005 (zit.: Schulte, S.)

Schwarze, Jürgen: Rechtsschutz Privater gegenüber normativen Rechtsakten im Recht der EWG. In: von Münch (Hrsg.): „Staatsrecht- Völkerrecht- Europarecht", Festschrift für Hans-Jürgen Schlochauer zum 75, Geburtstag Berlin, New York 1981 (zit.: Schwarze, FS für Schlochauer, S.)

Schwarze, Jürgen (Hrsg.): EU-Kommentar. 1.Auflage, Baden-Baden 2000 (zit.: Schwarze-Bearbeiter, EU-Komm, Art., Rn.)

Schwarze, Jürgen: Der Rechtsschutz Privater vor dem Europäischen Gerichtshof: Grundlagen, Entwicklung und Perspektiven des Individualrechtsschutzes im Gemeinschaftsrecht. In: DVBl. 2002, S. 1297 ff. (zit.: Schwarze, DVBl. 2002, S.)

von Simson, Werner: Zur Kritik am Rechtsschutz in den Europäischen Gemeinschaften. In: DVBl. 1966, S. 653 ff. (zit.: von Simson, DVBl. 1966, S.)

Skouris, Vassilios: Stellung und Bedeutung des Vorabentscheidungsverfahrens im europäischen Rechtsschutzsystem. In: EuGRZ 2008, S. 343 ff. (zit.: Skouris, EuGRZ 2008, S.)

Steiner, Josephine/Woods, Lorna: EU Law. 10th Edition, Oxford 2009 (zit.: Steiner/Woods, EU Law, S.)

Streinz, Rudolf/Leible, Stefan: Die Zukunft des Gerichtssystems der Europäischen Gemeinschaft – Reflexionen über Reflexionspapiere. In: EWS 2001, S. 1 ff. (zit.: Streinz/Leible, EWS 2001, S.)

Streinz, Rudolf/Ohler, Christoph/Herrmann, Christoph: Die neue Verfassung für Europa, Einführung und Synopse, München 2005 (zit.: Streinz/Ohler/Herrmann, Verfassung für Europa, S.)

ders.: Der Vertrag von Lissabon zur Reform der EU, Einführung und Synopse, 2. Auflage, München 2008 (zit.: Streinz/Ohler/Herrmann, S.)

Streinz, Rudolf: Europarecht. 8. Auflage, Heidelberg 2008 (zit.: Streinz, Rn.)

ders.: Boxenstopp für Lissabon. In: NJW 2009, Editorial zu Heft 30 (zit.: Streinz, NJW, Editorial zu Heft 30)

ders.: EUV/AEUV, Kurz-Kommentar. 2. Auflage, München 2012 (zit.: Streinz-Bearbeiter, AEUV/EUV, Art., Rn.)

Sydow, Gernot: Verwaltungskooperation in der Europäischen Union, Tübingen 2004 (zit.: Sydow, S.)

Terhechte, Jörg Philipp: Der Vertrag von Lissabon: Grundlegende Verfassungsurkunde der europäischen Rechtsgemeinschaft oder technischer Änderungsvertrag? In: EuR 2008, S. 143 ff. (zit.: Terhechte, EuR 2008, S.)

Thiele, Alexander: Individualrechtsschutz vor dem Europäischen Gerichtshof durch die Nichtigkeitsklage, 1. Auflage, Baden-Baden 2006 (zit.: Thiele, S.)

ders.: Europäisches Prozessrecht, 1.Auflage, München 2007 (zit.: Thiele, Prozessrecht, §, Rn.)

ders.: Das Rechtsschutzsystem nach dem Vertrag von Lissabon- (K)ein Schritt nach vorn? In: EuR 2010, S. 30 ff. (zit.: Thiele, EuR 2010, S.)

Thomy, Patricia: Individualrechtsschutz durch das Vorabentscheidungsverfahren. 1. Auflage, Baden-Baden 2009 (zit.: Thomy, S.)

Tomuschat, Christian: Die gerichtliche Vorabentscheidung nach den Verträgen über die europäischen Gemeinschaften, Köln, Berlin 1964 (zit.: Tomuschat, S.)

Vandersanden, G.: Pour un élargissement du droit des particuliers d'agir en annulation contre des actes autres que les décisions qui leur sont adressées. In : Cahiers de Droit Européen 1995, S. 535 ff. (zit. : Vandersanden, CDE 1995, S.)

Vedder, Christoph/Heintschel von Heinegg, Wolff. (Hrsg.): Europäischer Verfassungsvertrag, 1. Auflage, Baden-Baden 2007 (zit.: Vedder/Heintschel von Heinegg –Bearbeiter, EVV, Art., Rn.)

ders.: Europäisches Unionsrecht – EUV/AEUV/Grundrechte-Charta, Handkommentar, 1. Auflage, Baden-Baden 2012 (zit.: Vedder/Heintschel von Heinegg-Bearbeiter, EU-Recht, Vertrag, Art. Rn.)

Wägenbaur, Bertrand: EuGH VerfO – Satzung und Verfahrensordnungen EuGH/EuG, München 2008 (zit.: Wägenbaur, EuGH VerfO – Gesetzesbezeichnung, Art., Rn.)

ders.: Stolpersteine des Vorabentscheidungsverfahrens. In: EuZW 2000, S. 37 ff. (zit.: Wägenbaur, EuZW 2000, S.)

Waelbroeck, D./Verheyden, A.-M.: Les conditions de recevabilité des recours en annulation des particuliers contre les actes normatifs communautaires. In : Cahiers de Droit Européen 1995, S. 399 ff. (zit. : Waelbroeck/Verheyden, CDE 1995, S.)

Weber, Albrecht: Vom Verfassungsvertrag zum Vertrag von Lissabon. In: EuZW 2008, S. 7 ff. (zit.: Weber, EuZW, 2008, S.)

Weber, Christina: Der europarechtliche Grundsatz der Effektivität des Rechtsschutzes und das EG-Sekundärrecht, Frankfurt am Main 2008 (zit.: Weber, S.)

Wegener, Bernhard W.: Keine Klagebefugnis für Greenpeace und 18 andere – Anmerkung zu EuGH, Rs. C-321/95 P, Urteil vom 2. April 1998 (Greenpeace). In: ZUR 1998, S. 131 ff. (zit.: Wegener, ZUR 1998, S.)

ders.: Gemeinwohl und Gemeinschaftsgerichtsbarkeit – Überlegungen zur gerichtlichen Verteidigung von Gemeininteressen im ius commune. In: ZEuS 1998, S. 183 ff. (zit.: Wegener, ZEuS 1998, S.)

ders.: Die Neuordnung der EU-Gerichtsbarkeit durch den Vertrag von Nizza. In: DVBl. 2001, S. 1258 ff. (zit.: Wegener, DVBl. 2001, S.)

ders.: Der Numerus Clausus der Klagearten- Eine Gefahr für die Effektivität des Rechtsschutzes im Gemeinschaftsrecht? In: EuGRZ 2008, S. 354 ff. (zit.: Wegener, EuGRZ 2008, S.)

ders.: Rechtsstaatliche Vorzüge und Mängel der Verfahren vor den Gemeinschaftsgerichten. In: Müller-Graff/Scheuing (Hrsg.): Gemeinschaftsgerichtsbarkeit und Rechtsstaatlichkeit, EuR Beiheft 3/2008, S. 45–67 (zit.: Wegener, EuR Beiheft3/2008, S.)

Wegmann, Manfred: Die Nichtigkeitsklage Privater gegen Normativakte der Europäischen Gemeinschaften, 1. Auflage, Berlin 1976 (zit.: Wegmann, S.)

www.ingramcontent.com/pod-product-compliance
Ingram Content Group UK Ltd.
Pitfield, Milton Keynes, MK11 3LW, UK
UKHW021910290926
8980IPUK00015B/1169

9 783631 655276